刘丹青语言学文选

语序类型与话题结构

刘丹青 著

Word Order Typology and Topic Structure

2019年·北京

图书在版编目(CIP)数据

语序类型与话题结构/刘丹青著.—北京:商务印书馆,2019
(刘丹青语言学文选)
ISBN 978-7-100-17240-0

Ⅰ.①语… Ⅱ.①刘… Ⅲ.①汉语—词序—文集 Ⅳ.①H146.3-53

中国版本图书馆 CIP 数据核字(2019)第 058522 号

权利保留,侵权必究。

刘丹青语言学文选
语序类型与话题结构
刘丹青 著

商 务 印 书 馆 出 版
(北京王府井大街36号 邮政编码100710)
商 务 印 书 馆 发 行
北 京 冠 中 印 刷 厂 印 刷
ISBN 978-7-100-17240-0

2019年7月第1版   开本710×1000 1/16
2019年7月北京第1次印刷 印张28¼
定价:82.00元

总　序

感谢商务印书馆慷慨提供这么一个出版计划，让我有机会回顾梳理一下从大学本科以来写作并发表的论文形式的语言研究成果。

我第一篇非正式发表的论文是《试论吴语语法的研究及其意义》。这是本科毕业论文的改写版，刊登在江苏省社科联印行的省语言学会1981年年会论文选里。当时，方言语法还是一个少有人碰触的领域，所以还需要用实例来申说方言语法研究的意义。这篇没有书号刊号的文章，预示了我这几十年语言研究中的两个最核心的要素：方言与语法；两者之合，正是我后来拓展研究领域的内在动能。我最早正式发表的两篇论文，正好也是一篇方言，一篇语法。前者为张拱贵教授和我合作的《吴江方言声调初步调查》；后者为《对称格式的语法功能及表达作用》，此文也是后来关注韵律对句法影响的起点。这三篇文章都是在本科阶段写就，在硕士研究生入学初期发表的。

以浓郁的语法学兴趣来关注方言，自然会发现，汉语方言不像之前很多学者认为的，差别只在语音，或至多加上词汇，语法则可以一招鲜吃遍天，一书覆盖南北话。事实上方言间的语法差异相当常见，有的还很显著。以跨方言的眼光看语法，则会发现孤立地研究普通话，随处会遇到认识的盲区甚至雷区，讲得头头是道的语法学道理，一放到方言语法中就可能理屈词穷。要想避免普通话偏见、方言偏见、印欧语偏见等种种偏见，以跨语言研究为己任的类型学研究，便成为我语言学探索之路上自然的优选项，这也是通向真正了解汉语特点和人类语言共性的康庄大道。跨语言的类型学视角，不但适用于语法，也适用于其他种种课题：研究亲属称谓、社交称呼语、颜色词这类特殊的小词库；研究语法与语义的互动，如类指成分在不同语言方言中迥异的表达方法；研究语法与语音的互动，如汉语中形态和词类对词长的敏感性就超过很多其他语言；研究形式和意义不同的对应方式，这正是库藏类型学的缘起。这次按照商务印书馆提议，把近40年来所发论文的大部分，分为五个专题出版，分别涉及汉语共同语句法语义研究、语序类型和话题结构、从语言类型学到库藏类型学、方言的语法语音研究、语言研究的文化和应用视角。这样出版，便于读者根据专业需求和兴趣选书。从各书所收论文目录可见，这五卷文集，其实有一个共同的主调：跨语言眼光与具体语言方言个案的结合。

我从本科二年级开始将兴趣聚焦于语言学，一路走来，得到了无数老师和同行的切实帮助，尤其是语音方言的启蒙老师翁寿元教授，语法学的启蒙老师王锡良教授，古汉语的启蒙老师王迈教授（均为苏州大学教授），硕士生导师张拱贵教授（南京师大）和博士生导师徐烈炯教授（香港城市大学）。希望他们为指导我所付出的心血，能在这五卷文集中得到些许慰藉。文集中也收录了多篇我跟我的老师、同行学者或我的学生合作的论文，他们慷慨允诺文集收录这些文章（有些已故合作者由家人表态支持）。谨向他们深切致谢！

我指导过和在读在研的博士生、博士后对本套书的策划编排提供了非常有益的意见、建议，而且他们全都参加了文章的校对工作。恕不一一列名，在此一并致谢。我的博士生、商务印书馆戴燃编辑为这套书的策划、组稿、编辑付出最多。我要衷心感谢商务印书馆特别是周洪波总编辑对本套书的大力支持，也要对戴燃博士表示特别的感谢。

目　录

汉语中的框式介词 …………………………………………… 1
语序共性与歧义结构
　　——汉语中若干歧义结构的类型学解释 ……………… 22
汉语方言的语序类型比较 …………………………………… 34
吴语的句法类型特点 ………………………………………… 57
吴语和西北方言受事前置语序的类型比较 ………………… 78
先秦汉语语序特点的类型学观照 …………………………… 101
汉藏语言的若干语序类型学课题 …………………………… 121
焦点与背景、话题及汉语"连"字句 ……………………… 139
作为典型构式句的非典型"连"字句 ……………………… 157
论元分裂式话题结构初探 …………………………………… 177
Identical Topics: A More Characteristic Property of Topic
　　Prominent Languages ……………………………………… 197
话题理论与汉语句法研究 …………………………………… 244
话题优先的句法后果 ………………………………………… 256
话题焦点敏感算子"可"的研究 …………………………… 274
话题标记从何而来？
　　——语法化中的共性与个性续论 ……………………… 288
话题标记走向何处？
　　——兼谈广义历时语法化的三个领域 ………………… 308

汉语差比句和话题结构的同构性
　　——显赫范畴的扩张力一例·················324
汉语中的非话题主语·································346
先秦汉语的话题标记和主语−话题之别·················375
制约话题结构的诸参项
　　——谓语类型、判断类型及指称和角色·············402
试析汉语中疑似连动式的话题结构·······················423

汉语中的框式介词

一、框式介词的概念

本文讨论的框式介词（circumposition），指由前置词加后置词构成的、使介词支配的成分夹在中间的一种介词类型。现代汉语中的"在……里、跟……似的、用……来"等，近代汉语中的"因……上、似……也似"等，古代汉语中的"以……以、及……而"等，都可以归入此类介词。框式介词在汉语中是一种重要的句法现象，构成了汉语的重要类型特征，但大部分框式介词都属于临时性句法组合，而未必是固定的词项。

框式介词的概念是由当代语序类型学的创始人Greenberg（1995）在研究闪语族和伊朗语族部分语言的语序类型演变时提出的。起初他称之为"框缀"（circumfix，Greenberg 1980）。大概因为这些所谓框缀在功能上是介词性的，所以他后来改称为框式介词，与前置词（preposition）、后置词（postposition）都为介词（adposition）的一种类型，在术语的命名形式上也更成系列。[①]这是一个新的概念，在

[①] 国内大体上只有指前置词的所谓"介词"概念，很少有人提到作为介词的后置词，而作为前后置词总称的adposition意义上的介词概念，国内基本没有。科姆里（1981/1989）将三者分别译为前置词、后置词和附置词，其中作为adposition对译的附置词并未用开。至于海外的汉语研究者，早就有将方位词称为postposition的，如Edkins（1868：135）。本文的"介词"指adposition，而不限于前置词。

我们所查检的多种中西语言学词典术语中都未见收录（postposition 和 adposition 已有词典收录）。

汉语框式介词起源于先秦，经过中古、近代的发展，到现代实际上已形成相当丰富的框式介词现象。然而，汉语的这一重要类型现象一直未能作为一种语法形式类型引起汉语学界的重视。这大概出于两个原因：1）受英语语法学等的影响，只重视前置词，不熟悉后置词。实际上汉语的亲、邻语言不乏后置词类型，如藏语、蒙古语、日语等。但这些语言中的后置词在传统教学语法中常被称为"助词"，这个含糊的名称多少掩盖了这类词的介词性①，使汉语学界也难以从中反观汉语中后置词和框式介词的存在。2）在历时方面，汉语学界都了解动词向介词的虚化途径，却不太了解类型学上介词有动词、名词、副词等多种常见来源②。这也使汉语学界不容易注意名源介词的重要性。假如了解人类语言既有前置词又有后置词，既有动源介词又有名源介词等，半虚化的介词还可能部分保留其前身动词或名词的句法特性，那么就不难觉察汉语中框式介词的大量存在。

本文拟就汉语框式介词的存在动因、句法性质（特别是前后置词各自的范域）、语义特点（特别是前后置词的语义抽象度）等做些初步的探讨。

---

① Comrie（私人通讯）指出，"助词"（particle）是个理论前（pretheoretical）概念，即还没有在理论上确定其性质的概念。因此，对于我们已经能确定其性质的单位，就应尽量避免使用"助词"这类较含糊的概念。国内藏缅语描写通常只见"助词"而不见"介词"，似乎这些语言完全不必使用介词。其实所谓"助词"中就有很多属于后置介词，性质很清楚。这些著作中的"助词"又无法一律理解为后置介词，因为还有很多"助词"并非介词，所以还是应该把那些介词性的"助词"称为后置词。也不妨干脆称介词，因为这些语言没有前置词，介词就指后置词。丁椿寿（1993）就明确把彝语的后置词称为"介词"而不是"助词"，这是很可取的叫法。汉语有前置词和后置词，用"介词"称前置词未免以偏概全。

② DeLancey（1997：57—64）指出介词的两大历史来源，一是连动结构，二是关系名词结构（relator noun construction，其他人多称 relational noun）。并且他认为第二种来源更加常见，是人类语言介词更重要的来源。Heine 等（1991：140—141）指出许多语言并存动源介词和名源介词。例如，章培智（1990）显示，斯瓦希里语的前置词大多来自名词或副词，所以前置词后常有 ya 等相当于英语 of 的领属格标记，如 mbele ya+NP，其功能相当于英语 before NP，来源却很像汉语的"NP 之前"。只是斯瓦希里语的领属格在后，所以由方位名词虚化来的介词是前置词，而汉语的领属格在前，所以由方位名词虚化来的介词是后置词。关于汉语方位前置词和后置词的虚化机制及过程，参阅刘丹青（2002）。既然介词并不都来自动词，有些试图解释介词为什么都来自动词的论述也就未必合理。

二、框式介词的存在动因

2.1 "方位短语"引出的问题

汉语学界虽然缺少框式介词等介词概念,但对部分相关现象还是有所注意的。比如,现代汉语语法体系似乎已离不了所谓"方位短语",因为大家都注意到,英语中的前置词短语,如 on the table、from the book、to my heart、between the two people,在现代汉语中往往无法用"前置词+名词短语"的短语来翻译,而要用"前置词+名词短语+'方位词'",即前置词加所谓方位短语构成,如"在桌子上、从书中、到我心里、在两人之间"。更重要的是,这些介词短语中的方位词是有强制性的,"在桌子、从书、到我心、在两人"等不仅意义不太完整,而且句法上是不合格的。方位概念是语言普遍概念,而在汉语语法体系中地位显著的方位短语,却不是一个语言普遍概念,讲英语语法就不需要作为短语类别的所谓方位短语的概念。为什么汉语需要方位词和方位短语这类并非普遍的概念呢?

一些汉语语法论著已经对有关现象有所注意,并把它作为一种汉语的特点提出来。如储泽祥(1997:365)提到,"比较英语及藏缅语诸语言,现代汉语方所最突出的特点是与介词的结合问题。汉语方所的表达,不一定完全依赖介词……但印欧语里的英语、汉藏语系里的许多语言,脱离了介词或(结构)助词,根本就谈不上什么方所。"但是汉语论著通常不解释为什么汉语在句法上需要方位短语这种非普遍性的短语类别。下面我们从类型学角度出发,正面探讨一下汉语中存在这些"特色"语法类别的动因。

2.2 "方位短语"现象的语义动因

比较容易想到的就是语义因素。汉语前置词只能表示空间关系的类型，而不能表示空间关系的具体位置。所谓空间关系的类型，实际上就是空间关系的时间类型。例如，"在"表示事件发生时的位置，属现在时；"从"表示事件发生前的位置，属相对过去时；"到"表示事件结束时的位置，属相对将来时；"顺着、沿着"表示延续性行为持续的位置，属延续时。而具体的空间位置类型，即"上、下、里、外、边、中、之间"等，前置词无法表达。于是，表达这些关系位置的任务就落到了方位词的头上。

然而，这一解释在句法类型学上仍是不充分的，因为它没有解释方位词的句法强制性，特别是在语义上并无必要时的句法强制性。比如，"在我手里/手中/手上""小孩在地上/地下爬"，方位词的换用，甚至反义方位词的换用，并未造成意义的明显区别，可见这里方位词并不表达具体的空间位置[①]，语义上并无必要，照理有前置词"在"语义已经足够，但在现代汉语中，这些方位词都是不能省略的，"在我手""在地"都不合语法，非要加上方位词形成"在……上"等框式结构才能成立。这种句法强制性是语义动因不足以解释的。

而且，方位词以外的很多后置词的存在更无法用语义动因来解释。"像……""像……似的"和"……似的"都是用来引出喻体（或等比基准）的标记，语义作用并无二致，为什么有了"像"这样的动源前置词，还需要"似的"这样的后置词，而在英语这样的前置词语言里，只用 like 一类前置词表达。同样地，如"从春节以来"和"春节以来"，其中的"从……以来"和"……以来"意义也完全相同，都相当于英语前置词 since。而且，在这几组例子中，都是后置词的强制性高于前置词。比如，"他像狐狸似的狡猾"和"店里的生意从春节以来一直不错"，"像""从"可省，而"似的""以来"不能省。

汉语方位词的语义功能已经得到了很详尽的研究，比如上引储泽祥的论著，以及其他不少学者的研究。但是，这些研究多重语义而轻句

[①] 吕叔湘（1965）已经注意到方位词的这种虚义用法，他称之为"泛向性"，即用了方位词却没有方位义，其实就是"无向性"。有方位实义的用法他则称为"定向性"。

法，没有把那些虚化的方位词真正当作介词这样的虚词来研究，也没有把这些后置词同汉语中其他的后置词联系起来研究，因此汉语学界对方位词的句法认识远逊于语义认识，也就不大在意后置词及其与前置词合成的框式介词在汉语中存在的真正句法动因。

2.3 方位词和前置词的消长及其句法背景

框式介词中的方位词部分在汉语中不是一开始就具有这么高的句法强制性的，其他框式介词中的后置词部分也是在汉语史发展过程中逐渐形成的。方位词在句法强制性方面的古今差异和其他一批后置词的从无到有是古今汉语词类差别中的突出点之一，可惜这一点未引起汉语语法学界的足够重视。试看《左传·庄公八年》中的下列段落：

（1）豕人立而啼。公惧，队=坠于车。伤足，丧屦。反，诛屦於徒人费。弗得，鞭之，见血。走出，遇贼于门。劫而束之。费曰："我奚御哉？"袒而示之背。信之。费请先入。伏公而出，斗，死于门中。石之纷如死于阶下。遂入，杀孟阳于床。曰："非君也，不类。"见公之足于户下，遂弑之，而立无知。

其中的"队=坠于车""遇贼于门""杀孟阳于床"等不加方位名词的结构，译成普通话一定要加方位词说成"掉到车下""在门口/门旁遇到反贼""把孟阳杀死在床上"。也有加方位词的，这些表达就跟现代汉语更加接近，如"死于门中""死于阶下""见公之足于户下"。（2）也是先秦文献中处所题元不带方位词而译成普通话宜加方位词的例子。可以看出，现代加上的方位词主要满足句法而非语义需求，因为方位词常可替换而意义并不改变：

（2）a. 将往，又数人告於道，遂如陈氏。（《左传·昭公八年》）~ 在路上告

b. 王枕其股以寝于地。（《国语·吴语》）~ 睡在地上/下

c. 孔子谓季氏："八佾舞於庭，是可忍也，孰不可忍也？"（《论语·八佾》）~ 在庭中/上舞

d. 且予与其死於臣之手也，无宁死於二三子之手乎？（《论语·子罕》）~死在……手上/手中

汉魏六朝以后，方所题元后加方位词的情况越来越多，方位词的意义愈益宽泛空灵（何乐士1992：214—216），到现代汉语中，"在、从、当、往"这些前置词在带非处所名词充当的方所题元时，都要加上方位词组成框式介词。与方位词的日益活跃形成对照，前置词的常用度却不升反降，用了方位词的方所题元经常不用前置词（何乐士1992），而且整体上每千字的前置词使用率，据孙朝奋（Sun 1996）统计，由西汉《史记》的50次，大降为刘宋《世说新语》的24次，再剧降为元代《张协状元》的8次。

这一消一长的句法背景是什么呢？孙朝奋（Sun 1996）指出，汉语两千年来在语序方面没有特别大的变化，唯一的显著变化是前置词短语由动词后为主变成了以动词前为主。换句话说，汉语的介词出现了前消后长的趋势，汉语的介词短语出现了前长后消的趋势。下面将说明，正是介词短语的前长后消激发了介词的前消后长，两种消长紧密相联。

2.4 联系项居中原则：框式介词的句法动因

2.4.1 联系项居中原则与介词的位置

介词短语的语序变化对介词类型的影响，要从联系项的语序特点去理解。

介词跟连词、关系代词、结构助词等一样，是句法组合中的联系项（relator），用来连接两个有句法关系的成分。在Dik（1997）根据跨语言调查得出的人类语言若干语序原则中，有一条很重要的联系项原则。该原则指出联系项的优先位置是位于所连接的两个单位之间。据我们观察，绝大部分语言的介词都遵守这一原则。这一原则也是人类语言象似性原则的具体表现之一。如果说连词介绍两个平等的人相识，介词则似将幼者、卑者介绍给长者、尊者，不管何种介绍，介绍人总会站在那两人中间的位置。联系项原则就模拟了这种情形。

我们看到，在使用前置词的语言中，介词短语的常规位置是在动词之后，前置词与动词后位置之配合，就导致介词位于所连接的动词和名词之间，如英语 sit in the chair、古代汉语"寝于地"。反之，在使用后置词的语言中，介词短语的常规位置在动词前，后置词与动词前位置的配合也使介词位于名词和动词之间，藏语、蒙古语、日语等均属此类。

中古近代汉语的发展，打乱了上古汉语前置词与动词后位置的配合，前置词短语跑到动词前，介词不再位于中介位置，从而违背了联系项居中原则。在此情况下，方位词和其他来源的一些后置词发展起来了，它们愈益常用、逐渐虚化，填补了介词短语和动词间中介位置的联系项空缺。换言之，介词的前消后长，弥补了介词短语的前长后消留下的中介位置的空缺。另一方面，汉语的前置词并没有完全消失，其标记语义角色的作用也并非都有合适的后置词可代。于是，前、后置词相加而成的框式介词就在汉语中发展起来了。有意思的是，Greenberg（1980，1995）所研究的埃塞俄比亚部分闪语族语言和西亚的部分伊朗语族语言的框式介词也不是本来就有的，它们也是在前置词短语出现了由动后向动前的历史演变后才由实词虚化而成的，其形成的句法动因和汉语框式介词如出一辙。

介词是否位于中介位置，不仅是一个是否符合象似性的问题，有时它还直接影响到句子的理解。介词居中有利于划清不同成分的范域，可以避免某些结构歧义，反之，介词不居中容易造成结构性歧义。这特别表现在介词短语做定语时。汉语的定语都位于中心语之前。假如使用前置词，介词便不在定中之间，其管辖范围不清楚，容易造成范域歧义。反之，若使用后置词，介词便位于定中之间，范域清楚，歧义消失。试比较下列各例（刘丹青 1999）：

（3）a. [NP [PP 在贫困县] 的小学]　　b. [PP 在 [NP 贫困县的小学]]

（4）a. [NP [PP 贫困县里] 的小学]　　b. [PP [NP 贫困县的小学] 里]

（5）a. [NP [NP 像猴子] 的面孔]　　b. [PP 像 [NP 猴子的面孔]]

（6）a. [NP [PP 猴子似的] 面孔]　　b. [PP [NP 猴子的面孔] 似的]

（3a）和（4a）都是介词短语做定语。（3a）采用前置词，它不在中介位置，所以其支配范围不清楚，结果该结构有歧义；"在"也可以理解为统辖整个"贫困县的小学"，即（3b）。（4a）采用后置词"里"，它位于定语和中心语之间，所以没有歧义。假如"里"统辖整个"贫困县的小学"，其结果会是（4b），形式上与（4a）判然有别。同样的情况也出现在表示比喻的结构中，如（5）和（6）。可见，防止歧义也是介词在人类语言中强烈倾向于中介位置的原因之一。

2.4.2 联系项原则与框式介词的历时表现

上文讲的是语序原则的大道理。下面我们再看一下具体语言事实所反映的框式介词与居中位置的关系。先从历史现象谈起。

"于"是汉语中资格最老的前置词，直到现代汉语还在有条件地使用。它首先是一个方所介词，同时也兼有多种语义功能。我们对中古以来"于"和方位短语的配合情况做了一个统计，以观察框式介词的出现跟介词短语语序的相关性。选择"于"是因为其他后起的方所介词如"在、到"至今仍兼动词，很多用例难断其虚实。所用语料是汪维辉提供的中古到清代12种文献材料的电子版，约40万字，有：1)《僮约》，2)《搜神后记》，3)《游仙窟》，4) 敦煌新本《六祖坛经》，5)《入唐求法巡礼行记》，6) 勾道兴本《搜神记》，7) 稗海本《搜神记》(成书年代可疑，仅作参考)，8)《祖堂集》，9)《大唐三藏取经诗话》，10)《三朝北盟会编》，11)《近代汉语语法资料汇编（元代明代卷）》（部分），12)《红楼梦》(两章)。统计结果如下表（V代表动词，Np代表名词短语，L代表方位词）：

表1 动词前后方位后置词使用比例的差异

	僮	搜	游	六	入	勾	稗	祖	三	北	元	红	总计
于 NpLV		1		22	82	15	20	24	1	24	39	3	231
于 NpV				15	64	5	13	19		7	31	1	157
V 于 NpL		2	8	2	16	7	19	4		17	20	8	103
V 于 Np	1	5	11	24	61	16	57	77	5	47	97	8	409

这些文献时代跨度有一千多年，地域背景也不尽相同。在总计以及每一种文献中，全部都是"于"字短语在动词前时，用框式介词（即前置词+方位词）多于单用前置词；而在动词后时，单用前置词远多于用框式介词（总数接近4:1）。《红楼梦》动词后用不用方位词持平，已经算是唯一的非理想数字。由此可见，汉语方位性框式介词主要是为了适应介词短语前移的状况而发展出来的。表中显示的数字对比也可以通过观察具体例句而得到印证。看（7）：

（7）譬如大龙，若下大雨，雨<u>于</u>阎浮提，如漂草叶；若下大雨，雨<u>于</u>大海，……譬如其雨水，不从天有，元是龙王<u>于</u>江海<u>中</u>将身引此水……（《六祖坛经》）

同样是用"海"类词做处所题元，当"大海"在动词后，就单用前置词介引，即"V于大海"；当"江海"在动词前，就加上意义虚化的方位词"中"，即"于江海中V"。

第一节里说过，框式介词起源于先秦。不过当时的方位词，都有较强的名词性，只在语义需要时使用，还难以看作后置词。先秦的框式介词，主要是指由前置词和连接性成分构成的，其存在跟联系项居中原则有直接关联，由此形成的框式介词类型一直延续到现代汉语。从商代到春秋战国，介词短语的常规位置是在动词后，尤其是占当时前置词使用频率第一位的"于/於"，在动词后的远超过95%（郭锡良1997；张赪2002：§1）。另一方面，也有一些介词短语可以位于动词前，特别是到战国时期。据张赪（2002：§1）介绍，《论语》《孟子》《韩非子》三部书中表示工具的"以+宾语"在动词前后之比分别是16:22、88:44、385:205。我们注意到，当介词短语位于动词之前时，先秦汉语常常在介词短语和动词之间加一个连接性虚词，主要是"以"和"而"，其中"以"正好兼前置词。这样，前置词和连接词实际上形成了一种框式介词，包括有趣的"以……以"。例（8）取自管燮初（1994）的《左传》例句，例（9）取自何金松（1994）的词典例句（两位原引者只将其作为前置词例，并未提到其中的连接词）。

（8）a. 宋人<u>以</u>兵车百乘、文马百驷<u>以</u>赎华元于郑。（《宣公二年》）

(以……以)

b. 晋师三日馆谷，<u>及</u>癸酉<u>而</u>还。(《僖公二十八年》)(及……而)

c. 越子<u>以</u>三军潜涉，<u>当</u>吴中军<u>而</u>鼓之，吴师大乱，遂败之。(《哀公十七年》)(当……而)

d. 天子建德，<u>因</u>生<u>以</u>赐姓。(《隐公八年》)(因……以)

e. <u>因</u>人之力<u>而</u>敝之，不仁。(《僖公三十年》)(因……而)

f. 故春蒐、夏苗、秋狝、冬狩，皆<u>於</u>农隙<u>以</u>讲事也。(《隐公五年》)(於……以)

(9) a. <u>因</u>民<u>而</u>教者，不劳而功成。(《商君书·更法》)(因……而)

b. 齐<u>因</u>孤国之乱<u>而</u>袭破燕。(《战国策·燕策一》)(因……而)

重要的是，当介词短语位于动词之后时，绝不会出现这种连接词，例如《孟子》"易之以羊"绝不会说成"易之而以羊"或"易之以羊而"。可见最早的框式介词就是为了弥补联系项不居中的情况而出现的。

由前置词加连接词所形成的框式介词从先秦到现代一直很活跃。我们至今还说"<u>为</u>家庭<u>而</u>拼命挣钱""<u>因</u>健康原因<u>而</u>辞职"等。在现代汉语中，作为连接词的"以"已经基本不用，沿用下来的只有"而"，同时又有后来虚化的"来、去"起类似作用，如"<u>以</u>实际行动<u>来</u>表态""<u>用</u>自己的积蓄<u>来</u>买房子""<u>由</u>双方家长<u>来</u>劝说""<u>通过</u>婉转的言辞<u>去</u>打动他的心"等。

人们可能会觉得，"在……里"这种带方位词的框式结构和"以……而/来"这种带连接性成分的框式结构性质相差太大，都看作框式介词似乎有混同的嫌疑。这两类框式介词确实有很不相同的句法和语义特性(见§3.2，§3.3)。有意思的是，这两类后置词在联系项功能上还真有共同点，不妨看下例中带下划线的小句：

(10) 至暮还家，觉有一人，<u>从</u>霍<u>后</u>行，霍急行，人亦急行，霍迟行，人亦迟行。霍怪之，问曰："君是何人，<u>从</u>我<u>而</u>行？"答曰："我是死鬼也。"霍曰："我是生人，你是死鬼，共你异路别乡，因何<u>从</u>我<u>而</u>行？"(《搜神记》(勾道兴本)一卷行孝第一10则)

同样一个"从X"做状语，当X中有方位词"后"时，后面就不用连接词"而",当没有方位词时,连着两例都用上了"而"。这绝不是偶然的,"后"和"而"在这儿都有填补中介位置联系项空缺的作用。此外,上文提到,从先秦直到今天,汉语中都有"为……而""因……而"等框式介词。有趣的是,在元代以来的汉语中,又有"为……上""因……上"等框式介词,今天北方话口语中还说"因此上"等,如:

(11)a. <u>为</u>这<u>上</u>,贤的人比干谏他……([元]许衡《鲁斋遗书·直说大学要略》)

b. 老爷<u>为</u>爷爷<u>上</u>来,爷爷教老爹去,太师不肯留你。([元]哈铭《正统临戎录》)

c. <u>因</u>这等<u>上</u>,我告天会同脱脱不花王众头目每……([元]哈铭《正统临戎录》)

这再次显示了连接性成分"而"等和方位后置词在前置词短语后的相近功能。最后,让我们注意一下介词悬空(stranding)现象。介词悬空指介词所统辖的 NP 因某种句法程序而出现在句子的其他位置,不再与介词直接相连。例如(12)中 for 的介宾作为关系代词被提前了:

(12) This is a glorious cause *which* I will fight for [ ].(这是一项我将为此战斗的光荣事业。)

根据 Tsunoda 等(1995),在他们所检查的 130 种语言中,前置词语言有 8%—10% 明显允许介词悬空,后置词语言只有 2% 似乎允许介词悬空。现代汉语前置词后置词总体上都不允许介词悬空,但是我们发现有三组介词短语允许悬空,它们都是框式介词短语,即"用……来、用……以、从……中"。比较:

(13)a. 我们<u>用</u>汽车<u>来</u>接送客人。

b. <u>汽车</u>我们<u>用</u>[ ]<u>来</u>接送客人。

(14)a. 我们<u>用</u>这笔贷款<u>以</u>帮助该县开办铜矿。

b. <u>这笔贷款</u>我们<u>用</u>[ ]<u>以</u>帮助该县开办铜矿。

(15)a. 广大干部都要<u>从</u>这个案件<u>中</u>吸取教训。

b. <u>这个案件</u>广大干部都要<u>从</u>[ ]<u>中</u>吸取教训。(电视节目)

在这三个框式介词中,"来、以"来自连接性成分,"中"来自方位词。

其悬空作用也有力证明了连接性成分和方位后置词在构成框式介词时的共同性。两者的区别只在于方位词多少还有点语义作用，而连接词除了连接就没有语义作用了。

2.4.3　联系项原则与框式介词的共时表现

回到现代汉语，也可以看到，框式介词的使用与否跟联系项是否在中介位置有关。

"像……似的／一样"是普通话中表示喻体或等比基准的框式介词。当喻体出现在动词后时，"似的／一样"是可用可不用的；当喻体出现在动词前时，"似的、一样"就是不能省略的，因为这时要靠它们填补中介位置的空缺，如（16）所示：

（16）a. 她的脸蛋红得像桃花（似的）。
　　　b. 她的脸蛋像桃花*（似的）红。

当然，在动词后，连"像"也能省略，这是因为中介位置还有"得"在联系。不过这时语义上比喻意义没有虚词表示了，所以"似的"又成必要虚词了，如"她的脸红得桃花似的"。再如表示差比的"比"。在古代汉语中，差比用动词后的"于"表示，"于"在形容词和基准的中介位置，如"季氏富于国""（青取之于蓝而）青于蓝"。而普通话的"比"不在中介位置。不过我们也注意到用"比"字句时可以在基准和谓语之间插入一些半虚化成分起某种黏合剂作用，如"更、要"及在普通话偶用而在一些方言中常用的"来得"等，它们跟"比"字形成临时的框式介词，如"小张比我儿子要／更／来得高"。据我们对老派苏州、上海方言语料的统计，半数以上的"比"字句都有"来得、要"等插入。但是，在基准位于形容词后的方言中，就不大看得到这些半虚化成分了。比如，"他比我要胖""他比我来得胖"，在广州话中就说"佢肥过我"，一般不说"佢要肥过我"，更不说"佢来得肥过我"。可见那些半虚化成分在这儿连接作用大于语义作用。特别是当基准长而复杂，容易引起"比"的范域疑问时，"要"一类成分更难省去。如：

（17）a. 你赶快走，出去报信，比我们两个都在这里要强啊！（网

上散文)

b. 我发明的这场"报复"的结果,远比我们幼稚的童心所能想象得到的要深刻得多,要残酷得多。(网上散文)

这些普通话内部或跨方言的比较都显示现代汉语框式介词的使用跟联系项倾向于居中的语序原则有密切关系。

三、框式介词的层次结构与语义分析

3.1 双层介词短语与框式介词短语

从句法结构看,汉语的框式介词大多不宜看作单一的词项,它们多为前置词和后置词的临时组合,其中的前置词部分和后置词部分往往具有不同的范域,而且,不同的框式介词类型有不同的范域切分。

生成语法的"X杆"理论认为,介词短语PP是四大基本短语类型之一。PP以P(介词)为核心,而P则带一个NP作为其补足语,并赋"格"于该NP(Napoli 1993),如(18)所示:

(18)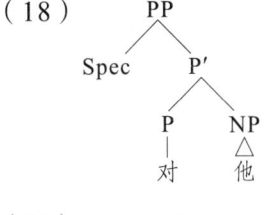

(19) a.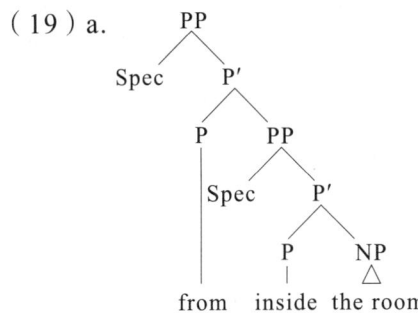

b. [PP [P from] [PP [P inside [NP the room]]]]

不过，正如 Ernst（1988）在论证汉语方位词的后置词性质时所指出的，介词所支配的不一定是 NP，它也可能是另一个 PP，英语中就有这样的例子，如 from inside the room（从房间里面）。from 是前置词，相当于"从"，其所统辖的 inside the room 也是一个前置词短语，前置词 inside 相当于汉语后置词"里"。这样实际上就形成了一个**双层介词短语**，这是国内汉语语法学界尚缺少的观念。其结构用 X 杆理论当分析为（19a），简易的分析则如（19b）。在（19）中，from 在外层，范域大，统辖后面整个 PP，inside 在内层，范域小，只统辖后面的 NP，其组成的 PP 本身还受 from 统辖。英语中这种双层前置词不多，其他例子如：

（20）a. from outside (the office)（从（办公室）外面）

　　　b. in between (the two buildings)（在（这两座大楼）之间）

德语中这种情况更丰富，而且有些前置词既能做外层前置词，也能做内层前置词，如（21）中的 von（相当于英语 from、of）：

（21）a. bis in (die Knochen)（直到（骨子）里）

　　　b. von zu (Hause)（从（家）里）

　　　c. mit von (der Partie)（跟（聚会）一起，参加（聚会））

更有意思的是，德语的双层介词短语还有一种变体，即让其中的一个前置词在 NP 的后面做后置词，形成框式介词，如：

（22）a. von (Grund) aus（从（根本）上）

　　　b. um (der Gerechtigkeit) willen（为了（正义）起见）

在（22）中充当后置词的词本身是可以单独充当前置词的，如 aus dem Wald（从树林里）。这种框式介词短语的结构跟双层前置词短语的结构同中有异，分析起来需要对（19）略作调整，下面用 Pre 表示前置词，用 Pos 表示用作后置词的介词，以（22a）为例：

（23）[$_{PP}$ [$_{Pre}$ von][$_{PP}$ [$_{NP}$ Grund][$_{Pos}$ aus]]]

以上英语、德语的情况显示，介词本身可以统辖介词短语，被统辖的介词短语可以是前置词短语，也可以是后置词短语。下面就据此考察汉语框式介词的内部结构。

3.2 汉语框式介词的范域分析

在方所类前置词加方位后置词所构成的框式介词中，前置词显然比后置词有更大的范域。我们可以用两种方法来测试。首先，单用测试。就"在桌子上"这样的结构而言，"上"一类方位后置词总是能跟前面的 NP 组合，如"桌子上"，而"在"一类前置词却经常不能与后面的 NP 组合，如"在桌子"不成话。可见其层次是：

（24）[PP [Pre 在] [PP [NP 桌子] [Pos 上]]]

其次，并列测试。汉语可以说"在桌子上和书架上"，一个前置词可以统辖两个后置词短语；但是不能说"在桌子和在书架上"，即一个后置词不能统辖两个 PreP。因此"在桌子上"一类短语中，前置词在外层，统辖 PosP，后置词在内层，统辖前面的 NP，不宜认为是单一介词"在……上"统辖一个 NP。

表示时空范围的"从/自……以来/来/起"可以参照（24）来分析，因为其中的后置词总是能够与前面的 NP 组成一个后置词短语，而前置词却未必都能跟 NP 组合。比较：

（25）他（从）春节以来/起就一直没上班。~他从春节*（以来/起）就一直没上班。

"到……为止"中的"为止"一般不能离开"到"而出现，因此无法靠单用测试证明"到"带"NP 为止"。不过用并列测试就能确定"到"的范域更大。因为一个"到"可以统辖两个"NP 为止"，如（26a），但一个"为止"却无法统辖两个"到 NP"，见（26b）：

（26）a. 我和老王在上海分别逗留到十五号为止和三十号为止。

　　　b. *我和老王在上海分别逗留到十五号和到三十号为止。

陆俭明（1985）分析过"跟/像……似的/一样"的层次，结论是"跟/像"的层次高于"似的/一样"。用本文的单用测试和并列测试也能得出同样的结论。所以这类框式介词跟方位性框式介词的结构是同一模式的，都是由前置词支配后置词短语。

单用测试和并列测试都不足以测定"为了……起见"的结构层次。

一方面,"为了安全起见",既可以说"为了安全",也可以说"安全起见"。另一方面"为了安全、为了保险起见"和"为了安全起见、保险起见"两种说法都勉强可以而不自然。所以,看不出哪个介词在外层。

"用……来""为……而""因……而"等带连接成分的框式介词属于另一种情况。其中的"来"及书面语的"而、以"本属没有题元意义的连接性标记,它们以前面的整个前置词短语为连接的一方,连接标记似乎还更靠近后面动词,本宜切分为"[用[汽车]][来[接送客人]]"。然而,因为这些标记经常与前置词同现,已不妨认为它们跟前置词构成了一种框式介词——"用……来、通过……来、由……来"等,即重新切分为"[[用[汽车]]来][接送客人]]"。即使经过了重新切分,"来"的范围仍大于前面的前置词。单用测试:"用 NP"可以组成短语,如"用汽车来接送客人"中的"用汽车",而"NP 来"如"汽车来"却不能成立;并列测试:一个"来"可以统辖几个"用 NP",一个"用"却无法统辖几个"NP 来":

(27) a. <u>用</u>汽车、<u>用</u>摩托车、<u>用</u>三轮车<u>来</u>接送客人。

b. *<u>用</u>汽车<u>来</u>、摩托车<u>来</u>、三轮车<u>来</u>接送客人。

可见"来"作为后置词的范围大于前置词。

大致可归"用……来"一类的还有"为/被……所"等框式介词。"为……所"(为他所害)的来历很像英语被动式 be+V+ing,也是用系词加动词加名词化标记(所)构成的被动式,虚化后经重新分析,"为"成为前置词,而"所"失去语义理据,但其句法位置正好在联系项位置,于是逐渐成为框式介词中的临时后置词。"被……所"(被他所害)由"为……所"类化而来,"所"更没有语义理据,更应当分析为"来"那样的联系项后置词。

"比……要/来得""跟……一起/一道"等也是更加松散,尚未充分语法化的框式标记。在结构上,"要、一起"等本来是依附后面谓语核心的副词性成分,应该切分成"[[比我][要高]]",但这些副词性成分因实际的中介连接作用而逐渐变得与前面的 PP 关系更加密切,正在发展为连接性后置词。①Lehmann(1995:98)注意到,在印欧语中,介于动名之间的副词,在关系上或者向名词靠拢,或者向动词靠拢。靠拢名词的成为介词,靠拢动词的成为动词词缀。汉语中的"要、一道"等就是因为更靠近前面的名词而在向后置词方向演化。其所构成的框式介词,也是后置词处在外层,前置词处在内层。

3.3 语义抽象度与介词的范域

联系项居中原则部分地解释了汉语这样的语言需要框式介词的句法动因,但不足以解释为什么前置词和后置词会有不同的范域。第三节与英语、德语的比较显示,框式介词短语实际上属于双层介词短语中的一类,观察这些语言中的双层介词层次结构的背景,可以帮助我们了解框式介词层次结构的由来。

Hopper & Traugott(1993:107)把介词分为语义较抽象的基本介词(primary adpositions)和语义较具体的次要介词(secondary adpositions)两大类。一些语言让同一个名词性单位连用两个介词时,两个介词通常会呈现不同的语义抽象度,并按下列规则投射到句法上:离介词宾语越远、范域越大的介词,语义越抽象。对前置词语言来说,就是连用介词中越在前的越抽象。比如英语 from inside/outside the room(从房间里边/外边)。介词 from 表示"从",是指明源点题元的标记,较抽象;而 inside 等表示具体的方位,使源点的位置更具体明确。英语不允许 inside from 这种违背抽象度排列规则的介词连用。上举 in between the two buildings 也属此类。对于后置词语言来说则相反,连用介词中越靠后的越抽象。至于使用框式介词的语言,其同现的前置词和后置词通常也会有语义抽象度的差别。此时,双方跟所统辖名词的

---

① 在苏州方言中,"跟……一起"说成"搭……一淘",如"小张搭小王一淘去"。"一淘"本也是修饰后面动词的副词,所以可以单说"一淘去"。但是"搭……一淘"还形成了"搭……淘"的变体,如"小张搭小王淘去",其中的"淘"已不具备副词功能,不能说"淘去","搭……淘"成为一个真正的框式介词。

表层距离相等，无法肯定到底是前置词还是后置词语义更抽象，但框式介词仍然以自己的方法遵守语义抽象度的句法投射规则：越抽象的，句法范域越大；越具体的，句法范域越小。范域的大小可以按前述单用测试和并列测试等句法标准测定。

根据介词语义抽象度分级理论和汉语的实际情况，汉语介词可以大致分成三个等级。

一级介词：纯联系项介词，主要有"来"和书面语中的"而、以"。它们都是后置词，本身不能表示明确的语义角色（题元），只是在前置词短语和谓语核心的中介位置起一个联系项的作用，如"用汽车<u>来</u>赏赐他"。假如前置词短语用在谓语核心后，它们就没有用武之地，因为前置词已经占据联系项的中介位置，如"赏<u>以</u>汽车"。

二级介词：基本关系介词。它们大体上用来表示各种基本题元。普通话的前置词基本上可以归入这一类。例如：在（静态方所；时间）、从（时空起点；来源；途径）、到（时空终点）、向/往/朝（方向）、对（对象、客体）、以/用/通过（工具、方式）、给（接受者；受益者）、为（受益者；动因）、由于（原因）、把（受事）、被（施事）、跟/和/同/与（伴随）、比（差比基准）、像/如（平比基准）。有少数后置词的语义抽象度与前置词相当。如"似的"和"像"几乎同义，都是平比基准的标记。

三级介词：具体关系介词。表示更加具体的题元关系，特别是方所类题元内部的具体方位。汉语的大部分后置词属于这一类。如一个前置词"在"可以分别与"上、里、外、中、前、后"等后置词配合表示更加明确具体的位置，另一些后置词表示时空和实体的范围，如"（在）三点钟以前""（在）三千人里""（在）五十岁以下"等。可能有人觉得"边上、之内"等意义太实在，不足以看成作为虚词的介词。其实这些意义在纯前置词语言中完全可能由前置词表示，如冰岛语的前置词中就有 megin（在……边上）、innan（在……之内）、milli（在……之间）、utan（在……外面）、austan（在……东面）、sunnan（在……南边）、vestan（在……西边）、norðan（在……北边）等。看了冰岛语的这些介词，就不会觉得汉语的方位词作为虚词意义太实在了。方所以外也有一些框式介词，其后置词比前置词更具体，如"从……起""到……为止""跟……一样""跟……一起"。

下面我们以二级介词为坐标来分析语义抽象度和范域的相关性。二级介词基本上是前置词，当它们同现的后置词是一级介词时，后置词的范域大于前置词，如前面分析的"用汽车来接送客人"。其他如"通过/由……来""为/因……而"都属此类。当与前置词同现的后置词是三级介词时，前置词的范域大于后置词，如"在/从/往/到"等加方位后置词短语，以及"从……来/起/以来""到……为止"等。不过，有些框式介词的前后置词有大致相当的语义抽象度。这时，前后置词可能难以切分出不同的范域，性质像一个单一介词，如"为了……起见"；也可能句法上有不同的范域，如"像/跟……似的/一样"，前置词在外层。在后一种情况下，范域的大小看来不是由语义抽象度决定的，而是由其他原因如前后置词的不同虚化过程造成的。

既然在大部分情况下，框式介词的前置词和后置词有不同的句法范域，有不同的语义抽象度，它们就是一种句法组合，而不是一种固定的词项。因此，框式介词主要是汉语中的一种句法现象，而不是一种词汇现象。虽然框式介词不一定都看作固定的词项，但它们作为一种句法现象、作为汉语的一大类型特点，其重要性是非常值得汉语学界注意的。

四、余论

使用什么类型的介词，是一种语言语序类型的基本属性之一。长期以来，在国内语言学界，汉语只被看成前置词语言，这种印象扭曲了汉语的实际情况，也不利于解释汉语中很多与后置词语言一致的语序现象。汉语是前置词后置词并存的语言，框式介词则是前后置词在句法中配合同现的产物，是汉语句法中的一种极其常见且基本的现象。

认识汉语后置词和框式介词的存在及作用，不仅具有重要的理论意义,也有明显的实际意义。试略举数例。在普通话中,单音节的方位后置词"里、上、中"等虚化程度超过至今仍兼动词的"在、到"等前置词,句法作用也很值得细讲。但是后者因为被视为介词而出现在每一本虚词词典中,前者却因为享有作为实词的"方位词"的地位而被各种虚词词典所忽略,这是非常不合理的。还有很多框式介词的组成部分因为在现有语法学框架中没有地位而成为词类中的无家可归者或身份不明者,如"从……起/来/以来""到……为止""用……来"中的后置词。这些问题随着后置词和框式介词概念的确立可以逐步解决。强调框式介词的作用也有利于对外汉语教学和汉语的计算机处理。由于把汉语介词局限于前置词,经常可以见到汉语学习者因缺少后置词而造出病句,如"火车票从春节提价""戴老师在椅子睡觉"。后一个例子实际上出自一位美国人的研究汉语介词的博士论文,她不认为汉语有后置词,而这个被她当作合格句的例子恰恰因为缺了框式介词的另一半而不合格。至于计算语言学,一些计算语言学家早就把"在……里""从……起"等当作一个整体来处理,否则很容易生成介词残缺的句子。据周明介绍(学术报告和私人交流),他做的机器翻译系统就是这样处理的。可见,框式介词是汉语的重要类型特点,对它们的研究无论在本体研究中还是在应用研究中都是非常必要的。

参考文献

储泽祥　1997　《现代汉语方所系统研究》,武汉:华中师范大学出版社。
丁椿寿　1993　《彝语通论》,贵阳:贵州民族出版社。
管燮初　1994　《左传句法研究》,合肥:安徽教育出版社。
郭锡良　1997　介词"于"的起源和发展,《中国语文》第 2 期。
何金松　1994　《虚词历时词典》,武汉:湖北人民出版社。
何乐士　1992　敦煌变文与《世说新语》若干语法特点的比较,《隋唐五代汉语研究》,程湘清主编,济南:山东教育出版社。
科姆里(Comrie, B.)　1981/1989　《语言共性和语言类型》,沈家煊译,北京:华夏出版社。
刘丹青　1999　语序共性与歧义结构——汉语歧义的类型学解释,《中国语言学的新拓展——庆祝王士元教授六十五岁华诞》,石锋、潘悟云编,香港:香港城市大学出版社。

刘丹青　2002　赋元实词与语法化,《东方语言与文化》, 潘悟云主编, 上海: 东方出版中心。
陆俭明　1985　析"像……似的",《现代汉语虚词散论》, 陆俭明、马真著, 北京: 北京大学出版社。
吕叔湘　1965　方位词使用情况的初步考察,《中国语文》第 3 期。
张　赪　2002　《汉语介词词组词序的历史演变》, 北京: 北京语言文化大学出版社。
章培智　1990　《斯瓦希里语语法》, 北京: 外语教学与研究出版社。
DeLancey, S. 1997. Grammaticalization and the gradience of categories: Relator nouns and postpositions in Tibetan and Burmese. In J. Bybee, *et al.* (Eds.), *Essays of Language Function and Language Type*: *Dedicated to T. Givón*. Amsterdam: John Benjamins.
Dik, S. C. 1997. *The Theory of Functional Grammar Part I: The Structure of the Clause* (2nd ed.). Berlin and New York: Mouton de Gruyter.
Edkins, J. 1868. *A Grammar of Colloquial Chinese, as Exhibited in the Shanghai Dialect* (2nd ed.). Shanghai: Presbyterian Mission Press.
Ernst, T. 1988. Chinese postpositions? —Again. *Journal of Chinese Linguistics*, 16(2), 219-245.
Greenberg, J. 1980. Circumfixes and typological change. In E. C. Traugott, *et al.* (Eds.), *Papers from the International Conference on Historical Linguistics*. Amsterdam: John Benjamins.
Greenberg, J. 1995. The diachronic typological approach to language. In M. Shibatani, & T. Bynon (Eds.), *Approaches to Language Typology*. Oxford: Clarendon Press.
Heine, B., Claudi, U., & Hünnemeyer, F. 1991. *Grammaticalization: A Conceptual Framework*. Chicago: University of Chicago Press.
Hopper, P., & Traugott, E. 1993. *Grammaticalization*. Cambridge: Cambridge University Press.
Lehmann, C. 1995. *Thoughts on Grammaticalization*. München and Newcastle: Lincom Europa.
Napoli, D. J. 1993. *Syntax: Theory and Problems*. Oxford: Oxford University Press.
Sun, C. F. 1996. *Word-Order Change and Grammaticalization in the History of Chinese*. Stanford: Stanford University Press.
Tsunoda, T., Udea, S., & Itoh, Y. 1995. Adpositions in word-order typology, *Linguistics*, 33(4), 741-761.

（原载《当代语言学》, 2002 年第 4 期）

语序共性与歧义结构

——汉语中若干歧义结构的类型学解释

一、小引

汉语歧义现象自70年代末（徐仲华1979）以来一直是国内汉语语法学界相当关注的问题，在歧义现象的描写、歧义的分化方式、歧义的成因等方面均有可观的成果问世。这篇小文想讨论一个在国内汉语学界还很少涉及的问题：汉语中有一部分歧义现象的产生跟汉语的语序类型有关。具体地说，汉语的某些语序特征偏离了人类语言语序方面的蕴涵性共性或共同倾向，出现了某些不和谐语序并存和类型混杂的现象，而某些歧义结构可能就是为这种共性偏离和类型混杂付出的"代价"，这些歧义结构在符合语序共性的大多数语言中不会出现。实际上，这个问题在钱乃荣主编（1995）笔者撰写的第十一章"歧义现象"中已经提及，但限于教材的体例，所论只能非常简略，本文想就此展开来做一点讨论。

以语言共性和类型学为背景研究汉语歧义问题，意义应该不限于汉语语法本身。在语言共性和类型研究方面，对许多蕴涵性共性的认定并无异议，但在解释这些共性的原因方面，学者们还颇有不同意见（见科姆里1981/1989：28—31）。本文的研究或许可以从一个角度帮助说明，符合共性的和谐语序的确比偏离语序共性的不和谐语序更容易避免语言交际中的歧义现象。因此，寻求语言交际的明确性，至少应该是有关语序的蕴涵性共性和倾向共性的形成原因之一。

二、"关心自己的孩子"

作为全面讨论汉语歧义现象的第一篇论文，赵元任先生最早注意到汉语中的歧义问题。他在1959年发表了《汉语中的歧义现象》（1959/1992）一文，讨论了词汇歧义和语篇歧义、有意歧义和无意歧义、程度高的歧义和程度低的歧义、语内歧义和语际歧义、同形歧义和同音歧义，由直接成分造成的歧义和其他形式的结构歧义。徐仲华（1979）分析了汉语歧义的九种现象，第一种就是"热爱人民的总理""反对人民的敌人""拥护李代表的提议"等短语体现的歧义结构。紧接着朱德熙（1980）在说明用层次分析分化歧义的方法时，举的例子也全是这种结构："关心自己的孩子""咬死了猎人的狗"等。从此，这类结构差不多成了汉语歧义分析中最著名、最"经典"的例证。本文的讨论，也以这类结构为起点。

这种结构两种理解的层次差异是非常明显的，以"关心自己的孩子"为例：

（1）关心 ‖ 自己的孩子 ≠ 关心自己的 ‖ 孩子
　　　　动宾　　　　　　　　　　偏正

以往的分析，通常就以分析出两者的层次差异为结果。更进一步的，就是指出这种结构产生歧义还需要有词汇选择上的条件：前面的动词必须在意义上跟两个名词性单位（N_1、N_2）都可能发生动宾关系；而N_1必须在意义上可以做N_2的定语。

然而，我们还想提出一个问题：是否各种语言遇到这类结构并且意义上也面临这种条件时都会产生类似的歧义？答案是：绝大部分语言都不会。即使撇开有利于消除歧义的词汇选择和形态特征不谈，仅就产生这类歧义的语序条件而言，其他语言也多半不具备。

这类歧义结构必须同时具备三个语序条件：第一，动词在宾语之前（记作VO）；第二，领属定语在中心名词之前（记作GN）；第三，关系从句（国内习惯说谓词性短语充当的定语）位于中心名词之前（记作 RelN）。这三条的每一条都见于大量的人类语言，但是同时具备这三个条件的语言却很难找到，因为它不符合人类语言的语序共性或共同倾向。

另一方面，如果语序条件同时与上述三条相反，即语序为 OV、NG、NRel，会形成上述结构的镜像，同样是歧义结构。这三条也分别见于大量人类语言，但同时具备这三条的语言也基本上不存在，因为它也不符合人类语言的语序共性或共同倾向。

先来看一下 Greenberg 在他的开创性论文（1963/1966）中所叙述的有关语序共性和倾向。

共性 2：使用前置词的语言中，领属定语几乎总是后置于中心名词，而使用后置词的语言，领属定语几乎总是前置于中心名词。（前置词记作 Pr，后置词记作 Po，蕴涵关系记作→，共性 2 可表示为：Pr → NG，Po → GN）

这条共性只谈了介词（Pr 和 Po）跟领属定语的语序蕴涵关系，汉语介词的情况，下面还要谈，这里先不说。但共性 2 跟动宾的语序也有间接的关系。在 Greenberg 用来统计的 30 种语言中，Pr 型语言有 16 种，全部是 VO 型的（6 种是 VSO，10 种是 SVO），而 Po 型语言有 14 种，OV 型的有 11 种，VO 型的有 3 种（均为 SVO）。可见，Pr 蕴涵 VO 语序，而 VO 虽然不能反过来蕴涵 Pr，但数量上仍有明显相关性，19 种 VO 语言中 16 种是 Pr 型的，参照共性 2，这也就意味着 VO 语言明显倾向于 NG，即领属定语后置。在 30 种语言中，19 种是 VO 型的，其中 15 种是 NG，只有 4 种是 GN（3 种 Po 加 1 种 Pr）。换句话说，VO 跟 GN 一起出现的可能在语言中的概率大约是 20%。

请注意，OV 蕴涵 GN，11 种 OV 语言中，11 种是 GN，NG 为 0，所以上述歧义结构的镜像（OV、NG、NRel）中的两条已经不可能同时出现，三条具备更不可能。

就 VO 语言而言，20% 为 GN 是个不大的概率，不过也没到微不足道的程度。然而，仅仅 VO 跟 NG 并存还不足以产生上述歧义，还存在第三个条件：RelN（关系从句前置于名词）。Greenberg 关于关系从句的共性如下：

> 共性 24：如果关系从句前置于名词或者是唯一的结构或者是可交替的结构，那么这种语言或者使用后置词，或者形容词前置于名词，也可能两者兼有。

共性 24 说明，RelN 语序倾向于跟 Po 一起出现，而我们已经知道，Po 语言大多是 OV 型的。就他抽样的 30 种语言而言，RelN 语言有 7 种，全部是 Po 语言，也全部是 OV 语言，有 2 种语言是 RelN 和 NRel 两可，都是 Po 语言，其中 OV 和 VO 各 1 种；从 VO 的角度看，则 19 种 VO 语言有 18 种是 NRel，只有一种是 NRel 和 RelN 两可。也就是说，RelN 跟 VO 并存的概率只有 1/38。

把两种情况合在一起，要让上述歧义结构的三个语序条件同时出现，其概率就低得几乎可以忽略不计。就 Greenberg 抽样的 30 种而言，这三种语序同时出现的语言数目为零。而它的镜像也难以同时出现。由此可见，其他语言是很难出现"关心自己的孩子"这种歧义结构的。在汉语内部，这类结构成了语法学的"经典性"歧义类型，而在世界语言中，它们恰好是非常"汉语式"的歧义类型。

在 Greenberg 以前，除了少数学者外，语言学家研究语序都是以某单一结构（如动宾结构）的语序为研究对象。Greenberg 的贡献在于第一次在理论上和方法论上把不同结构的语序放在一起，以抽样、计量和逻辑推导的方式考察不同语序之间的相关性和蕴涵性。在此基础上，他发现了语序之间有和谐、不和谐关系之分，比如，"OV 跟后置词相和谐，而 VO 跟前置词相和谐"，"前置词跟 NG 相和谐，后置词跟 GN 相和谐"，等等。而汉语中的歧义结构"关心自己的孩子"，是以不和谐的"VO、GN、RelN"并存为条件的，因此不大可能在其他语言中出现。而和谐的语序搭配，即"VO、NG、NRel"（如俄语、泰语、毛利语等），或"OV、GN、RelN"（如日语、藏语、印地语、巴斯克语等），则不存在这类歧义现象。

上面讨论的歧义结构不涉及主语（记作 S），所以我们姑且把 VO 看作一种语序类型来讨论。这是一种简单化的处理，实际的情形比这复杂，需要做些补充说明。在 S、V、O 所能构成的 6 种逻辑上存在的语序中，大部分语言都是 SVO、SOV 和 VSO 三种中的一种，我们所说的 OV 主要就指 SOV。从与其他语序的蕴涵关系看，SOV 和 VSO 的差异最突出，几乎是处处对立，两者的类型特征很突出。SVO 本身的语序介于两者之间，动在宾前的特点与 VSO 相同，所以两类可以归并成一个 VO 类，主在动前的特点又跟 SOV 一致，理论上也不妨归成一个 SV 类。从跟其他语序的蕴涵关系看，SVO 也介于 VSO 和 SOV 之间，本身的类型特点不明显。有些 SVO 语言跟 VSO 有较多的语序共同点，如泰语，有 Pr、NG、NRel；另一些则跟 SOV 有较多的共同点，如芬兰语，有 Po、GN、RelN。从数量统计看，跟 VSO 接近的 SVO 语言较多，所以在 Greenberg（1963/1966）之后，Vennemann 等倾向于把 SVO 和 VSO 归并为 VO 一个类型来研究。不过，Hawkins（1983）提醒我们，由于 SVO 语言的语序类型不稳定，所以 S、V、O 三者的语序作为类型参项远不如介词（Pr、Po）的语序重要。我们上面的分析也显示，VO 跟 GN 的不和谐仅仅是概率性的，仍有 20% 的 VO 语言可以有 GN，这些 VO、GN 并存的 VO 全是 SVO 而非 VSO。

三、"对报纸的批评"

偏离共性的歧义结构在汉语中不限于上面一类。下面我们要讨论的一类，就跟更重要的类型参项即介词（Pr、Po）有关。

徐仲华（1979）举的第 8 类歧义是"'对'和'对于'组成的结构"，以"张霈对她的无限深情"为例。这个歧义结构中，实际上有歧义的是与介词有关的"对她的深情"。这类短语后来也成为歧义论著中常举的汉语歧义结构，如文炼、允贻（1985：43）举的"对报纸的批评"和"关于青少年的问题"。这类歧义也由层次差异造成，即：

（2）对 ‖ 报纸的批评 ≠ 对报纸的 ‖ 批评

　　　介宾　　　　　　　偏正

比较一下前面对"关心自己的孩子"的分析，可以看出两种歧义结构的层次条件是一致的，差异只是结构关系，即动宾换成了介宾。所以可以推出其语序条件是：（1）Pr（用前置词）；（2）GN；（3）介词短语修饰后面的名词（AN 或 GN。介词短语充当的定语在类型学中通常不作为独立参项；若要归类，则较接近形容词性定语或领属定语，所以这里记作 AN 或 GN）。从语言共性的角度看，这种歧义结构在其他语言中出现的机会更少。

前面说过，介词的位置是比动词的位置更强的类型参项，它跟领属定语的蕴涵关系更加直接。回顾一下 Greenberg 共性 2：

共性 2：使用前置词的语言中，领属定语几乎总是后置于中心名词，而使用后置词的语言，领属定语几乎总是前置于中心名词。

在他抽样的 30 种语言中，Pr 语言有 16 种，其中 15 种是 NG，只有挪威语一种是 GN。反过来，Po 语言有 14 种，全部都是 GN。可见，仅仅 Pr 和 GN 这两个条件同时出现的可能已经接近零。换句话说，这种歧义更是汉语式的歧义，更不可能在其他语言中出现。至于 AN，也是跟 Pr 不和谐的语序。在 16 种 Pr 语言中，NA 是 12 种，AN 仅 4 种；而在 14 种 Po 语言中，AN 是 9 种，NA 是 5 种。这里，虽然不存在绝对的蕴涵性共性，但倾向还是存在的，即 Pr 跟 NA 和谐，Po 和 AN 和谐。况且介词短语不是真的形容词定语 A，也可以看作接近蕴涵性更强的领属定语 G。所以"对她的深情"这种歧义结构的语序条件全部同时出现的可能实际上趋于零。

上面的分析把汉语看作 Pr 型语言，因为造成该歧义结构的关键是用了跟 GN 和 AN 都不和谐的 Pr。但是，需要指出，汉语并不是单纯的 Pr 型语言。汉语既有跟 GN 和 AN 不和谐的 Pr，也存在跟这两种语序和谐的 Po，只是汉语语法学较多地受英语等 Pr 语言的语法学影响，因而只注意 Pr 而忽略了 Po。汉语的所谓"方位词"，尤其是主要用于后置的单音节方位词和部分双音节方位词，其实就有 Po（后置介词）的作用。当然它们有时候发挥方位名词的作用，但是别忘了汉语的 Pr 大部分都兼有动词的作用。所以兼名词并不妨碍它们有介词的性质（参阅刘丹青 1991）。有意思是，假如短语的介词选用 Po 而不是 Pr，这时候的汉语正好成了和谐的 Po、GN、AN 并存的语言，上述歧义就不存在。如跟上述 Pr 结构相对的 Po 结构的两种意义就不可能同形，而分别是：

（3）瓶子上的 ‖ 盖子 ≠ 瓶子的盖子 ‖ 上
　　　　偏正　　　　　　　　宾介

哪种位置用 Pr 哪种位置用 Po 在汉语中受到句法和语义条件的制约（对此，我们将另文讨论），但是也有一些句法位置可以任选 Pr 或 Po。我们看到，选用 Pr 会造成歧义而选用 Po 可以避免歧义。比较：

（4）Pr：在 ‖ 贫困县的小学 ≠ 在贫困县的 ‖ 小学
　　　　介宾　　　　　　　　　偏正

（5）Po：贫困县的小学 ‖ 里 ≠ 贫困县里的 ‖ 小学
　　　　宾介　　　　　　　　偏正

这种情形不独见于表示方位处所的介词，也见于表示其他语义关系的介词，如下列带有比况类介词的结构：

（6）Pr：像 ‖ 猴子的面孔 ≠ 像猴子的 ‖ 面孔
　　　　介宾　　　　　　　　偏正

（7）Po：猴子的面孔 ‖ 似的 ≠ 猴子似的 ‖ 面孔
　　　　宾介　　　　　　　　偏正

汉语只有 GN 没有 NG，只有 AN 没有 NA，在此前提下，用跟 GN 和 AN 和谐的 Po 便没有歧义，用跟 GN 和 AN 不和谐的 Pr 便可能产生歧义。可见，和谐的语序有避免歧义的作用。

四、"知道你回来以后病了"

以上两类，主要是动宾和介宾语序为一方、偏正语序为另一方，两方的不和谐造成歧义。下面我们将看到，动宾语序和介宾语序的不和谐也会造成歧义。黄国营（1985）举过下列例句体现的歧义结构：

（8）发现你离开的时候已经来不及打电话了。

（9）听说你上了车以后才想起那件事。

（10）知道你回来之后一直心事重重。

这些例句中的"的时候""以后"和"之后"其实都是表示时间状语的后置词，相当于英语的前置词 when、after、since 等。把不影响歧义的成分略去，上述歧义结构可以用"（他）知道你回来之后病了"为代表，其歧义的层次是：

（11）（他）知道你回来之后 ‖ 病了 ≠（他）知道 ‖ 你回来之后病了
　　　　　　　　　偏正　　　　　　　　　动宾

这类歧义的直接原因是动词"知道"和后置词"之后"的管辖范围（宾语）不确定。"知道"的管辖范围小（宾语为"你回来"），则"之后"的管辖范围大（宾语为"知道你回来"）；"知道"的管辖范围大（宾语为"你回来之后病了"），则"之后"的管辖范围小（宾语为"你回来"）。这种歧义的类型条件是动宾关系为 VO 语序，而介词为 Po，这是不和谐的语序。前面说过，在 Greenberg 的 30 种语言样本中，Pr 型语言有 16 种，全部是 VO 型的（6 种是 VSO，10 种是 SVO），而 Po 型语言是 14 种，OV 型的有 11 种，VO 型的有 3 种（均为 SVO）。显然，Pr 同 VO 和谐，跟 OV 不和谐；Po 同 OV 和谐，同 VO 不和谐。我们试把这里的 Po 换成同 VO 和谐的 Pr，句子不很自然，但歧义却消除了。如：

（12）（他）当知道你回来 ‖ 就病了 ≠（他）知道 ‖ 当你回来就病了
　　　　　　　　偏正　　　　　　　　　动宾

语序的不和谐，再次造成了结构层次性的歧义现象。

五、"Flying planes can be dangerous"

所谓语序之间的和谐与不和谐，是类型学家们根据对人类语言的调查和统计而得出来的。不同语序之间的和谐，尤其是涉及蕴涵性共性的强参项方面的语序和谐，如 Pr 和 VO、Po 和 GN 等，是大部分人类语言的共同性质，由此可将众多的语言归纳成很少量的语序类型。而汉语中存在较多的不和谐语序，如 Po 和 VO 的并存，尤其是 Pr 和 GN 的并存，使得汉语较难归入业已建立的这些类型，乃至与亲属语言和邻近语言也很不相同。多数藏缅语和阿尔泰语、日语、朝鲜语等都是和谐的 Po 型语言，即 Po-OV-GN-AN-RelN，而绝大部分壮侗语、苗瑶语、南亚语都是和谐的 Pr 型语言，即 Pr-VO-NG-NA-NRel，而汉语却是 Pr/Po-VO-GN-AN-RelN。在最重要的参项即介词上 Pr 和 Po 并存，在其他方面有的跟 Pr 型走，有的跟 Po 型走。本文讨论的汉语歧义结构，都发生于不和谐的语序并存时，当我们在可能的条件下把不和谐语序改成和谐语序时，歧义又消除了。

正因为和谐与不和谐是通过概率得出的，因此大多不是绝对规律，而是相对的倾向。只有蕴涵性共性所揭示的和谐，可以说是绝对的和谐，如 VSO 语言必定是 Pr 语言，则 VSO 跟 Pr 是绝对和谐的，但 SVO 跟 Pr 的和谐却只是相对的（即通过概率表现出来的倾向），因为还有少量 SVO 语言是用 Po 的，同时可知，VO 或 SVO 跟 Po 的不和谐也只是相对的。所以，不和谐语序的并存并不是汉语独有的现象，其他语言也可能存在，只是汉语的不和谐表现得较为集中和突出罢了。值得关心的是，本文讨论的有些歧义，就是由相对的不和谐造成的，那么其他语言中的语序不和谐是否也可能造成歧义结构呢？有可能。我们熟悉的英语是 Pr 型语言，英语中的大部分语序跟 Pr 是和谐的，如 VO、NRel、NG（the cover of the magzine）、NA（a boy poor at mathematics），也存在跟 Pr 型不和谐的语序，如 GN（a farmer's son）、AN（a poor boy）。果然，英语中也存在跟语序不和谐有关的歧义现象。下例是西方语言学常举的歧义句（见帕默 1982：144，157）：

（13）Flying planes can be dangerous.
  A.'驾驶飞机可能是危险的。'
  B.'飞行中的飞机可能是危险的。'
歧义的关键是 flying planes 可以被理解为动宾关系"驾驶飞机"，也可以被理解为偏正关系"飞行中的飞机"。西方学者举这个例子，是用来说明单纯的直接成分分析不能解释它的歧义，而必须加上结构关系，转换分析则可以进一步用深层结构的差异来分化它的歧义。不过我们注意的是,这一歧义结构的类型条件是英语中 VO 和 AN 这两种不和谐语序的并存。假如英语中统一用跟 VO 和谐的 NA 语序,如:

(14) Planes flying in the air can be dangerous. '飞行在空中的飞机可能是危险的。'

这类的歧义就不会发生。汉语也是 VO 跟 AN 并存,所以这类歧义也大量存在,如"学习材料、进口汽车、研究方法"等语法书常举的例子便是这一类歧义。不过本文前面讨论的歧义多涉及好几个不和谐语序的并存,这在其他语言中是很难出现的。

此外,必须指出,偏离人类语言共性或倾向的语序,即不和谐语序,只是为某些歧义结构提供了可能,实际造成歧义的机会并不大。因为,除了语序外,人类语言还有许多语言手段,其中很多是有利于消除歧义的因素,仅在语法内部,就有格的标记,一致关系、冠词等。汉语是这一类手段比较少的语言,所以不和谐语序特别容易造成歧义。其他语言不一定如此。上述英语例句的歧义,是在用了无法体现一致关系的情态动词 can 的情况下产生的。只要去掉情态动词,动词的一致关系就足以消除歧义:

(15) a. Flying planes is dangerous. '驾驶飞机是危险的。'
　　　 b. Flying planes are dangerous. '飞行中的飞机是危险的。'

假如保留情态动词,而将指飞机的词改用单数,也因为冠词的使用而使歧义分化:

(16) a. Flying a plane can be dangerous. '驾驶一架飞机可能是危险的。'
　　　 b. A flying plane can be dangerous. '一架飞行中的飞机可能是危险的。'

在世界上的语言中,英语的形态并不算很丰富,由此可以推想,形态比英语更丰富的语言,即使存在不和谐语序,也更少有机会表现为歧义结构。

不和谐的语序在人类语言中本身已经不容易出现,由不和谐语序造成歧义的情况又因为其他手段的介入而更不容易，所以，当学者们在为语序间的蕴涵性共性和倾向性共性寻找解释时，的确不容易注意到歧义这个因素。于是，汉语在这方面便成为难得的例子。当然，人们会问：为什么汉语在形态不丰富的情况下还大量存在不和谐语序（从而造成歧义较多的现象）？大家知道，王士元教授的高足桥本万太郎（1985）曾用汉语所处的地理位置——南为"顺行结构"的壮侗、南亚等语言，北为"逆行结构"的阿尔泰等语言——来解释汉语历史上和方言中语序类型的复杂性，这给这个问题的探讨提供了极有益的启发。不过，他并没有正面探讨普通话本身存在不和谐语序的问题，而且他的论述从材料到分析还存在一些可商榷之处，因此还不足以全面解答上述问题。对这个问题的进一步探求已经超出了这篇小文的范围，希望以后有机会再来讨论。

参考文献

黄国营　1985　现代汉语的歧义短语，《语言研究》第 1 期。

科姆里（Comrie, B.）　1981/1989　《语言共性和语言类型》，沈家煊译，北京：华夏出版社。

刘丹青　1991　从汉语特有词类问题看语法的宏观研究，《江苏社会科学》第 2 期。

帕　默（Palmer, F.）　1982　《语法》，赵世开译，上海：上海译文出版社。

钱乃荣（主编）　1995　《汉语语言学》，北京：北京语言学院出版社。

桥本万太郎　1985　《语言地理类型学》，余志鸿译，北京：北京大学出版社。

文　炼、允　贻　1985　《歧义问题》，哈尔滨：黑龙江人民出版社。

徐仲华　1979　汉语书面语言歧义现象举例，《中国语文》第 5 期。

赵元任　1959/1992　汉语中的歧义现象，袁毓林译，《中国现代语言学的开拓和发展——赵元任语言学论文选》，北京：清华大学出版社。

朱德熙　1980　汉语句法里的歧义现象，《中国语文》第 2 期。

Greenberg, J. H. 1963/1966. Some universals of grammar with particular reference to the order of meaningful elements. In J. H. Greenberg (Ed.), *Universals of Language*. Cambridge & Mass: M.I.T. Press. 中译文见《国外语言学》，1984 年第 2 期，陆丙甫、陆致极译。

Hawkins, J. A. 1983. *Word Order Universals*. New York: Academic Press.

（原载《中国语言学的新拓展——庆祝王士元教授六十五岁华诞》，香港城市大学出版社，1999 年）

附记

以上是本文发表时的样子。最近笔者又想到，汉语中一类著名的歧义是由汉语特殊的语序格局造成的，谨补志于此。

汉语中有"和、跟、同、与"一组同义词，是连词和介词的兼类词。一般的兼类虚词大多不会在实际语境中造成歧义，而这组词在实际语境中也经常造成歧义，也给语言学家的句法分析造成困难。有不少文章辅导学生怎样辨别它们的词类身份，事实上还是有一些句子难以辨别。如：

[[我和他]谈了] ～ [我[[和他]谈了]]

在前一种分析中，"和"是并列连词，相当于英语 and；在后一种分析中，"和"是介词，相当于英语 with。这个句子放在很多语境中都消除不了歧义。单纯研究汉语语法的人可能会感到，由于伴随者（concomitant）状语意义上跟并列连接有密切关系，因此这种歧义应当是很普遍的，有时实际上是结构歧义而并不影响理解，例如"我同他一起去"，不管结构上怎么分析，最后的理解还是两个人一起去。其实，从跨语言角度讲，这种歧义是颇不寻常的。试略做分析。这种歧义的存在条件在词汇方面是并列连词和伴随介词同形，在句法方面主要是两条：（1）使用前置介词；（2）介词短语修饰动词时在动词之前。事实上，在典型的前置词语言中，介词短语通常会在动词后，所以和主语没有直接关系，相当于前置词"和"的词也就不会和主语中的并列连词混同，如英语的 with 和 and，即使它们同形，也没有机会在同一位置出现。而在典型的后置词语言里，状语倒的确会在动词前，但相当于前置词"和"的词当是后置词，会在"他"之后，类似"我他和谈了"这种形式，而并列连词仍会嵌在主语的中间，完全没有机会在同一位置出现。能同时满足上述两个句法条件的语言非常难找。从理论上说，VSO 语言在不及物动词做谓语时可能出现这类歧义（假如同时满足两类词同形的词汇条件）。VSO 语言的状语比 SVO 语言更强烈地倾向后置。遇到不及物动词，会出现"去我和他"这种形式，其中的"和他"可能是并列主语的一部分，也可能是介词短语做状语。不过，只要有宾语，歧义就难以发生，因为状语要在宾语后，例如汉语的歧义句"我和他一起看电影"在 VSO 语言中，如果理解为并列主语，句式当类似"看我和他电影"，如果"和他"是介词短语做状语，句式当类似"看我电影和他"，也不会有歧义。所以，这类歧义是由使用前置词而介词短语又在动词前这一相当少见的语序组合造成的。以上分析只考虑句法，没有考虑形态问题。假如介词宾语有主格以外的格标记，则任何句法条件都无法造成这类歧义。

汉语方言的语序类型比较[*]

零、引言

本文讨论的语序类型限于小句基本结构,即话题、主语、宾语、动词等成分的语序问题。这个问题不光涉及汉语事实问题,而且涉及怎么分析有关事实的问题,比如是前置宾语还是小主语等。这些理论问题不解决,有了事实也难以得出结论。所以本文试图以语序共性和类型的研究成果为背景,结合语序理论、话题理论和语法化理论,以汉语从古到今和若干方言的语言事实比较为基础,为汉语方言语序类型的比较构建一个新框架,而不是照搬单纯在普通话研究中形成的现有框架。现有框架虽然孕育了大量描写性成果,加深了人们对普通话语法事实的认识,但也存在天然的缺憾。它对内包容性不够,有时难以合理地分析汉语史上和各方言中的语言事实;对外可比性不足,难以同国际语言学交流,也不利于展开汉语和其他语言(包括亲邻语言)的比较研究。在建立理论框架的基础上,本文将对几大方言的语序类型做一个初步比较,并根据新的事实和新的分析,对桥本万太郎(1985)关于汉语语序类型的地理推移模型提出重大修正。

---

[*] 本文写作得到香港研究经费拨款委员会项目"汉语三种方言广东话、上海话和普通话的参数变化"的部分资助。本文所涉及的吴语区田野调查为香港城市大学人文学院研究资助委员会项目。本文英文稿和中文初稿曾分别在香港城市大学中文、翻译及语言学系和2000年中国东南部方言比较研讨会(3月30日—4月1日,福建武夷山)上宣读,蒙与会先生多所指正,谨致谢忱。文中尚存的不足均由笔者负责。

一、汉语小句结构的基本语序类型

1.1 汉语语序类型的历史背景

自文献记载以来，汉语小句结构一直以 SVO 为基本语序[①]，与壮侗语一致；名词短语的各种定语则一律在中心语前，与藏缅语一致。由于汉语跟藏缅语的亲属关系最确定，而后者除克伦语外基本上都属 SOV 型。所以汉藏语言学家们倾向于推断汉语和藏缅语的共同祖语是 SOV 语，汉语的 SVO 是后起的，LaPolla（1994）认为可能是上古汉语焦点位置的改变促成了宾语位置的后移。壮侗语祖先是否也是促成汉语 SVO 语序的因素，目前暂难确定，因为其"名词+定语"语序虽与 VO 式和谐，对汉语主流却几乎无影响。

先秦汉语在以 SVO 为主导的同时存在两种有明确句法条件的 SOV 句式。一是疑问代词宾语在动词前，如《论语·子罕》"吾谁欺，欺天乎？"，"谁"前置而名词宾语"天"后置。二是否定句的代词宾语前置于动词，如《诗经·硕鼠》"三岁贯汝，莫我肯顾"，肯定句"汝"后置而否定句"我"前置。再看《论语·学而》"不患人之不己知，患不知人也"，虽然否定句代词宾语"己"前置，但名词宾语"人"仍后置。此例还说明这种规则在嵌入句中同样有效，因为后面两个小句都是"不患"的宾语从句。

从类型学的角度看，这些句式可能是原 SOV 类型的遗留。根据 Greenberg（1963/1966）的共性 25，"假如代词性宾语后置于动词，那么名词性宾语也同样如此"。该单向蕴涵的共性意味着假如代词宾语前置，名词宾语不一定前置。换言之，代词宾语比名词宾语更倾向前置于

[①] 上古汉语话题也相当常规化，如《论语·公冶长》"巧言，令色，足恭，左丘明耻之，丘亦耻之"，其语序模式可记作 TSVO。古汉语的话题结构不影响学者们对 VO 语序的认识，所以此处暂不讨论。

动词，名词宾语比代词宾语更倾向于后置于动词。Hawkins（1983）的重成分后置原则、Dik（1997）的语序优先序列，都确认代词比名词更容易靠前。可见古汉语部分代词宾语在动词前而名词宾语在动词后是符合语言共性的。比较历史上拉丁语的 SOV 变成法语的 SVO，但代词宾语仍是 OV（感谢 R. LaPolla 博士提供这一事实）。假如汉语祖先真是由 SOV 变 SVO，那么也经历了类似法语的阶段。

秦汉以降，上述两条宾语前置规则逐步消亡，汉语的 SVO 模型不考虑话题和间接格受事的话显得更加一致稳定。

1.2 "把"字间接格句式与汉语语序类型

在完成 SVO 整合不久的中古时期，汉语出现了用动词虚化来的"将、把"等前置词将受事论元放在动词前的句式（为方便，暂称处置式）。海外学者常常把处置式当作汉语中的 SOV 句式（如 Li & Thompson 1974；桥本万太郎 1985；Sun & Givón 1985）。其实从句法上可以方便地证明处置式不代表 OV 语序。首先，"把"字句中的非双及物动词后面仍可有宾语出现，"把"的宾语和动词的宾语有整体-部分之类关系（参阅吕叔湘 1965），如"他把橘子剥了皮""小张把酒喝了一大半"。可见"把"字并没有取消动词后宾语的句法位置，"把"字的宾语不是动词的宾语。其次，几乎无人否认"把"字属于介词。既然是介词，它就是间接格（oblique）的标记，而不再是直接宾语的标记。"提宾"说和"把"的介词性是不相容的。在一定条件下将直接题元改用间接格表示是语言的常见现象。van Valin & LaPolla（1997：124）举过英语的此类例子，如 to sew the dress（缝衣服）> to sew at the dress。后式中 at 的宾语便不再是动词的宾语，正像"把"字的宾语也不再是动词的宾语。再次，比较"把"字句和"被"字句，两者的区别仅在于"把"使宾语降格（degrade）为间接格状语，属受事题元的状语化，而"被"使主语降格为间接格状语，是施事题元的状语化。假如"把"字句属 SOV，那么"被"字句就属 OSV 了，事实上没人这么分析。可见，认为"把"字句属 SOV 甚为不妥。最后，SOV 多见于后置词语言（Greenberg 1963/1966，共性 4：以 SOV 语序为常的语言以远大于偶然性的频率属后置介词语言），而且 SOV 语言一般都使用名词后缀充当格标记，包括宾语标记（见 Lehmann 1978：214），如日语宾格标记 o，拉萨藏语宾格标记 la^{31} 等。"把"是前置词，即使像 Li & Thopmson（1978：231）那样算它有标记直接宾语的作用，它也只能算前缀。SOV 语言用前缀当宾格标记缺乏类型学依据。以上种种充分说明"把"字句无法归入 SOV 类型。

然而，"把"字的存在也并非对汉语小句结构的语序类型毫无影响。据 Sun & Givón（1985）的统计，"把"字句的频率倒并没有通常设想得高，因为连"把"字句在内的所有所谓 OV 句也只占普通话及物句的 10% 以下。重要的是，现代汉语出现了动词后宾语与其他许多成分不相容的情况。吕叔湘（1948）已注意到不少"把"字宾语无法回到宾语位置，其中有些是因为后面有非宾语性的成分，于是，动词前的间接格位置就用来接纳被动词后其他成分"挤走"的符合宾语条件的题元，如：

（1）a. 你把茶杯搁在桌子上。~ b. *你搁茶杯在桌子上。

（2）a. 小张把一些文件放进抽屉。~ b. *小张放一些文件进抽屉。

（3）a. 他把角色演得活灵活现。~ b. *他演角色得活灵活现。

~ c. *他演得角色活灵活现。

在典型的 SVO 语言中，宾语是挤不走的，所以有处置式的汉语至少不是典型的 SVO 语言。

1.3 句法化话题与汉语语序类型

另一个使汉语小句类型复杂化的因素是话题。

李讷和汤普森（Li & Thompson 1974）、戴浩一（Tai 1973）曾称现代汉语 SOV 占优势，除了处置式外，那些在动词前做话题的受事成分也被看成了宾语。徐烈炯、刘丹青（1998）的研究说明汉语（包括普通话和上海话等方言）有一个句法上的话题位置 T，这个位置并没有真正移走动词后的宾语位置，所以可以有 TSVO（苹果我吃了两个）或 STVO（我苹果吃了两个）。假如因为汉语存在 STV 的句子（我苹果吃了）而 T 正好又是受事，就认为这些句子是 SOV，那么普通话里比 STV 更常见的 TSV（苹果我吃了）就应该是 OSV 了，可见这种论证是成问题的。

赵元任、朱德熙以来，中国大陆盛行的分析法是把动词前的受事都看作主语，加上许多状语性成分也被看作主语，一个句子可以有层次递降的许多个主语。这代表了结构主义时代的做法。虽然最早由赵元任先生在海外提出，但目前在接受了现代语言学的海外已几乎无人再采用这种分析。这种分析的缺点之一是主语概念空洞化，主语失去任何语义基础和信息基础。其次，这种所谓主语的概念只是粗略地描述了有关成分的线性位置（动词前的某处），而无助于分析有关句型的生成机制、组合规则。即使分别叫大主语小主语，仍然没用。"我酒不喝了"，"我"是大主语，"酒"是小主语；"酒我不喝了"，"酒"是大主语，"我"是小主语。这种大主语、小主语的名称除了一个线性位置的标签外，并不能提示其有何句法性质、语义基础和语用规律。最后，这种名称无法将汉语句子和其他语言的句子做比较，因为这种主语的概念成为普遍句法理论中特设（ad hoc）的概念，缺少和其他语言做对比研究的共同基础。没有一种语言是不可以放在人类语言的共同框架中进行对比的，所以，我们不采用主谓谓语句、大主语、小主语这些观念来分析受事题元前置的句子。这些前置的受事题元应当看作话题，来自话语成分的句法化，有自己的信息特征和一些句法特征。根据柴谷（Shibatani 1991），主语是以施事为原型意义的句法成分，因此，是语义成分的句法化。句法话题则是话语成分的句法化。话题句法化程度高是汉语的特点，但话题、主语这些概念都有特定的语义、语用性质，并且是可比的非特设概念。

不过，句法化的话题不一定是话题语法化的唯一结果或最终结果。1. 在日语、朝鲜语等语言中，话题成为与主语并存（而非合并）的句法性话题。2. Givón（1976）通过对若干克里奥尔语和班图系语言的研究，发现话题可以因为回指代词系统向一致关系的演变而成为普通的（不必有话题性的）句法主语或宾语。施事性话题的回指代词可以虚化为主谓一致关系的标记，使话题变成普通主语；受事性话题的回指代词可以虚化为动宾一致关系的标记，使话题成为普通宾语。3. Dik（1997：409）指出话题语法化为主语可以导致语序类型的演变，如 VSO 语言就可能因为主语常规性的话题化而演变为 SVO 语言。Greenberg（1963/1966）已注意到 VSO 语言总是存在 SVO 这种变体。这正是这种演变的潜在力量。4. 柴谷（Shibatani 1991）注意到假如一种语言的话题优先选择施事论元充当，话题比较容易语法化为主语。如果优先选择受事为话题，则可能导致其他结果。

从以上论述也可以推出学者们尚未提到的一种可能：SVO 语言优先选择受事充当话题，但占据的主要不是主话题而是次话题的位置。这种话题的语法化，最终导致的结果可能是真正的 SOV 类型。汉语一些方言似乎出现了这种由话题化引发的语序演变的迹象，但是尚没有一种方言完成了这一过程。这正是本文的重点所在（详第二节）。

要使话题经语法化成为另一种句法成分，如 VSO 经主语的话题化而逐步演变为 SVO，或 SVO 经宾语的次话题化成为 SOV，即变话题为普通的主语或宾语，关键一步是话题在语义和语用上泛化，使话题位置逐渐接纳本来不适合当话题的成分。这代表了这种演变的开始。而这一变化的完成，则需要原来的某一句法主语或宾语无条件地甚至无例外地出现在话题位置上。这时，话题位置就转换成了句法上的主语或宾语位置。

下面我们就用以上的事实和理论背景来探讨汉语方言的语序类型问题。

二、吴-闽式语序类型：从次话题优先到 SOV 萌芽

2.1 苏沪吴语的小句结构：次话题优先

徐烈炯、刘丹青（1998）指出，上海话及所代表的北部吴语（苏南上海地区）呈现一种次话题优先的特征。主要表现在受事话题化比普

通话常见得多，而受事占据的话题位置主要是主语后动词前的次话题位置。与此形成对照，北京话的受事话题主要占据主话题的位置——用方梅（1997）的话来说，"在由 NP$_1$NP$_2$V 构成的话题句中，NP$_1$ 的施动性小于 NP$_2$"（即 NP$_1$ 优先理解为受事）。对普通话和以上海话为代表的北部吴语来说，所有话题化的受事论元都符合话题的信息特征和/或指称特征，比如有定、已知信息、类指（generic）等。而从句法理论看，主语后的位置既非话语话题所适合的句首，更非左错位（left-dislocation）位置（跟小句主干之间有停顿、语气词等隔开的句前游离成分）。它已经是小句句法结构内的成分。所以，这种次话题是高度句法化的话题。徐烈炯、刘丹青（1998）对一出上海独角戏剧本的统计反映了上海话受事题元最容易次话题化的结构环境。

表 1　上海话受事话题化的句类分布统计

句类	TV	VO	细类
"VP"问句	8	2	3 例 TV，5 例 STV；VO 和 SVO 各 1 例
V 勿 V 问句	1	0	1 例 STV
反意疑问句	0	4	VO 和 SVO 各 2 例
特指问	0	11	6 例 VO，5 例 SVO
否定陈述句	17.5	2.5	4 例 TV，11 例 STV，2 例 TSV，1 例 STVO（两边各算 0.5）；2 例 SVO
肯定陈述句	8	36	2 例 TV，5 例 STV，1 例 TSV；3 例 VO，33 例 SVO
肯定祈使句	3	10	3 例 TV；9 例 VO，1 例 SVO

统计显示，是非问句（VP，V 勿 V）和否定陈述句都是 TV 结构以绝对优势超过 VO 结构，而肯定陈述句则是 VO 明显占优势，但 TV 也有一定比例，因为肯定陈述句中的有定、类指、已知信息成分也较有可能前置。是非疑问句以外的问句，包括特指疑问句，则完全没有 TV 结构。在 TV 结构中，有 STV 式 21 例和 TV 式 7 例，总共有 28 例，而在普通话话题结构中占优势的 TSV 式这里只有 3 例。其实日常的语言也反映了跟统计一致的情况。比如，北方人跟人借东西，很可能会问"你有剪刀吗"，而上海人最可能的问法是"侬剪刀有"。北方人说"我不爱吃鱼"，而上海人更可能说"我鱼勿欢喜吃"。

人们当然可以问，为什么认定是非问句和否定句的受事前置是话题而不是宾语？既然它们既非有定也不需要是已知信息就倾向于前置，其话题性表现何在？Givón(1978)指出，否定操作符辖域内的受事要么是有定的，要么是无指（包括类指）的，而不可能是无定有指的。英语中说 I didn't see the student 或者 I didn't see any student，但不说 I didn't see a student，就反映了这一规律。是非疑问操作符辖域内的受事也基本如此，所以英语问 Did you see that student 或 Did you see any student，但一般不说 Did you see a student。有定和类指是最符合话题化需要的指称义，这些成分的话题性就体现在其指称义上。没有这种指称义的受事，即使在上海话中也不适合充当话题。比如"我每天吃鱼"不会说"我每天鱼吃"。"伊买了三本书"不会说"伊三本书买了"，除非"三本书"借助语境表示"这三本书"。

2.2 浙江吴语：从次话题优先到 SOV 型的萌芽

受事前置的倾向在往南的浙江吴语中表现得更加强烈。在宁波话中，受事成分充当次话题的现象远比上海话常见。有些前置的受事成分已基本没有话题的信息特征或指称特征，因此，似乎出现了受事话题宾语化的迹象，如：

(4)〈宁波〉
    a. 其信用社<u>一笔钞票</u>借来咔。'他从信用社贷来了一笔款。'
    b. 阿拉从仓库里头<u>一批备用品</u>已经调来咔。'我们从仓库调来了一些备用品。'
    c. 房间里头<u>一盏灯</u>点该。'房间里点着一盏灯。'

这些句子没有特别的语境，调查者仅提供了如上述普通话释义所示的 VO 型例句，宾语都是无定的，请当地人说出对应而自然的方言句子，结果说话人提供的却是无定受事前置于动词的句子。再看绍兴话中的类似情形：

(5)〈绍兴〉伲，<u>窗门</u>，<u>纸</u>都糊好哉。'我们把窗户都糊上了纸。'

此外，在宁波、绍兴方言中，一些在 SVO 型语言中通常后置的处所成分，也倾向前置。如：

（6）〈宁波〉
　　　　a. 现在其已经<u>上海市区</u>逃出唻。'现在他已经逃出上海市区了。'
　　　　b. 老王<u>大门</u>刚刚走进。'老王刚刚走进大门去。'

（7）〈绍兴〉
　　　　a. 老王刚刚<u>大门里</u>走进㘔。'老王刚刚走进大门去。'
　　　　b. 贼骨头<u>卫生间里</u>躲进㘔。'小偷躲进了卫生间。'

这样的方言显得离典型的 SVO 语言很远，的确已经由话题化的扩展而出现向 SOV 语言靠拢的萌芽，至少离动词居末（verb-final）类型更加接近。不过，它们仍未成为真正的 SOV 类型，因为大量的句子仍是动宾形式且不宜换用话题结构。此外，吴语，特别是绍兴话，存在后置词比前置词发达的情况，这也是与 OV 语言更和谐的特征（容另文详论）。

以上分析也显示，在汉语中确立一个句法化话题的位置，有利于解释话题化向宾语化和 SOV 类型逐渐演变的过程。因为话题是个来自话语的概念，句法上可以有多种发展前景，其中包括句法话题、主语、宾语等。假如我们说受事前置是主语或小主语，遇到更进一步的发展就说"主语变成了宾语"，这是很难令人接受的。当然，把一切受事都看作宾语，则又回到了结构主义前传统语法的唯意义主义，句法上会遇到更多困难。

实际上整个浙江的吴语区都有更强的受事前置倾向，试看下例（取自田野调查）：

（8）〈普通话〉下雨了，打伞吧。
　　　　〈上海〉落雨勒，撑伞哦。
　　　　〈苏州〉落雨哉，撑伞吧。
　　　　〈无锡〉〈常州〉落雨咧，撑伞吧。
　　　　〈绍兴〉落雨哉，<u>伞</u>撑起来。
　　　　〈宁波〉落雨唻，<u>伞</u>撑开。
　　　　〈台州（椒江）〉雨落咾 =唻+㐱，<u>拨雨伞</u>撑起来。

〈乐清大荆〉雨落咾 =唉+爻，拨雨伞撑起。
〈金华〉落雨勒，雨伞撑起来得勒。
〈丽水〉落雨咧么，阳伞撑开。
〈温州〉雨落起呗，雨伞撑起。

先看"下雨"，苏南上海（横线上）都说"落雨"（以前上海有说"雨落"的），台州片的两个点（椒江、大荆）和温州都说"雨落"。"下雨"并非典型的动宾关系，但说成"雨落"多少反映这些方言点动词后宾语位置的萎缩。至于"打伞吧"，苏南、上海都说"撑伞"，而浙江无一说"撑伞"，其中台州的两点用处置式。其他各点都直接让"伞"前置于动词。

温州话有较细的描写，不妨做点进一步的讨论。据潘悟云（1997：66），指人的受事前置时以主语前为常，如"渠他你仇你们叫罢了未"，"渠"更容易理解为受事。但当受事生命度低于施事时，前置时倾向于位于施事之后，如"我饭吃爻罢"中的"饭"。类型学事实证明宾语的无标记（默认）状态是无生命的（例如俄语无生命宾语无须变格，而有生命宾语就要变成第二格），所以后一种情况是更典型的语序，温州话也是次话题优先的方言。温州没有发现宁波、绍兴（例句（4）、（5））那种没有明显理由而受事充当话题的例句，但是比起上海话来温州话在更多情形下受事倾向于甚至只能充当话题。除了同上海话相似的受事前置条件如一般疑问句、否定句等外，还有些是句法上决定的。动词带趋向补语、结果补语时，受事就不能在动词后，而要做话题（通常是次话题），北部吴语尚未发展到这一步。如：

（9）〈温州〉渠一篇文章写完罢。~ *渠写完一篇文章罢。（潘悟云 1997）

再如，"在祈使句中，受事一般要前置"（潘悟云 1997：67），如"（你）身体擦爻！""（你）作业作起！"。潘文原例没用主语"你"，这里据方言情况加上"你"，显示受事即使位于句首其实也是次话题，因为一般不说"身体你擦爻"。祈使句受事倾向前置其实也是浙江吴语的普遍情况，比较上述例（8）中各地表示"打伞"的小句。

曹志耘（1997）描写了金华汤溪方言的受事前置"比普通话更为常见"的现象。不过非有定受事通常还是有严格的句法条件的，大多具备一定的话题性，但也确有些受事话题性不强，如"渠身新衣裳着得达_{他穿着一身新衣服}"。曹文也指出汤溪话受事前置的常见与没有处置式有关。其他吴语处置式也用得不如普通话多，只是不像汤溪那样基本不用。

总体上，浙江吴语中，动词后的宾语位置越来越萎缩，能容纳的受事成分越来越少，而次话题的位置越来越发达，能容纳更多的话题性不强的成分，如例（9）温州话"一篇文章"这种既非有定或类指、也非已知信息的成分。这是向 SOV 语言发展的萌芽。

2.3　闽语：类似吴语的语序类型

从李如龙（1997），陈泽平（1997，1998）等的描述来看，闽语的语序类型总体上亲北疏东，即与其北邻吴语很接近，与其西邻客、赣、粤等方言相差较大。

在闽东方言福州话中，受事前置远比普通话发达。不但受事充当主话题（陈泽平所说的"大主语"）常见，而且充当次话题（"小主语"）也很常见。充当次话题不受普通话"周遍性"规则的制约，从他所举的例子看，前置的受事大致有这几种情况：有定的成分、连动句的前一个 VP 中的受事（不一定有定）、带补语及来自补语的体标记如"咯"。如：

（10）〈福州〉

  a. 我只_这本书看完了。
  b. 伊车骑礼_着去上班去了。
  c. 依姐_{姐姐}衣裳洗野潄_{很干净}。
  d. 馍馍食咯了。

陈著没有说明由受事充当的"大主语"和"小主语"哪个占优势。不过，从他所举的例子看，似乎也是"小主语"（次话题）较常见，而次话题是话题向宾语转化的关键，因为主话题位置往往有更强的话语功能，较难转化为宾语。大体上福州话接近吴语的类型，是一种话题化包括次话题化相当普遍而句法化的方言。

从李如龙文来看，闽南的泉州话的语序类型跟福州基本相同。"泉州话的受事成分在许多情况下都可以灵活地置于主谓之间或句首。不同的语序所表示的语义重点有一定的差别，但并不十分明显。"如"汝饲鸡未～汝鸡饲未～鸡汝饲未"。普通话话题化的优先位置是句首，而李文却先提"主谓之间"再提"句首"，举例时也多把受事次话题句放在受事主话题句之前，可能反映泉州话也是次话题占优势。

顺便说一下客、赣、徽诸方言。李如龙、张双庆主编（1997）所收的几篇客家话和赣语报告和平田昌司主编（1998）反映的徽语语法显示，虽然有些作者提到受事前置比普通话常见，但例子反映的情况基本不超出普通话话题化的范围，而且显然以充当主话题为主。其中万波（1997：239）更是就安义赣语明确指出"不少吴闽方言常将受事置于主语之后、动词之前，这种格式在安义方言中不能说绝对不可以，但很少说"。总体上，客、赣、徽方言的语序类型接近普通话，话题句特别是次话题句远不如吴闽方言发达。

三、分裂式话题结构：SVO 类型和话题优先的巧妙平衡

吴语、闽语虽然由次话题优先的类型发展出部分方言动词居末类型的萌芽，但是总体上还没有突破 SVO 语言的总框架。分裂式话题结构便集中反映了这一点。

所谓分裂式话题结构，是汉语中将受事成分一分为二的一种特殊结构。其特点是把一个带数量成分的受事论元中的"光杆名词短语"（bare NP）放在动词前，把指称成分（主要是数量词）放在动词后的宾

语位置，如"他衬衫买了三件"①。刘丹青（2001）对普通话和方言中的分裂式话题结构有详细分析，这里择其与本文相关者略做介绍。

上引陈泽平（1997）、曹志耘（1997）、李如龙（1997）诸文都专门提到这种结构，曹志耘更是明确指出动词前后的成分分别是话题和宾语。我们要强调的是以下几点：

（一）分裂式话题结构严格遵循话题化规则。汉语有"我衬衫买了三件"，而不说"我三件买了衬衫"。这是因为，光杆名词短语最适合表达类指（generic）的意义（允许用光杆名词短语的语言都是如此），而不带指示词/定冠词的数量成分通常体现无定意义。分裂式话题结构实际上硬把一个无定的名词短语拆成类指和无定两个成分，让类指成分充当话题，让无定成分仍充当宾语。两者各得其所，若对换位置便违背了话题结构的常规。

（二）这种结构在普通话中是一种边缘结构，能接受而不常用。但在吴语、闽语中，这种结构是常用的甚至是基本的结构，而且作者们描写和自然采录到的例句几乎全部是名词短语充当次话题而非主话题。潘悟云告知笔者，温州话中表达"我吃了三碗饭"的最自然的说法是"我饭吃爻三碗"。上引陈泽平（1997）、李如龙（1997）都强调这种格式十分常用，以致福州人、泉州人在说普通话时还顽强保持着。下面是部分例子：

(11) a.〈苏州〉教俚酒少吃点。'叫他少喝点酒。'（《海上花列传》20回）

　　b.〈上海〉一个号头月奖金拿到一百块末。（语料库）

　　c.〈宁波〉昨么子黄鼠狼鸡偷去三只啦。'昨天黄鼠狼偷了三只鸡。'（田野调查）

　　d.〈金华汤溪〉尔碗借两个我用用。（曹志耘 1997：44）

　　e.〈温州〉衣裳洗爻了一桶。（郑张尚芳 1996：59）

---

① 光杆 NP 即生成语法所说的 NP，它不能带指示词、数量词语等，但可带名词或形容词修饰语，如"棉布衬衫、蓝衬衫"；而动词后的指称成分都属于生成语法所说的 DP 中更靠近 D 核心的成分，除数量词外还包括指别成分和"的"字结构，如"这件、蓝的"。在 DP 中 D 是核心，NP 是补足语。

f.〈福州〉经理<u>红</u>红领带缚蜀条_{系一条}。（陈泽平 1997：115）
　　g.〈泉州〉伊<u>牛</u>牵<u>一只</u>来唠_了……（李如龙 1997：133）

分裂式话题结构常用的原因是吴闽方言有一个高度句法化的次话题位置，这些方言会尽量设法用符合话题条件的成分去填补，即使在受事无定的情况下也通过将受事分裂的方式填入这个句法位置。而普通话等不是次话题发达的类型，不一定要这么做，而非话题优先型语言如英语更是不存在这种结构。

　　（三）分裂式话题句和受事前置句有重大差别。前者由数量成分充当宾语，在话题化的同时保存了动词后宾语这个句法位置，维持了 SVO 的语序类型。它是话题优先和 SVO 两个因素互动下的一种绝妙平衡。而后者把整个受事放在动词前，造成及物动词后宾语位置的消隐。分裂式话题在吴闽方言中的盛行说明它们离真正的 SOV 还有相当的距离。

四、粤语语序类型：SVO 特征最典型的汉语方言

　　汉语自古以来不是典型的 SVO 语言。从纵横两个角度比较，粤语可能是其中相对来说最典型的 SVO 类型，也是话题优先特点相对较弱的方言，这可从以下几个方面看出：

　　（一）受事前置不发达。张双庆（1997）举了几个受事前置的例子，都是充当主话题的，而且跟普通话的受事主话题句基本相同，与吴、闽方言受事话题句的发达形成对照。

　　（二）处置式不发达，对话题、焦点等信息结构不敏感。粤语"将"字处置式用起来比普通话"把"字句所受到的限制更多。张文注意到普通话有些"把"字句无法译成粤语处置式，如"把肚子都笑痛了"，香港粤语只能说"佢笑到肚都挛"。郑定欧（1998）也举了不少这样的例子，如：

　　（12）a.〈普〉把中学念完再说。～〈粤〉读完中学先至讲。～*将中学读完先至讲。

b.〈普〉这下把帽子可扣对了。~〈粤〉呢次真係扣啱帽子喇。~*呢次真係将帽子扣啱喇。

张文指出的另一个现象也很值得重视：几乎所有的粤语处置式都可以在动词后加"佢_他_"复指，事实上也经常这么用。换言之，即使在用处置式时，粤语仍尽量不让宾语位置空缺。一些吴闽方言处置式也不发达，但类似的意义是用话题结构表达的，跟粤语的 SVO 式非常不同。粤语 SVO 句时常很难译成普通话和其他方言的 SVO 句，如：

（13）〈粤〉佢哋食晒啲生果。~〈普〉他们把那些水果都吃完了。(?他们吃完了那些水果。)~〈沪〉伊拉（拿）辫眼水果吃光脱勒。(*伊拉吃光脱勒辫眼水果。)

（14）〈粤〉快啲还返条锁匙我。~〈普〉快把那把钥匙还给我。(?快还给我那把钥匙。)~〈沪〉快点（拿）把钥匙还拨我。(*快点还拨我把钥匙。)

汉语具有自然焦点居后的特点（刘丹青、徐烈炯 1998）。以上句子的受事"那些水果""那把钥匙"是有定已知信息，而焦点是"吃完""还我"。所以北京话，尤其是上海话，都强烈倾向把已知信息放在动词前，让焦点位于句末，而粤语更遵守 SVO 的句法规则，对话题、焦点等成分不像其他方言那么敏感，使之成为汉语中最典型的 SVO 或动词居中型方言。

（三）粤语有更强的让方位处所题元放在动词后的特点，这也符合动词居中类型，而与吴语的动词居末倾向形成强烈对照。北京话则再次介于吴语和粤语之间。请看表 2：

表 2　北京、上海、广州处所成分语序比较

结构	北京	上海	广州
到南京去	到南京去	到南京去	*到南京去
南京去	*南京去	南京去（最常说）	*南京去
去南京	*去南京（老）；去南京（新）	*去南京	去南京
到南京来	到南京来	到南京来	*到南京来
南京来	*南京来	南京来（最常说）	*南京来

续表

结构	北京	上海	广州
来南京	*来南京（老）；南京来（新）	*来南京	来南京
飞来南京	*飞来南京	*飞来南京	飞来南京
带去日本	*带去日本	*带去日本	带去日本
爬上山顶	爬上山顶	*爬上山顶	爬上山顶
跳下海里	跳下海里	*跳下海里	跳落海里

（四）粤语有更多的与VO类型语序和谐的结构。粤语差比句用"形容词＋标记＋基准"结构，如"你肥过我"。这是典型的VO语言的特征，同属右分枝（顺行）结构，和英语、壮语等相同。普通话则用"标记＋基准＋形容词"（你比我胖），基准在形容词之前，属于OV语言的特征，与日语、藏语等相同，同属左分枝（逆行）结构。粤语动词的常用修饰语后置现象最多，如"多、少、先、添、晒（全都）"，这也属于右分枝结构。

五、与话题化无关的SOV语序：部分兰银官话

汉语方言中的确存在跟话题化无关的真正的SOV语序，它见于西宁、甘肃临夏等部分兰银官话中。这些方言是在藏语等SOV语言的影响下形成SOV语序的，所以越靠藏语区越明显，还被称为"藏式汉语"。不过这些方言同时也存在SVO语序，所以还不是纯的SOV类型。徐烈炯、刘丹青（1998：301）脚注曾引张成材（1994：14）用例提到西宁方言难以分析为话题结构的SOV语序。这里再举几个引自多种文献的西宁、临夏方言的用例：

(15)〈西宁〉

  a. 时间我们哈不等。'时间不等我们。'

  b. 他讲话重句（哈）不拉。'他讲话不说重话。'

  c. 毛驴你三个赶上我四个赶上。'毛驴你赶三头我赶四头。'

（程祥徽1980，引自黄伯荣主编1996：725）

d. 你我哈给。'你给我。'（罗太星1981，引自黄伯荣主编1996：726）

e. 爸爸一个洋糖给哪。'叔叔给了一块水果糖。'

f. 我阿爸今年六十岁有哪。'我爸爸今年有六十岁了。'

g. 这个东西我的不是。'这个东西不是我的'（张成材1994：14）

(16)〈临夏〉

a. 我他哈叫来了。'我把他叫来了。'

b. 猫小鸡吃了。（原注："小鸡"音加长）'猫吃了小鸡。'

c. ——同志，麻烦您了。——关系的没有！'……没关系。'

d. ——老张你太谦虚了。——我谦虚的不是。'…… 我不是谦虚。'（王森，引自黄伯荣主编1996：724）

从以上例句看，其前置的受事有这几个特点值得注意：1. 看不出指称限制，无定成分前置也平常；2. 看不出句类限制，不需要疑问、否定、祈使这些容易诱发话题化的句类条件；3. 没有生命度限制，从生命度最低的抽象名词等到生命度最高的人称代词作为受事都能前置，并可由同等生命度的施事和受事同时出现在动词前，如"你"和"我"，"猫"和"小鸡"；4. 看不出动词限制，像"是、有"等动词的表语和宾语都可以前置，而在话题化发达的方言中"是"的表语也很难做话题；5. 受事成分集中在主语后、动词前的位置；6. 受事后面出现后置的"哈、的"等虚词，实际上是宾格标记。这些特征都显示这些受事论元不是话题，不受话题化常规的制约，而是真正的宾语。

在以上各点中最重要的是形成中的宾格（及与格）标记"哈、的"等，因为从类型学看，一种语言是否具备宾格标记，是能否成为真正的SOV语言的关键因素。Greenberg（1963/1966）共性41指出："假如一种语言的动词同时在名词性主语和名词性宾语之后（主要指SOV，因为OSV型语言几乎不存在——刘按），该语言几乎总是具有格的系统。"Lehmann（1978：214）则指出SOV语言的格标记总是以后缀形式出现。Vennemann（1974：356）分析了SOV和格系统相关性的原因：假如SOV语言没有格标记，那么当主宾两者只出现一方或者宾语因语用需要而话题化到句首时，听话人就无法区分主语和宾语。当然，吴闽方言并没有宾格标记，但仍因话题化而经常使得施事和受事同在动词前。这是因为话题化的受事通常在生命度及词汇搭配关系等方面跟施事主语还有差别，听话人还能根据这些线索判断施事和受事。如"我大门关了"，只可能是"我关了大门"，而不可能是"大门关了我"。遇到生命度和词汇意义都不足以区分施受时，这些方言还是会尽量避免话题化。只要受事的话题化还存在某些限制、无法泛化至一切受事，这种语言就无法真正由 SVO 语序演变为 SOV 语序。西北方言之所以能有（15a）、（15d）之类句子，就是因为具备了格标记，于是可以让宾语自由地前置。有意思的是，这些方言的 SOV 语序虽然是由藏语等 SOV 语言影响造成的，但宾语标记并不是借来的，而是取自汉语语素。"的"是汉语助词自不用说，通行于很多西北方言的宾格标记"哈/合"也可能就是"下"的一种读音，参阅江蓝生（1998）的分析。看来，宾格标记是在这些汉语方言引入 SOV 语序后从避免歧义的交际需求出发而逐步形成宾格标记的。据李炜（1993），甘肃临夏一带方言不但用后置的"哈"表受事和与事，而且用后置的"啦"（语源不明）引出工具类题元，也放在动词前，呈现出更加成形的格系统。

比较西北方言的情况，吴语、闽语到目前为止还没有任何后置格标记的迹象，这就使其由受事次话题化发展出新的 SOV 语序的进程受到根本性的制约。所以这些方言可能会长期停留在次话题发达的阶段而难以到达真正的 SOV 阶段。

六、讨论与总结

6.1 汉语方言的受事前置与古代汉语的前置宾语

虽然先秦汉语存在 SOV 语言的残留特征，部分吴方言也似乎出现 SOV 萌芽，但后者实质是 SVO 型语言的受事次话题化，因此与前者完全没有继承关系。由于来源不同，两者在结构上也显示重要的差别。1. 现代的次话题只能在否定词前出现（他香烟不抽～*他不香烟抽）。用生成语法讲，该受事位置在 VP 之外，这与它的话题性有关；而先秦汉语的宾语在否定词之后（莫我肯顾、不己知），位置在 VP 之内，是真正的宾语。2. 疑问代词宾语在先秦汉语中必须前置，而在现代汉语及方言中，疑问代词宾语是最难话题化的（参阅徐烈炯、刘丹青 1998：261），这显然因为疑问代词是天然的焦点成分，不宜充当话题。可见现代吴语的受事前置位置虽然有所泛化，但仍然是话题而非真正的宾语。至于西北地区的 SOV 语序，则来自其他 SOV 语言的影响，也与古汉语中的 SOV 语序没有继承关系。

6.2　汉语语序类型分布与桥本万太郎假说

桥本万太郎（1985）提出汉语由南到北的语言类型推移理论。在句法方面该理论假设北方汉语更多地受阿尔泰语言（SOV，左分枝结构）的影响，越往南则古汉语成分越多或越接近壮侗类型（SVO，右分枝结构）。桥本万太郎的假说在很多方面，包括音韵类型、部分词语的分布、双宾语结构、量词的句法功能等，都可以得到不少验证。在小句结构方面，其理论也有一些合理之处，但也存在严重不足。

其假说的合理性可以从官话和粤语的两极对比中显示。粤语的确有更多的 SVO 亦即动词居中类型的特征，跟壮侗语接近。粤语的某些右分枝结构也在一定程度上更接近古汉语，比较"你富过我"和《论语》"季氏富于国"，两者共同与"你比我富"这种官话模式构成对立。桥本万太郎的理论可能较多考虑粤语，以及介于粤语和官话之间的客、赣方言，但似乎缺少对吴闽语句法类型的深入了解。正是吴语和闽语构成了对桥本万太郎理论最严峻的挑战。按他的地理推移说，有关方言的亲疏关系呈以下模式，他曾用表示锅的词来例示其关系：

（17）闽（上古层，鼎）～ 粤、吴（中古层，镬）～ 官话（近现代层，锅）

按照这一模式，官话受阿尔泰化影响，SOV 和左分枝特征最强，吴语应该跟粤语一样有较强的 SVO 和右分枝特征，闽语应该是 SVO 和右分枝特征最强的方言。实际的情形却是除西北的"藏式汉语"外，动词居末倾向和左分枝特征最强的汉语方言存在于吴语和闽语，尤其是东海之滨的宁波、绍兴吴语。于是，有关方言的亲疏关系呈现出下面的模式：

（18）**粤**（最强的 SVO）~ **官话**（温和的 SVO）~ **吴、闽**（最弱的 SVO，最明显的 SOV 倾向）

这一模式同桥本万太郎设想的模式至少在形式上是很难相容的。在桥本万太郎模式中合占一位的吴语和粤语到这里变成了相距最远的两极。当然，我们的模式其实不仅与桥本万太郎的模式不相符，与另一些学者有关汉语方言亲疏关系的描述（如罗杰瑞（1995：163）认为，客、粤、闽是南方话，吴、赣、湘是兼有南北特点的中部方言）也不同。不过，方言学者们关心的主要是历史意义上的亲疏，跟我们基于句法类型的模式不一致也并不奇怪，而桥本万太郎的模式是想兼顾历史、地理和类型，因此本文与桥本万太郎模式间的差异不能不引起重视。

桥本万太郎模式的不足之处可能就在于建立类型模型时只考虑历史继承和地理推移（即接触和移民造成的特征扩散）因素，而忽略了语言/方言内部类型演变的力量。吴语和闽语的动词居后倾向是由话题化引起的，这是一种内部发展，并没有历史继承和外部推移的影响，但它已经对吴闽方言的句法类型产生了深刻的影响。在建立语言类型的地理模型时，内部演变也是不可忽视的重要因素，它可以使语言地图大幅度改观。

与这个问题有关的是"把"字句的问题。前文已指出，在句法上处置式无法分析为 OV 结构。从类型上说，真正的 SOV 语言使用的宾格标记都是后置性的，西北 SOV 句型的发展再次印证此点。而"把"是一个前置介词，它只是把受事变成间接格状语，并没有取消动词后的宾语位置。世界上很难找到使用前置格标记的 SOV 语言。再考虑到中古以来处置式的发展史，处置式似乎主要是汉语内部发展的产物，跟阿尔泰化没有非常明显的关系。顺便可以一提的是，西北方言的事实也说明，促使汉语产生真正 SOV 语序的外部因素不必是阿尔泰化。在有些汉语方言区，藏缅语的影响对 SOV 的形成作用更大。

6.3 小结

我们对汉语小句结构语序类型的看法可以概括如下：

先秦汉语以 SVO 为主，同时存在部分有明确句法条件而与话题化无关的 SOV 结构。它们可能是原始汉藏语 SOV 类型的遗留。

秦汉以降直到现代普通话，真正的 SOV 句已不再存在。"把/将"处置式的逐步发达使受事论元有机会以另一种方式即作为间接格状语位于动词前，而动词后的部分非宾语成分与宾语的排斥性使"把"字结构在一定条件下成为必要的选择，这是不同于典型的 SVO 语言的。徽语、赣语、客家话在小句结构基本语序方面与官话的类型相近。

以上海话为代表的北部吴语是次话题发达的方言，信息和指称属性方面适合充当话题的受事论元经常出现在主语后动词前的次话题位置。

在浙江吴语和至少部分闽语中，次话题化有时甚至泛化到在信息和指称属性方面话题性不强的受事成分，使受事前置非常常见，开始出现类似 SOV 的动词居后类型的萌芽。但次话题并未形成真正的宾语化，格标记的阙如也使 SOV 难以真正形成。次话题优先和 SVO 类型的互动促成了分裂式话题的发达。

粤方言在汉语各方言中表现出最强的 SVO 类型特征，粤语中 SVO 句的使用更加自由，宾语位置更少受指称和信息条件的限制，也表现出更多的与 VO 语言和谐的特征，如差比句式、后置状语等。

这样，在小句结构语序类型方面，汉语南方方言和官话间亲疏关系就呈现出与至今学界提供的图景很不相同的模式，即"粤～官话及客、赣、徽～吴、闽"。因此桥本万太郎设想的地理类型模型"官话～粤、吴～闽"在句法上难以认同。桥本万太郎模型的不足在于试图综合历史、地理和类型因素，却忽略了类型可以独立于历史继承和地理推移而独立发展。

在西北地区的一些兰银方言由于藏语等 SOV 语言的影响，出现了真正的 SOV 语序（与 SVO 语序并存）及初步的格标记系统。这种 SOV 语序不会对汉语整体产生重大影响。

参考文献

曹志耘　1997　金华汤溪方言的动词谓语句，《动词谓语句》，李如龙、张双庆主编，广州：暨南大学出版社。

陈泽平　1997　福州方言的动词谓语句，《动词谓语句》，李如龙、张双庆主编，广州：暨南大学出版社。

陈泽平　1998　《福州方言研究》，福州：福建人民出版社。

方　梅　1997　现代北京话的语法特征（提要），第 30 届国际汉藏语会议，北京。

黄伯荣（主编）　1996　《汉语方言语法类编》，济南：青岛出版社。

江蓝生　1998　后置词"行"考辨，《语文研究》第 1 期。

李如龙　1997　泉州方言的动词谓语句，《动词谓语句》，李如龙、张双庆主编，广州：暨南大学出版社。

李如龙、张双庆（主编）　1997　《动词谓语句》，广州：暨南大学出版社。

李　炜　1993　甘肃临夏一带方言的后置词"哈""啦"，《中国语文》第 6 期。

刘丹青　2001　论元分裂式话题结构初探，《面向二十一世纪语言问题再认识——庆祝张斌先生从教五十周年暨八十华诞》，范开泰、齐沪扬主编，上海：上海教育出版社。

刘丹青、徐烈炯　1998　话题与背景、焦点及汉语"连"字句，《中国语文》第 4 期。

罗杰瑞（Norman, J.）　1995　《汉语概论》，张惠英译，北京：语文出版社。

吕叔湘　1948　把字用法研究，《金陵、齐鲁、华西大学中国文化汇刊》第 8 卷，金陵大学、华西大学中国文化研究所。

吕叔湘　1965　被字句、把字句带宾语，《中国语文》第 4 期。

潘悟云　1997　温州方言的动词谓语句，《动词谓语句》，李如龙、张双庆主编，广州：暨南大学出版社。

平田昌司（主编）　1998　《徽州方言研究》，东京：好文出版。

桥本万太郎　1985　《语言地理类型学》，余志鸿译，北京：北京大学出版社。

万　波　1997　安义方言的动词谓语句，《动词谓语句》，李如龙、张双庆主编，广州：暨南大学出版社。

徐烈炯、刘丹青　1998　《话题的结构与功能》，上海：上海教育出版社。

张成材　1994　《西宁方言词典》，《现代汉语方言大词典》分卷本，李荣主编，南京：江苏教育出版社。

张双庆　1997　香港粤语的动词谓语句，《动词谓语句》，李如龙、张双庆主编，广州：暨南大学出版社。

郑定欧　1998　现代汉语比较方言学（提纲），《方言》创刊 20 周年学术讨论会，成都。

郑张尚芳　1996　温州话相当于"着"、"了"的动态接尾助词及其他,《汉语方言体貌论文集》, 胡明扬主编, 南京: 江苏教育出版社。

Dik, S. C. 1997. *The Theory of Functional Grammar.* Berlin & New York: Mouton de Gruyter.

Givón, T. 1976. Topic, pronoun and grammatical agreement. In C. N. Li (Ed.), *Subject & Topic.* Amsterdam & Philadelphia: John Benjamins.

Givón, T. 1978. Definiteness and referenciality. In J. H. Greenberg (Ed.), *Universals of Human Language 4: Syntax.* Stanford: Stanford University Press.

Greenberg, J. H. 1963/1966. Some universals of grammar with particular reference to the order of meaningful elements. In J. H. Greenberg (Ed.), *Universals of Language.* Cambridge The M.I.T. Press.

Hawkins, J. A. 1983. *Word Order Universals.* New York: Academic Press.

LaPolla, R. 1994. On the change to verb-medial word order in Proto-Chinese: Evidence from Tibeto-Burman. In H. Kitamura, T. Nishida, & Y. Nagano (Eds.), *Current Issues in Sino-Tibetan Linguistics.* Osaka: National Museum of Ethology.

Lehmann, W. P. 1978. English: A characteristic SVO language. In W. Lehmann (Ed.), *Syntactic Typology.* Austin: University of Texas Press.

Li, C. N., & Thompson, S. 1974. An explanation of word order change from SVO to SOV. *Foundations of Language*, 12(2), 201-214.

Li, C. N., & Thompson, S. 1978. An exploration of Mandarin Chinese. In W. Lehmann (Ed.), *Syntactic Typology.* Austin: University of Texas Press.

Shibatani, M. 1991. Grammaticalization of topic into subject. In E. C. Traugott, & B. Heine (Eds.), *Approaches to Grammaticalization* (Vol. I & Vol. II). Amsterdam & Philadelphia: John Benjamins.

Sun, C. -F., & Givón, T. 1985. On the called SOV word order in Mandarin Chinese: A quantified text study and its implications. *Language*, 61(2), 329-351.

Tai, H. -Y. J. 1973. Chinese as a SOV language. In C. Corum (Ed.), *Papers from the Nineth Reginal Meeting of Chicago Linguistic Society.* Chicago: Chicago University Press.

van Vanlin, R. D. Jr., & LaPolla, R. J. 1997. *Syntax: Structure, Meaning and Function.* Cambridge: Cambridge University Press.

Vennemann, T. 1974. Topics, subjects, and word order: From SXV to SVX via TVX. In J. Anderson, & C. Jones (Eds.), *Historical Linguistics* (Vol. I). Amsterdam: North-Holland.

(原载 [日本]《现代中国语研究》第 2 期, 2001 年)

吴语的句法类型特点*

一、引言：从方言语法研究的参照系谈起

汉语方言的句法研究，惯常拿普通话或北京话的研究成果当参照。这样可以较快地揭示出方言中明显区别于共同语的特点。不过，这种做法也有些局限。首先，其前提是对北京话句法已经有清楚的认识。可是我们并非对北京话语法的方方面面都已了解清楚，单纯以此为参照，难免限制我们的视野，还使方言语法研究的深度和水准以北京话研究的深度和水准为最高限度。这不利于对方言本身的深入研究。更重要的是，这种比较必定要照搬北京话语法研究的现有框架，可是这种框架对北京话来说也未必处处合理，用于丰富多彩的方言语法则更容易出现大脚穿小鞋的窘境（参阅刘丹青 2000）。本文的研究结果本身就将显示，单纯参照通行的汉语语法学框架，难以清楚揭示吴语的句法类型特点。

鉴于此，本文拟借鉴国际上语言调查的常规做法，以语言类型学所揭示的人类语言共同性和差异性为背景，结合汉语内部的比较，借助吴语语法的已有研究成果和笔者 1999 年对宣州片以外吴语 5 片 12 个点的

---

* 本文的方言调查材料得益于香港城市大学人文学院资助本人的研究项目"吴语介词及相关语序类型"，写作修改过程中得到中国社会科学院语言研究所项目"吴语句法类型研究"的资助，一并致谢。

句法调查，来探求吴语的句法类型特点。①

当代句法类型学的核心问题是语序。一种语言最重要的语序类型表现在两个方面：第一，该语言中主语、宾语、动词的相对位置，可称为小句结构语序；第二，该语言的介词（adposition）使用前置词（preposition）还是后置词（postposition），可称为介词类型。一种语言其他句法结构的语序在很大程度上取决于这两种语序。比如，语序类型学的开创性论文 Greenberg（1963/1966）共提出了 25 条句法方面的共性，其中有 15 条与小句结构语序有关，7 条与前后置词有关。后来 Hawkins（1983）发现，在类型学上介词类型甚至比小句结构语序还要重要，Dryer（1992）则注意到，在跟动宾结构语序相关的语序中，介词短语的语序（即在动词前还是在动词后）跟动宾语序最为密切。

正是在小句语序和介词类型这两个问题上，北京话语法学的现有理论框架对我们帮助不大，甚至还有误导。其一，正如李讷和汤普森（Li & Thompson 1976）所指出的，汉语属于话题优先的语言，话题在句法中扮演重要角色，据此，徐烈炯、刘丹青（1998）提议在汉语句法中加入话题的位置，体现其与主语、宾语等同为小句的基本句法成分。目前国内语法学界对受事充当话题的句子有点无所适从，或看作主语，或看作提前的宾语。无论哪种看法，都难以合理解释各种现象，更无法面对吴语更为丰富发达的话题结构。其二，汉语是前置词和后置词并存的语言，而通行的汉语语法学体系可能受英语语法学等的影响，缺乏类型学观念，只设立了前置词即所谓"介词"一类，而忽视汉语中后置词的存在和活跃作用。这样的语法框架难以获得对吴语句法类型的清晰认识，因为后置词在吴语中比在北京话中还要重要。

---

① 本文所用吴方言语料的发音人及校订人如下（年龄按 1999 年计，校订者均以所校方言为母语）：上海，张进达，男，42，职员；上海，方家骅，女，56，职员；苏州，陈榴竞，女，50，职员（校：石汝杰教授）；无锡，姚汝明，男，55，职员；常州，宋岳林，男，65，干部；绍兴，马立基，男，77，职员（校：陶寰博士）；宁波，钱元明，男，54，职员（校：胡方，博士生）；台州（椒江），徐春云，女，36，教师；乐清大荆，蒋坚禄，男，29，教师；金华，李金根，男，77，职工（校：徐起超副研究员）；东阳，王凤年，女，66，医生；丽水，王知真，女，70，教师；温州，林为民，男，55，教授（校：傅永平女士）。谨向各位发音人和校订者致谢。

下面以语言类型学为框架，就小句结构和介词类型两个方面讨论吴语的类型特点。

二、吴语属于不典型的 SVO 类型和典型的话题优先类型

2.1 上海话中的动宾句（VO 式）

假如不考虑话题因素，那么吴语可算一种不典型的 SVO（主＋动＋宾）类型，与古代汉语和北京话基本属同一类，但是比较起来吴语偏离典型的 SVO 语言更远。先从上海话说起。

上海话的 SVO 类型性质，首先表现在静态的动宾结构上。所谓静态，就是动词不带体标记，宾语名词不带指称成分。这样的结构在表示习惯性行为、将来事件或假设性条件的句子中用得较多，一般都是 VO 型的，如（1）：

（1）〈上海〉a. 伊_他天天看书，天天写文章。(^{??}伊天天书看，天天文章写。)

　　　　　　 b. 阿拉_{我们}今朝_{今天}要去看电影。(*阿拉今朝要去电影看。)

　　　　　　 c. 啥人_谁打侬_你，我就打伊。(*啥人侬打，我就伊打。)

这些 VO 结构很难改成动词居后的语序。此外，动宾小句整体用作嵌入成分，如做主语或话题，做宾语，做定语，也表现为 VO 语序，如（2）：

（2）a. 汏衣裳归阿拉老婆管_{洗衣服归我老婆管}，买小菜_{买菜}是我个_的任务。
　　　(*衣裳汏……，小菜买……)

　　　b. 老王顶欢喜吃红烧肉。(*……欢喜红烧肉吃)

　　　c. 吃红烧肉老王顶欢喜。(*红烧肉吃……)

　　　d. 辦_这个买电视机_的人是我个_的亲眷。(~*辦个电视机买个人……)

（2a）中"汏衣裳、买小菜"做主语，（2b）、（2c）中"吃红烧肉"分别做宾语和话题，（2d）"买电视机"做关系从句定语。这些动宾结构都

很难改成动词居后的语序。①我们知道，短语内的语序比句子内的语序固定。虽然吴语小句中 VO 的语序并不稳定，但作为短语，VO 语序相当稳定，这说明吴语总体上仍属于 VO 类型。也可以说，其底层结构是 VO 型的。即使是 VO 结构更不稳定的浙江吴语，（1）、（2）仍会取 VO 式，说明吴语总体上都属于 VO 类型。

2.2 上海话的受事话题句（TV 式）

VO 句式虽然是上海话乃至整个吴语的基本语序，但吴语作为 SVO 语言是很不典型的。作为比北京话更突出的话题优先型方言，吴语在很多情况下都使用受事成分充当话题 T 的 TV 式句子，尤其是受事充当次话题的 STV 式。从句法表现看，苏南、上海等太湖片北部吴语可以归为一组，暂称为苏沪吴语。浙江北部的嘉兴、湖州等地的吴语或许也可归此类，但同属太湖片的宁波、绍兴等肯定不属于这一组。比较起来，苏沪吴语使用受事话题句的情形少于宁波、绍兴、温州等浙江吴语。但是，即使在苏沪吴语中，受事话题句的使用也远比北京话常见，跟典型的 VO 语言如英语或壮语相比就更突出了。下面先引用我们针对上海话的一项小规模统计（徐烈炯、刘丹青 1998）。这项统计基于上海话的一出独角戏脚本。下面总计一栏的数字是这次加上的，"是 + 表语"句并非真正的及物结构，这次也未计入。

表 1　上海话的动宾句和受事话题句

句类	TV	VO	小类
"VP 哦"问句	8	2	3 例 TV，5 例 STV；VO 和 SVO 各 1 例
V 勿 V 问句	1	0	1 例 STV
反意疑问句	0	4	VO 和 SVO 各 2 例
特指问	0	11	6 例 VO，5 例 SVO

---

① 当然，（2b）、（2c）还有一种变体，即"红烧肉老王顶欢喜吃"。但在这种结构里"红烧肉"已经用作全句的话题，不再属于嵌入结构，不影响上面的结论。

续表

句类	TV	VO	小类
否定陈述句	17.5	2.5	4例TV，11例STV，2例TSV，1例STVO（两边各0.5）；2例SVO
肯定陈述句	8	36	2例TV，5例STV，1例TSV；3例VO，33例SVO
肯定祈使句	3	10	3例TV；9例VO，1例SVO
总计	37.5	65.5	12例TV，22.5例STV，3例TSV；44.5例SVO，21例VO

从总量上看，话题结构与动宾结构之比为37.5∶65.5，即36.4%∶63.6%。换言之，在不用"把"字一类介词的及物句中，受事前置的话题句占了超过三分之一，而动宾结构不到三分之二。典型的VO型语言绝不会只有这么少的VO型句式。再比较Sun & Givón（1985）对北京话口语和书面语材料的统计，包括"把"字句在内的受事前置句（他们统称为OV句），所占比例不到10%。可见上海话作为SVO类型比北京话还不典型。

话题结构和动宾结构各自分布的句类非常不同，营垒相当分明。是非问句（VP哦，V勿V）和否定陈述句都是TV结构以绝对优势超过VO结构。肯定陈述句则是VO明显占优势，不过TV也有一定比例，因为肯定陈述句中的有定、类指、已知信息成分也较有可能前置（详见徐烈炯、刘丹青1998的分析）。否定句受事的前置倾向在普通话中也存在，只是不像上海话那样突出。试看俗语"敬酒不吃吃罚酒"，并列结构的否定和肯定双方分别用了TV和VO两种结构，而不是统一的"不吃敬酒吃罚酒"，假如倒过来说成"不吃罚酒敬酒吃"，更是难以接受。是非疑问句压倒性地采用受事话题结构则是上海话及整个吴语的突出特点。北方人跟人借钢笔，很可能会问"你有钢笔吗"，而上海人最可能的问法是"侬钢笔有哦"。是非疑问句以外的问句，包括反意问句、特指问句等，则一律为动宾结构，完全没有TV结构。其中反意问句，其实就是一个陈述句式后面再加"是哦""对哦"之类的疑问小句，如"侬买勒黄鱼勒，是哦"。这样的结构里宾语实际上仍处在陈述句式中，所以采用动宾式毫不奇怪。特指问句受事不前置最好理解，因为疑问代词是信息焦点,当然难以充当话题。祈使句由于用例偏少,情形不太分明。在南部吴语如温州话中,祈使句也有采用话题结构的倾向。

表1反映的另一大特点是受事话题句的类型。在37例TV结构中,22.5例为受事充当次话题的STV结构(如"我黄鱼勿买"),只有3例是受事在主语之前的TSV式(如"黄鱼我勿买")。其余7例是不出现主语的TV式。可见吴语中受事在前置时主要充当主语后的次话题而不是主语前的主话题,这与北京话形成鲜明对照。根据方梅(1997),北京话在由受事话题化所构成的NP_1+NP_2+V句式中,NP_1优先理解为受事。换言之,前置的受事优先充当的是主话题。这似乎也是官话区的共同特点。

至此,上海话小句的语序类型可以小结如下:1. 基本语序是(S)VO型,该式在静态及物句中和小句内嵌时表现得最明显,特指疑问句、反意疑问句等也采用此式;2. 比北京话更常使用由受事前置充当话题的TV结构,该式在一般疑问句、否定句中占压倒性优势,在受事为已知有定信息或类指成分的陈述句中也常采用;3. 当施事主语和受事话题同现时,常规句式是受事充当次话题的STV,而不是北京话等官话方言的常规受事话题句TSV式。

2.3 受事性话题的句法性

对为什么将那些前置的受事成分看作句法性话题而不是宾语,我们已有一系列论证,参阅徐烈炯、刘丹青(1998)和刘丹青(2001a)。至于为何不称这种受事话题为主语,§2.5将会谈及。

需要强调的是,吴语中的受事话题不仅是一种因语用需要而临时话题化的话语/语用性成分。在非话题优先的语言中,即使是有话题性的成分也未必都充当话题,例如英语中受事话题化是偶然一见的现象,是非疑问句和否定句的受事根本不比肯定陈述句更倾向话题化。吴语中之所以这类成分容易做话题,是因为吴语属于非常突出的话题优先类型。在这类语言里,话题不仅是一种话语成分,更是一种常规的句法位置,因此只要是带点话题性的成分就经常出现在这个位置甚至以此为常。

上海话和北京话虽然同属话题优先类型，但其间的差别仍值得注意。首先，上海话受事话题句的比例远高于北京话，这说明话题位置在吴语中句法化程度更高，更接近常规句法成分。其次，上海话倾向于受事充当次话题的STV模式，而次话题是小句结构中更加靠近核心、更加内在的成分。比较北京话例句（3）和上海话例句（4）：

（3）a. 黄鱼，我不买。

　　　b. 黄鱼，我不买，他也不买。

　　　c.?? 黄鱼，我不买，黄鱼，他也不买。

（4）a. 我黄鱼勿买。

　　　b.? 我黄鱼勿买，伊也勿买。

　　　c. 我黄鱼勿买，伊黄鱼也勿买。

主话题常常有停顿为标记，如（3a），而且具有较强的话语功能，辖域常常超出本句，如（3b）的话题"黄鱼"一直管到后一小句，假如像（3c）那样再出现一次话题反而极其别扭。次话题通常没有停顿，如（4a），而且辖域通常限于本小句，所以（4b）就不像（3b）那么自然，而次话题再出现一次倒相当自然，如（4c）。由此可见，上海话前置受事充当次话题的倾向也反映出话题优先在吴语中比在北京话中更加明显，话题成为一种更常规的句法成分。这种位置如果对受事更加泛化，有可能发展成真正的宾语，形成新生的SOV类型。不过，上海话的受事次话题尽管已经相当句法化，但还不宜认为这种受事已经是宾语，不宜把STV看作SOV，因为出现在这个位置的受事或多或少要具备一些话题性。受事没有话题性的，如（1）、（2）中的那些句子，还是不能取TV结构。

上海话及整个吴语不但前置的受事倾向于做次话题，而且有两种在吴语中特别发达而常用的话题结构也是以次话题为主。一是论元分裂式结构（详见刘丹青2001a），如"侬酒少吃两杯"中的"酒"是次话题；二是同一性话题（又叫拷贝式话题，详见徐烈炯、刘丹青1998和Liu 2004），如"小张聪明末聪明得勿得了"中的第一个"聪明"是次话题。因此 Liu(2000)指出上海话及吴语整体上属于话题优先语言的一个特殊的次类——次话题优先类型。

2.4 及物结构的句式消长

受事是及物结构(transitive structure)中一种语义角色，而宾语是动宾句式中的一种句法成分。充当宾语是受事的优先选择，但并不是唯一选择。在英语中，受事除了优先选择宾语化（即充当宾语）外，还可以在一定条件下选择主语化（即充当被动句主语）。在汉语中，除了这两项选择外，受事还经常选择状语化（即由"把"字介引充当状语）或话题化（即充当主话题或次话题）。语法是一个系统，句式之间相互制约，功能上有共同点的句式会此消彼长。李讷和汤普森(Li & Thompson 1976)注意到，在话题优先的语言中，被动式不如在主语优先型语言中那么发达。这正反映了相关句式的消长关系。在汉语内部，北京话的及物结构除了 VO 结构外，还有相当数量的"把"字句和一定比例的受事话题句，这体现了北京话作为 SVO 语言很不典型的特性。而在吴语中，受事性 TV 结构、特别是 STV 结构的发达，不但造成 VO 结构的相对萎缩，也侵蚀了"把"字句的"地盘"。

与北京话"把"字句相同的结构在苏沪吴语中是"拿"字句（20世纪初上海话还用"担"字句，动词"担"也表拿），但"拿"字句的使用频率远低于普通话"把"字句。比如，我们统计的上述独角戏，用了这么多 TV 结构，竟然没有一次用"拿"字句（老上海话语料中"担"字句也凤毛麟角）。苏州话"拿"字句的使用频率比上海话高一些，但还是远低于普通话。晚清苏白小说《海上花列传》，全书 43 万字，估计其中官话叙述占五分之三，苏州话对白占五分之二，即 17 万字左右，其中表受事的"拿"字句有 37 例。作为对比，我们统计了一个北京话语料库的前 16 万字，其中"把"字句已有 74 例，即《海上花列传》37 例的两倍。很多在北京话中倾向于用"把"字句表达的意思，在上海话中都是用受事话题句表达的。其中的祈使句往往在宾语位置还有一个"伊"(他)复指话题,如北京话的"你把地板拖一下""你先把酒喝了",上海话通常说"侬地板拖拖伊""侬老酒先吃脱伊"。

假如不考虑受事用作被动句主语的情况,那么北京话和吴语中受事的句法投射(mapping)呈现出如下不同的优先选择系列,这可以视为汉语内部的类型差异:

〈北京话〉受事:宾语化 > 状语化("把"字句)> 主话题化(TSV)> 次话题化(STV)

〈吴语〉受事:宾语化 > 次话题化(STV)> 主话题化(TSV)> 状语化("拿"字句)

2.5　TV 式在浙江吴语中的进一步泛化

我们对上海话类型特点的介绍和概括,基本代表了苏沪吴语的整体状况,在很大程度上也代表了吴语区的整体情况。不过浙江吴语,特别是绍兴话、宁波话、台州话、温州话等沿海浙江吴语也表现出一些有别于上海话的特点。[①] 这些特点不是偏离我们所总结的类型特征,而是比上海话更强地体现话题优先的特征,与北京话的距离更远。简单地说,在浙江吴语中,特别是在浙江沿海吴语中,话题位置对话题性的语用限制更松,受事充当话题特别是次话题的概率更大。这实际上是 TV 结构的进一步句法化和泛化。

从历史语言学的角度看,这种泛化可能引来语序类型的改变,因此非常值得重视。当次话题位置对话题性的要求进一步放宽时,越来越多的受事会出现在这个位置,假如最后放宽到一切受事不管有无话题性都可以出现在这种位置,那次话题位置有可能真正演变为宾语位置,不典型的 SVO 类型以 STV 为中介最终变成 SOV 类型。由话题化引起语序类型的更替是语言演变中的正常现象(参阅刘丹青 2001b 及所引文献)。

[①] 以前讨论吴语的内部差异多注意南北之别,陶寰在一次学术会议上提到要注意沿海吴语和内陆吴语的东西之别。从绍兴、宁波到温州,句法上的共性,似乎也反映了东西之别。

因此需要考察目前浙江吴语次话题位置的泛化已达到何种程度，是否已变成真正的宾语，以至可以将这些方言看作 SOV 类型，或 SVO、SOV 并存的类型。

TV 结构在浙江吴语中的泛化，主要表现为有联系的两个方面。从句法方面看，话题的常用性和强制性增加，有更多的受事成分倾向于充当话题，甚至句法上强制性地要求充当话题。从语用方面看，话题的语用限制进一步减弱，甚至按通常标准完全没有话题性的成分也占据话题位置。这两方面是相辅相成的。句法常用性和强制性越强，则越不顾及语用属性；而语用限制越小，则占据此位的成分就越多。下面具体分析。

对于宾语有定的肯定句，如"我看了这部电影"，上海话倾向于说成 STV 或 TSV，但 SVO 至少还是可以接受的。而在绍兴、台州、温州等方言中，基本上只说 STV 式或 TSV 式，SVO 式是很难接受或完全不能接受的。如：

（5）〈上海〉a. 我辣部电影看过勒。
　　　　　　b. 辣部电影我看过勒。
　　　　　　c. 我看过辣部电影勒。

（6）〈绍兴〉a. 我辣只电影看过哉。
　　　　　　b. 辣只电影我看过哉。
　　　　　　c.*我看过辣只电影哉。

（7）〈台州椒江〉革部电影我望过爻$了_1$。

（8）〈温州〉a. 我该部电影觑看见爻$了_1$罢。
　　　　　　b. 该部电影我觑爻罢。
　　　　　　c.*我觑爻该部电影罢。

人称代词作为受事虽然是有定的，但因为生命度高，都位于动词前容易造成施受难辨，所以较难充当话题。在上海话中，否定句、是非疑问句中的人称代词受事尚能做话题，肯定句的受事较难做话题，受事前置需要加"拿"（相当于"把"）。而在绍兴话中，人称代词做话题在这几种情况下都比较自由。比较下面肯定句的例子：

(9)〈上海〉a. 我昨天骂勒伊一顿。
　　　　　b. 我昨天拿伊骂勒一顿。
　　　　　c. *我昨天伊骂勒一顿。
(10)〈绍兴〉我上呀则_昨天_伊骂特_了_顿哉。

在温州方言中,有更多的句法条件强制性要求受事充当话题。例如在结果补语后不能再有受事宾语(见潘悟云1997:65—66):
(11)〈温州〉a. 渠_他_一只脚_整个下肢_压断爻_体助词"了"_。
　　　　　b. *渠压断爻一只脚。
(12)〈温州〉a. 渠_他_一篇文章写完罢_语气助词"了"_。
　　　　　b. *渠写完一篇文章罢。

再看是非疑问句。在上海话中,是非问的受事倾向用于TV式,但并不排斥VO式,而温州话是非疑问句从上引潘文来看基本上是排斥VO式的。比如问"你们打球了没有",一般会问"你俫球打罢未"或"球你俫打罢未",而不会说"你俫打球罢未"。请注意这里的"球"属于非定指(non-definite),不属于有定(definite)或无定(indefinite),不能扩展成"这个球"或"一个球",在上海话中也常采用VO式"伲_你们_打球勒哦"。此外,潘文也指出温州话祈使句的受事通常也是前置的。由此可见温州话受事做话题的机会比上海话更多。

在宁波话中,也有无定的受事在没有上下文的情况下充当话题,如:
(13)a. 其信用社一笔钞票借来堆咊。'他从信用社贷来了一笔款。'
　　b. 阿拉从仓库里头一批备用品调来堆咊。'我们从仓库调来了一些备用品。'

宁波话中无定的受事通常还是取VO结构的。(13)用TV式与结构有关。这里的"来"是同音字,本义"在","来堆"合起来表示"在、在这儿",有处所补语兼体标记的作用,因此挤走了宾语。但是在普通话和苏沪吴语中无定的受事即使受补语排挤也不会做话题,而会采用"把"字句。宁波话极少用"把"字句的对应句,调查时发音人大多用TV句来对应"把"字句。

浙江沿海吴语不但受事论元更常做话题,而且表示处所和趋向的论元也更常前置。普通话乃至苏沪吴语中存在动词或动趋式的"处所宾语",在绍兴、宁波话里经常前置于动词。它们作为处所、趋向成分应分析为话题还是状语,这还是有待讨论的:

(14)〈绍兴〉a. 我<u>图书馆里</u>来㛸。'我在图书馆里。'

b. 老王刚刚<u>大门里</u>走进㛸。'老王刚刚走进大门里去。'

c. 贼骨头<u>卫生间里</u>躲进㛸。'小偷躲进了卫生间。'

d. 辫阵头伊已经<u>上海市区</u>逃出哉。'现在他已经逃出上海市区了。'

(15)〈宁波〉a. 我<u>图书馆里</u>来堆。'我在图书馆里。'

b. 老王<u>大门</u>刚刚走进。'老王刚刚走进大门。'

c. 其<u>山上顶</u>已经爬上唻。'他爬到了山顶上。'

d. 现在其已经<u>上海市区</u>逃出唻。'现在他已经逃出上海市区了。'

e. 有几个观众<u>台上</u>跳上去该唻。'有几个观众跳上了舞台。'

从上述浙江吴语的情况看,动词前的话题位置确实更加泛化,以至有时能容纳无话题性可言的无定受事。另一方面,处所趋向成分的强烈前置倾向也显示这些方言在类型上进一步远离典型的 VO 类型而趋近 OV 类型。因此,不妨认为浙江吴语,至少其中的沿海方言已经出现了 SOV 的萌芽,其话题位置因为对话题性要求的放松而开始出现向宾语位置的转化。不过,由于无定性受事占据话题位置还受特定句法条件的制约,通常还是出现在宾语位置,因此还没有一种方言完成了话题位置向宾语位置的转化。而且,如刘丹青(2001b)所述,世界上真正的 SOV 语言多具有格的形态,以有效区分主语和宾语,因此青海、甘肃、宁夏等西部方言出现的 SOV 语序更容易发展出真正的 SOV 类型,因为这些方言已出现"格"助词系统的雏形(用"哈"等格标记),而吴语中尚无"格"形态的任何蛛丝马迹,因此难以发展为真正的 SOV 类型,可能会长期保持话题(特别是次话题)优先及 SOV 萌芽的状态。

至此,也可以理解为什么前置的受事不宜分析为小主语或大主语,而宜分析为话题。主语是以施事为原型的句法成分，而话题是由特定话语功能而来的句法成分，不拘于施事受事之类语义角色。话题的句法化和泛化可以令施事话题转化为真正的主语，也可以令受事话题转化为宾语。这是非常自然的过程。假如我们把受事话题分析为主语，那么到话题转化为宾语的程度，就得说主语转化为宾语了。这是非常别扭且难以接受的。

三、吴语属前后置词并存而后置词较活跃的类型

3.1 前置词和后置词

汉语论著谈汉语介词多限于前置词。其实人类语言有将近一半是后置词语言，有少数语言是前后置词并存的语言，介词的来历则有动、名、副多种（参阅刘丹青 2002）。汉语正是一种前后置词并存的语言，其中前置词全来自动词，而后置词多来自名词，尤其是方位名词。前后置词也常形成框式介词，如"在……里"相当于英语前置词 in 或 inside，"跟……似的"相当于英语前置词 as 或 like。吴语则是一种后置词相对发达的汉语方言类型。

VO 结构和前置词短语都属核心居前类型，所以 VO 语言多使用前置词，这种语言的领属定语、关系从句等多种定语多位于名词核心之后。OV 结构和后置词短语都属核心居后类型，所以 OV 语言多使用后置词，领属定语、关系从句等也多在名词核心之前。汉语以 VO 为主，同时又将定语一律放在名词之前，兼有核心居前和居后两重性，这样的语言兼有前置词和后置词正合其宜。吴语话题结构发达，受事成分在动词后做宾语的机会比普通话更少，部分浙江吴语甚至出现 SOV 类型的萌芽。这样的方言有更发达的后置词恰在意料之中。

北京话前置词的情况众所周知，吴语跟普通话大体也只是词项差异和语义分工参差，本文不必细述。北京话的后置词则也缺少以介词眼光所做的研究，吴语的特殊性更是需要具体介绍。下面先从词项方面分析

吴语后置词的介词性，然后比较前后置词的句法功能，以进一步揭示吴语后置词功能之重要。

3.2 吴语后置词的介词性

北京话的方位词处在由方位名词向后置词虚化的半途中，所以许多使用纯虚化介词的语言不需要"方位词"这个半虚半实的词类，要么是方位处所名词，要么是方位处所类介词。北京话方位词中单音节的"上、里、中、下"和不能单用的双音节方位词"之上、之下、以内、以外"等已基本没有名词性，更接近作为虚词的后置词。人类语言中有很多语言的处所类介词是由处所方位名词虚化来的。而在吴语中，有些处所方位后置词比起普通话方位词来语法化程度更高，更有理由看作虚词。其语法化程度表现在语音形式、语义和句法多个方面。

就与北京话对应的方位词来说，"上"和"里"的虚化程度最高。语音上，在苏沪吴语区，后置词"上"弱化为 [-lã]①（上海、苏州）或 [-ɲiã]（无锡、常州），区别于"上"的规则读音 [-zã]。如苏州话"上 [zã^{31}] 级""上 [zã^{31}] 头"，但有"台子上 [-lã]""帐面上 [-lã]"。后置词读音实际上已被视为另一个语素，在吴语文献中早已作"浪"不作"上"。后置词"里"在常州话中弱化为"勒"[-ləʔ]，在台州话中可弱化为"勒"[-ləʔ] 和"特"[-dəʔ]，而其他位置的语素"里"仍念规则读音 [ˢli]。如果说，"上、里"等词的某些用法（如"朝上/里看"）在北京话还可勉强归入作为名词小类的所谓"方位词"，那么已读作"浪/酿、勒/特"的吴语"上、里"已丝毫不沾名词的边，只能分析为虚词，而最合适的归类便是后置词。语义上，北京话的"上"和"里"已经虚化（参阅吕叔湘 1965），而在一些吴语中，"里"的语义更加虚化，经常覆盖本由"上"表示的语义，似乎只是抽象地标明是方所题元。如：

---

① 吴语中的字音只在后字出现，声调随前字走。本文用在音节前加短横的方式表示没有单字调的后附音节。

吴语的句法类型特点

（16）〈丹阳〉路里*路上* | 家里 | 台里*桌子上* | 屋顶里漏水 | 掉在地里*掉在地上*（蔡国璐 1995：21）

（17）〈东阳〉台桌里*桌子上*

（18）〈绍兴〉黑板里*黑板上* | 路里*路上*

（19）〈台州椒江〉黑板特 | 路特

（20）〈乐清大荆〉黑板里 | 路里 | 戏台里*舞台上* | 衣裳里*衣服上* | 山顶里*山顶上* | 会计头里*头上*

（21）〈温州〉黑板里 | 身里*身上* | 会计头里

更值得注意的是，"里"在有些吴语中还能直接加在指人名词或人称代词上，表示该人所在的处所，而北京话在这种位置只能用半虚化的处所指代词"这儿、那儿"等。如：

（22）〈绍兴〉a. 挪望我里*你往我这儿*走几步。

b. 我到老王里坐一歇*到老王那儿坐一会儿*。

北京话方位词不能用于指人名词，这使它们作为虚词在搭配上还受到一大限制。绍兴话"里"已突破了这一重要限制，达到了由名词到后置词的更高的虚化程度。

其他吴语中的方位词并不都有绍兴话"里"的这个功能，不过不少吴语普遍存在一种很虚化的方所后置词，作用如（22）的"里"，专门用在指人名词或代词后，也见于处所指代词。这种处所后置词有的意义宽泛，表示任何所在的位置，如苏州话"搭"（我搭*我这儿*、老王搭*老王那儿*）。因为北京话没有这种后置词，所以翻译起来不得不用"这儿、那儿"，其实这时吴语中并没有远近指示作用。[①] 宽义的处所后置词在吴语中普遍存在，只是部分方言中其功能稍受限制，只能加在人称代词后，比较：

[①] 当然，也可以用文言性的"处"来翻译这个"搭"，如"我处""老王处"，但这不是真正的现代汉语的说法。而且，文言性的"处"本身也有后置性。第一，它搭配面广，能加在一切指人名词后；第二，它前面不能带定语标记"的"，而作为名词应该能带这个"的"，比较"老王的地方"/*"老王的处/*老王之处"。这两点都显示"处"已虚化为处所后置词，表示所在短语为处所成分而非普通的名词性成分。不过，比较起来，"搭"比这个"处"还要虚，因为有些"X处"还有名词性，如"报名处、人事处"等，而"搭"除了做后置词以外没有其他用途。

（23）〈北京话〉我那儿～小明那儿

〈上海〉我搭/我海头～小明辫搭/小明海头

〈苏州〉我搭～小明搭

〈宁波〉我地方～小明地方

〈绍兴〉我里～小明里

〈椒江〉我垯～小明介地

〈大荆〉我担～小明芒担

〈丽水〉我垯～小明垯

〈温州〉我搭、我拉～小明搭、小明拉

另一类处所后置词意义较窄，专门表示"家里"，如上海话的"拉"。"拉"是人称代词的复数后缀，同时兼处所后置词，表示家里。带"拉"的复数代词本身就可表示家里，如"小张到阿拉来""小王住勒_在伊拉"，"阿拉""伊拉"既可做表示"我们""他们"的复数代词，也可做表示"我家里""他家里"的处所题元。北京话就不能说"小张到我们来，小王住在他们"，而必须在复数代词后另加处所成分。这个"拉"也能加在任何指人名词后表示某人的家里，如"小张到陆师傅拉来""小王住勒陈老师拉"。"拉"在句法上完全没有独立性，只用来标明前面的名词或代词为指家里的处所成分，所以是典型的后置词。窄义处所后置词至少在笔者熟悉的苏沪吴语中都存在：苏州用"哚"[-toʔ]，无锡用"里"，常州就用"家"，因为常州代词复数后缀就是"家"，即"我家、你家、他[da²¹]家"。表家里的后置词在整个吴语中的分布面目前还不十分清楚。由于北京话没有相应的虚词，我们只能用"老王家里"这样的调查例句，而被调查者即使有"拉"这样的后置词也很容易用更实在的"老王屋里"模式来对应，而有限的调查时间又不允许再做深究。

在宁波话中还发现了汉语中罕见的能用在地名后的方所类后置词"垱"[-kaʔ]。如：

（24）〈宁波〉a. 尔到上海好搭南京垱走_{从南京走}，也好搭杭州垱走_{从杭州走}。

b. 火车搭北京方向垱开去噢_{火车朝北京方向开过去}。

这个后置词主要用来和前置词配合表示途径或方向。"搭"在宁波话中是个多义前置词，表示"对、跟、替、给"等，"搭……埭"合起来组成框式介词才能表示途径或方向。"埭"也是个完全虚化的后置词，其用在地名后的功能更是北京话方位词所不具备的。

北京话的"（像）……似的／一样／那样／般"中的"似的"等也有后置词的作用，只是虚化程度各异："似的"和文言性的"般"已不能单用，是纯粹的后置词；"一样""那样"还兼实词用法。吴语中也普遍存在这类后置词，这里举几个纯虚词性的。一个是老上海话的"能"，其本字为"恁"，但不能单用，只做后置词，（25）中各例均取自早期天主教文献：

(25) a. 并且相陪太子出入迎接，费时勿少，所以勿能够如同前头<u>能</u>默想……

b. 闻得之_{听说了}父亲个_的死信，声色勿变，勿像别人<u>能</u>哭天哭地。

c. 伊_他看见上帝个_的圣灵，像鸽子<u>能</u>降到伊身上。

虚化的比况后置词还有丽水的"则"、金华的"生 [-saŋ]／亨 [-haŋ]"、东阳的"海"[-hε] 等。如：

(26)〈丽水〉阿墥_{那座}楼屋大概<u>有</u>国际饭店<u>则</u>高。

(27)〈金华〉a. 么_那幢楼大概<u>有</u>国际饭店<u>亨</u>高。

b. 侬㴷_{你不要}<u>像</u>老爷<u>生</u>坐得末里_{在这儿}，一点儿都弗_不做。（曹志耘 1996：179）

(28)〈东阳〉a. 革个家伙<u>像</u>条蛇<u>海</u>狠。

b. 渠<u>像</u>泥鳅<u>海</u>一记便溜勒_{他像泥鳅似的一下就溜了}。

最后看一下苏州话的"搭……淘"中的"淘"。这个框式介词来自"搭……一淘"（跟……一起），如"搭小王一淘去"，"一淘"本是可以单用的副词，如"让小王一淘去"。但"一淘"在"搭"后脱落为"淘"，如"搭小王淘去"，"淘"已没有副词性，不能说"让小王淘去"，读音上也变得依附于前面的名词而不是后面的动词。这个"淘"只能看作框式介词中的后置词。

3.3 吴语后置词的句法重要性

吴语后置词类型的发达不仅表现在有一批虚化程度很高的后置词,更表现在后置词在句法上作为虚词的重要作用。

先看方所后置词。吴语的方位后置词整体上比北京话方位词有更大的句法强制性,因而更具有句法性虚词的性质。在吴语中,单靠前置词、不需后置词的方所题元严格限于地名类专名。甚至在地名后也可以加半虚化的后置词,如苏州、上海的老派方言表示"在山东"会说成"勒山东地方"。北京话中兼处所词的普通名词在"在、到、往"等前置词后,方位词是可加可省的,如"在学校(里)/教室(里)/图书馆(里)/剧场(里)/邮局(里)/单位(里)/公司(里)/公园(里)/广场(上)/陆地(上)/海洋(上/里)/天空(中)"等。这些例子在吴语中都不能省略方位后置词。如苏州话不说"勒学堂上课",而一定要说"勒学堂里上课"。为了了解吴语中方位后置词的强制性程度,我们设计的调查表在北京话可以不用方位词的地方大多省去方位词,如用"在学校"而不用"在学校里"。结果各地吴语发音人普遍在这种场合自然地加进方位词,说成"勒学堂里"等,而不说"勒学堂"。可以设想,假如方位词的使用是两可的,那么发音人在北京话例句的暗示下应当更倾向不用方位词。

与后置词的强制性形成对照,吴语前置词使用的强制性不如北京话。"来、去"义动词前的处所状语经常不用表示"从、到"意义的前置词,分别见(29)、(30)。在绍兴、宁波等方言中,表示行为发生处所的状语也经常不用"在"义前置词,如(31)、(32)。相应的北京话句子很难省去这些前置词。比较:

(29) a.〈北京话〉今天我<u>到</u>广州去。

　　　b.〈苏州〉〈上海〉今朝我[　]广州去。

　　　c.〈无锡〉今阿_{今天}我[　]广州去。

　　　d.〈台州椒江〉〈乐清大荆〉今日儿我[　]广州去。

(30) a.〈北京话〉冬冬刚刚<u>从</u>学校回来。

b.〈上海〉冬冬刚刚[　]学堂里向回来。
c.〈苏州〉冬冬刚刚[　]学堂里向转来。
d.〈绍兴〉冬冬刚刚[　]学堂里转来。
e.〈台州椒江〉冬冬扣扣[　]学堂勒转来。
f.〈乐清大荆〉冬冬扣[　]学堂里走转。
g.〈丽水〉冬冬[　]学堂才归得来。
h.〈温州〉冬冬新该下儿[　]学堂里走来。

(31)〈绍兴〉a.我[　]屋里吃饭，伊[　]单位里吃饭 _{我在家吃饭，他在单位里吃饭}。

b.诺[　]老板里要话些好话 _{你在老板那儿要多说些好话}。

(32)〈宁波〉a.贼骨头[　]屙坑间里幽该 _{小偷在厕所里躲着}。

b.老师[　]黑板上写字 _{老师在黑板上写字}。

以上空格处也可以加进适当的前置词，但吴语区人觉得不用前置词更加自然。至于北京话可以省略前置词、单用后置词的地方，如"狐狸似的狡猾""明天起实行"，在吴语中也都可以只用后置词，兹不赘述。

其实，不但介词有前置和后置之分，连词也有前置和后置之分，甚至还有用前置连词和后置词连词组成的框式连词，如"假如……的话"。比较起来，后置连词在吴语中更加活跃和重要，与后置介词在吴语中更加重要相一致。限于篇幅，只能另文讨论。

四、结语

从语序类型学角度看，吴语跟北京话一样属于不典型的 SVO 类型和典型的话题优先类型。比起北京话来，吴语离典型的 SVO 更远，而话题优先的特点也更加突出，因为吴语受事成分做话题的现象更常见、更有规律。受事话题句在北京话等官话方言中表现为受事充当主语前主话题的 TSV 式，而吴语多表现为受事做主语后次话题的 STV 式。次话题由于处于小句结构的更内层，是个更加句法化的成分，也更容易经过语用限制的放宽而演变为真正的宾语。在部分浙江吴语中，确实出现了受事话题经泛化变为宾语的迹象，但没有任何吴语真正完成了这一过程，而格形态的缺乏也将使它们难以真正从 STV 类型演变为 SOV 类型。在介词类型方面，吴语跟北京话一样属于前置词和后置词并存的类型。比较起来，吴语有更多虚化彻底的后置介词，后置词在句法上的作用也更加重要，这与吴语离 VO 类型更远的特征相和谐。前置词的作用最衰落、后置词的作用最活跃的方言是绍兴、宁波方言，而它们也正是 SOV 萌芽最明显的方言，进一步反映了小句结构语序和介词类型两者的相关性。

本文的探讨也说明，调查研究汉语方言语法，不能单纯以现有北京话语法学体系为框架，而应当同时参照在大范围跨语言研究基础上获得的语言类型学成果。否则，我们难以理解话题在吴语中的重要地位和它在诱发类型历史演变方面的关键作用，也难以理解前置词和后置词的并存和互动，更不会注意到小句语序和介词类型的高度相关性。

参考文献

蔡国璐　1995　《丹阳方言词典》，南京：江苏教育出版社。
曹志耘　1996　《金华方言词典》，南京：江苏教育出版社。
方　梅　1997　现代北京话的语法特征（提要及摘要），第 30 届国际汉藏语会议，北京。
刘丹青　2000　语法研究的对象语言与参照语言，《语法研究和探索》第十辑，北京：商务印书馆。
刘丹青　2001a　论元分裂式话题结构初探，《面向二十一世纪语言问题再认识——庆贺张斌先生从教五十周年暨八十华诞》，范开泰、齐沪扬主编，上海：上海教育出版社。
刘丹青　2001b　汉语方言的语序类型比较，日本《现代中国语研究》第 2 期。
刘丹青　2002　赋元实词与语法化，《东方语言与文化》，潘悟云主编，上海：东方出版中心。
吕叔湘　1965　方位词使用情况的初步考察，《中国语文》第 3 期。
潘悟云　1997　温州方言的动词谓语句，《动词谓语句》，李如龙、张双庆主编，广州：暨南大学出版社。
徐烈炯、刘丹青　1998　《话题的结构与功能》，上海：上海教育出版社。
Dryer, M. S. 1992. The Greenbergian word order correlations. *Language*, 68(1), 43-80.

Greenberg, J. H. 1963/1966. Some universals of grammar with particular reference to the order of meaningful elements. In J. H. Greenberg (Ed.), *Universals of Language* (2nd ed.). Cambridge: The M. I. T. Press.

Hawkins, J. A. 1983. *Word Order Universals*. New York: Academic Press.

Li, C. N., & Thompson, S. 1976. Subject and topic: A new typology. In C. N. Li (Ed.), *Subject and Topic*. New York: Academic Press.

Liu, D. Q. 2000. Subtopic prominent dialects of Chinese: A subtype of topic prominent languages. "汉语话题与焦点国际研讨会"论文,香港理工大学。

Liu, D. Q. 2004. Identical topics: A more characteristic property of topic-prominent languages. *Journal of Chinese Linguistics*, 32(1), 20-64.

Sun, C.-F., & Givón, T. 1985. On the called SOV word order in Mandarin Chinese: A quantified text study and its implications. *Language*, 61(2), 329-351.

（原载《方言》，2001年第4期）

吴语和西北方言受事前置语序的类型比较

　　从汉语的主体和主流看,自古以来小句基本语序一直是SVO,同时在不同时代各有一些类型变体,如先秦时某些代词宾语前置的规则(有些前置现象在甲骨文中反而没有,见Peyraube 1997),中古以后"把/将"类处置式(王力1989/2000:第20章),从古到今愈益显赫的受事话题句等(刘丹青2013)。从现代跨方言角度看,则存在一个奇特的类型景观:汉语东西两端的方言,即东端之吴语(潘悟云1997;钱乃荣1997,2014;刘丹青2001a,2001b,2003,2013;盛益民2014等)和西端之西北方言(程祥徽1980;罗太星1981;马企平1984;汪忠强1984;王森1993;谢晓安等1996;张安生2005等),语序类型上偏离VO语序最甚,受事前置的语序非常常见,其偏离程度远甚于两者之间的大片汉语方言。从句法类型学的角度来看,这一奇观带来一系列疑问:1.东西两端区域在受事前置现象方面有什么异同?2.两片区域受事前置现象的句法属性是否相同——是前置的宾语还是受事话题?3.两片区域受事前置现象的来源各是什么?

　　本文拟根据已有材料对两片方言进行比较,尝试回答以上问题。吴语主要依据笔者熟悉的苏南上海吴语,兼及浙江吴语,包括笔者1999年的田野调查材料(参看刘丹青(2003)附录"引用语料")。西北方言主要指上引文献所记述的兰银官话甘肃临夏方言和中原官话青海西宁方言(两者以下通称西北话。有些文献用了青海方言之名,也放在西宁方言名下)。

本文的比较将围绕受事前置现象的句类分布、受事成分的词类和句法属性、受事成分的指称和生命度等语义属性、谓语动词的属性和句子成分的语篇信息属性等展开。

一、受事前置的句类限制和极性限制

句类就是句子的交际功能类别或言语行为类别，极性就是肯定否定的取值。这些类别是触发语序变异的敏感因素。

吴语的受事前置，对句子的交际功能类别和极性取值非常敏感。徐烈炯、刘丹青（1998：252—253）曾对上海独角戏《黄鱼掉带鱼》进行过统计。这一小规模文本统计已颇能说明问题，在其他材料中能得到基本一致的结果（如刘丹青2002）。下表中T指前置的受事话题，V为动词，O为后置的宾语，S为施事主语，中性疑问句指是非疑问句（主要是带句末语气词"哦"的问句）。数字是用例的数量，括号中是内部各个小类的具体数量：

中性疑问句	8∶2（3例TV，5例STV；VO和SVO各1例）
V勿V问句	1∶0（1例STV）
"阿是"问句	0∶3（1例VO，2例SVO）（O实为系词的表语）
附加疑问句（陈述小句+简短疑问小句）	0∶4（陈述小句部分VO和SVO各2例）
特指问	0∶11（6例VO，5例SVO）
否定陈述句	17.5∶2.5（4例TV，11例STV，2例TSV，1例STVO［两边各算0.5］；2例SVO）
肯定陈述句	8∶36（2例TV，5例STV，1例TSV；3例VO，33例SVO）
肯定祈使句	3∶10（3例TV；9例VO，1例SVO）

从表中可见，在中性疑问句中，受事前置的TV结构是受事后置的VO的4倍。在否定陈述句中，TV是VO的7.4倍。而在肯定陈述句中，则反过来，VO是TV的4.5倍。在特指疑问句中（疑问词做宾语）也是VO占优势，未见TV。TV式特指问是可以接受的，如"侬啥物事

要吃",但远不如"侬要吃啥物事"常见和自然。祈使句稍稍倾向于 TV 结构。也就是说,上海话中的受事前置在是非疑问句和否定句中占据优势。在肯定陈述句中,尽管受事前置比普通话多,但与受事后置做宾语相比,还明显处于劣势。

对方言语法敏锐的学者,特别能注意到异于普通话的方言特色现象,但这种敏感也有可能带来有所夸大的描写。钱乃荣(2014)认为上海话尤其是100多年前的老上海话,是 SOV 占优势的类型。该书 127—129 页密集排列了传教士著作和日本学者著作中上海话无定成分受事的前置句,即他所认定的 SOV 句和 OV 句。我们不妨来分析一下这些句子的句类、极性及相关属性。这些例证难以成为判定吴语为 SOV 语序类型的证据,却无意中显露了句类和极性对受事语序的显著影响,部分印证了上述统计。

SOV 句,钱著此处举了 10 例。其中,是非疑问句就占了 5 例,否定陈述句 1 例,各举 1 例如下(语料文献简称照录钱著):

(1)侬馒头烘好末_{你馒头烤好了吗}?——拉烘哩_{正在烤呢}。(Ben 381—382)
(2)我赌铜钱顶勿相信_{我最不爱要钱}。(丁 77 页)

剩下 4 例中,2 例不是受事前置,见下:

(3)第个是硬柱生意,本来吭折头可以打_{这是硬生意,本来没折扣可打}。(蒲 151)
(4)那能会得事体忙之多化呢_{怎么会事情(比以前)忙了很多呢}?(开 41 句)

例(3)是带否定动词的连动句,从直译"没折扣可打"可以看出这是个有无类兼语句,"折头"作为兼语不能分析为受事前置。(4)如果"事体"出现在"忙"后,"忙事体"可以视为动宾式。但该论元出现在动词前,"忙"就是形容词,谈不上受事前置。

真正的不属于是非疑问句和否定句的受事前置只有以下两例:

(5)乃朝后侬应当一个星期两鞁揩玻璃窗;日逐要客厅咾房间里个台子凳子揩_{今后你应当一周两次擦玻璃窗,每天要擦客厅和房间里的桌子凳子}。(蒲 254)
(6)我回信收到,票子买定,出门个行李预备好了。

例(5)的两个分句都用"揩"做谓语动词,后一分句确实是受事前置(此句在今天的北部吴语很难成立),而前一个分句仍是标准的

SVO 语序，此例并不能显示 OV 优势。例（6）是唯一的受事全部前置的陈述肯定句用例，此例恰恰是这 10 例中唯一未标出处的，估计为作者自拟。此句三个宾语都只能理解为有定成分（而不是作者所说的无定，详见后文例（34）、（35）的分析），它们在普通话中前置于动词也很自然。

由此可见，在没有与受事后置的句子进行对比的情况下，大量排比受事前置句也许能给读者尤其是非母语读者造成受事前置优势的印象。假如仔细分析其句类分布，再剔除分析有误的例子，则这类例子并不能证明受事前置的优势。

接着作者举了施事主语不出现的 OV 句 22 例。这类句子被一些学者分析为不带标记的被动句，它们在普通话和各方言中都常见，吴语中频率可能更高一些。但这 22 例中，有是非疑问句 7 例、否定陈述句 3 例，已占近半，远超这两类句子的常规频率。另有一些是作格性动词，其唯一论元在动词前并非受事前置，如"船开脱个哉_{船开走了}""电灯点拉_{电灯点着}""大门开拉_{大门开着}"。其余，像"饭吃好拉哉_{饭吃完了}""箱子开一开"等也是普通话中很常用的语序，都不足以显示吴语是 SOV 型语言。

语序类型学讨论基本语序，本来就对句类等有限定，因为疑问、否定等常常造成语序的变异。请看 Greenberg（1963/1966）语序共性的第一条：

共性 1：带有名词性主语和宾语的陈述句中，优势语序几乎总是主语处于宾语之前。

可见，Greenberg 一上来就定下讨论语序类型的条件——陈述句，而且事实上主要依据肯定句。而吴语语料中恰恰只是是非疑问句及否定句的受事前置占据优势，这并不能从根本上改变吴语的基本语序。

疑问句和否定句之外，很多句类条件下 VO 语序占据吴语的绝对优势，而这些是更能代表一种语言基本语序的条件，刘丹青（2001b）已用上海话材料做了说明，这一点也在受事前置倾向更强的浙江吴语中得到证实。我们 1999 年的田野调查材料（发音人见刘丹青 2003：345—346）显示，在这些条件下，浙江吴语跟苏沪吴语一样都优先选择 SVO

语序。如（上海调查了 A、B 两位发音人）：

（7）我（在）天津有<u>几个亲戚</u>。

〈上海〉A. 我（辣）天津有<u>几个亲戚</u>。| B. 我（辣）天津有<u>几个亲眷</u>。

〈苏州〉我（勒）天津有<u>几个亲眷</u>。

〈无锡〉我来天津有<u>几个亲眷</u>。

〈常州〉我勒天津有<u>几个亲眷</u>。

〈绍兴〉我天津有<u>几个亲眷</u>个。

〈宁波〉我来天津有<u>几个亲眷</u>。

〈台州椒江〉天津我有<u>几个亲眷</u>。

〈乐清大荆〉我天津有<u>几个亲眷</u>。

〈金华〉我来天津有<u>两个亲戚</u>。

〈东阳〉我天津有<u>几个亲眷</u>。

〈丽水〉我隑天津有<u>几个亲眷</u>。

〈温州〉我天津旁面有<u>几个亲眷</u>。

例（7）是领有动词"有"加带数量成分的无定宾语，南北吴语区的发音人都无一例外地用 SVO 语序做答。下一例的动作动词带不定数量宾语，也都是 VO 语序。

（8）他在鸡汤里加点儿盐。

〈上海〉A. 伊辣鸡汤里加眼<u>盐</u>。| B. 伊辣辣鸡汤里加勒<u>点盐</u>。

〈苏州〉俚勒鸡汤里加仔<u>点盐</u>。

〈无锡〉佗来勒鸡汤里加着<u>点盐</u>。

〈常州〉他呢勒鸡汤勒加<u>点盐</u>。

〈绍兴〉伊鸡汤里加特/勒<u>些盐</u>。

〈宁波〉伊在鸡汤里头加眼<u>盐</u>。

〈台州椒江〉渠在鸡汤里拨<u>盐</u>放进去。

〈乐清大荆〉渠是鸡汤里囥勒一眼<u>盐</u>。

〈金华〉渠来鸡汤里加<u>点盐</u>。

〈东阳〉渠分鸡汤里加<u>点盐</u>。

〈丽水〉渠隑鸡汤里头困点点盐。

〈温州〉渠宿鸡汤里加俫儿盐。

这样的句子，在 SOV 语言里无疑会用 SOV 语序，但吴语中基本不用 SOV 语序（椒江用了处置式。另据丁健（2014），台州路桥话在完成体的条件下强制性地使用受事前置语序，看来台州话确实是排斥完成体的 VO 语序的）。这里的受事名词倒并非完全不能前置，但是数量成分还常留在动词后，整个句子成为论元分裂式话题结构（刘丹青 2001c），如吴语区各地也常说"鸡汤里盐加点"，"点"只有一个音节，但它是不定量词"一点"的简略形式，占据了宾语位置，保持了该句式的 VO 属性。下面双音动词带双音光杆名词做宾语的情况，也只能用 VO 形式。为省篇幅，只举受事前置更强势的浙江的几个点：

(9) 舞台上学生在表演话剧。

〈绍兴〉舞台高头学生来亨表演话剧。

〈宁波〉戏台高头学生来该表演话剧。

〈台州椒江〉学生在台上演戏。

〈金华〉舞台上学生来表演话剧。

〈温州〉学生宿舞台上表演话剧。/ 戏台里学生是拉演话剧。

下面比较西北话的情况。有关西北话语序的描述都很少提及句类和极性方面的限制。程祥徽（1980）提到青海话"否定句中，'宾-动'结构尤为常见"，但作者的前提是"'宾-动'式是青海方言句法的一种基本格式，它不像在普通话里作为'变例'出现。……这种格式应用的范围极广，概括的句子极多。"可见，程文只是提示否定句更常见，并没有将极性视为宾-动结构的限制条件。从语料看，各种句类和极性状态都有大量的受事前置例句，其中很多在吴语中是很难表现为受事前置句的。

先看肯定陈述句。其中的"哈"或"啊"都是宾语（包括与事宾语）的后加标记。

(10)〈西宁〉a. 狗<u>一个娃娃啊咬下了</u>_{狗咬了一个小孩子。}（任碧生 2004）

b. 小王<u>媳妇儿娶上了</u>_{小王娶上了媳妇儿。}（任碧生 2004）

　　　　　c. 老师我哈书发给了 老师发给我书了。（王双成 2008：77）

　　　　　d. 风帽子啊刮上跑了 风把帽子刮走了。（任碧生 2004）

（11）〈临夏〉a. 我你想的呱 我真想你啊！（马企平 1984）

　　　　　b. 我他哈 [ha] 电影票给的了 我给他电影票了。（谢晓安等 1996）

　　　　　c. [tɕiɛ⁴⁴] 他我的手抓住 [·tʂɤ] 不放 他抓住我的手不放。（谢晓安等 1996）

　　以上各例都是肯定陈述句，有的宾语带数量成分，有的是光杆名词，有的前置受事成分用在连动句的 VP₁ 中。注意（11c）虽然 VP₂ "不放"是否定式，但管辖受事"我的手"的仍是肯定式"抓住"。这些句子在句法语义上大多与吴语中的例（7）—（9）属同类，在吴语中都表现为 VO 语序。

　　疑问句和否定句当然也可以让受事前置，但材料中并不比肯定陈述句多很多，如：

（12）〈西宁〉a. 你车哈 [·xa] 会开啊 [·lia]？（张安生 2005）

　　　　　b. 尕张一顿三碗饭哈能吃完啊 小张一顿能吃完三碗饭了吗？（张安生 2005）

　　　　　c. 他你哈没见 他没见你。（程祥徽 1980）

（13）〈临夏〉a. 你信写来啦？（王森 1993）

　　　　　b. 是无论阿一个一嘴胖子吃不下 无论哪一个也不能一口吃个胖子。（王森 1993）

　　　　　c. 你我家里来，吃头没有，喝头没有。（谢晓安等 1996）

　　　　　d. 我他哈比不过。（王森 1993）

　　祈使句的受事前置也很自然：

（14）〈西宁〉a. 你人（啊）介绍给个 你把这个人介绍一下。（宋卫华 2004）

　　　　　b. 你饭（啊）做上，我水（啊）打上。（宋卫华 2004）

　　　　　c. 河里跳给了鱼儿们抓去吵 跳到河里抓鱼去！（任碧生 2004）

（15）〈临夏〉书们拿走。（谢晓安等 1996）

从以上对比已能初步看出，吴语受事前置句的分布深受句类和极性的制约，而西北话的受事前置看不到这种制约。对此，下文将结合其他参项一起讨论。

二、受事前置的词类和句法属性限制

充当受事成分的名词性成分包含名词和代词（主要指人称代词）两大类，这两类在语序表现上并不相同。Greenberg（1963/1966）研究基本语序时，也先讨论名词性主宾语而暂不包括代词性主宾语，见上引共性1。当然，可以专门研究名词和代词在小句中的语序异同，如Greenberg（1963/1966）的共性25指出"如果代词性宾语后置于动词，那么名词性宾语也同样后置。"该共性传递的信息是，名词性宾语比代词性宾语更倾向于后置。如果代词后置，名词一定后置。作为单向性共性，它也意味着，名词后置，代词不一定后置——有的语言名词后置而代词是前置的，例如法语。古汉语也有条件地带有这一倾向。

我们重点来比较一下名词和代词在受事前置句中的作用。

在吴语中，作为受事的名词或名词短语可以前置，代词很难前置。例如，上引钱著所举32例受事前置的老上海话例句，29例是名词或名词短语（其中含非受事成分，见上文分析），3例是作为受事的动词短语"运动""赌铜钱"和"住拉啥地方"，支配它们的是谓宾动词"相信"（指喜欢、爱好）和"话"（说）。没有一例是代词。

方言口语中代词主要代替指人名词，而吴语的受事前置主要发生于低生命度的名词，上述32个例句中涉及的前置受事清一色是无生命名词，这本身已使代词难有机会充当前置的受事。

代词不宜充当前置受事还有句法因素，而不完全是生命度的语义因素。事实上第三人称代词"伊"（阳平，实际为南方方言常用代词"渠"的变体，而与古代阴平"伊"无关，参看陈忠敏、潘悟云1999）在上海话中是可以代指无生命物甚至抽象事物的，但这种代指主要发生在动

词后或处置介词"拿"[nɔ⁵³]后的宾语位置,充当主语很不自然。如:

(16)(指着一只母鸡)辦只/*伊是生蛋鸡,覅杀脱伊/覅拿伊杀脱这只是下蛋的鸡,别杀了它/别把它杀了。

(17)(指着一件玉器)辦只/*伊是祖传个宝贝,好好叫囥好伊/拿伊好好叫囥好这是祖传的宝贝,好好地收藏好它/把它好好地收藏好。

在回指的情况下,"伊"甚至可以指抽象事物,不过只能用在动词或介词后:

(18)辦种想法ᵢ过时了,快点拿伊ᵢ放弃脱吧这种想法过时了,快把它放弃了吧。

可见,代词指人时没有句法限制;指低生命度事物时,只能用在动词后或介词后的位置。

这样,如果受事代词指人,就像指人名词一样很难前置于动词,这是语义限制;如果指物,则本身就很难前置于动词,这是句法限制。

相比而言,西北话受事前置完全没有名词、代词之限。这很大程度上得益于西北话库藏中有宾格标记"哈/啊",只要加上该标记,指人名词和代词的受事都能前置。而相应的吴语例句往往不成立。比较:

(19)a.〈西宁〉老师我哈书发给了。(=10c)~ b.〈上海〉*老师我书发拨了。~ 老师发拨我书了。~ 老师书发拨我了。

(20)a.〈西宁〉他你哈没见。(=12c)~ b.〈上海〉*伊侬吭没看见。~ 伊吭没看见侬。

(21)a.〈临夏〉我他哈比不过。(=13d)~ b.〈上海〉*我伊比勿过。~ 我比勿过伊。

上海话前置的受事代词如果加上话题标记"末",有时能使可接受度略微增加。假如再提供一个对比性话题的语境,接受度还可以提高些,虽然仍然是不太自然的:

(22)⁇伊侬末吭没看见。(义同例20)

(23)?我伊末比勿过,侬末比得过个我比不过他,比得过你。

由此可见,话题标记与宾格标记的功能还是有很大差距的。

已发现受事人称代词可以前置的吴语是温州话(潘悟云1997)。不过,潘悟云同时指出,受事代词前置时更自然的位置是施事主语前,而在 NP₁ 和动词之间的代词优先被理解为施事。可见，即使在受事前置很强势的温州话中，人称代词前置于动词也不容易，除非直接置于句首，显然，这时就不是 OV 语言的特征，而是受事话题化了（详第五节）。

下面看受事成分的句法属性，这里主要指动宾之间的句法语义关系。有些句法属性与语义（如指称）相关，放在下节一起讨论。

吴语的受事前置必须带有较典型的宾语属性，而不宜是系词类动词的表语论元[①]。表语（predicative，字面义是"谓语性的"）在格形态语言里常取主格而非宾格（英语 It's me 原先也是 It's I）。在吴语中，系词/准系词的表语/准表语不适合前置于系词"是"或准系词，而西北话系词的表语常常前置。试将西北话相关例句与我们自拟的上海话做比较：

（24）a.〈西宁〉劳动模范阿个是哩_{哪个是劳动模范}？（程祥徽 1980）

　　　b.〈上海〉*劳动模范啥人是呢？～啥人是劳动模范。

（25）a.〈西宁〉我学生就是俩。（张安生 2005）

　　　b.〈上海〉*我学生子就是了。～我就是学生子。

（26）a.〈西宁〉你这点儿黄家湾就是不？（汪忠强 1984）

　　　b.〈上海〉*侬辣搭黄家湾是哦～侬辣搭是黄家湾哦？

（27）a.〈西宁〉这本书你的（哈）是俩_{这本书是你的吗}？（汪忠强 1984）

　　　b.〈上海〉??辣本书侬个是哦？～辣本书是侬个哦？[②]

（28）a.〈临夏〉甲："明早"的意思是不是"明天早晨"。

　　　　　　乙："明早""明天早晨"的不是_{明早不是明天早晨}。

　　　b.〈上海〉甲："明早"个意思是"明朝早上"哦？

　　　　　　乙：*"明早"个意思"明朝早上"勿是。

（29）a.〈临夏〉甲：老张，你太谦虚了！乙：我谦虚的不是

　　　b.〈上海〉甲：老张，侬忒谦虚了！乙：*我谦虚勿是。～我勿是谦虚。

[①] 刘丹青（2002）统计的当代上海话 7 万字真实言谈语料中，否定句 TV 语序只比 VO 语序略占优势，但是 VO 中的 O 基本上都不是典型的受事宾语，动词大多不是行为动作动词，这种属性阻碍了它们的前置。

[②] 左句"是哦"前如加停顿，可作为附加问句成立，因为吴语常省略系词，相当于"这本是你的，是吗？"

再看表示称呼状况的准系词"叫",它在吴语中也只能像系词句一样让表语居后,而在西北话中,"叫"的准表语可以居后,也可以在某些虚化词语帮助下前置。比较:

(30) a.〈西宁回民话〉那个人叫着[·h]个张三。/那个人<u>张三</u>说着[·ʂ·h]叫着[·hɛ](张安生 2005)

b.〈上海〉埃个人叫张三。/*埃个人张三叫。

西宁回民话轻声的"说着"是个由言说动词带体标记虚化而来的引语标记,语音弱化为[·ʂ·h]。带了该标记,"叫"的准表语就可以前置。而上海话中没有这样的机制,"叫"的准表语只能居后。其他吴语,也未见有表语/准表语前置的描述。其他如"姓、属(生肖)"等准系词也没有准表语前置的情况。

本节讨论显示,吴语受事前置于动词,限于名词,不能是代名词,在句法属性方面只能是带典型宾语属性的受事,不能是系词/准系词的表语/准表语,而西北话没有这些限制。

三、受事成分的语义语篇属性:
指称、生命度和信息属性

本节主要讨论受事成分的语义属性,尤其是指称义和生命度,以及语篇信息属性,如新旧信息、焦点等,对前置与否有直接的影响。

在许多有格形态的 SOV 语言中,指称义和生命度制约着格标记的使用。通常情况是,生命度高的和指称性强的宾语更要求带宾格标记(指称性强弱:有定 > 无定实指 > 无定非实指)。例如,据科姆里(1989/2010:154—156),土耳其语等语言里只有有定直接宾语带宾格标记的情况;在印地语里,带不带宾格后置词同时受生命度和定指度两个参项的影响:最需要带的是有定的人类名词,无定的基本也要带,但偶尔不带;如果是非人类、尤其是无生命的宾语则有定的才带。这些不对称现象是很好解释的。低生命度、低指称性的成分,与及物句的受事宾语成无标记匹配，因此不需要另带标记；而高生命度、高指称性的成分，与施事主语成无标记匹配，假如它们充当宾语，在动词前容易被误认为是施事主语，尤其是在施事省略的情况下，因此，特别需要带宾语标记以表明其身份（参看陆丙甫 2001）。

吴语的受事前置，也深受生命度和定指度的影响，但影响方式显著有别于定语标记的使用常规。SOV 语言宾格标记的使用需求，与生命度和定指度都呈正相关，主要动因是在动词前区别受事与施事。而吴语的受事前置倾向，与生命度呈反比，与定指度呈正比。另一个有效参项是语篇中的信息地位，新旧信息跟无定、有定约略对应但并不等同。大体上，受事前置主要发生于（1）有定已知的无生名词；（2）已激活的类指无生名词。有生名词，尤其是指人名词，前置较受制约。无定受事和新信息，尤其是无定而非实指的受事，很难前置。其实，前文所述的句类和极性限制也跟这类句子中受事的语义语篇属性密切相关。而吴语所受的限制，在西北话中基本不见。下面来比较实例。

如果受事 NP 本身就有指称义的形式表征，如指示词所表示的有定、数量词语所表示的无定，这种形式对西北话的受事前置未见显著影响，有定无定都可，对吴语的受事前置则有直接影响。拿上海话来说，无定形式在常规条件下是无法前置的。这里只比较无定 NP：

（31）a.〈西宁〉汽车一个人啊压死了。汽车压死了一个人。（任碧生 2004）

b.〈上海〉*汽车一个人压杀脱了。～汽车压杀脱一个人。

（32）a.〈西宁〉小王一辆汽车（啊）借下了。小王借来了一辆汽车。（任碧生 2004）

b.〈上海〉*小王一部汽车借来了。～小王借来了一部汽车。

例（31a）、（32a）都是西宁话中很普通的已然事件肯定陈述句，表现为受事前置句。而相应的上海话并不成立。这一对比性的测试，最能体现两地对受事前置指称义限制的不同。

对上海话来说，要注意一种特殊情况。徐烈炯、刘丹青（1998：170—173）指出，低生命度的"一量名"短语在主语、话题位置可以表示不在言谈现场的有定对象。例（31b）如果将受事理解为不在眼前的有定，则句子成立。钱乃荣（2014：103）所举的所谓 SOV 句中，其实就有此类有定受事。如：

（33）我一只床搬脱了。

在北部吴语人的语感中，此句的受事"一只床"优先理解为听说者能够共同确认的床，只是不在言谈现场。假如说的是一张听话者不知道的床，搬床是一种新信息，那么就会强烈倾向让受事后置："我搬脱一张床了"。

下面再看光杆 NP，即不出现指称、量化标记的受事光杆 NP。当光杆受事 NP 分别出现在动词前后时，吴语中会出现指称解读及信息地位的差异，如：

（34）〈上海〉a. 小张黄鱼买了。~ b. 小张买了黄鱼。

（35）〈上海〉a. 侬报纸快点理！（钱乃荣 2014：103）~ b. 侬快点理报纸。

例（34）是已然陈述句。a 句只能出现在黄鱼为激活的类指的场合，即听者虽然可能不知道具体是哪几条黄鱼，但是知道小张计划去买黄鱼这种东西。而 b 句"黄鱼"则是无定的新信息或未激活的类指，言者把小张买黄鱼作为一件新闻性事件告诉听者，听者之前并不知道小张计划买什么。例（35）是祈使句。a 句用在听者已经在整理报纸或双方知道需要整理报纸的场合，言者是让对方加快整理，"报纸"是有定的。b 句可以是听者不在整理报纸或没有计划整理报纸，言者要求听者去整理报纸，"报纸"通常是未激活的类指成分。

不过，吴语中带无定标记的受事成分也不是完全不能前置，尤其在浙江。浙江吴语无定受事能否前置，主要取决于谓语动词组的属性和与谓语时体属性等有关的指称语篇属性（参看丁健 2014；盛益民 2014），我们将在下一节讨论。

再来看生命度。在类型学常用的生命度等级序列中，人称代词被列为生命度最高的成分。请看 Whaley（1997/2009：173）所引的学界常用的生命度等级：

（36）第一和第二人称代词 > 第三人称代词 > 专有名词 / 亲属称谓 > 指人 NP> 动物 NP> 无生 NP

第一节谈到的人称代词前置受排斥，就与其生命度有关。虽然人称代词的指称性最高，但其生命度压制了它前置的功能。其他名词短语的前置也受到生命度的制约。

生命度制约不全是刚性规则，而常表现为与多个变量互动下的一种倾向。它首先表现为施事受事生命度差距与前置可接受度的相关性。受事生命度的降低和施事主语生命度的提高都能拉开施受双方的生命度差距，从而提高受事前置的接受度，反之则降低接受度（比较例（37）、（38））。此外，假如生命度不变，句子由陈述改成是非疑问（例（39）），或肯定变成否定（例（40）），都会提高受事 NP 前置的可接受度，这说明生命度制约与句类制约、极性制约均有互动关系。以下都以上海话为例：

（37）a. 小张瓣只船寻着了。> b. ?小张瓣只狗寻着了。> c. ??小张瓣个客人寻着了。> d. *小张伊寻着了。

（38）a. 伊瓣只船寻着了。> b. 伊瓣只狗寻着了。> c. ?伊瓣个客人寻着了。> d. *伊伊寻着了。

（39）a. 小张瓣只船寻着了哦。> b. 小张瓣只狗寻着了哦。> c. ?小张瓣个客人寻着了哦。> d. ??小张伊寻着了哦。

（40）a. 小张瓣只船寻勿着。> a. 小张瓣只狗寻勿着。> c. ?小张瓣个客人寻勿着。> d. ??小张伊寻勿着。

例（38d）施事和受事都是"伊"（他），当然句子很难成立。但即使换一个人称代词，受事仍然很难前置，可见仍是生命度而不是避重规则在起作用。如：

（41）a. *伊侬寻着了。b. *我侬寻着了。
      c. *我伊寻着了。d. *侬伊寻着了。

在西北话中，受事的前置不受生命度的影响，尤其是在使用了"哈"一类格标记时。前举例（13d）、（19）—（21）、（31）等都是高生命度受事 NP 甚至人称代词受事前置的例子，不再赘例。

四、受事前置的谓语动词组的属性

我们也注意到，即使是无定形式的受事成分，在吴语中也有前置的情况。不过，这种情况往往与谓语动词组的语法属性有关。对此，盛益民（2014）已做了有益探讨。我们结合盛益民的观点，再补充一些角度，进一步探究这个问题。

钱乃荣（2014）举了一些上海话无定成分前置的例子。但是，这些所谓的无定成分，基本都是光杆名词语。光杆 NP 在汉语中个体性弱，常常有类指的解读，不是典型的无定成分。而在浙江（尤东部沿海）吴语中，带数量词语的无定受事成分有更多的受事前置现象。这在我们的田野调查材料中也有反映。下面的例（42）—（45），每组第一句是用来调查的普通话蓝本句，后面提供的是调查中表现为受事前置的吴语点例句，这同时意味着未引用的吴语点（参看例（7）—（9））都采用 VO 的形式，本处从略。

（42）我从邻居那儿借了一辆自行车。
〈乐清大荆〉我从邻舍旁担<u>一部踏脚车</u>借来。
（43）他从信用社贷了一笔款。
〈宁波〉其啦，信用社<u>一笔钞票</u>啦借来堆咪。
〈乐清大荆〉渠从信用社里<u>一眼钞票</u>贷来。
（44）他手里拿着一个茶杯。
〈乐清大荆〉渠<u>一只茶杯</u>捏是手里。
（45）我（在）暑假里游览了很多地方。
〈宁波〉今年暑假外头<u>交关地方</u>我和总去过咪。~今年暑假我外头地方走嘚交关。
〈台州椒江〉暑假里我<u>无数地方</u>嬉过。

这里需介绍一下调查方法。调查时以普通话蓝本句来询问方言中的说法，获取的是说话人认为最常用、最自然的表达。要说明两点。（1）没有时间一一进行语序的反向测试。例如,发音人提供受事后置语序时,不一定测试前置语序是否成立;发音人提供受事前置时,不一定测试后置语序是否成立。(2)普通话蓝本句都是受事后置的例句(这些例句也很难改说成受事前置句),在两种语序都合格时,不排除发音人受普通话影响优先选择 VO 语序。

从例(42)—(45)看,台州片(椒江和乐清大荆)和宁波方言更接受受事前置的说法,若干普通话受事后置语句被折合成方言的受事前置句。但是,应能通过推理确定这些方言对这些例句的 VO 语序也是可以接受的,有可能面对普通话 VO 蓝本句而优先选择 VO 语序。所以,我们看到,对乐清大荆话的受事前置例句,宁波和台州椒江话有说成受事后置句的情况(例(42)—(44)),而宁波和椒江说受事前置句时,乐清大荆话也可能优选 VO 语序(例(45))。至于苏沪吴语,据笔者语感,接受这些受事前置句较勉强,不自然。因此,发音人一律选受事后置句也可以理解。其他多个浙江吴语点也没有出现受事前置的情况。值得关注的是,以上受事前置句没有出现温州话例句。据潘悟云(1997)等,温州话受事前置是比较常见的,但就这些例句,我们调查到的都是受事后置的,如:

(46)渠从信用社里贷来一笔款。

我宿隔壁邻舍旁面借来一部踏脚车。

渠手里捏牢/端牢个茶杯。

我暑假里嬉爻多显多地方。

也许温州发音人受普通话蓝本句的暗示较强烈,但例(46)各句在温州也都是完全合格的。潘悟云(1997)举了温州话较多受事前置的用例,但都是光杆 NP 类的,未见带无定成分者。

以上无定受事成分前置的例句有个共同点,即都带有现实语气(realis)的体标记,不管是完整体(实现体)还是持续体。肯定陈述句现实语气辖域内的受事宾语,在指称上有个共同点,即都是实指(specific)成分,在无定成分中,实指的比非实指的有更高的指称性。换言之,在苏沪吴语中,指称性等级序列上要到有定和类指才出现较多的前置用例，而在浙东吴语中，无定的实指也可以有较多的受事前置用例。但是，没有看到无定的非实指受事成分在肯定陈述句中前置于动词的情况。丁健（2014）认为台州话中决定受事成分语序的是受事成分的可别度，而可别度表现为指称性、信息度和完成性。他的观察大体上是正确的，而且很大程度上契合整个吴语的倾向，只是不同的吴语方言表现略有参差而已。

在西北话中，以上这些例句应当都可以更自由地将受事前置，特别是在加宾格标记的条件下。前面也举过同类的例句。此外，似乎更重要的是，西北话并无实指的指称限制，这方面语料不多，我们发现了一例：

（47）〈西宁〉毛驴你三个赶上我四个赶上_{毛驴你赶三头我赶四头}。

这是祈使句，是非现实式（irrealis）的句子，宾语属于非实指的无定。该句是分裂式话题，其核心名词已经在句首做话题，滞留的无定数量成分仍然前置于动词。这样的句子，即使在浙江吴语中也是无法让受事前置的。

盛益民（2014）主要从汉语的动后限制来解释浙江吴语的无定受事前置现象。他主要研究的绍兴方言像其他浙东吴语一样，允许无定受事成分在一定条件下前置。盛益民认为，吴语的主语和动词之间有两个句法位置。一个是结构化的次话题位置，由定指和类指的成分充当，不同于宾语。他引用了笔者以往的论述并补充了一些有力的证据，如该位置的受事不能焦点化。另一个是由补语触发的受事前置，由无定成分充当。这实际就是汉语的动后限制造成的，只是吴语中的动后限制比普通话更强，有些补语对宾语的排斥更强烈，从而将某些无定成分"驱赶"到动词之前。盛益民还发现了两者的一大差别。当提前的数量短语与"已经"等副词共现时，只能位于"已经"之后；而次话题成分则一般位于"已经"之前，如：

（48）a.〈绍兴〉我已经三个吃完咚哉_{我已经吃完三个了}。~ b.*我三个已经吃完咚哉。

（49）a. 我书已经看完咚哉_{我已经看完书了}。b.??我已经书看完咚哉。

（50）渠书已经三本看好咚哉_{他已经看完三本书了}。

盛益民的解释和论证，尤其是吴语受事前置的两个位置的说法，较富有新意和解释力。不过，有一些无定受事前置的句子并没有真正的补语，只有一些很虚化的体标记，这些体标记并不完全排斥动后宾语，无定受事是可以放在动词之后的，只是促使或允许无定的受事前置于动词。如前面分析的（44）、（45）中的台州、宁波方言例句。我们认为，这些无定成分有现实语气的限制，要求宾语是实指成分，仍然是指称方面的限制，应当仍然占据次话题的位置，与被动后限制"逼"到动词前的无定成分仍有不同。我们将在下一节对此补充解释。

五、讨论与小结：吴语和西北话受事前置的来源和句法属性

西北方言受事前置句的来源较清楚。上引西北方言语序研究的文献无一不将其受事前置归因于语言接触，源头是与汉语方言紧邻或共处的阿尔泰语言（蒙古语、保安语、东乡语、土族语、东部裕固语——蒙古语族和西部裕固语——突厥语族）及藏缅语（藏语），这两组语言都是SOV类型的。受此影响，西北方言的受事前置也带有明显的OV语言的类型特点，前置的受事句法上就是宾语，不必带有话题的属性（部分前置的受事同时带有话题属性）。宾语的属性表现在以下这几个方面都没有限制：句类和极性；词类和宾语的语法属性；指称义，谓语动词的属性。此外，前置的受事后可以有格标记。

由于西北话的OV类型是SVO型的汉语和SOV型语言接触的产物，因此目前的语序类型从语言库藏类型学的角度看，有类型融合杂糅的成分，学者们的定位也存差异。程祥徽（1980）、王森（1993）等倾向于认为SOV已经是这些方言的基本语序。王双成（2012）则认为在短语的静态句法层面，西宁话仍是以SVO为主的，在动态句子层面，西宁方言有大量的OV句子。不管怎样，大家都同意在句子层面OV语序已是西北方言语序库藏的基本要素，无法都用话题化一类操作来覆盖。

西北话在类型上（且不说在语源上）受 OV 语言影响产生了宾格的后置标记"哈"等，这从形态库藏上保证了 SOV 句的主宾语之别，符合 SOV 型的常规。请看 Greenberg（1963/1966）的共性 41：如果一种语言里动词后置于名词性主语和宾语是优势语序，那么这种语言几乎都具有格的系统。动词后置于名词性主语和宾语就意味着是 SOV 和 OSV 两类语言。虽然大范围调查证明这一条共性是一条倾向共性而非绝对的蕴涵共性（世界上仍有一定数量的 OV 语言没有格，具体参看 Steele 1978），但它作为倾向共性的地位仍是稳固的，无形态格的 SOV 语言在 SOV 型中是少数例外。"哈/啊"的使用为西北话中的 SOV 语序奠定了形态库藏的基础。另一方面，OV 语序与 VO 语序依然并存于这些方言的语法库藏，在不同句法语义条件和不同人群中比重略有参差，基本上随着与 OV 语言接触的深度而变化。

吴语的受事前置比普通话和许多汉语方言丰富且更加常见，尤其在是非疑问句和否定句中。但是跟西北方言比，还远未到 OV 语序类型的程度。

从来源上看，吴语没有 SOV 语言的接触条件和背景，没有成为 SOV 语言的外部因素。

从语法表现看，吴语受事前置的最大的特点有两条：一是库藏中没有宾格标记的支撑；二是有很多句法语义条件限制或需要一些特定的句法条件来触发，而这些条件基本上符合话题化的要求。因此，吴语的受事前置，基本上是话题化的一种表现，更像是一种内生的类型现象，源于话题结构作为显赫范畴的扩张。

吴语中最容易前置的成分是有定和类指成分，这正是其话题性的突出表现。那为什么是非疑问句和否定句的受事最容易前置？因为，在疑问算子和否定算子辖域中的受事成分，要么是有定的，要么是类指的，排斥无定成分。无定成分是听话人不能确定的对象。一个人可以问是否发生涉及某一确定对象的事件，也可以问是否发生涉及某一类对象的事件，但是很难问是否发生涉及一个不确定对象的事件。英语是非疑问句的宾语可以带有定标记、复数标记、任指标记，就是很难带不定冠词，就体现了这种情况。如：

（51）Do you like that cat? | Do you like cats? | Do you like any cat? |??Do you like a cat?

在例（51）中，用 that 是询问有定对象；用复数是询问类指成分；用任指标记 any 也指向类，只要喜欢猫类中的任何对象都可以提供肯定回答；用无定冠词 a 表无定则很难成立，只有这个 a 做类指解，句子才勉强成立。同理，否定算子辖域内的受事成分也是要么有定、要么类指。不确定的具体对象，难以否定。即使否定，也意味着对整个类的否定。

由此可见，吴语中是非疑问句和否定句成为最适合受事前置的句类条件，就是因为这两类句子中的受事成分要么是有定的，要么是类指的。这正好符合话题成分的常规指称条件，这种条件触发吴语受事前置，本质上就是让这种受事前置话题化，因而它们不再是真正的句法宾语了。而肯定陈述句的受事没有这样的指称特点，其受事成分可以是任何指称成分，因此其受事就不必前置了。

至于某些浙江吴语允许无定形式的受事成分前置，则可以认为是话题标记在吴语中特别显赫的结果。显赫范畴的一大特点是功能扩张（刘丹青 2012）。话题要求由高指称性成分充当，一般是有定和类指。而在话题特别显赫的语言和方言中，话题还可以进一步朝指称性弱的方向适度扩张，包含了无定成分中的实指（specific）成分。实指成分在指称性等级中仍高于非实指的无定成分。无定形式的受事前置时，要求谓语动词语具有现实语气的体标记，这些能保证无定形式的受事论元是实指成分，从而得以在动词前充当话题。

吴语的话题结构比普通话等更加显赫，这不仅表现在受事前置结构扩张得更远，而且有其他独立的表征。例如，吴语话题标记更加常用，话题标记在语言中发挥更多的功能（徐烈炯、刘丹青 1998；刘丹青 2009），吴语的话题标记在语法化、词汇化进程中扮演更加活跃的角色（刘丹青 2004，2007）。如此，吴语更常用受事前置句也就更容易理解了。

当然，吴语尤其是浙东吴语中受事前置相当高频，因此它们的动宾语序受到更大的影响，离典型的 SVO 语序类型确实更远，也就难免带上一些 SOV 语言的特点，进而表征于其他参项，如后置词发达等（钱乃荣 1997；刘丹青 2001b，2003）。但是，与西北话相比，吴语离 SOV 型仍有距离。吴语的 SOV 类型受到两个方面的严重制约：（1）OV 类型至今仍受句类、极性、词类、指称、信息结构等严重制约，而这些限制在真正的 SOV 语言中都不存在，在西北话中也基本不存在。（2）吴语至今没有发展出格标记。这两者又是关联的，宾格标记的阙如使受事前置的制约更难消减。在可见的将来，这两点重要制约很难改变，甚至会因为受官话、粤语等的影响而出现逆向改变，即 OV 类型淡化。因此，很难认为吴语的受事前置句代表了它的 SOV 类型，至少与西北方言的 SOV 类型有巨大的差异。

参考文献

陈忠敏、潘悟云　1999　论吴语的人称代词，《代词》，李如龙、张双庆主编，南京：暨南大学出版社。
程祥徽　1980　青海口语语法散论，《中国语文》第 2 期。
丁　健　2014　可别度对受事次话题句的影响——以吴语台州话为例，《中国语文》第 2 期。
科姆里（Comrie, B.）　1989/2010　《语言共性和语言类型》（第二版），沈家煊、罗天华译，北京：北京大学出版社。
刘丹青　2001a　汉语方言的语序类型比较，日本《现代中国语研究》第 2 期。
刘丹青　2001b　吴语的句法类型特点，《方言》第 4 期。
刘丹青　2001c　题元分裂式话题结构，《面向二十一世纪语言问题再认识——张斌先生从教五十周年暨八十华诞庆祝文集》，范开泰、齐沪扬主编，上海：上海教育出版社。
刘丹青　2002　上海方言否定词与否定式的文本统计分析，《语言学论丛》（第二十六辑），北京：商务印书馆。
刘丹青　2003　《语序类型学与介词理论》，北京：商务印书馆。
刘丹青　2004　话题标记从何而来？——语法化中的共性与个性续论，《乐在其中——王士元教授 70 华诞庆祝文集》，石锋、沈钟伟主编，天津：南开大学出版社。
刘丹青　2007　话题标记走向何处？——兼谈广义历时语法化的三个领域，《语法化与语法研究》(三),沈家煊、吴福祥、李宗江主编,北京:商务印书馆。
刘丹青　2009　话题优先的句法后果,《汉语的形式与功能研究》,程工、刘丹青主编,北京:商务印书馆。
刘丹青　2012　汉语的若干显赫范畴:语法库藏类型学视角,《世界汉语教学》第2期。
刘丹青　2013　古今汉语的句法类型演变:跨方言的库藏类型学视角,《第四届国际汉学会议论文集:语言资讯和语言类型》,郑秋豫主编,台北:台湾"中研院"。
陆丙甫　2001　从宾格标记的分布看语言类型学的功能分析,《当代语言学》第4期。
罗太星　1981　青海汉语方言中的"宾-动"式——兼与程祥徽、张成材同志商榷,《青海社会科学》第3期。
马企平　1984　临夏方言语法初探,《兰州学刊》第1期。
潘悟云　1997　温州方言的动词谓语句,《动词谓语句》,李如龙、张双庆主编,南京:暨南大学出版社。
钱乃荣　1997　《上海话语法》,上海:上海人民出版社。
钱乃荣　2014　《西方传教士上海方言著作研究:1847—1950年的上海话》,上海:上海大学出版社。
任碧生　2004　西宁方言的前置宾语句,《方言》第4期。
盛益民　2014　吴语绍兴方言柯桥话参考语法,南开大学博士学位论文。
宋卫华　2004　从方言的特殊表达语序审视其语法语义特征,《青海师范大学学报》(哲学社会科学版)第6期。
汪忠强　1984　谈谈青海方言的特殊语序,《青海社会科学》第3期。
王　力　1989/2000　《汉语语法史》,北京:商务印书馆。
王　森　1993　甘肃临夏方言的两种语序,《方言》第3期。
王双成　2008　西宁方言专题研究,上海师范大学硕士学位论文。
王双成　2012　西宁方言的介词类型,《中国语文》第5期。
谢晓安、华　侃、周淑敏　1996　甘肃临夏汉语方言语法中的安多藏语现象,《中国语文》第4期。
徐烈炯、刘丹青　1998　《话题的结构与功能》,上海:上海教育出版社。
张安生　2005　西宁回民汉语方言语法语料,刘丹青、唐正大主编汉语方言语法语料库(电子版)。

Greenberg, J. H. 1963/1966. Some universals of grammar with particular reference to the order of meaningful elements. In J. H. Greemberg (Ed.), *Universals of Language*. Cambridge: M. I. T. Press.

Peyraube, A. 1997. On word order in Archaic Chinese. *Cahiers de Linguistique Asie Orientale*, 26(1), 3-20.

Steele, S. 1978. Word order variation: A typological study. In J. H. Greenberg (Ed.),

Universals of Human Language. Redwood City: Stanford University Press.

Whaley, L. 1997/2009. *Introduction to Typology: The Unity and Diversity of Language.* Beijing: World Publisher Inc. (First published by Sage Publications 1997）

（原载《方言》，2015 年第 2 期）

先秦汉语语序特点的类型学观照*

零、引言

从事特定语言语法的研究，免不了要谈该语言的特点。而关于特点的谈论也很容易见仁见智，甚至谈出偏见。因为谈特点就必须找参照对象，对象不同，就会得出不同的乃至截然相反的结论。拿英语做背景来看古代汉语，则某些代词宾语的有条件前置和"吾唯子之怨"之类焦点宾语前置就是显著的特点；如拿日语来比较，则宾语通常在后才是特点。拿近代、现代汉语来比较，数词无须量词而直接限制名词是古汉语的特点；若拿其他语言来比较，也许这正是很多语言的共性。那么，有没有办法来避免探讨语法特点时的见仁见智呢？

当代语言类型学的研究成果，就创造了这方面的初步条件。借助类型学大规模跨语言研究的初步成果，我们可以避免拿单一语言或少量语言来做比较所容易产生的片面概括，而可以直接将类型学概括出来的语言共性和类型差异作为比较的参照。这样比较出来的特点，可以同时体现与其他众多语言的同与异，即哪些特征与哪些语言相比是相同的，与哪些语言相比是特征。以语言类型学为背景，则在数千种人类语言中，

---

* 本文原系应邀提交给美国哥伦比亚大学主办的"古汉语及汉语史研究与教学国际研讨会"（2003年3月）的论文，后因故由张洪明教授代读。同年10月在社科院语言所报告会宣读，获诸多同事尤姚振武、郭小武、孟蓬生、杨永龙、赵长才诸位提供宝贵意见和建议。博士生唐正大帮助核对语料。本文写作获社科院语言研究所课题ZD01-04资助。谨向以上诸机构和诸位先生致谢。文中如存错谬概由笔者负责。

很少有什么语法特点是一种语言完全特有的，各种特点常常会在其他或多或少的语言中找到类似的现象。这样的比较使我们对语言特点的认识更加全面和客观。

本文就拿语言类型学比较关注、研究成果也比较成熟的若干语序参项做背景，对许多学者研究过的先秦汉语的句法现象做一番类型学观照，着重对大家比较熟悉的古汉语有关事实及笔者补充的一些语料进行一次新角度的分析和归纳，初步勾勒一幅先秦汉语语序特点的图景①，并且将特别留意先秦汉语在类型上异于中古及以后汉语的特点。希望今后在此基础上逐步细化并深化对先秦汉语句法特点的认识，使汉语语法史的构建在语言事实的基础上更具有类型学视野及与其他语言的可比性。

本文的一个主要分析结果是：先秦汉语的许多受事前置句是句法上真正的 OV 类型，先秦汉语前置词兼有的后置词用法也由此衍生。这不同于现代汉语中的受事前置现象，那是话题结构，属另一种句法结构，不是句法上的 OV 结构，因此也无法让前置词具有后置词用法。

一、主宾语语序

1.1 先秦汉语主宾语语序特点的历史及谱系背景

在语序类型学中，人们谈论最多、对整个语言语序格局影响最大的语序参项有两个：一是小句内主要成分的语序（主语、宾语和动词的相对位置），二是介词的语序类型（使用前置词还是后置词）。本节先谈前一参项。

先秦汉语是一种非严格的 SVO 型（non-rigid SVO）语言。有规则的

---

① 笔者近来出版的一些著述（见随文说明及所引文献）曾涉及先秦汉语的语序类型问题，但均非专论先秦汉语。本文在此基础上就先秦汉语做一次进一步的专门探讨，对已涉及过的观点材料以参阅引用方式简化处理，但为了观点、叙述的完整性，内容和材料的交叉仍难完全避免，特此说明。

SOV 型句式比后代明显，主要表现为疑问代词宾语在疑问句中一律前置（例外罕见），否定句的代词宾语倾向于前置（但例外颇多，详后），指示代词"是"基本上前置（尤早期），带"唯-"和/或"-是"标记的焦点名词宾语前置。上古的 SOV 型既是句法规则，也与语用有关，因为前置的成分既有语类的规则（与代词有关），又有语用属性（常属焦点）。比较有争议的是，汉语在史前是不是从汉语和藏缅语共同祖语的 SOV 发展来的，上古汉语的有条件 SOV 现象是不是古老的整体 SOV 类型的残余？

俞敏（1981）等学者相信上古汉语中的一些所谓"反序"其实就是汉语和藏语共同祖语的语序的遗留。LaPolla（1993）及他所引用的 Matisoff 等一些藏缅语专家也都相信汉语和藏缅语的共同祖先是 SOV 语序，因为现在的藏缅语除克伦语支为 SVO 外都是 SOV 类型[①]。LaPolla 更具体化地提出，是焦点位置的变化导致 SOV 向 SVO 发展，并且认为类似的演变在今天的某些藏缅语如缅甸语、基诺语中也在发生。他认为前置的 NP 宾语在甲骨文时代限制尚少，以后限制条件增多，限于疑问代词、否定句等，可见此语序在衰退中。

沈培（1992）较为深入地考察了殷墟卜辞的动宾结构语序。观察他所确定的 OV 结构的几种类型，并没有超出后代先秦典籍中所发现的类型。被部分学者认为是卜辞中 OV 语序的另一些结构，经沈培研究应归入"受事主语句"（我们看作受事话题句）。可贵的是，沈培为这种区分提出了较有力的句法证据，如，宜归入"受事主语句"的句式若出现施事，都在受事和谓语动词之间；若属否定句，则受事都在否定词之前（而 OV 句中的 O 都在否定词之后，如"不我求"）。我们认为这些句法特点显示这类受事成分处在小句结构更外围的位置，从而区别于真正的宾语，符合受事话题的特点。贝罗贝（Peyraube 1997）上古汉语阶段内的历时研究显示，有些 SOV 格式在更早的汉语中反而不存在，是稍后才发展起来的。据此，他认为上古汉语的语序类型毫无疑问属于

---

① 白语是 SOV 和 SVO 并存，但白语与汉语有特别密切的关系。藏缅语学界多认为白语是深受汉语影响的一种藏缅语，郑张尚芳（1999）等则相信白语是一种深受藏缅语影响的汉语，属于汉-白语族。

SVO。甲骨文的 SVO 倾向比晚期上古汉语更明显，因此不存在 SOV 发展为 SVO 的趋势。据罗端（Djiamouri 2001）统计，甲骨文中 VO 和 OV 之比为 93.8：6.2，VO 占绝对优势。从这些学者的分析看，至少在上古汉语阶段中，缺乏有力证据证明汉语当时在经历由 SOV 向 SVO 发展的趋势。不过史前汉语到上古汉语这一段是否有过这样的过程，现有语料尚不足以确定。

这一问题的研究同汉语的谱系观有关。假如像本尼迪克特（1984）等国际上许多汉藏语专家那样，只承认藏缅语同汉语的亲属关系，排除壮侗和苗瑶语言同汉语的亲属关系，那么假设汉藏语言有一个 SOV 的祖语是较为可信的。假如要像李方桂及中国学界通常的处理那样将壮侗和苗瑶语言也纳入汉藏语系，那么为汉语假设一个 SOV 的祖先就不是很有说服力，因为这两个语族是比汉语更典型的 SVO 语言。假如像沙迦尔（Sagart）那样建立汉语和南岛语间的亲属关系，或像郑张尚芳、潘悟云那样尝试建立包括以上所有语言的"华澳语系"（均参阅 Wang 1998），那么更难假设汉语有 SOV 的祖先了，因为南岛语多数语言是 VSO 语言，即比 SVO 语言更强势的核心居首语言（SVO 是动词居中语言）。所以沙迦尔先生（私人交谈）很不赞成将史前汉语假设为 SOV 类型。看来，在汉语的谱系关系基本得到公认之前，从亲属语言来假设史前汉语的语序类型难有共识。本文不讨论史前汉语的小句基本语序问题，而是从类型学角度观察先秦汉语的语序实际情况，为今后估量哪种假设在语序共性方面更有可能而做些准备。

1.2　先秦汉语 SOV 语序与语序共性

先从先秦汉语本身的小句语序看。先秦汉语中的 SOV 大体上是由句法规则决定的，所以大家都同意许多前置的受事在性质上属于宾语，而不像现代汉语的前置受事，有前置宾语、受事主语（或小主语）、话题（或次话题）等不同意见。

本文首先想强调的是，先秦汉语宾语前置的句法规则符合语言类型学所发现的共性和倾向。请看 Greenberg（1963/1966）所归纳的共性 25：

假如代词性宾语后置于动词，那么名词性宾语也同样如此。

作为单向性蕴涵共性，蕴涵关系后件的语序是比前件的语序更占优势的语序，即有前件必有后件，有后件未必有前件，所以后件的出现是更加无条件的。因此，这条共性说明，名词性宾语比代词性宾语更容易后置，反过来，即代词性宾语比名词性宾语更容易前置。只要代宾和名宾在一种语言中有不同的语序，那么总是表现为代前名后。这种普遍性的倾向也被 Dik 用在他的跨语言语序优势序列中（转引自 Siewierska 1988）：

附缀成分 < 代名词 < 名词短语 < 介词短语 < 从属小句

在这一序列中，越靠左的成分在语序中越容易先出现，即位置越靠前；也就意味着代词比名词更容易前置。因此，名宾后置而代宾前置的情况在类型学上是极其正常的。

语序共性和优势序列都是在共时意义上所做的概括。但是，有关原则也可以影响语序的历时演变。法语中代宾在动词之前而名宾在动词之后，而今天以 SVO 为主的法语正是以 SOV 为优势语序的拉丁语的后代，其 SVO 是从 SOV 逐渐演变而来的（参阅 Bauer 1998 及所引文献），前置的代宾则是早期 SOV 语序的遗留。这显示历史演变同样遵循语序共性：语言共性中倾向后置的名宾在历史演变中从动词前移到了动词后，倾向前置的代宾则仍然保留在动词前的位置。王力（1989：198）已注意到上古汉语与法语在这点上的相似之处，他认为"在原始时代的汉语里，可能的情况是这样：代词作为宾语的时候，正常的位置本来就在动词的前面（像法语一样）。到了先秦时代，由于语言的发展，这种结构分为三种情况。"但是王先生没有进一步推测更早的汉语里宾语是否都以前置为主，像法语的前身拉丁语那样。从拉丁语-法语的比较看，这种可能性是存在的。

1.3 先秦汉语 SOV 语序的句法制约与语用动因

另一个需要关注的问题是制约宾语前置的条件到底是以句法为主还

是以语用为主。杨伯峻、何乐士（2001）总结以往研究，指出否定句代词宾语前置不是严格的定则，例如在《左传》中，在"未""莫"字否定句中以宾语前置为主，而在"不""弗""勿"否定句中，则以宾语后置为主，总体上前置后置之比为 62∶38。这说明否定句代词宾语前置既有句法控制的部分（宾语按否定词小类而分置前后属句法规则），又有句法所不能完全控制的部分（同一类成分在同样的句法条件下可前可后，取舍之间就有语义语用等方面因素的影响）。[①] 另一方面，"问句中疑问代词宾语前置是先秦汉语中一条比较严格的语法规律"（杨伯峻、何乐士 2001∶791）。这条句法规则固然也能找到句法外的动因——疑问代词是固有的信息焦点，但其前置的位置已经高度句法化，从而成为刚性的句法规则。

冯胜利（2000∶201—213）曾提出，否定句代宾前置和疑问代词宾语前置是"两种截然不同的宾语前置"，所占句法位置不一样。其主要理由是，否定句代宾可以出现在情态成分或副词之前，"不在 V' 之中，而在否定成分直接支配的控制之下"，如"莫之能御也"（《孟子·梁惠王上》）；而疑问代宾从不跟动词隔开，在 V' 之内，如可以有"酌则谁先"[②]（《孟子·告子上》）和"果谁知"而不能有"酌谁则先"或"谁果知"。不过，冯书也注意到，先秦汉语否定句代宾也有出现在情态成分或副词之后的，如"未尝之有也"（《墨子·节葬下》）、"而未始吾非也"（《庄子·徐无鬼》）。冯书的解释是，这时否定词已经和副词发生了"单位化"，"组成一个独立的复杂单位"，而在否定句宾语之前出现的副词"一般都是'尝'、'始'一类副词"，"未尝""未始"的作用已经像一个单词。副词、助动词是现代句法理论中重要的定位指标，动词

---

① 不同的否定词在体和情态（modality）等方面有区别，如"未"是已然体否定，"不"则是一般体或将来时的否定，"勿"有祈使情态。动词的体和情态的不同会对宾语的指称义产生影响。普通话里"他去买些书"中的"书"可以是非实指的（non-specific），而"他去买了些书"中的"书"必然是实指的（specific）。因此，否定句宾语因否定词不同而表现出语序差异，可能有指称方面的因素，还可能有信息结构方面的因素，而这些因素又没有完全语法化为句法规则，于是出现两可的情况。

② 有些参与本文讨论的同事指出，此例的"则"宜分析为连词而非副词，因而此例不能显示副词的位置。

支配的论元出现于其前抑或其后对句法性质影响很大，冯书注意观察代宾前置与这些定位指标的位置关系无疑是有见地的视角。假如规则确如冯书所言，则能显示否定句代宾比疑问代词宾语处在更加外围的地位，也与否定句代宾的语序不如疑问代宾固定的情况相对应。不过，冯书对语料的观察不尽全面。代宾前置的否定句出现副词、助动词等时，如周法高（1959：40）所言，"可以有两种排列法"，从周著所举例子看，似分不出哪种排列法占明显优势，副词、助动词或另一个动词在代宾前除"未尝""未始"及冯书另举的"莫敢"外，周著所引还有"未得之闻也"（《墨子·公孟》）、"莫肯之为"（《吕氏春秋·不苟》）、"莫能己用"（《史记·孔子世家》）、"予不屑之教诲也者"（《孟子·告子下》）。周书还举出两种语序混合的例子，即代词"之"在助动词"得"和副词"明"之间："天下百姓未得之明知也"（《墨子·天志上》）。另一方面，疑问代词宾语遇到助动词、副词也不是只能在它们之后，如周法高（1959：210）所举就有宾语"谁"在助动词之前的例子：

（1）王送知䓨曰：子其怨我乎？对曰：……臣实不才，又谁敢怨？王曰：然则德我乎？对曰：二国有好，臣不与及，其谁敢德？（《左传·成公三年》）

前引杨伯峻、何乐士（2001：793）也用了此例，并据此认为"若出现助动词如'敢'、'能'等，则疑问代词大多位于助动词之前"，与冯书所持论正好相反。下面是笔者找到的同类例句：

（2）五月庚申，郑伯侵陈，大获。往岁，郑伯请成于陈，陈侯不许。五父谏曰："亲仁善邻，国之宝也。君其许郑。"陈侯曰："宋、卫实难，郑何能为？"（《左传·隐公六年》）

（3）a. 管仲曰："公谁欲与？"公曰："鲍叔牙。"（《庄子·徐无鬼》）
　　　b. 管仲敬诺，曰："公谁欲相？"公曰："鲍叔牙可乎？"管仲对曰："不可。"（《吕氏春秋·孟春纪第一》）

例（2）"郑何能为"即"郑国能（对我们）干什么"。例（3）是两书讲同一件事，"谁"做"与"或"相"的宾语。这些例子说明冯胜利所划出的代词宾语前置两大类的句法差异还不足以成为定论，但他采用的定位测试方法却提示了古汉语语法研究进一步精密化的途径，值得我们去做进一步的考察。重要的是，相对于否定词这个定位指标，毕竟代词宾语尚在其后，因此可以认为其与疑问代宾一样，仍在动词的范域内，可以确定其宾语性质。这也是与现代汉语受事前置的重要差异所在。现代汉语的受事前置必须在否定词之前，这已是话题或次话题的位置，如"酒我不喝了"或"我酒不喝了"，不能说"我不酒喝了"。

特别值得一提的是先秦汉语代宾前置的几种情况，即不但出现在主句中，而且出现在嵌入从句中。从句的语序一般是更加固定、更加句法化的语序。刘丹青（2001）曾举下面例（4）说明在"患"的宾语从句中否定句代宾"己"同样前置。例（5）则显示疑问代宾的前置在"未知"的宾语从句中也同样有效：

（4）不患人之<u>不己知</u>，患不知人也。（《论语·学而》）（比较：《孙子·谋攻》"知彼知己"）

（5）公曰："寡人有子，未知<u>其谁立</u>焉！"（《左传·闵公二年》）

这类例子说明否定句代宾前置和疑问代宾前置在先秦汉语中都是句法现象，是句法化的 SOV 语序，与占主流的 SVO 语序并存。先秦汉语不是纯粹的 SVO 语言。

在非疑问代词方面，早期上古汉语指示代词"是"做宾语要前置也是句法规则。据上引杨、何书（2001：796），"在西周春秋时代，代词'是'用作宾语时，必定置于动词或介词之前。到《诗经》中还保留了很多'是'字前置的例子。直到《论语》和《左传》中，在出现了大量宾语'是'后置的句式同时，也还有不少宾语'是'前置的例子。""是 V"宾-动句式及相应的"是以"宾-介结构具有重要理论价值，因为指示代词"是"作为宾语不可能都是焦点之所在，这说明先秦汉语存在与焦点无关的 SOV，这类结构是纯句法性的 SOV 及 OP（宾+后置词）语序，其存在的原因主要就是代宾比名宾更容易前置的语言共性和倾向。

再来看名词宾语。先秦汉语名宾前置式主要是"唯 O 是 V"式，其名宾前置主要是语用因素决定的，没有什么句法条件规定某个名宾必须前置，选择前置是表达焦点的需要。如：

（6）a. 去我三十里，<u>唯命是听</u>。(《左传·宣公十五年》)
　　　b. 筑室，反耕者，宋必<u>听命</u>。(《左传·宣公十五年》)
（7）a. 郑伯肉袒牵羊以逆，曰：孤不天，不能事君，使君怀怒以及敝邑，孤之罪也，敢<u>不唯命是听</u>？(《左传·宣公十二年》)
　　　b. 陈成公卒。楚人将伐陈，闻丧乃止。陈人<u>不听命</u>。(《左传·襄公四年》)

例（6）、（7）都是动词"听"带宾语"命"。例（6）是肯定句，a 句用宾语前置的"唯"字句，b 句用普通 VO 式。例（7）是否定句，a 句用宾语前置的"唯"字句，b 句用普通 VO 式。可见名宾前置不是纯句法现象，而是语用驱动的。据唐钰明（2002）分析，"唯 O 是 V"式是由更早期的"唯 OV"式和"O 是 V"式融合而成的。这三种句式都是带标记的受事宾语前置句，用法也相当，其宾语的前置与现代汉语的受事前置很不一样，它们使用了特定的形态-句法标记——焦点标记"唯"、提宾助词（一说复指代词）"是"和"唯 O 是 V"的专用格式，从而在句法上区别于施事主语。而普通话的受事前置，要么使用介词"把"从而降格为旁格状语，要么直接前置没有标记，所以才有前置宾语、受事主语、话题等不同的句法定位（我们的定位是受事话题，详徐烈炯、刘丹青 1998）。除了"唯 O 是 V"式外，先秦汉语中还有"何 O 之有"（敌利则进，何盟之有）、"O 之 NegV"（Neg 代表否定词：君亡之不恤，而群臣是忧）、"NegO 之 V"（非子之求）、"O_{wh} 之 V"（O_{wh} 代表疑问词语宾语：胡美之为）等式（均见杨伯俊、何乐士 2001：802—810），都与"唯 O 是 V"一样属于带形式标记的宾语前置句，毋庸赘述。

1.4　小结

先秦汉语存在与代词有关的宾语前置，尽管其中有一些语用动因并受语用条件的一定制约，但已经基本表现为句法规则，况且还存在并无语用动因的纯句法性的宾语前置，如代词宾语"是"的前置。名词的与特定标记和格式相关的宾语前置主要是由语用动因控制的，但有句法上的标记显示，从而区别于主语或话题，其宾语身份仍是明确的，与现代汉语的受事前置有很不相同的句法性质。这些前置宾语构成了先秦汉语中的 SOV 语序，与占优势的 SVO 语序并存。因此，SOV 语序应该看作先秦汉语固有类型特征的一部分，而不是一种临时的语用安排，而且这种特征从语言共性看是相当正常的，因为代宾普遍比名宾更容易前置。

下面我们将看到，这种格局直接影响到了先秦汉语介词的语序类型。而现代汉语的受事前置只是话题结构，不是 SOV 语序，因此难以产生同样的影响。

二、介词的语序类型

2.1 介词作为类型学参项：前置词与后置词

在 Greenberg（1963/1966）开创的语序类型学里，介词类型（前置词、后置词）是仅次于小句结构语序的重要参项。在以后的一些语序类型学模型中，如 Hawkins（1983），介词成为最重要的语序参项，因为其类型预测力超过了小句结构的语序。而古今汉语语法学界通行的是"介词＝前置词"的观念，人们并不很了解人类语言中后置词也是一种不比前置词少见的介词类型。

先秦汉语无疑是前置词为主的语言，但先秦汉语远非纯前置词语言，正如它并非纯 SVO 语言，这两者本身又是同时在类型上和历史来源上密切相关的。有关前置词的存在和使用无须多论，下面说说先秦汉语在介词类型方面更加复杂的情况。

2.2 先秦汉语前置词的后置词用法

先秦汉语的主要前置词都有后置词的用法。这方面，先秦汉语更像德语而不是英语，因为德语的前置词经常有做后置词的用法①。与此相关，德语也是 VO 与 OV 语序并存的语言。

先秦汉语最常用的两个前置词是"於/于"（本文不严格区分两者）和"以"。据何乐士（1992）统计，这两个介词（包括"于"的变体和合音）在《左传》中覆盖了全部介词总次数 5798 次中的 4517 次，占 78%。"于"绝大多数用例都是用作前置词，不过也有用作后置词的。清儒俞樾的《古书疑义举例》就注意到先秦文献中跟"于"有关的"倒序例"，举了"野于饮食"（《墨子·非乐上》）和"室于怒市于色"（《左传·昭公十九年》）二例。用类型学的观念看，其中的介词短语是"野于""室于"和"市于"，表示"在野外""在房子里"和"在街市上"。"于"在此充当了后置词。俞樾的例子并非这类现象的孤例。管燮初（1994：222—223）对《左传》的穷尽性分析发现了此类例子 6 个，详刘丹青（2003）7.2.2 节所引及分析，兹举 3 例：

(8) a. 夫小人之性，衅於勇、啬於祸，……若何从之？（《左传·襄公二十六年》）

b. 灵侯将往，蔡大夫曰：王贪而无信，唯蔡于感。今币重而言甘，诱我也。（《左传·昭公十一年》）

c. 恃此三者，而不修政德，亡于不暇，又何能济？（《左传·昭公四年》）

在出现后置词用法的例句中，特别值得注意的是介词短语的位置。从甲骨文到春秋战国，"于"字短语的位置绝对以后置于动词为优势。（详刘丹青（2003）引郭锡良（1997）、张赪（2002）的统计），而"于"做后置词的介词短语，如例（8）所示，却全部出现在并非优势位置的动词之前。这一"反常"其实并非偶然。

一方面，先秦汉语确实存在上文所分析的句法性的 OV 结构，这为动词虚化为介词提供了两种可能，即占主导地位的 VO 结构衍生出

---

① 例如下面德语句子中的介词 durch（通过）在 a 句中做前置词，在 b 句中做后置词：
　a. Sie　gingen *durch* die　　　tür.　　b. Er weinte halbe Natch *durch*.
　　他们　走　　通过（定冠词）门　　　他 哭　一半 夜晚　通过
　　'他穿过这道门。'　　　　　　　　　　'他哭了整整半夜。'

占主导地位的前置词，而占次要地位的 OV 结构也允许介词偶有后置词的用法。另一方面，支配介词、连词等一切联系性虚词语序位置的联系项（relator）置位原则（Dik 1997）在这里起了明显的作用。根据这一原则，联系项的优势语序位于所联系的两个成分之间。这种位置既符合象似性（中介者居中），又便于语言处理（processing），使各个成分范域（domain）分明，避免歧义（参刘丹青（2002）及所引刘丹青（1999））。介词所联系的双方，分别是介词所介引的名词语和介词短语所修饰的谓词。当介词短语位于动词之后时，只有前置词才能位于动词和名词语之间，如"战于长勺"。当介词短语位于动词之前时，前置词不再位于动词和名词语之间，如"于室怒""于野饮食"，这时介词若用作后置词，就能取居中之位，如"室于怒""野于饮食"。可见，介词在动词前用作后置词，是以偏离前置词常规属性来满足联系项居中要求的。所以，在先秦汉语的动词之后看不到介词用作后置词的情况。当然，由于"于"这种介词主要是从 VO 结构中语法化来的，前置词是其常规属性，因此即使在动词前它也有不少保留前置词用法的例子，偏离联系项居中的倾向但保留了前置词的常规属性。先秦汉语中绝不允许有同时偏离联系项原则和前置词常规属性的现象，即动词后出现后置词的用法，如不能说"怒室于"。上述分析，可以列为下表：

句式＼符合的要求	联系项原则：介词"于"居中	"于"的常规属性：前置词
I 怒于室	＋	＋
II 室于怒	＋	－
III 于室怒	－	＋
IV *怒室于	－	－

联系先秦汉语的语料，可以清楚地看出，最常见的情形是同时符合两个要求的 I 式，符合一条要求而偏离另一条要求的 II 式和 III 式都能存在，但不常见。同时偏离两项要求的 IV 式从不出现。

另一个常用介词"以"也遵循同样的原则。例如"夜以继日"（出自《孟子·离娄下》：周公思兼三王，以施四事，其有不合者，仰而思之，夜以继日）也有上表那样的分布情况。"以"和"于"的区别只在于各式分布的频率稍有不同。"以"做后置词的用例，据管燮初（1994：194）统计，在《左传》中就达130例，与"于"做后置词的6例相比差距明显。与之相关的是，"以"字结构用在动词前的情况也远比"于"字结构多（详刘丹青（2003）所引张赪（2002）的统计）。这显示了"于"和"以"遵守同样的原则：介词短语用在动词前越多，介词用作后置词也越多，因为这样能保证介词更多地位于居中位置。

对于"以"做后置词的用例，在句法分析上还有些不同意见。孙朝奋（Sun 1996：19）将下面（9a）、（9b）等例子分析为"以"做后置词。但管燮初（1994：194）将包括（9）在内的《左传》130个"以"在名词语后的例子，都看作"以"前的名词语做主语的例子，归入"表示方式的陈述对象主语"（"陈述对象主语"在管书中指非施事的话题，见183页），尽管他仍然承认，这时"主语在意义上是连用次动词（＝介词——刘按）'以'的受事"。如：

(9) a. 辞曰：昔我先君之田也，旃以招大夫，弓以招士，皮冠以招虞人。（《左传·昭公二十九年》）
　　b. 昔我先王熊绎辟在荆山，筚路蓝缕以处草莽，跋涉山林以事天子，唯是桃弧棘矢以共御王事。（《左传·昭公十二年》）
　　c. 宽以济猛，猛以济宽，政是以和。（《左传·昭公十二年》）

这类"以"字句的名词语前置，可能有话语方面的动因（如对比性或平行性），但是在句法上，却难以一律分析为主语或话题，至少有不少句子应分析为"介宾＋以"的结构。如例（9a），已有话题，即用"之"短语化的小句"昔我先君之田也"，后面的三个分句都是承"我先君"而省施事主语的行为句，即"我先君用旃招大夫"等，从语用上看不出要让并非已知信息的工具语"旃"等做话题的需求。从句法上看，将其分析为介宾，是与将"室于谋"之类分析为后置词短语一致的分析；反之，若将"旃"分析为主语或话题，那就成了一种为"以"所支配的"受事"特设（ad hoc）的分析，从而面临为什么"N＋于"是介词短语，而"N＋以"不是介词短语的问题。再来看例（9b），其第一分句的施事主语"我先王熊绎"一直管到后面几个小句，"跋涉山林"虽为动词语，但是其与"以"的关系完全等同于"筚路蓝缕"与"以"的关系，都是后面动词的工具语，动词语充当"以"的宾语在先秦汉语中很平常，如"我以不贪为宝，尔以玉为宝"（《左传·襄公十五年》）。特别注意最后一个小句，名词语前用了"唯"字，这是前置宾语的焦点标记，在这里显然充当了介宾前置的焦点标记，与"唯 OV"式是完全平行的，而且也与"唯 OV"式有来源上的关系（比较前面例（8b）"唯蔡于感"，"于"做后置词也用了"唯"）。既然"唯 OV"中的 O 是后面 V 的宾语，那么"唯 OP"中的 O 也应当是后面介词 P 的宾语，P 在这里便表现为后置词。再看例（9c），"宽""猛"之前没有主语，似乎将"宽""猛"理解为主语或话题，句子显得更完整。实际上这两个小句是表示一般性事理的，而且是第三个小句的条件句，这类小句不出现主语、话题类成分是很自然的，如现代汉语"用眼多看，用心多想，你就一定会有很多收获"，这样的句子毫无残缺感。因此，"宽以""猛以"完全可以看作后置词短语。所以我们赞同孙朝奋的分析。当然，管书所统计的 130 个例子中，的确有一些不能算"以"的后置词用法，因为"以"意义上所支配的成分真的已在前面充当主语，和"以"之间有其他词语相隔，如：

（10）且夫《易》，不可以占险，将何也？（《左传·昭公十二年》）

"以"支配代词时，"以"做后置词的情况更多，有些"代词＋以"结构已形成固定组合，如"何以""是以"等。这与先秦汉语动宾结构疑问代词宾语前置和宾语"是"前置的情形是完全对应的。特别有意思的是，这些相当固定的后置词短语也严格遵守联系项原则，不出现在动词之后（详刘丹青（2003）7.2.2 节的统计与分析）。

此外，有些介词还可以在带"之"的情况下用作后置词，如管燮初（1994：222）列举了《左传》中 3 个分析为介词后置的例子，都是"O 之 P"式，正对应于动词的"O 之 V"式：

（11）a. 使为成子曰：大夫陈子，陈之自出。（《左传·哀公二十七年》）

　　　b. 废兴、存亡、昏明之术，皆兵之由也，而子求去之，不亦污乎！（《左传·襄公二十七年》）

　　　c. 我之不共，鲁故之以。（《左传·昭公十三年》）

不过，这 3 个例子中，只有（11a）是介宾前置无疑，"陈之自出"即"自陈出"，这一例也是倒置的"陈之自"前置于动词"出"。（11b）、（11c）"由""以"后没有谓语动词，（11b）"兵之由"还受副词"皆"修饰，因此这里的"由"和"以"还是动词。这三例宾语前置在形式上的平行性正好显示介词宾语前置句与动词宾语前置句的渊源关系。经检索，介宾"O 之自"在《左传》中共有 5 例，都是在动词前，又如：

(12) a. 康公，<u>我之自</u>出，又欲阙翦我公室，倾覆我社稷，帅我蟊贼，以来荡摇我边疆，我是以有令狐之役。(《左传·成公十三年》)

b. 至於庄、宣皆<u>我之自</u>立。夏氏之乱，成公播荡，又<u>我之自</u>入，君所知也。(《左传·襄公二十五年》)

"以"做后置词只出现在动词前的情况，已有学者注意到，如孙朝奋（Sun 1996：19）。但学者们没有注意到这一事实背后联系项居中原则所起的作用。

现代汉语也有受事前置的句式，也有前置词，有的还是先秦汉语沿用至今的，但现代汉语没有前置词做后置词的用例。这是为什么呢？原因就在于古今汉语受事前置的性质不同。先秦汉语的受事前置，正如上文所述，是句法性的宾语前置，是真正的 SOV 语序，与占优势的 SVO 并存。所以当时的汉语使用者有宾语可以前置的语感（intuition），于是在类似条件下也允许来自及物动词的介词用在宾语前置的结构中。而现代汉语的受事前置，要么是话题化（徐烈炯、刘丹青 1998），要么是带上介词"把"的状语化（刘丹青 2003：§6.1）。普通话及多数方言的使用者已没有真正 OV 语序的语感了，因此也难以接受前置词用作后置词，但是现代汉语有来自方位名词等非动词性成分的后置词（详刘丹青 2003，2002），也部分弥补了前置词短语在前时 PP 和 V 之间中介位置的空缺。

2.3 先秦汉语的框式介词

不是所有的前置词短语在动词前时都变成后置词短语，而且有些介词也很少见到有后置词用法。然而，先秦汉语里有另一种策略来弥补联系项不居中的问题，即在前置词短语后的中介位置空缺处用上另一个做黏合剂的联系项，通常是"而"或"以"，从而造成一种临时性的框式介词（circumposition）。这种句法手段在汉语中绵延不绝，直到今天还说"为事业而献身""因人而设事"等。刘丹青（2002）曾引过较多例证，这里略摘数例，其中例（13）各句都取自《左传》：

（13）a. 宋人<u>以</u>兵车百乘、文马百驷<u>以</u>赎华元于郑。（《左传·宣公二年》）

b. 晋师三日馆谷，<u>及</u>癸酉<u>而</u>还。（《左传·僖公二十八年》）

c. 天子建德，<u>因</u>生<u>以</u>赐姓。（《左传·隐公八年》）

d. 故春蒐、夏苗、秋狝、冬狩，皆<u>於</u>农隙<u>以</u>讲事也。（《左传·隐公五年》）

（14）<u>因</u>民<u>而</u>教者，不劳而功成。（《商君书·更法》）

同样值得注意的是，当前置词短语后置于动词时，绝不会再出现这类联系项。例如《孟子·梁惠王上》的"易之以羊"，不会说成"易之以羊而"或"易之而以羊"。这充分证明上述介词短语后的"而""以"这类连接成分就是因为介词不在中介位置而作为补偿手段使用的。在其他VO-前置词型语言中，我们也没有看到"动词+前置词短语"（如英语 sit in the chair）还要额外使用连接性虚词的情况，因为前置词"以""in"等在动词后本就位于联系项的理想位置，起着完美的连接作用。

先秦汉语之所以能在介词短语后再使用连接成分，是因为"而""以"本来在连接并列成分的作用之外还有连接状语包括状语性题元的功能，例如：

（15）a. 子曰："吾十有五<u>而</u>志于学，三十<u>而</u>立，四十<u>而</u>不惑，五十<u>而</u>知天命，六十<u>而</u>耳顺，七十<u>而</u>从心所欲，不踰矩。"（《论语·为政》）

b. 子曰："力不足者，中道<u>而</u>废。今女画。"（《论语·雍也》）

c. 夫列子御风<u>而</u>行，泠然善也，旬有五日<u>而</u>后反。（《庄子·逍遥游》）

d. 万世之后而一遇大圣，知其解者，是旦暮遇之也。(《庄子·齐物论》)

（16）a. 子曰："加我数年，五十以学《易》，可以无大过矣。"(《论语·述而》)

b. 哀公异日以告闵子曰：……(《庄子·德充符》)

例（15a），各个年龄不是后面的谓语的并列成分，而是时间状语，即"十五岁时立志学习，三十岁时自立于社会"等。例（15b），"中道"是后面"废"的处所状语（"中道"若作动宾解，则可以分析为谓语"到路的一半"，但其在句子中的作用其实仍是处所题元，即"到/在半路上"）。例（15c）、（15d）"旬有五日""万世之后"都是后面谓语的时间题元。例（16）是用"以"连接的例子，"五十""异日"都是时间题元[①]。正是靠着"而""以"的这些功能，汉语中才多了一种手段，让前置词短语在动词前时仍可以有连接成分在居中位置出现，造成一种框式介词的效果。

2.4 小结

先秦汉语是一种以前置词为主但不是只使用前置词的语言，其常用前置词如"于""以"尤其是"以"，都有后置词的用法，这与其 SVO 为主、SOV 为辅的语序格局是完全和谐的，而且"介宾+后置词"和 OV

[①] "而""以"的这些用法带来一个棘手问题：这类连接成分的词类属性是什么？通行的古代汉语语法书都把这类用法看作连词。只有王力（1989）把"而"看作"连词兼介词"，其介词用法指"把状语介绍给谓词"，并举"提刀而立"和"呱呱而啼"这两种情况，没有提到本文（15）、（16）这样的例子，实际上（15）、（16）更有资格被看成"而""以"的介词用法，因为介绍的是名词语。王先生的这一看法未被普遍采纳，其实有独到的精辟之处，因为连词和介词都有连接作用，且在单句内部，区别在于：若连接地位相当的两个成分，就是连词，若连接双方分属核心和从属成分，则不再是连词（参看吕叔湘 1984：513）。假如不坚持这一区别，那么英语的前置词都可以算作连词，如 sit in the chair, in 就是连接 sit 和 chair；再类推开去，汉语的介词也可以算连词，如"战于长勺"，"于"就是连接谓语和状语"长勺"。不过，王力先生有关连词兼介词的看法似乎不是很坚定，他在同一页就接着说："其实'而'字只有一种语法功能，就是连接。至于是顺接，是逆接，还是把状语连接于谓词，那只是受上下文的影响罢了。"假如只是上下文的影响，本身功能只有一种，那就不应当看作兼类词。严格按通行词类标准，"而"既不是典型的连词，也不是真正的介词，也不宜称为兼类词，而是一种连－介尚未分化的功能混沌的联系项（relator），它本身并不表明所连接双方的语法关系。

句式也共享某些特定格式，如"唯 OV/P"或"O 之 V/P"，昭示了后置词用法自 OV 句式衍生的渊源关系。前置词的后置词用法全都出现在谓语前的位置，因为这时前置词不在联系项的优势居中位置，介词的后置词用法填补了中介位置的空缺。而在谓语后的位置，只有前置词处于居中位置，而且这些介词本性是前置词，所以排斥后置词用法。介词短语前置于谓语时，另一种填补居中位置联系项的办法是在介词短语后再使用"而""以"等连接性虚词，从而与前置词形成"于……而"等临时性的框式介词。

三、余论：先秦汉语的其他若干类型特征

下面我们再简要列举数项与先秦汉语的小句语序和介词语序多少有些关系的类型特征。

先秦汉语介词短语充当状语以后置于谓语为主，而定语却基本上一律前置于名词，这在世界上的 SVO-前置词语言中是罕见的。假如定语需要标记，理想的情况当然是使用后置词，这样才能符合联系项居中原则。汉语的"之"从指示代词虚化为后置词性的定语标记，就满足了这种要求。汉语从一开始就需要与介词（前置词）位置相反的一类"结构助词"，这是由汉语定语（及后来的一些状语）一律前置这一类型特点决定的。假如从前置词系统中选一个来做定语标记，像英语的 of 那样，就无法满足联系项居中的普遍性倾向。我们看到，英语中领属定语后置时，使用的是前置词 of，当领属定语前置时，就使用后置词性的领格标记 's。这些情况都源于同样的动因，都有联系项居中原则在起作用。

据 Tsunoda 等（1995）对 130 种语言的统计，前置词语言有 8%—10% 明显允许介词悬空，后置词语言只有 2% 似乎允许介词悬空。先秦汉语的介词特别是"以"不但可以用作后置词，而且还可以经常悬空，这是区别于后世汉语的重要类型特点。介词悬空的常见情况有几种。一是介词宾语直接借助语境省略（或删除），如例（17）中的语迹 t，与下

文的"余力"同指，表示"用余力学文"。二是加上兼表被动的助动词"可"，"以"支配的名词放在句首做被动性工具主语，如例（18）中的语迹 t，与主语"大物"同指，表示山川一类"大物"不能被用来命名。三是"以"支配的成分充当工具主语，以经过"所"字关系化构成以关系代词"所"为核心的名词化关系从句，充当表语，如例（19），表示"礼，就是用来整顿民众的（东西／工具）"。

（17）子曰："弟子……泛爱众，而亲仁，行有余力$_i$，则以 t_i 学文。"（《论语·述而》）

（18）晋以僖侯废司徒，宋以武公废司空，先君献、武废二山，是以大物$_i$不可以 t_i 命。（《左传·桓公六年》）

（19）夫礼$_i$，所$_i$以 t_i 整民也。（《左传·庄公二十三年》）

介词悬空是造成汉语语法史上若干重要的语法化和词汇化现象的重要原因。"以"作为目的连词的用法，就是从例（17）那样的介宾省略句固化而来的，"可以"作为复合助动词、"所以"作为复合式因果连词，就是从例（18）、（19）这样的用法引申发展再经过词汇化过程凝固而成的。

参考文献

本尼迪克特（Benidict, P. K.） 1984 《汉藏语言概论》，马提索夫（J. A. Matisoff）编，乐赛月、罗美珍译，北京：中国社会科学院民族研究所语言室。
冯胜利 2000 《汉语韵律句法学》，上海：上海教育出版社。
管燮初 1994 《〈左传〉句法研究》，合肥：安徽教育出版社。
郭锡良 1997 介词"于"的起源和发展，《中国语文》第 2 期。
何乐士 1992 《史记》语法特点研究，《两汉汉语研究》，程湘清主编，济南：山东教育出版社。
刘丹青 1999 语序共性与歧义结构——汉语歧义的类型学解释，《中国语言学的新拓展——庆祝王士元教授六十五岁华诞》，石锋、潘悟云编，香港：香港城市大学出版社。
刘丹青 2001 汉语方言语序类型的比较，《从语义信息到类型比较》，史有为主编，北京：北京语言文化大学出版社。
刘丹青 2002 汉语中的框式介词，《当代语言学》第 4 期。
刘丹青 2003 《语序类型学与介词理论》，北京：商务印书馆。
吕叔湘 1984 《汉语语法论文集》（增订本），北京：商务印书馆。
沈　培 1992 《殷墟甲骨卜辞语序研究》，台北：文津出版社。

唐钰明 2002 甲骨文"唯宾动"式及其蜕变,《著名中年语言学家自选集·唐钰明卷》,合肥:安徽教育出版社。
王 力 1989 《汉语语法史》,北京:商务印书馆。
徐烈炯、刘丹青 1998 《话题的结构与功能》,上海:上海教育出版社。
杨伯峻、何乐士 2001 《古代汉语语法及其发展》(修订本),北京:语文出版社。
俞 敏 1981 倒句探源,《语言研究》第1期。
张 赪 2002 《汉语介词词组词序的历史演变》,北京:北京语言文化大学出版社。
郑张尚芳 1999 白语是汉白语族的一支独立语言,《中国语言学的新拓展——庆祝王士元教授六十五岁华诞》,石锋、潘悟云编,香港:香港城市大学出版社。
周法高 1959 《中国古代语法·称代编》,台北:"中研院"史语所专刊39。
Bauer, B. 1998. From Latin to French: The linear development of word order (Draft), University of Nijmegen, the Netherlands.
Dik, S. 1997. *The Theory of Functional Grammar*: The Structure of the Clause (2nd edition). Edited by K. Hengeveld. Berlin & New York: Mouton de Gruyter.
Djiamouri, R. 2001. Markers of predication in Shang Bone inscriptions. In H. Chappell (Ed.), *Sinitic Grammar: Synchronic and Diachronic Perspectives*. Oxford: Oxford University Press.
Greenberg, J. H. 1963/1966. Some universals of grammar with particular reference to the order of meaningful elements. In J. H. Greenberg (Ed.), *Universals of Language*. Cambridge: M. I. T. Press.
Hawkins, J. 1983 *Word Order Universals*. New York: Academic Press.
LaPolla, R. 1993. On the change to verb-medial word order in Proto-Chinese: Evidence from Tibeto-Burman. In H. Kitamura, T. Nishida, & Y. Nagano (Eds.), *Current Issues in Sino-Tibetan Linguistics*. Osaka: National Museum of Ethnology.
Peyraube, A. 1997. On word order in Archaic Chinese. *Cahiers de Linguistique Asie Orientale*, 26(1), 3-20.
Siewierska, A. 1988. *Word Order Rules*. New York: Croom Helm.
Sun, C. F. 1996. *Word-Order Change and Grammaticalization in the History of Chinese*. Stanford: Stanford University Press.
Tsunoda, T., Ueda, S., & Itoh, Y. 1995. Adpositions in word-order typology. *Linguistics*, 33(4), 741-762.
Wang, S.-Y. (Ed.). 1998. *The Ancestry of Chinese*. Monograph of the *Journal of Chinese Linguistics*.

(原载《语言研究》,2004年第1期)

汉藏语言的若干语序类型学课题[*]

一、语序类型学的重要参项

语序类型学的参项就是语序在不同语言间可以表现出结构差别的某种关系或范畴，如动宾结构关系可以有 VO 和 OV 两种语序表现，动宾关系就是一种参项。并非所有的参项都具有同等的类型学价值。假如通过一种参项的语序可以多多少少预测其他结构的语序，那么这种参项就是类型学和语言共性研究中价值较高的参项。

我们把当代语序类型学比较重要的参项分为下面几个大类：

1. 具有语序蕴涵性（单向）或和谐性（双向）的参项。假如含一种结构的 AB 语序意味着另一种结构会是 CD 语序，这便是蕴涵性；假如有 CD 语序的语言也意味着有 AB 语序，则 AB 语序和 CD 语序就形成和谐关系。这类参项有：VO-OV，前置词-后置词，介词短语和核心动词的相对语序（在后置词语言中指后置词或称格助词短语和核心动词的语序），领属语和核心名词的语序，比较句中形容词、比较基准和比较标记的相对语序，方式状语和动词的语序（如"慢慢走"，walk slowly），助动词和主要动词的语序，等等。

2. 具有优势语序的类型参项，即 AB 和 BA 两种可能中，有一种可

---

[*] 本文写作受中国社科院语言研究所重点课题 ZD01-04 资助，曾作为中央民族大学语序类型学研讨会（2002 年 1 月）的主题发言宣讲。戴庆厦、傅爱兰两位教授对本文修改有很大帮助，在此一并致谢。

能在人类语言中更常见，更占优势，出现更无条件。这类参项有：关系从句和核心名词的语序（关系从句在后是优势语序），指示词、数词和核心名词的相互语序（在汉藏语中要扩展为指示词、数词、量词和核心名词的相互语序，指示词、数词在前是优势），是前缀还是后缀或中缀（后缀是优势）。

3. 语序不太稳定的参项，即该结构的语序难以从其他语序推知，因为在其他方面类型相同的语言中这类结构的语序常常不一致或不稳定。这类语序有：形容词定语和核心名词的语序，否定词和被否定动词的语序，其他状语和核心动词的语序，等等。这种参项对于划分语言类型没有大的帮助，但通过对其不稳定性的研究，包括与其他参项的比较，也能帮助我们认识语言的某些重要特点。

二、SVO、SOV、VSO

在类型学中，VSO（动-主-宾）和 SOV 是两个比较稳定的语言类型，SVO 是不太稳定的类型，它以 VO 与 VSO 相近，以 SV 与 SOV 相近。总体上 O 的语序比 S 稳定，更有类型学力量，因此 SVO 更靠近 VSO。所以人们把 SVO 和 VSO 合称为 VO 类型，其中那些较接近 VSO 类型的 SVO 语言，即更多的修饰附加成分位于核心之后的语言，被看成较典型的 SVO 或 VO 语言，如壮侗语族诸语言及一定程度上的苗瑶语族诸语言。

在类型学上，汉语是很不典型的 SVO 语言。它在很多方面倒与 SOV 语言有更多共同点，如领属定语只能前置（在 SVO 语言中较罕见），介词短语状语以前置为主（在 SVO 语言中仅见于汉语），乃至几乎所有状语前置，比较基准前置于形容词，如"比他高"（在 SVO 语言中仅见于汉语），关系从句前置于核心名词，如"有妈的孩子"（在 SVO 语言中仅见于汉语，白语作为 SVO 和 SOV 并存的语言也是关系从句前置）。汉语有些方面的语序表现甚至比藏缅语更像日语、朝鲜语等 OV 型语言，如形容词定语一律在前，而多数藏缅语的形容词定语以后置于核心名词为主（戴庆厦、傅爱兰 2002），与 SVO 的壮侗语一样。白语兼有 SVO 和 SOV 语序，其他方面的语序表现也较符合 SOV 语言的常见特点。克伦语作为藏缅语中罕见的 SVO 语言有一些与汉语相似的特点，也不是典型的 SVO 语言。

壮侗语作为 SVO 语言比汉语更典型，表现在这几方面：领属定语基本在核心名词后，介词短语状语以后置为主，比较基准后置、关系从句后置、指示词和数词等也在名词后。部分壮侗语因汉语影响开始表现出一些偏离典型 SVO 语言的特点，如有些语言领属定语可以前置（这时往往同时借入汉语的结构助词，如石洞侗语 jau^2 li^6 ʈa^3 "我的父亲"，标语 lɔŋ^2 kɛ^6 pɔ^{2}ka: i^5 "我们的母鸡"），某些介词短语（如表示来源的）前置于动词等。苗瑶语在定语状语前置方面比壮侗语更明显一些，有些语言领属语也前置。

不妨将壮侗语、苗瑶语的情况与佤语做一比较。佤语兼有 SVO 和 VSO 两种语序，因此佤语表现出比一般 SVO 更突出的 VO 语言特点，与 SOV 语言距离更远，如绝没有前置于核心名词的定语，除了"连……""除了……"这种有焦点或话题作用的介词外，介词短语都后置于动词（颜其香、周植志 1995）。属于 VSO 或 VOS 语言的台湾诸南岛语当然是更典型的 VO 语言。

下面说说 SOV 语言。总体上，SOV 语言有一些共同点，如多数语言有格标记（彝语等少数语言例外），使用后置词（标注状语类成分的格标记或格助词性质上就是后置介词），不使用前置词，领属定语在前、比较基准在前、介词短语状语（即带后置词的各种状语）都在动词前。从和谐论的角度看，SOV 语言在小句平面属于典型的核心居末，因此其从属成分如各种定语、状语等都应前置或以前置为常。事实上，语序和谐性远非绝对。有些从属成分的优势位置是后置，如关系从句，它们在核心居首语言（如佤语、英语）中自然后置，在核心居末语言中也未必前置，事实上有不少 SOV 语言使用关系从句后置的语序。

Dryer（1998，1999）注意到存在一种欧亚大陆型的 SOV，与世界其他地方的 SOV 语言有颇为不同的表现。欧亚大陆型的 SOV 主要包括阿尔泰语言诸语族，日语，朝鲜语，乌拉尔语系中的 SOV 语言，格鲁吉亚语、车臣语等南北高加索语群，西亚、中亚、南亚的印欧语言，达罗毗荼语系的语言。藏缅语也分布于欧亚大陆，但其语序表现并不完全与欧亚大陆型 SOV 相符。

欧亚大陆型的 SOV 有以下特征：不但领属定语前置，而且形容词定语和关系从句也前置。波斯语、土耳其语、蒙古语、日语、朝鲜语等都属此类，而非欧亚大陆的 SOV 虽然领属语都前置，但形容词后置的语言比前置的语言还多得多，关系从句也常常后置。我们考察藏缅语的语序类型，可以参照这一背景情况。看起来，藏缅语有些方面更接近非欧亚大陆的 SOV 型，如多数藏缅语的形容词定语以后置为主。

主、宾、动三者的语序类型，有时会受话题化、焦点化等成分的影响。

比如，Greenberg（1963/1966）发现，所有以 VSO 为基本语序的语言都有 SVO 作为可用交替语序（佤语就同时存在这两种语序）。这实际上就是一种主语的话题化——本来不一定有话题性的主语出现在句首位置成为话题。从历史语言学角度看，VSO 语言可能因为主语经常移至句首做话题而逐步演变为 SVO 语言，因为由主语充当的话题最终可能变成句法上的主语（参阅 Dik 1997：411）。

宾语也是话题化的常见对象。但是，由宾语充当的句首话题由于受事的语义属性而难以成为真正的句法主语，否则施事的句法位置就难以落实了。而句首话题的位置也难以成为句法宾语的常规位置，因为 Greenberg 发现的第一条语序共性就是主语一般总是在宾语之前。不过，宾语也可以次话题化，即由动词之后移到主语和动词之间。这也可能引起语序类型的变化，即由 SVO 向 SOV 演变。开始，只有话题性强的宾语能做次话题，后来越来越多的宾语可以做次话题，乃至次话题成为宾语的常规位置，这时 SVO 就可能演变为 SOV 类型了。汉语的吴语、闽语就在不同程度上经历着这一变化，只是还没有一种方言已真正完成这一演变（参阅刘丹青 2001a，2001b）。

焦点位置也可能影响到语序类型。古代汉语也以 SVO 为基本语序，但在几种情况下，宾语会放到动词之前。一是疑问代词宾语，如"吾谁欺，欺天乎"。二是否定句中的代词宾语，如"我无尔虞，尔无我诈"。三是被强调的宾语，如"唯寡人是问"。对此，有人解释为汉藏共同语 SOV 的遗留，也有人注意到这三种位置都是焦点的位置，因此这是一种焦点前置。其实这两种解释不矛盾。SOV 语言或由 SOV 型向其他类型演变的语言通常会让焦点位于动词之前，如匈牙利语，而真正的 SVO 语言通常会取句末为焦点。上古汉语刚由 SOV 变来，当宾语是焦点时仍在动词前占据焦点位置，后来汉语的焦点位置也后移了，这种句式就不存在了。LaPolla（1994）就持有兼顾这两方面的观点，并且用藏缅语中正在发生的情况来印证其观点。总之，话题化、焦点化本身是共时的现象，但长期高频的使用也会影响到主、宾、动结构的语序类型。近亲其他汉藏语之间的语序差异就可能由此形成。

三、介词的类型：前置词、后置词与框式介词

有些类型学家把介词的类型看作仅次于主宾动结构的重要语序参项，还有些类型学家更认为它是比后者更可靠的语序指标（如 Hawkins 1983），因为有些类型如 SVO 语言的语序表现很不相同，难以预测其他结构的语序。日本三位计算语言学家（Tsunoda et al. 1995）将 100 多种世界各地语言的材料用各种参项不带偏见地输入电脑，以确认用哪种参项划分出来的类型最能反映语言之间的类型差异，结果发现世界语言语序类型的最大差别在于前置词语言和非前置词语言，后者包括后置词语言和无介词语言。其实所谓无介词语言多半可归入后置词语言（如他们语种库中的缅甸语），因为这些语言是用所谓格助词或格后缀来介引动词的间接题元的，而格助词、格后缀基本上都是后置词性质的。这有力地证明介词使用前置词还是后置词是人类语言语序类型最重要的分界线。

使用前置词还是后置词大致跟使用的是 VO 还是 OV 相和谐（但不

是绝对和谐)。SOV 语言一般都是使用后置词的。

　　前置词和后置词在句法方面存在一些不对称,加上英语等中国学者熟悉的西方大语种是使用前置词的,因此人们往往用前置词的标准来衡量介词的性质,从而看不清后置词的介词性。其实介词的本质属性不是放在名词之前或之后,而是介引主、宾语以外与谓语动词发生关系的各种题元(或称语义格)。正因为这样,日语、朝鲜语、土耳其语、藏语等语言中的格助词或格后缀,除了标记主格、作格(施事格)、宾格以外,都被类型学家们看作后置词(postposition)亦即后置介词。丁椿寿(1993)把彝语的后置词叫作介词是完全合理的。这不是盲目比附英语或汉语,而恰恰是避免了单纯以英语或汉语的前置词为参照来确定是否为介词的做法。当然最好的做法是把汉语、英语的介词称作前置词,把藏缅语的介词称作后置词,介词是这几类虚词的总称。把它们称作结构助词倒是有点机械模仿汉语的意思,助词的名称没有充分反映这些虚词的句法作用。

　　前置词和后置词的差别主要表现在独立性的强弱上。前置词一般有比较强的句法独立性,常常是独立的词,不少语言的前置词可以"悬空",如"What are you looking for?"(你在找什么?)。而后置词一般黏着性强,语音更容易弱化,也很少有悬空情况发生。这种情况不影响前置词和后置词在句法性质上的一致性。

　　藏缅语学者面临的一项任务是怎样从句法上区分主、宾语等直接格的格助词标记和标记间接题元的后置词。研究日语的学者在这方面已有所成就。当宾语或主语带上话题标记 wa 充当话题时,其格标记 ga 或 o 就不能再用,可见 ga 和 o 像 wa 一样都是句子直接题元的标记,不能重复出现。而间接题元的标记如表示处所的 de 或表示工具的 kara 等在做话题时仍保留,wa 加在这些标记之后。可见这些标记是间接题元标记。而间接宾语标记 ni 正好介于这两者之间,带 wa 时 ni 可隐可现。这一测试构成了日语直接格标记和后置词的分界线。藏缅语也可以参考这种做法寻找直接格标记和后置词的句法分野。另一项可做的工作是研究不同的后置词短语同时出现时,按怎样的语序排列。

壮侗语、苗瑶语是较典型的前置词语言，这也符合其 SVO 语言的特点。但是，这两个语族在介词参项上与汉语并不等同，因为汉语实际上不是纯粹的前置词语言，而是前后置词并用的类型，两者有时可以构成框式介词。这种类型在世界上并非罕见，如德语、阿富汗的普什图语，埃塞俄比亚的阿姆哈拉语（参阅 Greenberg 1980，1995；刘丹青 2002）。汉语前置词与虚化的方位词的配合，以及"从……起/以来""像……似的/一般""到……为止""用……来"等都是框式介词，其中有些框式介词的后置词是可以单独介引题元的，如"明天起上班""狐狸似的狡猾"等。从语义上说，任何语言都有一些表示方位处所的名词，但是将壮侗语等比较典型的前置词语言和汉语相比，就可以看出汉语方位词及另一些成分确实有后置词性质。

1. 壮侗语的方位词只在语义需要时使用，如果语义不需要，前置词就足以介引处所题元。比如（引自梁敏、张均如 1996：869、887）：

武鸣壮语：pai^1 laŋ^1 ta:i^1.
　　　　　去　向　外婆
　　　　'去外婆那里。'
　　　　（比较"到外婆那儿去"）

黎语：ti:n^{3}te^2　tun^{1}tshia^3　dɯ^3　kwa:i^3.
　　　先生　　　教书　　　在　县
　　　'先生在县里教书。'
　　　（比较"在县里教书的先生"）

　　　thok^7　dɯ^3　da:u^3　ma^2.
　　　落　　　在　　山　　那
　　　'掉在那座山上了。'
　　　（在山上掉了/掉在山上）

而现代汉语即使使用了前置词，即使方位词在语义上不需要，在句法上也是必需的，如"在床上坐"不能说"在床坐"，"拿在手里/上/中"没什么区别，可见方位词没什么语义作用，但就是不能省说为"拿在手"，可见这些方位词的作用更像虚词。至于其他框式介词中的后置

词,在壮侗语中更是没有必要,比较:

西双版纳傣语:mai³ mən¹ fai². (梁敏、张均如 1996:869)
　　　　　　烫　像　火
　　　　　'像火一样烫。'

（比较"像火似的/一样烫",但是古汉语为"烫如火"）

2. 壮侗语使用前置词的时候,一般不能省去,而汉语在不少情况下可以光靠方位后置词介引间接题元,前置词可省去,如"床上坐、明天起上班、火一样烫"等,可见后置词成为表示题元的重要句法手段。这也显示壮侗语是纯前置词语言,而汉语是前后置词并存的语言。当然,壮侗语的某些方位词和处所名词也有虚化为介词的倾向,泰语的 thîi（地方,处）就被看作由名词虚化而成的介词,如 thîi bâan 相当于英语 in home 或 at home（Mallinson & Blake 1981:387）。壮侗语的方位处所名词虚化后只能是前置词,不能是后置词,如上述 thîi,而方位词在完全虚化前本来也在名词之前,如:

德宏傣语:suk⁷ ti⁶ lə¹ ton³ (梁敏、张均如 1996:864)
　　　　　熟　于　上　树
　　　　'在树上熟了。'

像汉语一样使用框式介词的还有藏缅语中的 VO 语言——克伦语,例如 dý hi klɔ̄ "在屋后"（Dryer 1999）。作为以 OV 型为主的语族中的 VO 语言,这是很能理解的。

典型的 VO 语言,介词短语应当在动词之后,而不少壮侗苗瑶语言部分介词短语可以在动词前。这看来是在汉语影响下的后起现象,但哪些介词可以前置,哪些不能,还是遵循一定的语言学原理的,例如表示源点的就比表示终点的更容易前置。在武鸣壮语中,带"南宁"的介词短语做源点时在动词前,做终点时在动词后,比较（梁敏、张均如 1996:868—869）:

ta³ na: m²niŋ² tau³. ~ pla: i³ ço⁶ na: m²niŋ².
从　南宁　　　来　　 走　向　南宁
'从南宁来。'~'去南宁。'

这就是象似性原理在起作用。壮侗苗瑶语内部哪些语言的哪些介词短语可以前置或必须前置，是一个有趣的类型学课题。

介词和介词短语的位置之所以在跨语言比较中显示出高度的规律性，是因为介词的语序强烈倾向于遵循联系项原则——介词要位于所介引的名词与所修饰的动词之间，起中介和黏合剂的作用。英语、佤语、壮侗语等介词短语在动词后，前置词正好居中，其模式为"动词+前置词+名词"。日语、蒙古语、藏缅语等介词短语在动词前，后置词正好居中，其模式为"名词+后置词+动词"。古代汉语本来也遵循前一模式，如"卧于地"，汉代以后介词短语逐渐移到动词前，形成"前置词+名词+动词"这一违背常规的模式。汉语后置词正是在这一背景下发展起来的。对于壮侗苗瑶语言，我们也可以从这一角度观察其发展，看前置词短语的前移萌芽是否导致在后置词位置有一些实词在向后置词虚化。

四、连词的类型：前置连词、后置连词与框式连词

连词与介词同属联系项范畴。虽然连词可以连接并列成分并且位于并列成分之间，但实际上连词像介词一样也是加在并列的一端上的，并且附加方向与该语言的介词一致。在前置词语言中，并列连词也是前置的，即加在后一端的开头，如英语"John, and Bill"，绝不能说"John and, Bill"。在后置词语言中，并列连词也是后置的，即加在前一端的末尾，如日语"Taroo to, Hanako"，绝不能说成"Taroo, to Hanako"。可以看到，使用前置词的壮侗语和苗瑶语其连词也像英语 and 一样是前置词性的，而使用后置词的藏缅语其连词也像日语 to 一样是后置词性。上述情况下的连词不管是前置还是后置，都是位于联系项的中介位置。前置和后置主要是语序和谐性的作用。

对于复句连词来说，和谐性和联系项原则都起作用。在一种语言中，从属句的位置总是倾向于跟介词短语的位置一致，因为介词短语在

句子中就是一种从属语。如在英语中，从属句主要后置于主句，介词短语主要也后置于核心动词，这样，介词和连词都会作为前置标记处于中介的位置。如 go by bus 和 I will go because they have invited me。日语的语序情形则正好与英语形成镜像：状语和从属句都在相对的成分之前，而介词和连词则作为后置标记仍处于中介位置。后置词短语修饰动词的例子如 zidoosya de ryokoosita（用汽车旅行。字面语序：汽车—用—旅行）。下面是 Kuno（1978：122）所举的日语偏正复句例，其中的时间分句连词 node（自打）用在偏句末尾，也正好在偏句和正句之间：

bukka　ga　　agatta　　node, minna　ga　　komatte iru
价格　（主格）上升（过去）自从　所有　（主格）遭受着　是
'自打价格上涨，所有的人都受了害。'

不过，复句连词的情况比并列短语的连词复杂，因为分句的语序比短语内各并列成分的语序更加自由。在英语中，带前置连词的分句有时会置于正句的前面，这时连词不再位于中介位置，如 "If you go, I will go too"。但是语言中也会有一些手段来弥补中介位置的空缺。例如，当 If 分句前置时，后一分句可以加一个连词 then，实际上形成 if... then 的框式连词。框式连词的作用跟框式介词异曲同工，都是在中介位置保持一个连接性虚词。汉语中框式连词特别多，就因为汉语使用前置连词，像英语，而偏句以前置为主，像日语。在正句前面加一个连词，可以保证中介位置有连词存在，如"因为你去，所以我也去""假如你去，那么我也去""虽然他同意了，但是我还是不同意"。此外，汉语也存在少量后置连词，如"……的话""……时"，常常与连词配合使用，构成另一种框式连词。

汉藏语言中除汉语外还有一些类型比较复杂的语言，如克伦语、白语、某些苗瑶语，这些语言使用什么样的并列连词、复句连词，有无保证中介位置存在关联词语的手段，这些都是很值得研究的。即使是类型属性比较单纯的语言，也可以研究复句的语序有无灵活性，在灵活的情况下联系项原则能否得到体现。

五、领属定语、形容词定语与关系从句

领属性定语是重要而稳定的类型参项。它与 VO 语序、特别是与介词类型，有直接的相关性。OV 语言和后置词语言通常是领属语前置。大部分藏缅语的形容词定语以后置为主（戴庆厦、傅爱兰 2002），部分藏缅语的指示词也必须或可以后置，还有前后并用形成的框式指示词（黄布凡 1997）。但是 OV 型的藏缅语中领属语都前置。VO 语言和前置词语言中领属语都后置。壮侗语中一些语言数量词的定语可以前置，但领属语还是以后置为主，有些语言则在汉语影响下出现了两可的情况，但往往后置的领属定语无须标记，而前置的领属定语需要标记，显示后置领属定语是更加自然而无标记的。如（贺嘉善 1983：54）：

仡佬语：ntai^{44} i^{33}　　　　　　su^{33}ta^{33}　ti^{33} ku^{44}se^{24}
　　　　牛　　我　　　　　　我们　　的　牛
　　　　'我的牛'　　　　　　'我们的牛'

像汉语那样身为 VO 语言而领属定语在前的语言是很少的，部分苗瑶语也有作为 SVO 语言而领属语前置的情况，如苗语（Hmong）的 kuv（我）lub（量词）rooj（桌子）"我的桌子"（Bisang 1999）。此外，藏缅语中的 VO 语言克伦语也是领属定语在前。克伦语的特殊之处在于其他定语一般都后置，反倒是领属定语在前，这是更加罕见的，比较（见戴庆厦等 1991）：

je^{35} pa^{31}　　　　　o^{55}tɕi^{55} wa^{55}
我　父亲　　　　　衣服　白
'我父亲'　　　　　'白衣服'

me^{33} ɔ^{31}　　　　　pua^{33}wɛ^{55} ni^{33}　　　thui^{31} θə du^{55}
饭　吃　　　　　人　　那　　　　狗　三　条
'吃的饭'　　　　　'那人'　　　　　'三条狗'

总之，在汉藏语的语序研究中，领属语要单独作为一个参项来考

察，这是比形容词定语等更加重要的参项，不要把领属语和其他定语混在一起笼统地谈论什么定语的语序。从世界语言来看，不同的定语分别位于名词的两端是很正常的现象，像汉语那样所有定语都在一边并不是更主流的情况。

形容词定语是重要的句法成分，但其语序表现却特别灵活，是最不可预测的成分。

在OV语言中，它经常不跟领属语同在名词之前，而是跑到名词之后。据Dryer（1998），欧亚大陆型的OV语言形容词比较“规矩”，都和领属语一同位于名词之前，如日语、朝鲜语等，但欧亚大陆型之外的OV语言以及藏缅语言，形容词后置的反而远多于前置的。

在VO语言中，形容词定语与领属语同在名词之后的不少，如法语、几乎全部的壮侗语（连山壮语形容词定语前后都常见，但前置时须加标记kɛ^{3}，如pu^{4} mɔ^{5}“上衣+新”、li^{1} θœ^{6}“好+事情”、liŋ^{3} kɛ^{3} wa^{1}“红+的+花”，见刘叔新1998：110）。此外黎语的形容词eȵ^{2}“小”也前置，如eȵ^{2} ploŋ^{3}“小+房子”，比较ploŋ^{3} pa: n^{1}“房子+新”（见梁敏、张均如1996：858）。南岛语、佤语、爱尔兰语等VSO语言更是如此，但是也有相当比例的SVO语言形容词定语前置，如英语、俄语、德语、汉语、部分苗瑶语等，其中不少语言的领属定语是后置的。

形容词语序的灵活性不但表现在跨语言比较中，也表现在单一语言内部。不少语言形容词定语有前后两种语序，如法语是后置为主，也有前置的，藏缅语、壮侗语、苗瑶语都有这种情况。但前置后置肯定不是随意的，戴庆厦、傅爱兰（2002）已就多种藏缅语内部定语的前后置选择做了有启发性的探讨和比较，当然深入下去还有文章可做，对其他存在形容词定语有前有后现象的语言也可以做这类的研究。有一点需要强调，鉴于形容词语序的灵活性和不可预测性，不能根据该语言的其他语序表现就断定何种语序是更本土、更古老的。比如在藏缅语言中，形容词定语前置不一定是更本土的，在壮侗、苗瑶语言中，形容词后置不一定是更加本土的。必须有其他证据才能证明其历史层次。Dryer（1999）认为总体上汉藏语中形名结构的语序受地域的影响大于受VO/OV类型的影响。

关系从句也是重要的参项。国内语言学中缺少关系从句的概念，人们常用"主谓结构做定语""动宾结构做定语"来描述关系从句。关系从句是关系化操作的产物，即把小句中的一个名词成分提取出来做被修饰的核心，让小句的其余部分做关系从句，如："老师批评了学生"，将"老师"提出来关系化，成为"批评了学生的老师"，"批评了学生"就是关系从句，也可将"学生"关系化，如"老师批评的学生"，"老师批评"是关系从句。

作为重要的语序参项，关系从句的类型表现与领属定语和形容词定语都不同。它既不像领属语那样与其他参项密切相关，又不像形容词那样灵活难测。关系从句的语序属于存在优势倾向的语序，它与其他语序的和谐是在优势语序基础上的和谐。关系从句的优势语序就是后置。据Dryer（1999：表4）的统计，在全世界410种有关系从句语料记载的语言中，关系从句在后的有320种（62种形名型+258种名形型），关系从句在后占绝对优势。在VO语言中，定语本来倾向于后置，正好与关系从句后置的优势相配，因此VO语言几乎都是关系从句后置的。作为VO语言而关系从句前置的，被认为只有汉语一种语言，属于极罕见现象。克伦语虽然像汉语一样是带有部分OV型特点的VO语言（表现在领属定语前置等方面），但是其关系从句仍是后置的。OV语言的定语倾向于前置，与关系从句的优势语序相矛盾。因此，有大量OV语言关系从句后置于名词。据Dryer（1998），欧亚大陆型SOV语言，没有表现出关系从句后置的优势倾向，关系从句像领属定语等定语一样以前置为主，而非欧亚大陆型的SOV语言有很多是关系从句后置的。据Dryer（1999：表15）统计，在70组OV型语言中，关系从句在前的只有28组，而关系从句在后的则有42组。其中19组欧亚OV型语言中关系从句在前的占了13组。

藏缅语在这点上表现如何？是否与欧亚大陆型SOV语言一致？藏缅语内部是否一致？由于目前的汉藏语研究缺少关系从句的概念，因此，这些问题在国内藏缅语学界尚缺少详细研究，有待于今后加强。

从 Dryer（1999）的研究来看，OV 型的藏缅语是关系从句在前占优势，关系从句在后的只有 Garo 语和 Angami 语两种。看来在这点上藏缅语符合欧亚型 OV 语言的大势，而不同于世界其他地方的 OV 语言。最有意思的是，在 400 种世界语言中只占 6%（25 种）的 NAdj / RelN 型（形容词后置，关系从句前置），在藏缅语中占了绝大多数，而在世界语言中占 15%（62 种）的 AdjN / NRel（形容词前置，关系从句后置）型，在藏缅语中一种也没有。

壮侗语和苗瑶语是 SVO 语言，关系从句理应后置。但是在汉语的强大影响下，看来也开始出现关系从句前置的现象。例如（梁敏、张均如 1996：860—861）：

标语：pan⁵ ken¹ kɛ⁰ lak¹⁰ phuk⁷
   飞 着 的 鸟
  '飞着的鸟'

连山壮语：kən¹ ȵœ³ tu² an³ tsœ²
    吃 草 只 那 黄牛
  '吃草的那只黄牛'

由此可见，说汉语是 VO 语言中唯一的关系从句前置的语言是不够精确的，至少没有考虑到一些"汉化"的壮侗语的情况。这也说明壮侗语和苗瑶语关系从句的具体情况，还需要进一步调查研究。

六、指称类"定语"：指示词、冠/尾词、数词、量词

指称类定语是不涉及名词内涵、只标明名词外延的定语。这类定语在生成语法中被看成名词性短语的核心而不是修饰语。所以我们将"定语"打上引号。这也可以理解为什么它们的语序表现常常与内涵性定语极为不同。例如，在藏缅语中，内涵性定语（领属定语、其他名词定语、形容词定语、关系从句等）总体上倾向于前置，只有形容词定语是

前后都有而以后置为常，指示词、数词、量词却不乏后置的，例如，书面藏、拉萨藏、错那门巴、勒期、浪速、阿昌、纳木兹、喜德彝、白、傈僳、拉祜、嘎卓等语言都是指示词在名词之后，还有景颇、仙岛、载瓦、纳西、哈尼、怒苏等许多语言是两可的，珞巴语、雅都羌语、澄语等不少语言是指示词前置、后置及前后置并存三可的（黄布凡1997）。在壮侗语中，内涵性定语基本上是后置于名词的，但指称类定语却不乏前置的，例如表达"一个人"，在侗语、水语、仫佬语、黎语等语言中都是跟汉语一样，数量成分在前，表达"二"以上数字时，数词普遍在量词前（不像部分语言的"一"那样后置于名词），像汉语一样整个数量短语一起在名词之前，如壮、侗、水、毛南、仫佬、黎、布依等语言（梁敏、张均如1996：853）。所以，在语序类型学中，指称类定语要与其他定语分开处理。像汉语一样指称类定语和内涵性定语统统位于名词的一侧，这在世界语言中反而是比较少见的。

汉藏语的指称类定语由于比其他语言多了一类个体量词而使情形更加复杂，现有的语序类型学研究大多没有把量词考虑在内。比如，当数字为"二"以上时，所有的壮侗语都是数词在量词前，体现了内部一致的一面，但是由此构成的数量短语，在前述壮、侗、水等语言中是前置于名词，在泰、傣、老挝等语言中却是后置于名词，这又成了体现差异的参项了。考虑到指示词、数词、量词在名词前可以有分别出现、两个一起出现甚或三个一起出现这种种排列组合的情况，量词在数词、指示词修饰名词时有强制和可选等不同情况，汉藏语言指称类定语的语序类型复杂性可想而知。这里无法对此详论，只想介绍一下在不考虑量词的情况下有关成分的语序共性及其所遵循的原则，给汉藏语的研究提供一个参考。

Greenberg（1963/1966）的共性20指出，"当任何一个或者所有下列成分（指别词、数词、描写性形容词）居于名词之前时，它们总是以这种语序出现。如果它们后置，语序或者依旧，或者相反。"这条共性有这么几个重要含义值得注意。

1.形容词的语序虽然与VO/OV、前置词/后置词等重要参项关系不大，显得可变性较强，但它还是跟另一些成分的语序存在互相制约的关系，仍是有用的参项。

2. 当这几个成分在名词之后时，共性虽然提供了两种选择，但是还是排除了更多的可能选择，因为逻辑上的可能性是 6 种。指别词在中间或描写形容词在中间的可能性都被排除了。

3. 这几种定语在名词前的语序是完全固定的，这反映这种语序最符合其内在的需求。因此，我们可以以这几种定语在名词前的语序为基准，来观察它们在名词后的略有灵活性的语序表现。由此可以看出，当它们在名词之后，第一种选择维持了这三个成分内部的相对语序，即"指别词 + 数词 + 形容词"，第二种选择维持了这三种成分与核心名词的相对距离，即形容词最近，指别词最远，数词居中。这条共性实际上有更深远的意义，它体现了语序研究遇到超过两个成分的情况时需要注意的两大问题：一是各个成分彼此之间的相对位置，二是各个成分相对于另一成分的亲疏度（相对距离或者说相对接近度）。由此可见，这些定语在动词前的语序实际上就有两种含义：一是这些定语相对于中心名词的亲疏度，二是它们彼此之间的相对位置。它们在名词后的位置无法同时保持名词前的这两种语序，于是只能选择保持其中之一。

4. 这几个成分在名词之前的语序，就它们与中心名词的亲疏关系而言，我们已能体会到其内在的原因：越靠近名词，越是跟名词的内涵有关，越远离名词，越是跟名词的内涵无关，而只关系到名词短语指称的外延。至于它们彼此之间的相对位置，为什么应当指别词领头，形容词殿后，目前还找不到解释。

现在再来看汉藏语的研究。加上量词以后，我们确实面临更多的课题。第一，在使用量词以后，藏缅语、壮侗语和苗瑶语的那三类定语本身是否仍符合共性 20 所揭示的规律？如果出现不符合的情况，表现为哪些情况？应当如何修改和扩充共性 20，使之能反映包括汉藏语在内的各种语言这三类定语所遵循的规律？第二，假如将量词也纳入参项，那么量词和其他几项定语之间，特别是与指别词和数词这两种指称类定语之间，表现出哪些语序属性？第三，在加入量词之后，可能已经难以用一条共性来概括与指称类定语有关的语序共性，但是，不同语言的不同情况肯定仍然遵循一定的共性限制，那么，应当怎样去用一组尽可能少的共性或等级序列来刻画其中的共性，使汉藏语纷纭复杂的局面得到概括。这将是汉藏语语序类型研究对语序类型学理论的重要贡献。第四，针对加入量词以后新建立的语序共性，能否用一些功能原则来加以解释，像上面用与名词内涵的相关性来解释其语序亲疏度那样。

以上的讨论还简化了一个问题：我们把汉藏语中所有的指别成分都看作指别词。实际上，类型学上指别成分可以分成指示词和冠词（article，在名词后的 article 该叫"尾词"）两类，两类的语序表现并不等同。像英语那样指示词和冠词在名词的同一侧并不是普遍情况。根据 Dryer（1992）的研究，VO/OV 类型对于指示词的语序并没有明显影响，但对于名词和冠/尾词的语序却有一定的影响。总体上，假如该语言名词使用冠/尾词，那么 VO 语言倾向于使用冠词而 OV 语言倾向于使用尾词。对于指别成分在名词前后两可或并存的那些藏缅语来说，可以尝试去分析名词两端的指别成分在句法属性上是否存在差别。会不会其中一端是指示词，另一端是冠/尾词。当然，这样判断首先需要了解在句法理论中区分这两者有哪些句法语义标准，不能单纯根据其位置来确定。

参考文献

戴庆厦、傅爱兰　2002　藏缅语的形修名语序，《中国语文》第 4 期。
戴庆厦、刘菊黄、傅爱兰　1991　克伦语，《藏缅语十五种》，戴庆厦等编，北京：燕山出版社。
丁椿寿　1993　《彝语通论》，贵阳：贵州民族出版社。
贺嘉善　1983　《仡佬语简志》，北京：民族出版社。
黄布凡　1997　藏缅语"指代→名"偏正结构语序，《彝缅语研究》，国际彝缅语研究学术会议论文编辑委员会编，成都：四川民族出版社。
梁　敏、张均如　1996　《侗台语族概论》，北京：中国社会科学出版社。
刘丹青　2001a　汉语方言的语序类型比较，日本《当代中国语研究》创刊第 2 期。
刘丹青　2001b　吴语的句法类型特点，《方言》第 4 期。
刘丹青　2002　汉语里的框式介词，《当代语言学》第 4 期。
刘叔新　1998　《连山壮语述要》，北京：高等教育出版社。

颜其香、周植志　1995　《中国孟高棉语族语言与南亚语系》，北京：中央民族大学出版社。

Bisang, W. 1999. Classifiers in East and Southeast Asian languages: Counting and beyond. In J. Gvozdanovic (Ed.), *Numeral Types and Changes Worldwide*. Berlin: Mouton de Gruyter.

Dik, S. C. 1997. *The Theory of Functional Grammar*. Berlin & New York: Mouton de Gruyter.

Dryer, M. S. 1992. The Greenbergian word order correlations. *Language*, 68(1), 43-80.

Dryer, M. S. 1998. Aspects of word order in the languages of Europe. In A. Siewieska (Ed.), *Constituent Order in the Languages of Europe*. Berlin & New York: Mouton de Gruyter.

Dryer, M. S. 1999. Word order in Sino-Tibetan Languages from a typological and geographical perspective (Draft).

Greenberg, J. H. 1963/1966. Some universals of grammar with particular reference to the order of meaningful elements. In J. H. Greenberg (Ed.), *Universals of Language*. Mass Cambridge: M. I. T. Press.

Greenberg, J. H. 1980. Circumfixes and typological change. In E. C. Traugott *et al.* (Eds.), *Papers from the International Conference on Historical Linguistics*. Amsterdam: John Benjamins.

Greenberg, J. H. 1995. The diachronic typological approach to language. In M. Shibatani, & T. Bynon (Eds.), *Approaches to Language Typology*. Oxford: Clarendon Press.

Hawkins, J. 1983. *Word Order Universals*. New York: Acadamic Press.

Kuno, S. 1978. Japanese: A Characteristic OV Language. In W. P. Lehmann (Ed.), *Syntactic Typology*. Austin: University of Texas Press.

LaPolla, R. 1994. On the change to verb-medial word order in Proto-Chinese: Evidence from Tibeto-Burman. *Current Issues in Sino-Tibetan Linguistics*, 98-104.

Mallinson, G., & Blake, B. 1981. *Language Typology: Cross-Linguistic Studies in Syntax*. Amsterdam: North-Holland.

Tsunoda, T., Ueda, S., & Itoh, Y. 1995. Adpositions in word-order typology. *Linguistics*, 33(4), 741-761.

（原载《民族语文》，2002年第5期）

焦点与背景、话题及汉语"连"字句[*]

一、引言

焦点（focus）本来是个光学上的概念，现在它已经成为当代语言学的重要概念，跟语用学、篇章语言学、句法学、音系学等都有关系，在国际上十分常用，在国内也逐渐用开。但是，人们在使用"焦点"这个概念时，含义并不十分明确，各人之间的理解也不完全统一，这给焦点及与焦点有关的研究带来了一些混乱。例如，徐杰、李英哲（1993）一文（以下简称"徐李文"）是在国内发表的结合汉语专门讨论焦点问题的重要论文之一。论文重点关注的是否定焦点和疑问焦点，同时也涉及对焦点的一般认识及汉语表达焦点的总体手段。但是，由于作者在界定和使用"焦点"概念时也存在一些问题，因此使论文的某些看法不尽合理，甚至带来具体分析上的失误。下面我们先来看一下徐李文具体分析的一个例子。

（1）、（2）是该文分析的两个对话用例，每个用例有 A 和 B 两种含纠正内容的否定性答话。徐李文认为 A 成立而 B 难以成立，因为问句中带焦点标记"是""连"的成分（画线部分）是疑问焦点，否定性回

---

[*] 本文为香港研究经费拨款委员会项目"汉语三种方言广东话、上海话和普通话的参数变化"成果的一部分，其基本思路及部分材料在徐烈炯、刘丹青（1998）中已有提及。本文初稿曾在国际话语分析研讨会（1997 年 10 月，澳门）上宣读，罗仁地博士（Dr. R. LaPolla）、白梅丽教授（Prof. M-C. Paris）、H.-D. Gasde 博士和由潘海华博士组织的香港城市大学焦点问题研读组都对本文提过有益的意见，谨此致谢。

答的纠正部分应针对疑问焦点提出，A 句针对焦点提出纠正内容，答得恰当①，B 句没有针对焦点否定，答得不恰当，可以说是答非所问。

（1）问：你是<u>去年夏天</u>来美国的吗？

　　答：A. 不，我是前年夏天来美国的。

　　　B.﹖不，他是去年夏天来美国的。

（2）问：你连<u>小刘</u>都不认识？

　　答：A. 不，我连小王都不认识。

　　　B.﹖不，我连小刘都不喜欢。

该文对（1）的分析完全正确。然而，我们看到该文认为合格的答句（2A）其实也是答非所问的。我们请一些人判断（2），都认为答句（2A）"答非所问"。而被调查人给出的对（2）中问句的合格否定性答句都是（3）的 A 或其同义句：

（3）答：A. 不，我认识小刘。　　B. 不，小刘我认识。

　　　C. 不，我认识。　　　　D. 不，认识。

徐李文对（2）的分析失误，并不是一般的用例分析不当，而是由语言学界在焦点概念方面目前还存在的一些含糊认识所导致的，这些含糊认识并不是该文独有的。徐李文对（2）的分析是基于下面两点认识：第一，对是非问句做否定性回答时，假如问句含有焦点成分，答句的纠正部分应针对问句中的焦点；第二，"是""连"是句子的焦点标记，其后的成分是焦点。第一点语言学界很多人都同意，第二点是汉语学界许多人的共识。这两点认识本身看不出有不妥之处，但由这两点必然推出该文对（1）、（2）的分析，结果是（1）的分析有道理，而（2）的分析有失误。

问题的关键就在于语言中存在着不同种类的"焦点"，每种"焦点"的语言学含义并不相同，而"是""连"恰好是两类不同焦点的标记。本文的目的就是提出我们对"焦点"含义的重新认识，并据此给焦点分

---

① 国际语言学界用一个专门术语 congruence 表示答话内容与问话中的焦点相契合，即答得恰当的情况，见 Stechow（1990）。

类,在这个基础上顺便对(2)的分析所涉及的汉语"连"字句提出我们的新解释。

二、焦点与背景

语言学界通常谈论的焦点,本质上是一个语用性的话语功能的概念。从理论上说,焦点可以存在于句子的任何部位,因此不是一个句法结构成分。当然,语言中会存在一些表示焦点的形式手段,这使焦点跟句法也有一定关系,但做焦点的成分总是在句法上另有其结构地位,例如有的焦点在句法上是宾语,有的焦点则是状语,等等。所以,讨论焦点的含义,首先要从它的语用性质着手。

大略地说,焦点是说话人最想让听话人注意的部分。所谓"最",总是跟其他部分相对而言的。只有一个成分便无所谓"最"。所以讨论焦点还得从与之相对的成分谈起。

跟焦点相对的内容在语言学上叫背景(background)。根据背景的存在形式,背景可以分两类。一类是话语成分,即话语中的某个部分,另一类则是认知成分,即并没有在话语中出现,而是存在于听说者的共享知识中的对象。根据背景跟焦点的位置关系,焦点所对的背景又可以分出两类。一类是本小句[①]中焦点外的部分,另一类是在上下文或共享知识中的某个对象或某项内容。

以小句内部其他成分为背景时,焦点的性质可以描述为"突出"(prominent),以小句外的内容(不管是话语成分还是认知成分)为背景时,焦点的性质可以描写为"对比"(contrastive)。突出和对比是焦点的两大话语功能,但是并不是所有焦点都同时具有这两种功能。所以,我们可以根据背景和焦点的位置关系,以[±突出]和[±对比]

[①] 我们说的小句(clause),包括单句和复句中的分句。本文讨论焦点、话题等都以小句为基本单位,而"句子"的概念理论上可以指整个复句,用起来不方便。

两对功能特征为参项，把焦点分为三类。人们通常谈论的焦点大致可以分为两类，即自然焦点和对比焦点，例如张伯江、方梅（1996：73）就把焦点分为常规焦点和对比焦点两类。而（2）的"连"字句所涉及的"焦点"则不属于这两类，而是除此之外的第三类，本文称之为"话题焦点"，这也是本文将重点讨论的一类焦点。下面分别讨论。

三、焦点的分类

3.1 自然焦点

小句的自然焦点，又可以叫常规焦点、中性焦点、非对比性焦点等。其功能特征如下：

（4）自然焦点：[＋突出]，[－对比]

在句子内部，自然焦点是说话人赋予信息强度最高的部分，它以小句的其余部分为背景。自然焦点没有专用的焦点标记，而跟语序关系密切。出现在某些位置的句法成分在没有对比性焦点存在的前提下，会自然成为句子信息结构中重点突出的对象，同时往往也是句子的自然重音所在。在汉语中，句子末尾通常是句子的自然焦点所在，张伯江、方梅（1996：73）指出"由于句子的信息编码往往是遵循从旧到新的原则，越靠近句末信息内容就越新。句末成分通常被称作句末焦点，我们把这种焦点成分称为常规焦点。"不过，并非所有语言都以句末成分为自然焦点。比如，在朝鲜语等许多 SOV 型语言中，紧接在句末动词前的成分是自然焦点所在（Kim 1988），而由 SOV 为主向 SVO 为主发展的匈牙利语，自然焦点的位置仍跟 SOV 一致（Harlig & Bardovi-Harlig 1988）。

刘丹青（1995）举过两对例子显示汉语尾焦点的特点：

（5）a. 他三十年来一直住在<u>芜湖</u>。
　　 b. 他在芜湖一直住了<u>三十年</u>。

（6）a. 经济在缓慢地<u>增长</u>。

　　　b. 经济增长得<u>缓慢</u>。

（5）、（6）两对例子在没有任何对比的语境和对比的意图时，自然分别以位于句末的画线成分为表达重点和自然重音所在。再看（7）、（8）：

（7）a. 屡战屡败。

　　　b. 屡败屡战。

（8）a. 事出有因，查无实据。

　　　b. 查无实据，事出有因。

a 句和 b 句真值意义相同，而说话人的态度完全不同，就因为说话人有意让自己想突出的成分占据自然焦点即后面的位置。（7a）突出"屡败"，（7b）突出"屡战"，（8a）突出"查无实据"，（8b）突出"事出有因"。由于说话的人态度有主观性，所以我们选择以信息强度而不是信息的新旧来定义自然焦点，强度是说话人主观赋予的，而新旧应该是客观存在的。

　　自然焦点虽然跟语序的关系较为密切，但并不需要具备专门的句法特性。比如，在（5）、（6）的 4 个句子中，自然焦点都在句末，但句法上它们分别是处所补语、时量补语、谓语动词、状态补语，其实还可以是其他句末成分，如宾语。对复句来说，则通常以后面的分句为焦点，如（7）、（8）。吕叔湘（1982：387，395）把汉语前果后因的复句叫作"释因句"，把前因后果的复句叫作"纪效句"，实际上就揭示了汉语以后面分句为自然焦点的特性。在以紧邻动词前的成分为自然焦点的 SOV 型语言中，成为自然焦点的成分可以是宾语、主语及其他附加成分（参阅 Kim 1988），也没有统一的句法特性。这足以说明自然焦点不是一种句法结构成分。

3.2　对比焦点

　　对比焦点不同于自然焦点，其功能特征如下：

（9）对比焦点：[＋突出]，[＋对比]

对比焦点有双重背景。它是本小句中最被突出的信息，因而以句子的其余部分为背景，所以有［突出］的特征；同时又是针对上下文或共享知识中（尤其是听话人预设中）存在的特定对象或所有其他同类对象而特意突出的，有跟句外的背景对象对比的作用，所以又有［对比］的特征。对比焦点总是借助语言中的一些特定手段来表示，如（10）就是用大家很熟悉的加重音（即对比重音（contrastive stress），又叫"焦点重音"（focus stress），传统也叫"逻辑重音"）的方法来表示对比焦点：

（10）a.ˋ老王上午借给老李一笔钱。~ b.老王上午借给ˋ老李一笔钱。
（10a）"老王"带重音，是对比焦点所在，跟其他人或听说者明白的某个人构成对比，即以这个（这些）人为背景，强调借出钱的是老王而不是其他人。（10b）讲述同一件事，但对比焦点为"老李"，强调借钱的受益者是"老李"而不是其他人。Jackendoff（1972）认为焦点都是有预设的，同样的句子结构，若焦点不同，则预设也不同。就我们讨论的（10）来说，a、b的预设就不一样，分别是（11）的a和b：

（11）a.有人上午借给老李一笔钱。~ b.老王上午借给某人一笔钱。
不过，对比焦点确实都含有明显的可以推导的预设，但自然焦点并不含有这样的预设，比如（5）、（6）中的四个句子都可以在没有任何预设的条件下说出来，也无法从中直接推导出预设。可见，Jackendoff心目中的所有焦点，实际上限于对比焦点。

选择语义学（alternative semantics）从另一个角度来分析焦点。据Rooth（1985），焦点有选择功能，表明是在众多的对象中选出的一个对象。比如，（10a）表示在众多可能借钱给老李的人中选定老王，（10b）表示在众多可能接受老王钱的人中选定老李。显然，这种选择出来的焦点也就是我们说的对比焦点。没有被选出的可能对象就构成本文所说的背景。

从表达形式看，重音不是表示对比焦点的唯一方式，甚至不一定是主要方式。例如英语中表示对比焦点的常见手段之一是分裂句（cleft-sentence），汉语中跟它功能相当的表达形式有两种，一种接近英语分裂句而仍有不同（有人称为"准分裂句"），另一种跟英语分裂句差别较大。如：

(12) It was yesterday afternoon that he entered the town.

(13) 他是昨天下午进的城。

(14) 他昨天下午进的城。

(12) —(14) 是连焦点也相同的同义句。(12) 和 (13) 的共同点是在对比焦点（yesterday afternoon，昨天下午）前加联系动词。区别点是英语须在句首加上傀儡主语（dummy subject），焦点成为联系动词的表语，而汉语则将"是"插到主语和焦点之间，不改变句子的基本结构，同时在后面加上一个相配的焦点标记"的"，焦点并没有成为"是"的表语。(14) 单纯用焦点标记"的"表示，"的"作为焦点标记并不一定紧接焦点，(14) 中"的"跟焦点根本没有直接的句法关系。

在同一个小句中，对比焦点跟自然焦点不能共存。当对比焦点出现时，由语序等体现的自然焦点就不再具有自然焦点的功能，或者说，自然焦点的功能被对比焦点所覆盖。一种情况是自然焦点本身成为对比焦点，于是它不再是自然焦点。如将上文 (5a) 的"芜湖"加上重音成为对比焦点，"芜湖"就不再是自然焦点，如 (15)：

(15) 他三十年来一直住在`芜湖。

另一情况是句子中有其他成分做对比焦点，于是原自然焦点就不再具有"突出"的功能特征，不再是自然焦点。如将 (5a) 的"他"加上重音和对比焦点标记"是"成为对比焦点，"芜湖"就不再是自然焦点：

(16) 是`他三十年来一直住在芜湖。

对比焦点对自然焦点的覆盖是非常好理解的。跟焦点有关的"突出"和"对比"都是信息强度的参项。在信息强度的两种参项中，自然焦点是一正一负，而对比焦点是两个正，其总体强度当然超过自然焦点。

对比焦点还有一点跟自然焦点不同。对比焦点用重音或专门的标记词或标记格式表示，焦点的范围比较确定。相比之下，自然焦点的范围不十分明确，更多地是一种信息强度的程度问题，形式特征不明显。句末的位置通常是自然焦点,但句末往前多少是自然焦点的范围,不够清楚,如(5a)中的自然焦点是"芜湖",还是"住在芜湖",还是"一直住在芜湖"。另外,句末以外的成分也有信息强度的差别,相对强的成分也有自然焦点的性质。如徐李文认为汉语修饰成分比中心成分更能做焦点,这种观察有一定道理。在我们看来,这实际上也反映了修饰成分相对于中心成分而言更接近自然焦点。

3.3 话题焦点

在早期的句法和话语研究中,焦点被看作跟话题相对的述题的一部分,甚至被等同于述题,"话题焦点"几乎是一个自相矛盾的表述。但是,的确有些人注意到话题包括汉语话题可以有对比的作用,例如曹逢甫(Tsao 1990:210)就提到有些具有话题性的汉语成分同时具有对比的功能,有人甚至用焦点来描述话题的对比功能,如 Ernst & Wang(1995:239)在分析汉语时就根据 Gundel(1987)和 Culicover(1992)把话题分为话语话题和焦点话题两类,认为后者的作用是引进一个与其他成分构成对比的话题要素。上述徐李文也在自己的焦点类别中包含了一些话题性成分。然而,这些研究都没有将话题中的焦点与上述两类焦点明确区分开来,通常是把话题焦点混同于对比焦点,如徐李文。所以,话题焦点的性质需要着重讨论。

话题焦点既非自然焦点([+突出][-对比]),也非一般意义上的对比焦点([+突出][+对比]),而是只有对比没有突出的焦点:

(17)话题焦点:[-突出],[+对比]

就是说,话题焦点只能以句外的某个话语成分或认知成分为背景,在本句中得到突出,而不能以本句中其他成分为背景。在本句中,话题焦点并不比句子的其他成分突出,句子可以另有突出的部分。话题焦点的强调作用只表现在跟句外成分的对比上。特别需要强调的是,带话题焦点的句子的整个表达重点仍然在话题后的成分即述题上,这是由话题与述题的信息关系所决定的。另外,[对比]的含义对话题来说,是在本句中以某个句外成分为背景，并不意味着该背景成分在别的句子中不能是焦点，事实上作为背景的成分有可能在别的句子中也是话题焦点。有一种常见的情况就是平行的句子互以对方的话题焦点为背景，这样构成真正的对比。

在讨论话题焦点的时候先说明一点，根据本文的看法，在汉语等话题优先的语言中，话题不仅是语用成分，同时也是一种句法成分，一个小句可以有不止一个话题，话题可以出现在小句的多种不同的层次上，不一定限于句首（详见徐烈炯、刘丹青1998第2小节）。这与只把句首成分看作话题的观点（例如Chen 1996）不同。

话题焦点常常用前置或后置的话题标记来表示。后置的话题标记在汉语中就是所谓句中语气词，本文称为提顿词，其后常常伴随停顿，实际上停顿也有帮助突出话题焦点的作用。本文已经提到的"连"则是一个前置的话题焦点的标记，但它是一个有特殊预设的话题焦点标记，所以我们还是先从没有特殊预设的更加中性的话题焦点谈起。张伯江、方梅（1994）及方梅（1994）认为北京话的句中语气词是主位标记，其中有些句中语气词有对比作用。这些有对比作用的提顿词前的成分基本上可以看作话题焦点，不过这些北京话的提顿词大多兼有一定的其他语气，比较起来，我们觉得上海话的提顿词"末"[məʔ]是更加中性更加典型的话题焦点的标记，所以这里先用"末"来讨论话题焦点的功能特征。比较（18a）、（18b）：

（18）a. 夜到末，朝北房间会有暖气个。

'晚上么，朝北的房间会有暖气的。'

b. 夜到朝北房间末，会有暖气个。

'晚上朝北的房间么，会有暖气的。'

a和b的命题义相同，其中的"夜到""朝北房间"是由时间、地点词语充当的话题。a句"夜到"（晚上）带"末"成为话题焦点，句子以听说者共有知识中的白天为背景，构成话题的对比；b句"朝北房间"带"末"成为话题焦点，句子是跟"朝南房间"或其他朝向的房间构成话题的对比（普通话的翻译只是大致的，其对比性不如上海话明显）。跟话题焦点构成对比的对象可以隐含在背景知识中，也可以说出来，如：

（19）a. 夜到末，朝北房间会有暖气个，日里末，暖气就停脱勒。
'晚上么，朝北的房间会有暖气的，白天么，暖气就停了。'
b. 夜到朝北房间末，会有暖气个，朝南房间末，呒没暖气个。
'晚上朝北的房间么，会有暖气的，朝南的房间么，没暖气。'

带"末"的成分虽然跟语境中的另一个话题（或许也是话题焦点）或听说者心目中共同了解的话题相对比，但在其所在的小句中，它并不比其他成分更被强调，实际上其话题性质本身就决定了它的信息强度不如后面的述题部分，这是话题焦点跟前面两类焦点的根本区别所在。这一点可以从好几个方面看出。

（一）话题焦点不影响小句的自然焦点的功能，自然焦点位置居后，总是在述题中，其信息强度明显超过话题焦点，如（18）a、b 两句的自然焦点都是"有暖气"。

（二）话题焦点和对比焦点都有对比性，但是信息功能不同。有话题焦点的小句不但要求话题构成对比，而且其述题也要构成对比，可见其信息重点在述题上；而对比焦点只有焦点成分构成对比，其他部分属于预设的内容，可见全句的信息重点在焦点上。这突出表现在主语成为对比焦点时，因为，对比焦点并不一定在小句的后部，句法上的主语也可以成为对比焦点，而话题焦点跟做对比焦点的主语明显不同，比较：

（20）老张末，当过海军个。

（21）`老张当过海军个。

（20）是带话题焦点的句子，其话题是对比性的，所以跟它对比的上下文或知识背景可以是（22）：

（22）老王当过空军个。

（23）老王当过海军个。

两者不但有"老张"和"老王"的对比，还有"海军"和"空军"的对比。绝不能在已经有人说了（23）或认为（23）的情况下再使用

(20),因为(23)的述题部分跟(20)相同。(21)是主语带对比性焦点的小句,它的全句表达重点就是"老张"(这个"老张"不能带话题标记"末"),而后面的部分包括"海军"等是已经提及的次要信息,所以跟它构成对比的预设或上文可以是谓语部分相同的(23),绝不能是谓语也不同的(22)。

（三）"话题焦点"一般不能省略后面的述题部分,因为它要求述题也构成对比,当然不能省略,显示述题的信息强度高(与此相反,话题承前省略极常见);对比焦点,包括做主语的对比焦点,可以在语境或背景知识的支持下很自然地省去句子的其余部分,只要保留信息强度最高的对比焦点即可。比较：

(24) 甲：老王当过空军个。

　　　乙：*老张（末）。

(25) 甲：老王当过空军个。

　　　乙：（是）`老张！

(24) 乙所说的"老张"可以带话题标记"末",显示它是个话题焦点,那就要求其述题也有新内容以跟甲所说的构成对比,而乙的话题后成分却省略了,于是句子不成立。(25) 乙纠正甲,纠正内容是"老王",这是对比焦点,用焦点重音或再加焦点标记"是"表示,其余部分相同,省略很自然。

总之,自然焦点、对比焦点和话题焦点,各有不同的特点,在句法、语用和篇章研究中对三种焦点必须加以区分。

四、从焦点的分类看汉语"焦点选择系列"

徐李文在讨论汉语跟否定和疑问有关的焦点问题前,先提出了确定焦点的标准,然后提出了一个汉语"焦点选择系列",认为汉语句子根据这个序列优先确定焦点。

我们注意到,该文确定焦点所依据的标准是 Jackendoff（1972）

界定的,而本文 3.2 节已经指出,Jackendoff 所界定的焦点,实际上只是对比焦点,如果用这个标准来界定焦点,就不应包括自然焦点和话题焦点。

下面来看他们给出的序列:

(26)"是"强调的成分→"连/就/才"强调的成分→数量成分→"把"字宾语→其他修饰成分→中心成分→话题

这个序列在一定程度上反映了汉语句法成分之间在信息强度上的差别。但是这个序列也有很大的问题。它根据的标准是对比焦点的标准,但实际上却将三种不同的焦点不加区分地放了进去。这样,不但造成理论上的矛盾,而且让原本可以离散的三种成分以连续体序列的形式出现,还由此带来序列本身的一些不合理之处。

在这个序列中,"是"强调的成分是对比焦点,是可以明确定性的,而数量成分、其他修饰成分之类是自然焦点,只反映信息强度的相对程度,放在一起排列是不妥的。当然,撇开理论的一致性不谈,这几个成分的排列顺序本身还有一定道理,对比焦点的信息强度最高,应该在自然焦点之前。

更大的问题是跟话题有关的问题。该序列把话题放在最末位,而且明确说明"话题成分成为焦点成分的可能性接近零"。如果他们真是按照 Jackendoff(1972)的标准来确定焦点,那么,话题成为"焦点"的可能性不是接近于零,而是等于零,可以不放在这个序列中。假如焦点不限于对比焦点的理解(事实上该"系列"也已经包含了不同于对比焦点的自然焦点),那么话题经常可以成为话题焦点,不存在接近于零的问题。最大的问题是,把"连"强调的成分放在系列的第二位,将其置于所有自然焦点之前。"连"字强调的成分应当是话题焦点(关于"连"字句的问题,详下面第五节),它的信息强度并不高于自然焦点,放在第二位是不妥的。另外,假如焦点系列确实包括话题焦点,那话题不充当焦点的论断也就不成立了。

总之,以上这些不合理的问题,都是由不区分焦点的种类而引起的。

五、汉语"连"字句的再探讨

徐李文注意到"连"字强调的成分有焦点性,这种观察无疑是准确的。问题是焦点有不同的种类,他们把"连"所标记的焦点混同于用"是"标记的对比焦点,结果不但造成所谓焦点选择系列的不妥,而且造成对具体"连"字句分析的失误。下面我们就从焦点分类的角度,结合对(1)(2)两例的比较,对"连"字句做点新的探讨。

"连"是个前附性的话题标记,它所带的成分就是话题焦点,有明显的对比性,但这不妨碍它所在句子的后面部分表达句子的重要信息,如:

(27)连老王都忍受不下去了。

(28)他连自己的妻子也瞒得紧紧的。

(27)是让施事"老王"充当话题焦点,跟其他人对比,而句子的信息重心是"忍受不下去",(28)是让受事"妻子"充当话题焦点(句法层次上低于(27)的话题,我们称之为"次话题"),跟其他人对比,而句子的语义重心是"瞒得紧紧的"。

从省略的角度可以更清楚地看出,"连"字焦点句不同于对比焦点句,而跟其他话题焦点句一样。无论提供什么样的语境,它都不能省略对"连"所带的成分进行陈述的部分,因为这是"连"字句的语义重心所在,而"连"前的成分则可以省略。如:

(29)a. 我连鸵鸟肉都吃过。　　b. 连鸵鸟肉都吃过。

　　　c.*我连鸵鸟肉。　　　　d.*连鸵鸟肉。

在对话中,如果是非问句中含有对比焦点,而回答又是肯定的,那么只要说出焦点部分即可,其他部分都可以省略;如果是非问句含有话题焦点,光回答焦点部分不行,必须连同述题一起回答,或者光回答述题部分。在这点上,"连"字句的表现与话题焦点句完全一致,如:

(30)问:你是去年夏天来美国的吗?

　　 答:去年夏天。

（31）问：你去年夏天么，来美国了吗？

答：A. 去年夏天，来美国了。

B. 来美国了。

C.* 去年夏天。

（32）问：你连小刘都认识？

答：A. 我连小刘都认识。　　B. 认识。

C.* 连小刘。　　　　　　D.* 小刘。

请特别注意（32D），这一答句没有用"连"，但仍然不成立，可见"连"所标记的成分不能单用跟"连"的词性无关。真正的原因是"连"标记的成分当为话题焦点而非对比焦点，而话题焦点不能单独出现，后面必须有作为信息重点的述题出现，即使不用"连"，情况依然如此。

白梅丽（Paris 1979）曾论证"连"不是焦点标记，她的理由是"连"所标记的成分可以在后面用代词复指，而焦点不允许这样。她的例子是：

（33）连张三玛丽也替他做饭。

（34）连李四我也被他打败了。

白梅丽所说的焦点不包括本文所说的话题焦点，她其实就是否定"连"是对比焦点标记，这与我们的看法是一致的。而且，她所举的（33）、（34），正好也可以用来说明"连"所标记的成分有话题性，因为可以在后面用代词复指正是话题的重要特征。我们可以举出更多种用代词复指"连"后成分的例子，包括"连"标记次话题的例子：

（35）连小孩子张三也要欺负他。

（36）他连这封信都想撕了它。

因此，"连"所标记的成分虽然有焦点性，但只能是话题焦点，与自然焦点和对比焦点有很大的区别。曹逢甫（Tsao 1990：249—278）在参考了白梅丽的意见后也改变了原先（Tsao 1979）把"连"当作焦点标记的看法，转而认为"连"所带的成分是话题或次要话题（secondary topic）。不过，由于曹逢甫没有"话题焦点"的概念，所以在肯定其话题性后就不再提及其焦点性，尽管他强调"连"所带成分像另一些话题成分一样有对比性。本文则肯定"连"所带成分同时有话题性和焦点性，属于话题焦点。

徐李文将（2）的答非所问句即（2）的答句 A 误作合格答句，就错在他们把"连"所标记的话题焦点和"是"所标记的对比焦点当成了同类现象。对含有对比焦点的是非问句来说，肯定回答可以只回答焦点部分，纠正性的否定回答则必须纠正焦点部分，其他部分保持不变也可以省略。他们正是这样分析（1）的，所以分析完全合理：

（1）问：你是<u>去年夏天</u>来美国的吗？

　　答：A. 不，我是前年夏天来美国的。

　　　　B.?不，他是去年夏天来美国的。

（1A）针对"是"后的"去年夏天"纠正，所以合格，其实还可以把焦点以外的部分省略：

（37）答：不，前年夏天。

而（1B）针对非焦点成分"你"纠正为"他"，虽然句子孤立地看完全合格，但作为答句却是不恰当的。

他们把对比焦点句的这种分析程序照搬到话题焦点句，却造成了失误：

（2）问：你连<u>小刘</u>都不认识？

　　答：A. 不，我连小王都不认识。

　　　　B.?不，我连小刘都不喜欢。

对话题焦点句来说，肯定性的回答可以省略话题焦点，却不能省略述题，纠正性的否定回答应该纠正述题，话题本身不变并可以省略。（2A）不纠正述题却去纠正话题焦点，造成答非所问。合格的答句是本文前面给出的（3）的各同义句，这也是我们用（2）的问句征询其他人意见后一致得出的答其所问句：

（3）答：A. 不，我认识小刘。　　　B. 不，小刘我认识。

　　　　C. 不，我认识。　　　　　D. 不，认识。

当然，"连"所标记的话题焦点，的确有不同于一般话题焦点的语用特征，容易让人误认为它是对比焦点，以致徐李文让它在焦点的优先序列中位居第二。其实很多研究者有类似徐李文的感觉。如许淑瑛专门讨论"连"字句的博士论文（Shyu 1995）认为"连"所标记的成分在句子中是最突出的（most prominent）。但是也有些学者如周小兵（1990）已经强调"所谓强调义，不是由单个'连'表达的"。他注意到"连"字大量出现在递进句的后分句中，前面有一至数个与它对比的"对比前件"，强调义"是由'连……也……'格式和它的对比前件共同表达的，尽管有时这一对比前件是个零形式"。崔希亮（1990）也把"连……都/也……"看作关联形式，关联"多重语言信息"。他认为一个"连……都/也……"句除表达语句明确显示的基本信息外，还表达含有"不寻常"意义的附带信息，含有"最不"意义的预设信息，及含有"更加"意义的推断信息。崔文说的附带信息属于主观态度，其他三种信息则与真值意义有关。我们用下式表示"连 NP 都/也 VP"的这三种真值意义：

（38）预设：NP 比（一定范围内）其他所有对象都不可能 VP（即 NP 最不可能 VP）。

句义：NP 确实 VP。

推理含义：其他所有对象更会 VP。

比如，（27）的预设是"老王比所有人都能忍受"，句义是"老王不能忍受了"，推理含义是"其他所有人都更不能忍受"。再如（29）的预设是"在任何食物中，他最不可能吃过的是驼鸟"，句义是"他吃过驼鸟"，推理含义是"其他任何食物他更可能吃过"。可以看出，在"连"字句中，"连"引出的 NP 与预设中的成分构成对比，而且所对比的预设成分含有全量义（所有对象），其推理含义中也有全量成分，句义和预设在内容上也构成对比，预设和推理含义又都有比较级的意义成分。对比、全量、比较等因素使"连 NP 都/也 VP"句整体上有较大的信息强度，这是它被公认为汉语中的一种强调句式的原因。但把这种强调意义归结为"连"对 NP 的强调，认为这个 NP 是对比焦点、最突出成分、可以排在"焦点选择系列"第二位等，则是一种误解。在句子内部

"连"字所标记的成分本身是话题性的,在小句中的信息强度不但低于对比焦点,还低于自然焦点。周文、崔文等都没有提到"连"所标记的 NP(有时也可以是 VP)的话题性。这正是本文所要强调的。

参考文献

崔希亮 1990 试论关联形式"连……也/都……"的多重语言信息,《世界汉语教学》第 3 期。
方 梅 1994 北京话句中语气词的功能研究,《中国语文》第 2 期。
刘丹青 1995 语义优先还是语用优先——汉语语法学体系建设断想,《语文研究》第 2 期。
吕叔湘 1982 《中国文法要略》,北京:商务印书馆。
徐 杰、李英哲 1993 焦点和两个非线性语法范畴:"否定""疑问",《中国语文》第 2 期。
徐烈炯、刘丹青 1998 《话题的结构与功能》,上海:上海教育出版社。
张伯江、方 梅 1994 汉语口语的主位结构,《北京大学学报》(哲学社会科学版)第 2 期。
张伯江、方 梅 1996 《汉语功能语法研究》,南昌:江西教育出版社。
周小兵 1990 汉语"连"字句,《中国语文》第 4 期。
Chen, P. 1996. Pragmatic interpretations of structural topics and relativization in Chinese. *Journal of Pragmatics*, 26(3), 389-406.
Culicover, P. 1992. Polarity, inversion and focus in English. *Proceedings of the Eight Eastern States Conference on Linguistics* (ESCOL), 46-68.
Ernst, T. & Wang, C. C. 1995. Object preposing in Mandarin Chinese. *Journal of East Asian Linguistics*, 4(3), 235-260.
Gundel, J. K. 1987. *The Role of Topic and Comment in Linguistic Theory*. Bloomington: Indiana University Linguistics Club.
Harlig, J. & Bardovi-Harlig, K. 1988. Accentuation typology, word order, and theme-rheme structure. In M. Hammond, E. Moravacsik, & J. Wirth (Eds.), *Studies in Syntactic Typology*. Amsterdam: John Benjamins.
Jackendoff, R. 1972. *Semantic Interpretation in Generative Grammar*. Cambidge MASS: M.I.T. Press.
Kim, A. H-o. 1988. Preverbal focusing and type XXIII languages. In M. Hammond, E. Moravacsik, & J. Wirth (Eds.), *Studies in Syntactic Typology*. Amsterdam: John Benjamins.
Paris, M-C. 1979. Some aspects of the syntax and semantics of the lian... ye/dou construction. In S-H. Teng (Ed.), *Readings in Chinese Transformational Syntax*.

Taipei: The Crane Publishing Company.

Rooth, M. 1985. *Association with focus* (Unpublished doctoral dissertation). University of Massachusetts, Amherst.

Shyu, S. 1995. *The syntax of focus and topic in Mandarin Chinese* (Unpublished doctoral dissertation). University of Southern California, Los Angeles.

Stechow, A. 1990. Focusing and backgrounding operators. In W. Abraham (Ed.), *Discourse Particles*. Amsterdam: John Benjamins.

Tsao, F-F. 1979. *A Functional Study of Topic in Chinese: The First Step towards Discourse Analysis*. Taipei: Student Book Co..

Tsao, F-F. 1990. *Sentence and Clause Structure in Chinese: A Functional Perspective*. Taipei: Student Book Co..

（原载《中国语文》，1998年第4期，与徐烈炯合作）

作为典型构式句的非典型"连"字句

一、"连"字句研究的共识及其局限

现代汉语的"连"字句指具有强调意义的"连+NP+都/也+VP/AP"句式。例如:

(1) a. 连老王都敢吃老鼠肉。
　　b. 老王连老鼠肉都敢吃。
　　c. 老王连晚上也不在家吃饭。
　　d. 老王连吃饭也要拖拖拉拉的。
　　e. 老王连"我不同意"都不敢说出口。

经众多学者研究(如白梅丽1981;崔希亮1990;周小兵1990;刘丹青、徐烈炯1998;徐烈炯2002;蔡维天2004),人们对"连"字句的句法构造、句式意义、预设、蕴涵、会话含义、关联作用等都有了较深的认识。下面这些是与本文关系密切的较为一致的认识。

1."连"字句都包含一个说话人的主观预设(presupposition):进入该句式的"连NP"里的NP(或VP、小句)都处在一个可能性(可预期性)等级尺度(scale)的低端,比起该尺度中的其他成员来是最不可能有VP的行为或AP的属性的对象,如例(1a)的预设是,"老王"是设定的一群人(包括老王在内的一个集合)中最不敢吃老鼠肉的一位。例(1b)句预设:"老鼠肉"是设定的食物集合中最不可能有人敢吃的。余类推。当然可能性的低端很可能正是词汇意义的顶端,所以有些论著（如周小兵 1990）又称这个 NP 为"分级语义系列"的"顶端"。如"他连大象也拉得动"，大象是动物重量的顶端，拉动大象是可能性的低端。①

2. 句式的字面义（断言，assertion）所讲的事实却是：这一个可能性最低的行为或属性倒（出乎意料地）为真。如例（1a）的字面义是"老王却（出乎意料地）敢吃老鼠肉"。余类推。句子的强调意味就是由预设中的"极不可能真"和断言中的"真"之强烈反差造成的。

3. 句子的言外含意（implication）是：其他对象（在可能性等级尺度中高于 NP 这个低端的成员）更会是 VP/AP 了。

除此之外，对"连"字句的认识还有一些。

4. 处在等级尺度中的其他成员也可以显性出现在上下文中，如"他敢吃猫肉、敢吃蛇肉，连老鼠肉都敢吃""他连老鼠肉都敢吃，还有什么肉不敢吃"，使对比意义更加显豁，而句子的预设不变。由于"连"总是带着这样的预设，与或隐或现的一些等级尺度的成员构成对比，因此"连"在语篇中可以起关联作用（参阅周小兵 1990；崔希亮 1990）。

5. 虽然有些学者因为"连"字句的强调作用而将"连 NP"中 NP 看作焦点，"连"也因此被看作焦点标记，但更仔细的研究却显示"连 NP"的话题性多于焦点性。周小兵（1990：262—263）已指出"所谓强调义，不是由单个'连'表达的，而是由'连……也……'格式和它的对比前件共同表达的"。刘丹青、徐烈炯（1998）强调了"连 NP"区别于焦点而与话题一致的一个重要属性：本身不能单独成句或煞句，小句内必须有后续成分（实即述题）出现。考虑到"连 NP"的对比性，这符合焦点的常见属性，所以刘丹青、徐烈炯文称"连"介引的 NP 为"话题焦点"。屈承熹（2003）对这个名称中仍包含"焦点"一词不满

---

① "连 NP"的低端性带有说话人的主观性——是与说者设定的集合中的其他成员比。这一设定有客观依据，即必须存在比 NP 更可能 VP 或 AP 的成员，说话人只拿 NP 与这些成员相比。至于客观世界是否存在比 NP 更低端的成员，与"连"字句的成立无关，它们不在说话人想比较的集合内。比如，可能存在比"老鼠"更不可能被敢吃的对象，如"蟑螂"或"粪便"，但说话人说"连老鼠"时未列入这些对象。

意，认为"连"介引的 NP 主要性质是话题，就应当归入话题，是一种对比性话题。

6. 如例（1）各句所示，"连"所标记的成分在语类上以名词为主，但也可以是动词或小句，所以下文标为"连 XP"，当然以 NP 为优势语类；从成分来看可以是施事、受事等核心论元或时间语等外围题元，甚至还可以是类似紧缩复句的分句，并且可以出现在句子主语的前面，例如：

（2）a. <u>连喝醉了</u>他都不出声，他会坐在僻静的地方去哭。(《骆驼祥子》23 章)

　　b. 从此后受术者只知道吃草干活，别的什么都不知道，<u>连杀</u>都不用捆。(《黄金时代》)

"连"虽然由连带义动词和介词发展而来，但在强调性"连"字句中已经不像一个典型的介词，也不像一般的副词、语气词等。它是一个句法表现区别于这些现成词类的话题标记，好在词性问题不影响本文的讨论。在句法上，"连 XP"是一种句法化的话题。

上面这些共识都是合理的，可以用来分析解释大部分强调性"连"字句，它们就是本文所称的典型的"连"字句。然而，实际语料中还存在着不少另类的"连"字句，其句法结构和强调作用与典型"连"字句并无二致，但却无法套用上面这些共识来分析解释。它们就是本文所称的非典型的"连"字句。最突出的问题是，我们无法为这些"连"后的 XP 找到一个可以构成等级尺度的成员集合。例如：

（3）a. 他吵，小福子<u>连大气</u>也不出。(《骆驼祥子》18 章)

　　b. 可是她穿上以后<u>连路</u>都走不了啦。(《黄金时代》8 章)

　　c. 开拖拉机的师傅早就着急回家睡觉，早就把机器发动起来，所以<u>连陈清扬的绑绳</u>也来不及松开。(《黄金时代》9 章)

在例（3a）中，不存在比"大气"更可能"不出"的东西，无法补充成"她小气不出，XX 气不出，连大气也不出"，或"他连大气也不出，其他的就更不出了"之类。在例（3b）中，没有比"路"更走不了的东西。在例（3c）中，也不存在比"陈清扬的绑绳"更"来不及松开"的东西。另一方面,例(3)又跟例(1)一样都是表达强调意义即具有相同句式意义的句子,据此它们应归为同一种句式。显然,先前关于"连"字句预设、等级尺度(分级语义系列)、关联作用等的总结,都难以贴切地施诸非典型"连"字句。有关的分析还需要完善。

以往研究的局限是大多只注意典型"连"字句,因为它们在语言心理中的确占更加显著和原型的地位。但假如接触足够多的实际语料,就会注意到非典型"连"字句的存在。

周小兵(1990)穷尽性统计了相当数量的语料,已经察觉到有些"连"字句难以用他自己的分析模型来解释。于是他将符合其分析模型的句子称为"基础句",而将难以用其模型分析的句子称为"类推句"。本文所说的非典型"连"字句,部分相当于周文的"类推句"。他指出,"基础句和类推句的区别在于:基础句中 N 不同,V 相同;类推句中 N 和 V 都不同。"(周小兵 1990:260)他举的"四表妹脚缠得很小,连字也不认识几个"就具有这个特点。周文对"类推句"的探讨比较简略,他认为"由于基础句的类推作用和'连''也'的作用,N_{n+1}(指'连'引出的 NP 或 XP——引者)仍是强调重点,但受强调的程度比不上基础句。因为基础句主要是 N 的对比和递进,而类推句主要是 NV 的对比和递进。"(周小兵 1990:261)

上引周文的最后一段断言有点简单化,忽略了两类句式的重要差别。"基础句"和"类推句"的差别不在于"连 XP"被强调的程度。其中的"XP"主要是话题而非焦点,全句的强调意义主要落在预设和现实的强烈反差上,而不是"连"引出的话题性 XP。"连 XP"由于处于预设中的可能性等级尺度的低端,因而也可能给人被强调的感觉。而在非典型"连"字句中,"连 XP"根本不处在任何可能性等级尺度中,谈不上顶端、低端,因此也不存在对 XP 的强调,强调义只是整个 VP 含义的强调。这种强调含义的产生另有来源。

本文就想在典型"连"字句的现有成果和周文对非典型"连"字句初步探讨的基础上,更深入地研究非典型"连"字句的结构特点、主要类别、生成方式及它与典型"连"字句的关系,特别是两者共同的句式意义，从而显示非典型"连"字句是比典型"连"字句更加典型的一种"构式"（构式语法（Construction Grammar）所说的construction），因为它的整句意义更难从其组成部分得到解释。本文将通过共时、历时材料的分析及统计，一方面证实这种句式的确是从典型"连"字句通过类推而发展出来的，另一方面说明其形成的原因与汉语话题优先、话题结构丰富发达的类型特点有关，是为了获得典型"连"字句的构式意义而将没有话题性的 XP 强行放到话题的位置，从而形成了这种句意难以分解的构式。

二、非典型"连"字句的主要特点：非典型"连 XP"

非典型"连"字句区别于典型"连"字句的最大特点是，在上下文、说话现场、言谈双方的共享信息和认知背景中都找不出与"连"后 XP 构成对照的一个成员，无法形成一种可能性等级尺度。换言之，非典型"连"字句的特点主要表现在非典型"连 XP"上。比较：

（4）还他妈丈夫呢，还他妈爱我呢，<u>连狗都不如</u>。（《过把瘾就死》）

（5）那段时间萧雨天天在家做家务，出门<u>连"的士"</u>都舍不得打。（《知音》杂志）

在典型"连"字句例（4）中，"连"引出的"狗"是一个预设的集合中的低端：一个人在被对待的方式中最不可能的是被认为比狗都不如（根本不当人看）。在上文语境中，已经激活的对象是"丈夫"、被爱的人，指最被重视、珍视的对象。处在这两端之间的对象如其他亲戚、普通朋友、同事、路人，等等，都是预设中的"不如"的对象集合中的成员。事实是被对待的方式还"不如"狗，那么当然就更"不如"集合中任何其他对象了。典型"连"字句可以方便地扩展成让集合中更多成员露面的句子，而真值语义不变：

（4'）a. 还他妈丈夫呢，还他妈爱我呢，还不如路人，还不如你的佣人，连狗都不如。

    b. 还他妈丈夫呢，还他妈爱我呢，连狗都不如，不要说不如家人、朋友了。

再来看非典型"连"字句例（5），"连"后的"的士"找不到可以构成集合的对象。这首先由词汇搭配所限定。在普通话中，能被"打"支配的交通工具名词只有"的士"（出租车），没有其他交通工具名词可替换。此外，语义的不相宜也决定了不可能由"打"支配的其他词来组成一个集合，如"打伞、打水"之类。所以无法做类似例（4'）这样的扩展：

（5'）a. *萧雨出门不打公交车，不打渡轮，连"的士"都舍不得打。

    b. *萧雨出门不打伞，不打水，连"的士"都舍不得打。

例（5'a）是词汇不搭配，例（5'b）是语义不相宜。

尤须注意，即使将"打"换成搭配面更广泛的"乘"或"坐"，例（5）中的"的士"仍难找到能构成等级尺度的集内成员，因为在"的士"所在的市内交通工具集中，"的士"恰恰不处在"舍不得"的可能性等级尺度的低端，其他交通工具如公共汽车、地铁、渡轮等，大都是比"的士"更不可能"舍不得"的。所以例（5''）仍不成立：

（5''）a. *萧雨出门舍不得坐公交车，舍不得坐渡轮，连"的士"都舍不得坐。

    b. *萧雨连"的士"都舍不得坐，不要说坐公交车、渡轮了。

例（5）、（5''）显示，因同现关系而根本找不到预设集合的词照样能用在"连"之后，在可能性尺度中远非处在低端的词也照样能用在"连"的后面。如此说来，"连"后的 XP 处在可能性等级低端并不是强调性"连"字句的构成条件。问题在于，现有的分析将 XP 的预设低端性作为"连"字句的必要条件和构成整句强调含意的重要因素（预设与断言造成显著反差），这就引出两个棘手的问题：

1. 例（5）这样的构成成分为什么能用"连"字句表达？
2. 例（5）这样的句子为什么能产生强调义？

在详细分析之前，先对例（5）的强调义做更仔细的观察。例

（5）的背景是原来高收入的萧雨因故失去了收入，所以原本平常的出门坐出租车也停了。在这一情景中，"的士"仍无法成为预设中最不可能舍不得坐的交通工具，因为现实中很难有更舍不得坐的交通工具了，但"出门打的士"这个行为整体可以是预设中最不可能舍不得的事，因为还有很多比之更奢侈的生活内容，如出国旅游、打高尔夫球、出入高档俱乐部等。比起各种奢华消费来，出门"打的"还是最具实际用途的普通行为，作为高收入人士的最不可能舍不得的事是可以理解的。例（5）想强调的意义就是通过坐出租车和预设中其他奢华消费的反差来实现的。周小兵（1990）对"类推"连字句的一个简要分析已经说到了点子上，改用本文的代号说就是：对比的不是"连"后的 XP，而是包括了 XP 的整个 VP。周文的问题是仍认为 XP 有被强调义，这是拘泥于"成分语法模式"（componential model）的固有观念——整句意义的可分解性。这种观念正是本文将借鉴的构式语法（Construction Grammar）的质疑对象（参阅 Croft 2001 1.3 小节及本文后文的分析）。

三、非典型"连 XP"的主要类别

非典型"连 XP"的情况有不同的种类，下面做一个分类分析。

3.1 构词性非典型"连 XP"

XP 是后面的离合动词的一个词内语素或动词习语的一部分，XP 本身既非独立的词汇成员又无独立的词义，根本没有资格独立充当论元，也就不存在与一个集合对比的问题。例如：

（6）a. 结婚一年了，感情反而更好，连<u>架</u>也不吵了。（网络）

b. 你连<u>面</u>也没见，就知道人家不讲卫生？（《平凡的世界》39 章）

c. 但老奶奶立志生做张家人死做张家鬼，跟别的男人连<u>玩笑</u>

也不开。(《灯草花儿黄》11章)

"吵架"是一个词,"架"没有独立的词义,也就无法和其他词构成一个语义的集合。"见面"是同类情况。"开玩笑"是惯用语,结构更松散一些,但意义也是整体性的,其中的"玩笑"无法找到其他词来构成可以受"开"支配的一个集合。

有些离合词有整体性和分解性两种理解,构成"连"字句时也可以分属典型和非典型两种情况。如"唱戏":

(7) 小莲喜欢唱歌,但更喜欢唱戏。可这几天心情不好,连戏也不想唱了。

(8) 我妈是秦腔演员,没别的爱好,就一心唱戏,可现在退休了,连戏也不唱了。

例(7)"戏"和"歌"构成"唱"所支配的一个对象集合,"戏"处在"不想唱"的可能性低端。不想唱"戏"隐含更不想唱"歌"了。例(7)是典型"连"字句。例(8)"唱戏"是一个整体,指演戏、进行戏曲表演。"戏"不与其他"唱"支配的对象构成集合,"唱戏"所比较的对象是其他活动。例(8)是非典型"连"字句。例(7)中提到的"唱歌"以及"炒菜(不炒肉)、吃饭(不吃菜)、看戏(不看电影)、读书(不读报纸杂志)"等也属于这种两可的离合词。而"跳舞"及"上学、上班、睡觉、做梦、理发、洗澡、游泳、走路"则属于只有整体性理解的离合词,其中的名词语素只能构成非典型"连XP"。

3.2 语义抽象度高的非典型"连XP"

有些XP是语义抽象度很高的词,难有同级语义场的词来构成可比的集合。例如:

(9) a. 这个年头都变了,连东西也不能乱吃。(网络)

　　b. 这个星期天气突热,可怜的小家伙一直萎靡不振,连东西也吃不下。(报)

　　　　　　c.他们东倒西歪地席坐于地，连东西也忘记收拾了。（网络）
（10）a.他连事情都没搞清楚，杀了我，还说我的不对。（网络）
　　　　b.陛下连事情都没听，竟已隐隐有偏向那蓝发小子的意思。
　　　　（网络）
　　　　　　c.他没想到会那么想我……想到连事情都没办法做……（网络）
"东西""事情"都是高层上位概念的例子。对"吃"来说，"东西"是其受事的最上位的概括，"吃"的受事在语义上已被"东西"全都概括了，没有其他可吃物能与"东西"构成概念集合了，不吃东西意味不吃一切，没有比"东西"更可能"不吃"的了。"卖东西、收拾东西"等组合中的受事也因同样道理只能成为非典型 XP。找不到词来扩展成"吃不下 A，吃不下 B，连东西都吃不下了"之类。对"没搞清楚"来说，"事情"也是高度概括的对象，不存在比"事情"更可能"没搞清楚"的对象。"听事情、做事情"等也是同样道理。

3.3　同现限制及语义相宜性限制的非典型"连 XP"

　　上文分析的"打的士"（连的士都舍不得打）就属于此类。再如吐丝（蚕宝宝连丝也不吐了）、脚崴（连脚也崴了）、河开了（指开冻：连河都开了）、起房子（连房子也没起）。

　　纯粹的专一化同现限制如"脚崴"一类在语言中不多，而且有些专一化同现组合已经可以归入惯用语并放在上面的类别里了。非典型"连"字句中的同现限制往往像上面分析的"打的士"一样是跟语义相宜性共同起作用的。语义相宜性要求构成等级尺度的集合在语义上属于同一范畴或同一语义场，具有可比性和可能性等级。允许同现替换但语义上不相宜的集合照样无法形成典型"连"字句，剩下的 XP 仍只能是受同现限制的非典型"连 XP"。如"打的士"和"打伞、打水"中的 XP 无法构成一个语义类，其中动词"打"的实际含义各不相同，不具有可比性。所以"打的士"在乘坐交通工具这个范畴里就是一个专一化的同现组合，难以和其他交通工具替换。再如"开工资"（连工资也开不出）就是发工资，这个意义上没有其他词可以和工资组成一个等级尺度的概念集合，"开汽车、开河、开掉员工"等都是与之语义不相宜的组合。

3.4 等级性非典型"连 XP"

例（5）的"打的士"如果换成"坐出租车"（出门连出租车也舍不得坐），就变成因等级性而造成的非典型"连 XP"。在可"坐"的市内交通工具中，"出租车"并不是舍不得坐的可能性等级尺度中的低端，相反却是等级很高的成员，比公交车等更可能舍不得坐。因此，这种"连 XP"虽可找到一个同范畴的集合，但 XP 在其中很难占据低端位置，其在语义场中的地位决定了它不可能是预设中的低端。这种"连 XP"也只能是非典型"连 XP"。

纯粹处于高端的 XP 充当"连"后话题的机会毕竟不多，不过，请再看下例：

（11）他才觉出冷来，<u>连嘴唇都微微地颤着</u>。(《骆驼祥子》9 章)

人体受冷时嘴唇是很容易颤抖的，至少不比其他很多部位更难颤抖，"连 XP"不处在预设集合的可能性低端。从这一标准看，这个 XP 也是非典型"连 XP"。但是，与例（5）的"连的士都不打"不同，例（11）这类非典型"连"字句不是从典型强调性"连"字句引申扩展而来，而是表连类而及的早期"连"字句向典型强调式"连"字句发展途中的句子，残存着"连"字句早期的连带义，要求必须有上文，不能用作单句或始发句，所以这些句子不受后起的强调"连"字句的规则即"连 XP"表低端的制约。此外，我们注意到，其他非典型"连"字句基本上都是否定句，而含连带义的"连"字句却比典型"连"字句还倾向于肯定句，跟"连"的早期连带义用法相似。不过，在现代的共时平面，这一类句子也被整合成非典型"连"字句的一类了，因为它们都带上了典型"连"字句的强调语义。

3.5 语用性非典型"连 XP"

3.1—3.4 所谈的 4 类情况，是"连"后的 XP 本身的语法语义属性决定了它只能是非典型的"连 XP"。这是非典型性最确定的例子。此外，实际语料中还有很多非典型"连 XP"主要是语用因素造成的。就 XP 本身及其与后面谓词的关系来说，这些 XP 可以跟一个预设中的集合构成对比，但是实际的言谈场景或认知背景可以排除这种对比关系的存在，使 XP 无法处于可能性等级的低端。这种 XP 的非典型性表面上不像上面几类那么显著，在没有确立"非典型性'连'字句"概念时很可能被混同于典型"连"字句。例如：

（12）他们有钥匙，连门都不敲就进来了。(《黄金时代》)

（13）我轻轻地开锁，悄悄地进屋，连灯也没开，直接把她带进我房间，但还是被我那个做过多年情报监听工作的爹发现了。(《过把瘾就死》)

例（12）"连"字句的论元关系是"敲门"。从词义上说，还有"窗户、墙、钟"可以和"门"构成一个等级尺度，都可以受"敲"支配。但是，在一个"进门"的事件框架（event-frame）中，"敲门"是预设中进门前一个最起码的常规步骤，可以看作最不可能不发生的举动，但与之构成集合的不是"敲窗户、敲墙、敲钟"，而是更有礼貌的"喊门（呼喊主人）、探问（是否有人）、询问（能否进来）、请求（要求进入）"等。这从下面的扩展形式可以看出：

（12'）a. *他们不敲窗户、不敲墙，连门都不敲就进来了。
   b. 他们不喊门、不探问，连门都不敲就进来了。

（13'）a. *他们连门都不敲就进来了，不要说不敲窗户、不敲墙了。
   b. 他们连门都不敲就进来了，不要说不喊门、不探问了。

同样地，在例（13）所属的"带客人进入家门"的事件框架中，预设中进门后最起码的步骤是"开灯"，与之构成集合的是"介绍给家人、让坐、倒茶"一类，而不是"开"支配的其他行为如"开电视、开冰箱、开抽屉"等。可见"灯"在这种语境中也无法找到一个等级尺度的集合并在其中占据低端位置。前面分析过的例（3c）"连陈清扬的绑绳"也属于语用性非典型"连XP"，因为语境中不存在要"松开"的其他对象。

四、非典型"连"字句的生成机制

在以上分类分析的基础上，我们可以尝试来回答第一部分所提出的两个问题，也就是解释非典型"连"字句的存在动因和生成机制。

典型"连"字句要表达的是一种跟预设形成鲜明反差的事实，通过预设与断言的强烈反差而达到强调的表达效果。造成反差的手段，是用"连"标示相关事件中预设可能性等级低端。为什么"连"引出的NP可以是多种词类（名、动、形、小句、介词短语等），可以是各种语义角色（从核心论元到外围题元乃至偏句）？因为在一个事件中预设的低端情况不一，说话人总是选择预设的低端让"连"标示，而不管其词类或角色。参阅例（1）、（2）。

这些"连"后的XP虽然词类属性和语义属性不一，但有一个共同点，都是能充当话题的成分，因为"连"在句法上是话题标记，要求其后的XP有话题性。汉语是话题优先语言，句子里有话题的句法位置。话题位置能容纳的词类和题元种类范围较广，这也为"连"字句的词类和题元选择提供了较大的余地。但是，仍有未尽之处。假如预设可能性的低端恰好是谓语核心，麻烦就来了。"连"虽然能介引谓词和小句，却不能标示谓语核心。因为，"连XP"的话题性使得它有个强制性的句法要求，即要求后面出现由谓语充当的述题。假如谓语或谓语核心带上了"连"，后面就没有述题，这样的"连XP"就违背了"连"字句的基本句法要求。如"老王敢吃老鼠肉"，我们可以说"<u>连老王</u>都敢吃老鼠肉""老王<u>连老鼠肉</u>都敢吃"（为了话题性将受事放在动词前），但不能说"老王<u>连</u>敢吃老鼠肉"。这就给"连"字句的适用范围造成了一个重要的缺口，成为"连"字句的软肋。非典型的"连"字句基本上都是为了弥补这个缺口、扩大"连"字句的表达范围而出现的。这可以看作非典型"连"字句的存在动因。至于如何弥补，要结合这类句子的生成机制来认识。下面具体分析。

1. 假如需要突出的预设中等级低端性的谓语是能愿助动词带实义VP，而助动词是能够单独做谓语的那些，那么，可以将实义动词短语用"连"话题化。例如：

（14）a. 他不<u>会</u>骑自行车。→ b. 他连骑自行车都不<u>会</u>。

（15）a. 现在你都不<u>愿意</u>多看我一眼。→

b. 现在你连多看我一眼都不<u>愿意</u>，我想和你亲热点，可你毫无反应。(《过把瘾就死》)

2. 需要突显的等级低端是整个VP，将整个VP作为受事成分用"连"引出，在后面谓语核心位置用"干、做"之类虚义形式动词，以"连"后的VP为支配对象。例如：

（16）a. 他们杀人。→ 他们<u>干</u>杀人。→

b. 而银子更使人意乱情迷，连<u>杀人</u>都<u>干</u>，何况不过贪点污乎。(《廉政风暴》)

c. 他们为了想多活几年，连<u>杀人</u>都<u>干</u>，何况是头牲畜呢！(网络)

（17）a. 我没有洗过碗。→ 我没有<u>做</u>过洗碗。→

b. 父母也替我小心着，连<u>洗碗</u>都没有<u>做</u>过。(网络)

c. 婚前以为男友不会做家务其实没有什么，婚后才发现老公很偷懒连<u>洗碗</u>都不<u>做</u>的时候，最先想到的是老公是不是爱自己。(网络)

假如VP中有能愿助动词，则会使用助动词，而不再用虚义动词，如"他们连杀人都<u>敢</u>，何况不过贪点污乎"。虚义动词实际上起了上面第1类中的助动词的作用。

3. 用"连"构成同一性话题，即让谓语动词用在"连"后，同时在后面再重复那个动词。如"我连<u>坐</u>都<u>坐</u>不下去""你说火鸡肉？我连<u>听</u>都没<u>听</u>说过""他连<u>杀人</u>都<u>杀</u>过""我连<u>开心</u>都<u>开心</u>不过来呢"。同一性话题（拷贝式话题）本是汉语中一种发达的话题结构（参阅刘丹青、徐烈炯 1998；Liu 2004），"连"字同一性话题是同一性话题的一个小类而已，其在汉语的类型环境中是很容易形成的。下面是一些实例：

（18）a. 他连<u>哭</u>都<u>哭</u>不出声来！（《骆驼祥子》20 章）

b. 二强子歪歪拧拧的想挺起胸脯，可是连<u>立</u>也<u>立</u>不稳。（《骆驼祥子》20 章）

c. 瞅着我烦是么？连<u>吵架</u>都不爱跟我<u>吵</u>了。（《过把瘾就死》）

同一性话题是违背经济原则的，因为其重复的部分并没有增加词汇信息量（Liu 2004）。因此，同一性话题要求简短。此外，同一性话题还有个结构限制，只能顺向删除，即删除述题中的宾语，不能逆向删除，即不能删除话题中的与述题中出现的宾语相同的宾语。如：

（19）a. 我看电影都看过了。

b. *我看电影都看过电影了。

c. *我看都看过电影了。

因此，同一性话题结构的"连"字句较适合用单纯动词或非离合的不及物动词，如"坐、哭、开心"等。对于离合词或简短的动宾结构来说，虽然也能用，但更适合采用其他选项。

4. 假如谓语部分是离合词，可以将整个离合词放到前面充当"连"引出的同一性话题，如例（18c）。此外，也可以只将其宾语语素"架"话题化，如将例（18c）说成"连架都不爱跟我吵了"。但是跟例（19b）一样受删除方向限制的制约，即不能说"连吵都不爱跟我吵架了"。类似地，例（20a）假如要改用"连"字句强调，就可以有下面这 b、c 两种选项，但不能有 d：

（20）a. 他这几天走不动路了。

b. 他这几天走路都走不动了。

c. 他这几天路都走不动了。

d. *他这几天走都走不动路了。

5. 需要用"连"突出其可能性低端位置的是包括宾语在内的整个谓语，而宾语本身并不是预设中的低端，但因为句法上名词的话题化优先于谓词的话题化，因此还是由"连"让并没有话题性和对比性的宾语话题化。实际上在动宾结构不太复杂时也可以将整个动宾结构话题化构成同一性话题，只是不如单将宾语话题化常见。如：

（21）a. 他们有钥匙，不敲门就进来了。

　　　b. 他们有钥匙，连门都不敲就进来了。（《黄金时代》）

　　　c. 他们有钥匙，连敲门都不敲就进来了。

（22）a. 他没搞清楚事情，杀了我，还说我的不对。

　　　b. 他连事情都没搞清楚，杀了我，还说我的不对。（网络）

（23）a. 这个年头都变了，不能乱吃东西。

　　　b. 这个年头都变了，连东西也不能乱吃。（网络）

　　　c. 这个年头都变了，连吃东西也不能乱吃。

这几例的 b 句都是前文引过的例句，对其"连 XP"的非典型性质已有过分析。我们以此说明，非典型"连"字句主要是为了突出谓语的可能性低端的预设而采取的变通办法。

在以上 5 种手段中，第 1、2 类仍然符合典型"连"字句的性质。我们知道，能愿助动词和虚义形式动词在词汇意义和封闭性上都有半虚词的性质，它们可以支配的 VP 是个开放的类，可方便地与其他 VP 构成对比的集合，而能愿助动词或虚义动词本身却是封闭性语类，难以构成成员之间的对比。因此，"连 VP 都 + 助动词 / 虚义动词"中的 VP 总是符合典型"连"字句的等级低端的要求。其余各类就偏离典型"连"字句了。第 3 类同一性话题结构中，"连"后的 V 和谓语部分的 V 是一对一的搭配关系，前面的 V 没有集合而言，如"连听也不听"，这里的"听"无法跟其他动词构成受"听"支配的一个集合。第 4 类"连 X"中的 X 是离合词中的一个语素，没有独立的词项地位和词汇意义，也就无法构成对比的语义场集合了。第 5 类是离典型"连"字句最远的一类。这类"连 XP"又回到了普通的名词，形式上与典型"连"字句最一致，但这个"连 XP"已不再有可能性低端的预设，从而真正体现了非典型"连"字句的形成。由第 5 类机制形成的句子，有些也能换用其他某种机制来生成，如例（21c）、（23c）用了同一性话题。但是，也确实有些情况难以用前面的任何机制来解决。如例（22b），其论元结构是"搞清楚事情",全部用作同一性话题太长,如果只将动词或动结式话题化,则后面动词带宾语又违背了同一性话题对逆向删除的限制(*他连搞清楚都没搞清楚事情),"搞清楚事情"也无法用一个虚义动词来支配(*他干了/做了搞清楚事情)。于是只能选择将并非处于等级低端的受事用"连"话题化。这种情况可能是促使非典型"连"字句昌盛的最有力的因素。"连"字句原有的语义限制——"连XP"要在一个预设的集合中处于低端位置——从此被完全打破了。

前面§3.4中例(11)这类非典型"连"字句,不是典型"连"字句的扩展用法,而是与"连"更早时的连类而及的作用有关,其生成机制不能用典型"连"字句来解释,这里暂不涉及,可以参考史金生(2004:§4)关于"牵涉介词＞强调介词"的语法化的讨论。

五、从"连"字句看构式语法理论

以结构主义语法、生成语法等为代表的观念被称为"成分模式"(componential model),意思是,这些语法理论总是用句法成分及其组合关系来解释语法结构的语义功能,相信结构的语义可以从其生成(generating)、推导(deriving)过程中得到解释。而在认知-功能语法框架中发展起来的构式语法,则注意到有些语法结构性质上像词汇中的习语(idiom),其意义不能从其构成成分及其关系中得到充分解释,"其意义和/或形式不能从该语言中存在的其他构式在构成上推导出来"(Goldberg 1995:4),即整个构式(construction)具有一种特定的不可分解的语义及形式特点。如英语 the sooner, the better 这种两个比较级形式的并列可以表示"越来越"倚变关系,但字面义和结构关系(比较其他英语构式)并不能解释这种关系。因此,此时要将这种构式的整体视为句式义的来源。此为构式语法理论。

构式语法理论的出发点和主要观察对象,本来是那些习语性强的句法结构(构式)——略近于汉语学界说的"格式"——并且主要关注句子层面的结构,即句式。随着理论的发展,有些学者注意到句式的习语性是一个连续统,只有程度的差异,因而认为构式语法应将所有句法结构都纳入研究对象,并且将关注的构式层面向上下拓展,包括比句式更大或更小的单位(Croft 2001：17)。这也是 construction 现在更宜译为构式(而不仅是句式)的原因。下面我们来看"连"字句的情况。

先看典型"连"字句。这种句式有可分解的一面:(1)"连"作为一个前置词有标注预设的可能性低端的作用,汉语作为话题优先语言允许在动词前面有话题或次话题的句法位置(不仅对"连"字句有效),为"连 XP"留有句法席位(slot);(2)"连"具有话题标记的作用,像前置词"至于"发展出话题标记功能一样;(3)句子的断言同"连"突出的预设形成强烈反差——可能性的低端成为现实,这种反差导致整个句子的强调作用。

另一方面,典型"连"字句也有不可分解的地方。(1)"连 XP"的常态是"连 NP",名词短语本身难以构成一个完整的预设,如"连老王都敢吃老鼠肉"中的"连老王","连 X"字面上推导不出"老王是在人群中可能最不敢吃老鼠肉的"这一完整预设。(2)假如"连"本身就有表达预设中的成分的作用,那为什么这一句式一定要用"都/也",否则就不成立?(3)"都"和"也"作为副词,语义不同,为什么在这一句式中两者的语义差别基本中和,整个句式的语义跟选"都"选"也"没什么关系?(4)在整个句义中,"连"和"都/也"各占了多少?它们分别表示其中的多少内容?这些问题都是"生成推导"的语法操作模式难以解释的。

上面这些"成分模式"难以解释的问题,用构式语法就能得到较好的解释:"连 XP 都/也 VP/AP"是一个固定的构式,任何成分只要进入这个构式就能用来表达一种与预期形成强烈反差因而带有强调义的句子意义,其中 XP 是专门表示预设中最不可能行 VP 之事或具 AP 之质的对象的位置。

再来看非典型"连"字句。由于"连 XP"不再表示预设中的可能性低端,因而典型"连"字句中的可分解性特征(1)、(2)两点就不再有效，只有话题优先类型和话题句法席位的存在这一点（第（3）点）仍然有效，这是"连"字句在句法上能成立的关键因素，但这一条帮不上语义解释什么忙。"连"的作用在此更加不可分析和解释，它甚至可以介引离合词中没有独立词汇义的语素或与谓语动词相同的 VP 等，它们都很难通过生成语法的推导过程得到语义解释。尽管如此，典型"连"字句整句的强调语义以及可能性低端的预设与典型"连"字句一样存在（只是低端由包括谓语在内的整个 VP 充当），结构形式上"连……都/也"的格式也仍然存在。在这种情况下，我们好像只能用整个"连……都/也"构式来解释非典型"连"字句的语义，而比典型"连"字句更难用生成推导的方式来分解，是更典型的构式。

由此可见，在不同的句法结构中，甚至结构相同而组成成分有所不同的结构中，可用句法规则解释的现象和难于用句法规则解释的现象有不同的比例。有些较能适合所谓"成分模式"的解释，有些更需要构式语法这样的理论来分析解释。越是难分解的结构，越是典型的构式。显然，非典型"连"字句是比典型"连"字句更典型的构式。而典型的"连"字句则比一般的主动宾句（老王敢吃老鼠肉）更接近构式一些（"把"字句、"被"字句等也比一般动宾句更接近构式）。

从历时角度看，非典型"连"字句是由典型"连"字句扩展而来的。而这种扩展的动因，如前文分析，是为了克服"连 XP"的话题性对强调 VP 的无能。我们在初步统计历时材料后看到，从清中期的《红楼梦》和清晚期的《老残游记》，到现当代的《骆驼祥子》《过把瘾就死》和《黄金时代》，非典型"连"字句的比例有明显增加的趋势。见表 1：

表 1

类别 书名	典型"连"字句		非典型"连"字句		连带义"连"字句		总数	
	例数	百分比	例数	百分比	例数	百分比	例数	百分比
《红楼梦》	163	78.7%	34	16.4%	10	4.8%	207	100%
《老残游记》	17	77.3%	4	18.2%	1	4.5%	22	100%
《骆驼祥子》	70	64.8%	34	31.5%	4	3.7%	108	100%
《过把瘾就死》	13	68.4%	6	31.6%	0	0	19	100%
《黄金时代》	5	50.0%	5	50.0%	0	0	10	100%

"连"字句由典型到非典型的发展过程,提供了一个实例,显示"构式是如何炼成的"。在构式的扩展过程中,结构和意义的可分解性逐步消失,而结构的基本构成要素(连 XP 都 VP)和整体的意义(表示可能性低端的事件的出现和主观强调)却被完整保留。这个过程说明,构式确有其整体性的形式价值和表义价值。这一扩展过程的细节还值得进一步研究。这个例子在多大程度上反映了构式形成的普遍机制,也是今后可以注意的一个大课题。

"连"字句的个案研究并不一定引导人们全面认同构式语法理论。"成分模式"和构式语法各有自己擅长的领域。构式语法擅长的是整合度高、习语性强、难以分解的结构,而"成分模式"擅长的是临时性强、可以用规则控制的句式。在可以用"成分模式"分析解释的地方,也不一定非要用构式语法去分析解释。即使是整体性相当强的典型"连"字句,比起非典型"连"字句来,还是有不少可分解的要素的。而普通的动宾句等,可分解性更强,更需要重视对其分解性的组成规律和表义规律的研究。"成分模式"应用的是适用面更广(包括语言内、跨语言)的规则和原则,数量更少,其理论的经济性和普遍性更强一些。而构式语法要为特定的构式提供一套特定的句法规则和语义解释(当然一些共同的认知框架和机制可以具有较大的解释覆盖面)。即使是同一种结构,也可能包括分析性和习语性两种属性(如典型"连"字句那样),在同一种句法分析中同时引进"成分模式"和构式语法,让两者各司其职,这也是一种可以探索的途径。①

"连"字句的形成与扩展,与汉语话题结构的发达有密切关系。现有的构式语法理论特别重视基于论元结构的小句层面的构式,因为以动词为中心的论元结构被认为与人类基本经验有关(Goldberg 1995:43)。当然,构式语法学者也指出,有一些"非基本"(nonbasic)的构式与话题化和焦点化这类语用信息结构有关(Goldberg 1995)。对于汉

---

① 陆俭明先生似乎也觉得有些(但不是所有)句式更适合应用构式语法理论,参看陆俭明(2004)。

语这种话题优先语言来说，事关话题结构的未必就是"非基本"构式。包括"连"字句在内的多种构式（如受事话题句、动词拷贝句、"这棵树叶子大"话题句）都建立在话题优先的类型基础上，即使非典型"连"字句的"连XP"已没有其原有的对比话题性，仍被编码为这种特殊的对比话题，显示了话题结构在汉语构式系统中的强势地位。这也从另一方面说明类型特点对构式的存在发展有至关重要的制约作用，而这种作用在一定程度上又是超越具体构式的。因此，对构式的全面认识可能依然需要整体构式和分解性规则两种角度的良好结合。

参考文献

白梅丽（Paris, M.-C.） 1981 汉语普通话中的"连……也/都"，《中国语文》第3期。
蔡维天 2004 谈"只"与"连"的形式语义，《中国语文》第2期。
崔希亮 1990 试论关联形式"连……也/都"的多重语言信息，《世界汉语教学》第3期。
刘丹青、徐烈炯 1998 话题与背景、焦点及汉语"连"字句，《中国语文》第5期。
陆俭明 2004 句式语法理论与汉语语法研究，《中国语文》第5期。
屈承熹（Chu, C.） 2003 Please, let topic and focus co-exist peacefully，《话题与焦点新论》，徐烈炯、刘丹青主编，上海：上海教育出版社。
史金生 2004 现代汉语常用虚词的语法化，中国社会科学院博士后研究工作报告。
徐烈炯 2002 汉语是话题概念结构化语言吗，《中国语文》第4期。
周小兵 1990 汉语"连"字句，《中国语文》第4期。
Croft, W. 2001. *Radical Construction Grammar*. Oxford: Oxford University Press.
Goldberg, A. E. 1995. *Constructions: A Construction Grammar Approach to Argument Structure*. Chicago: The University of Chicago Press.
Liu, D. Q. 2004. Identical topics: A more characteristic property of topic prominent languages. *Journal of Chinese Linguistics*, 32(1), 20-64.

（原载《语言教学与研究》，2005年第4期）

论元分裂式话题结构初探

零、引言

本文讨论汉语及其方言中一种特殊的话题结构。今天我们都知道，话题是现代语言学的重要概念，它对汉语这样的所谓话题优先语言来说尤其重要。然而，在汉语语法研究的很长一段时间里，话题问题并未引起足够的重视。直到 20 世纪 80 年代，国内语言学界才开始把汉语话题当作语法研究的一个对象予以关注。著名语言学家张斌（文炼）先生正是国内语言学界最早注意并重视汉语话题问题的学者之一。在由他担任语法部分主要编写者之一的《现代汉语》（胡裕树 1981）中就已增加了对主语和话题关系的探讨，文炼在另一篇文章（1991）中对话题和主语的关系又做了进一步阐述。这里谨献上这篇讨论话题现象的小文，以此庆贺张斌先生八十华诞。

本文拟讨论的这种话题结构，可以看作由适于充当宾语的受事类论元经部分话题化而形成的。部分话题化的结果是一个受事类论元被分裂成了两个句法成分，一个在谓语核心动词前充当话题（包括主语后的次话题），如例（1）中的"衬衫"；另一个在其后充当宾语，如例（1）中的"三件"：

(1) a. 衬衫他买了三件。
　　 b. 他衬衫买了三件。

在徐烈炯、刘丹青（1998）这部研究话题问题的专著中，话题分为四类：论元共指性话题、背景语域式话题、拷贝式话题和分句式话题，但是还没有注意到本文将讨论的这类话题。后来，在对同一性话题（即以前所说的"拷贝式话题"）做进一步探讨时（Liu 2004），才注意到了与之关系密切的论元分裂式话题（有时简称为"分裂式话题"）。

本文将重点探讨这种论元分裂结构的句法表现和有关成分的指称特点，并同其他话题结构包括同一性话题进行比较。初步探讨显示：1. 这种结构符合汉语话题结构的总体特点，是汉语话题结构的又一个次类；2. 这种话题结构违反了句法成分接近度的模拟性认知原则，但是符合"框架大于内容"的话题指称性原则，它的存在是汉语话题优先的类型特征的又一重要体现；3. 这种结构的存在还进一步说明话题在汉语中可以是一种语法化或句法化了的成分，它在许多南方方言中更是一种高频的甚至常规的句子结构，有更稳固的句法地位，也显示一些南方方言可能比普通话具有更强的话题优先特点。

本文的以下部分将分节表述：1. 句法表现；2. 指称特点；3. "框架大于内容"原则与接近度原则；4. 方言中的论元分裂式话题；5. 结语。

一、句法表现

先来看一些本类结构的例子。在上面的例（1a）和（1b）中，"衬衫"分别充当了主话题和次话题（关于主话题和次话题的概念及其句法地位，参阅徐烈炯、刘丹青 1998：51—79）。例（1）实际上说明，假如暂不考虑话语因素，则分裂式话题可以在主话题和次话题之间任意变换。为了方便，本节先只举做主话题的例子，读者可以由此变换出做次话题的例子。

（2）蓝衬衫他买了三件。

（3）格子衬衫他买了三件。

（4）衬衫他买了这件。

（5）衬衫他买了这三件。

且以例（1）—（5）为起点来讨论这种结构的句法表现。粗略地说，分裂式话题在意义上是谓语动词的受事论元的一部分，它们可以"回到"动词后，与"留在"动词后的部分组合为一个名词短语，充当动词的宾语，成为"正常的"动宾句。如可以与（1）和（4）分别相互变换的（6）和（7）：

（6）他买了三件衬衫。

（7）他买了这件衬衫。

其他例句依此类推。由于这种相互变换的可能性，我们把（1）—（5）中的受事性话题看作是由受事论元分裂得来的，所以把这种结构叫作"论元分裂式话题结构"。让整个受事成分前置于动词跟主语并存，这是一种话题化过程。同样地，让论元的一部分而非全部充当话题的语法程序就可以看作一种部分话题化。不过，按照徐烈炯、刘丹青（1998：58）的理解，话题化不一定意味着实际发生过"移位"（movement）之类的过程。在词库中选择一定的词语组成一个单位放在话题的位置上就可以理解为话题化。

论元的分裂遵循严格的规则。比如，对于一个带有数量短语或指量短语（下面合称"量词短语"）的宾语来说，分裂时只能是名词短语做话题而量词短语做宾语，不能倒过来，如：

（8）*三件他买了衬衫。

（9）*这件他买了衬衫。

第三节将从话题的指称规则上来解释这一限制的内在原因。

下面先具体地考察一下在论元分裂时，做话题和宾语的成分各有什么限制。

在论元分裂结构中，充当话题的成分，主要是光杆名词短语（bare NP）。光杆名词短语的含义不同于光杆名词（bare noun）。光杆名词短语指不带有指称性标记（冠词、指别词、数量词、其他量化成分等）的单个名词或名词短语，可以包括以形容词、名词、动词乃至小句为定语等的名词短语。所以，（1）中的"衬衫"是光杆名词，也属于光杆名词短语；而（2）中的"蓝衬衫"、（3）中的"格子衬衫"虽然不是光杆名词，但却是光杆名词短语，分别由形容词和名词充当定语。这样的光杆名词短语也能充当分裂结构中的话题。例（10）的话题是个更复杂的光杆名词短语，由一个关系从句（relative clause）充当定语，句子照样成立：

（10）老王从上海带来的衬衫他买了三件。

除了光杆名词短语，带有指类量词的指量短语也可以充当这类话题，如：

（11）这种衬衫他买了三件。

（12）那类角色他扮演过许多个。

指类量词在汉语中本来就具有特殊性，只有指类量词可以用在另一个量词短语后，如"三件这种衬衫""许多个这类角色"。所以例（11）、（12）也可以像其他分裂式话题一样"回到"动词后面去，如：

（13）他买了三件这种衬衫。

（14）他扮演过许多个这类角色。

分裂式话题结构，与例（15）、（16）所示的结构同属话题结构，但有所区别：

（15）这批衬衫他买了三件。

（16）这碗汤团她吃了三个。

（15）、（16）属于有"整体-部分"关系的话题结构。"这批衬衫"和"这碗汤团"的确是话题，但是它们不是由论元分裂而来的，因为它们不能"回到"动词后跟量词短语组合，我们既不能有"三件这批衬衫""三个这碗汤团"这类组合，也不能有"这批三件衬衫""这碗三个汤团"这类组合。所以（15）、（16）不属于论元分裂式话题结构。换句话说，带有非指类量词短语的成分不能充当分裂式话题。

下面再看什么单位适合充当分裂式论元中的宾语成分。

前面的例子已经显示，量词短语，包括数量短语和指量短语，都适合充当分裂式论元结构的宾语。在实际使用中，数量短语比指量短语常见得多，也自由得多。比如，当话题带指类量词时，指量短语做宾语就显得难以接受了，让分裂的论元合并更是困难。比较上举（11）、（13）

和下面的（17）、（18）：

（17）⁽ᐟ⁾这种衬衫他买了这件。

（18）*他买了这件这种衬衫。

另一方面，也不是只有量词短语才能充当这种宾语。各种"的"字短语也可以充当宾语，如：

（19）衬衫他买了蓝的。

（20）衬衫他买了格子的。

（21）衬衫他买了他从上海带来的。

这些句子中的"的"都不能省略，如（星号打在括号外表示括号内的成分不是可选成分，而是必有成分）：

（22）衬衫他买了蓝*（的）/格子*（的）/他从上海带来*（的）

此外，"的"字短语前照样可以出现量词短语，如：

（23）衬衫他买了三件蓝的/三件格子的/三件他从上海带来的。

量词短语和"的"字短语都是句法上自足而语义上不自足的名词短语，其中"的"就是一个转指性的名词短语标记（关于名词化的自指和转指，参阅朱德熙1983）。是否可以认为分裂结构的宾语必须是句法上自足的名词短语？句法上自足的名词性只是必要条件，不是充足条件。"格子"是一个名词，但是我们不能说"衬衫他买了格子"，而必须说"衬衫他买了格子的"。可见光有自足的名词性还不够，还必须有语义上的不自足性。理解量词短语和"的"字短语的意义必须补上一个实际没有出现而语义上存在的名词。对于分裂式论元来说，这个未出现的名词（空语类）就与话题有同标（co-indexed）关系，这种同标就在话题和宾语间形成了一条语义链（semantic chain），这也是论元分裂式话题得以存在的原因。假如用了意义上自足的名词如"格子"做宾语，宾语就成为独立的宾语，与话题的语义链就不复存在，话题也就难以立足。

综上所述，在一个受事类论元中，光杆名词部分总是在分裂结构中充当话题，量词短语部分（指类量词的情况除外）则总是充当宾语，而名词的其他修饰成分则既可以在话题位置充当名词的定语，成为光杆名词短语的一部分，也可以经"的"的名词化而出现在宾语位置。这样，对于"他买了三件蓝衬衫"这个及物性命题来说，汉语中就至少可以有三种表达法（考虑主话题和次话题的区别则有五种表达法）：

（24）a. 他买了三件蓝衬衫。

b. 蓝衬衫他买了三件。/ 他蓝衬衫买了三件。

c. 衬衫他买了三件蓝的。/ 他衬衫买了三件蓝的。

假如非指称性修饰语不止一个，可能出现的选择更多，比如"蓝衬衫他买了三件格子的""格子衬衫他买了三件蓝的"，等等，无须详述。

上文说话题化不一定意味着有移位之类的过程发生，另一方面又说分裂式话题的确都能"回到"宾语位置。那么，是否意味着也不妨分析为有移位发生？喜欢用移位论解释句法现象特别是话题化的学者也许会找到一些理由认为这里有移位发生。不过，需要指出，分裂式话题的移位说会遇到严峻的问题。最突出的是，分裂式话题像其他许多话题一样，可以违背"孤岛条件"（参阅徐烈炯、刘丹青 1998：44—47）。如：

（25）衬衫$_i$（一下子买三件t_i的）人不多。

（26）衬衫$_i$一下子买三件t_i最合算。

（25）、（26）中的t_i表示按移位说分析，这里是移位后留下的与话题"衬衫"同指的语迹（trace）。可是，（25）中t_i正好位于括号所示的关系从句内，而根据乔姆斯基的移位理论，关系从句是一个孤岛，即无法从中移出成分的句法位置。（26）中的t_i，位于句子形式的主语中，也是一个孤岛。移位理论本是乔姆斯基生成语法的一部分，孤岛条件是移位理论的重要组成部分。分裂式话题假如分析为移位，则无法解释对孤岛条件的明显违背。在这样的情况下用移位说来解释实在有些勉强。所以本文不取话题移位说。

二、指称特点

本节讨论这类话题结构的指称问题。先讨论话题的指称义，再讨论宾语的指称义。

分裂式话题一般由光杆名词短语充当，不能带指称标记，包括表示有定的"这"、通常表示无定特别是无定有指（specific）的"一个"、表示全量（universal quantification）的"所有"等。它能带的唯一的指称标记是指类的量词短语如"这种""那类"等。这就提示我们，这类话题的指称意义是"类指"（generic，又称通指）。对 generic 这个术语代表的指称义，语言学界的理解不尽一致，这里取的是它的一种常见的理解——指作为一个集合的类而不指类中的具体个体。也就是与英文字面上的"类指"（kind-denoting）同义。

当然，由于汉语没有冠词一类强制性的指称标记，光杆名词短语本身的确在不同的句法或话语条件下可以获得不同的指称意义，常常是类指，但也可以是有定、无定有指等。但是光杆名词短语在带有类指以外的指称意义时，都可以加上有关的指称标记使指称意义变得显豁，如：

（27）a.（这位/这些）客人来了。（有定）

b. 今天来了（一位/一些）客人。（无定有指）

而分裂式话题却不允许带上这些指称标记，可见它不能理解为类指以外的指称义。

从形式上看，光杆形式表示类指是符合语言的某种模拟性（iconic）原则的。语言单位的长度和复杂度通常与概念内涵成正比，内涵越丰富、所指对象的专门性越强，语言形式也越复杂。反之，语言形式越简短，内涵也越少，表示的概念也越概括。"人 > 工人 > 青年工人 > 中国青年工人"这个概念系列中，越往右，内涵越多，指称对象越专门，形式也越长且复杂。同其他各种指称义比起来，类指是最概括最宽泛的，所以适合用最简短的形式来表示。

在论元分裂结构中做宾语的成分有比较容易确定的指称义，它们通常带着无定有指标记（数量短语）或有定标记（指量短语），是有定的或无定有指的。假如由"的"字短语充当宾语，则仍然可以加进数量短语而不改变指称义，例如（19）"衬衫他买了蓝的"可以理解为"衬衫他买了一件/一些蓝的"，可见仍是无定有指的。

承认分裂式话题是类指的而相应的宾语是无定有指或有定的，等于承认话题和宾语有不同的指称义而不是共有一个统一的指称义。这似乎与论元分裂的说法有矛盾，因为分裂后实际的论元仍然只有一个，指称义怎么会有两个？

这个问题是可以解决的。一个论元内的两种指称义，并不是在论元分裂以后才存在的。汉语的"数量名"短语本身可以理解为由一个无定成分（"数量"部分）加一个类指名词短语（光杆名词短语）组合而成，其整体的指称义是无定。换句话说，体现整个论元指称义的是其"数量"部分而不是"名"的部分。当这个论元以整体出现在宾语位置时，只有整体的指称义得到显现。当两个部分在句子的不同位置出现时，"名"的指称义——类指，也得到了显现，而"数量"部分则作为论元整体指称意义的负载者仍然存在于宾语位置。

我们的分析可以有两方面的支持。

一方面，有其他证据显示一个无定的名词短语确实可以由一个无定成分加一个类指成分构成。前面已提到汉语允许"一件这种衬衫"这类结构，其整体指称义是无定，由无定的"一件"加类指的"这种衬衫"构成。而且类指的"这种衬衫"也能成为分裂式话题（见前面例（11）、（12））。事实上，"这种衬衫"这类结构的作用不是有定指示，而是代替一个没有说出名称的类别。只要所指的类别有合适的名称，它完全可以被类指的光杆名词短语取代，如"格子衬衫""蓝衬衫"等。同样地，对于名词，假如我们一时不能或不想说出其名称，也可以用带指类量词的短语来代替，如"一件衬衫"也不妨说成"一件这种衣服"。由此可见，一个类指的名词短语用作一个无定名词短语的一部分是完全正常的。它的类指义因为独立出现于话题这类句法位置而被显现出来也是正常的。

另一方面，由"一件"而不是传统看作中心语的"衬衫"来代表整个短语的指称义也得到现代语法理论的支持。Abany（1987）提出了现已被生成学派广泛接受的 DP 假说。该假说认为，一个带指称成分的名词性短语（如英语的 a/the tall man）实际上以指称成分（如 a/the）为核心，以此形成的短语应该叫指别词短语（Determiner

Phrase），简称 DP，而剩余的 NP（如 tall man）则是指称成分的补足语（complement）。整个 DP 的指称义取决于 DP 的核心即那个指别词。当名词前有数量成分、量化词（如"所有""一些"）等时，数量成分、量化成分充当整个短语的核心，后面的名词短语是这个核心的补足语。虽然我们不一定非要在句法意义上全盘接受 DP 假说，但从指称义角度看，由名词前的这些指称性成分而不是名词代表整个短语的指称义却是完全合理的。

以上分析主要以"数量名短语"为例。当分裂式话题结构涉及"指量名"短语或"的"字短语时，也可以做同样的分析。当然，汉语似乎不能像说"三件这种衬衫"那样说"这件这种衬衫"，但可以推测这种限制是由其他原则如避免拗口原则之类造成的。从语义上看，既然"格子衬衫"可以用"这种衬衫"来指代，那么"这件格子衬衫"应该也可以说成"这件这种衬衫"。

三、"框架大于内容"原则与接近度原则

分裂式话题结构的句法规则（光杆名词短语在前而量词短语在后）和指称特点（话题为类指而宾语为有定或无定有指）不是偶然的，背后有着普遍性的认知原则在起作用。这要从话题的框架性说起。

最早提出"汉语式话题"概念的 Chafe（1976）指出，在汉语一类语言中，话题和述题之间的关系可以很松散，话题可以仅仅是为述题提供"时间、空间或个体方面的框架"。Gasde（1999）进一步提出，人类语言中的话题有两大类型。一个是 aboutness topic，可译为"关涉话题"，它通常由一个论元成分充当，是句子内容围绕的中心；另一类是 framer-setting topics，即"框架设置话题"，它通常由时地背景、个体背景、条件从句等成分充当。我在此基础上再提出，框架设置话题都遵循一条认知原则："框架大于内容"原则（the Principle of Frame Being Bigger，简称 PFBB，详见 Liu 2004）。框架只有大于其所框住的内容，

才称其为框架。对于话题来说，所谓"大于"，就是所指的对象比述题或述题中的相关成分更为概括，更为宽泛。时间、地点是最常见的框架性话题，时间、空间是一切物质运动的存在形式，比表示事件或其他命题的述题内容当然更"大"。所谓个体方面的背景，往往表现为话题跟述题中的相关成分存在语义链的情况。这时，话题和述题中的相关成分总是存在一种不可逆的"大于"关系。实际上徐烈炯、刘丹青（1998）虽然没有明确提出这条"大于"原则，但是已经注意到话题结构中普遍存在的这种不可逆关系。下面是该书68—75页所举的体现这种不可逆"大于"关系的例子（序号据本文重排）：

(28) a. <u>水果</u>，我最喜欢<u>苹果</u>。

　　　b. *<u>苹果</u>，我最喜欢<u>水果</u>。

(29) a. <u>火车上</u>，乘客可以<u>在餐车</u>吃饭。

　　　b. *<u>餐车里</u>，乘客可以<u>在火车上</u>吃饭。

(30) a. <u>明天下午</u>，我<u>三点钟</u>在办公室等你。

　　　b. *<u>三点钟</u>，我<u>明天下午</u>在办公室等你。

(31) a. 他<u>烧菜</u>不过<u>炒鸡蛋、煮白菜</u>而已。

　　　b. *他<u>炒鸡蛋、煮白菜</u>不过<u>烧菜</u>而已。

(32) a. 小张会<u>骗人</u>，我想他只好<u>骗骗老婆</u>。

　　　b. *小张会<u>骗老婆</u>，我想他只好<u>骗骗人</u>。

(28)—(32)每句的画线词语之间都形成了一条语义链，前面是框架性话题，后面是述题中的一部分。其中只有前大后小（如"水果……苹果"）的例子是成立的，而前小后大（如"苹果……水果"）的例子都不成立。

　　回到分裂式话题结构。前面的分析说明，分裂式话题总是类指性的成分，而相应的宾语作为语义链的另一端则是无定有指或有定的。换言之，话题指向类（集合），而宾语指向类中的具体成员。这完全符合"框架大于内容"原则。另一方面，量词短语做话题而光杆名词短语做宾语的句子之所以不能成立（见例(8)、(9)），就因为它违背了框架原则。

　　"大于"关系除了概括、宽泛以外，也可以是整体对部分这一类关系。不妨再举前面的例（15）、（16），这里再补上不合法的变换形式：

（33）a. 这批衬衫他买了三件。（=15）

　　　b. *三件衬衫他买了这批。

（34）a. 这碗汤团她吃了三个。（=16）

　　　b. *三个汤团她吃了这碗。

前面已指出这两例不是论元分裂式话题结构，但它们也是框架性话题结构，其话题和述题的语义链存在不可逆的整体-部分关系，整体大于部分，所以完全符合框架原则。

　　分裂式话题结构虽然符合框架认知原则，但是从另一个角度讲，它又违背了一条重要的语言模拟性原则，即"成分接近度"原则。这条原则要求句法和语义上越相近的成分在句法结构中的位置也越靠近。大量研究证明这条原则在语法的各种层次都起作用，从句子、短语到构词法和构形形态（Croft 1990：174—183）。充当分裂式话题的光杆名词短语和充当宾语的数量短语属于同一论元内部的成分，关系是最为紧密的，其紧密程度远远超过它们跟谓语动词的关系，但论元分裂结构却使这两个最应紧密组合的单位遥遥相隔。因此，从语言共性看论元分裂式话题结构应该是一种不太可取的结构。的确，在语言分布上，论元分裂式话题比起整个受事论元的话题化来要少见得多，后者几乎在各种语言里都能见到。这种分布的不对称，显然与前者违背了接近度原则有关。然而，这种结构在汉语里不但存在，而且并不显得很特别，在许多南方方言中甚至是优势模式，个中缘由值得探讨。

　　人类语言存在决定或影响其组合关系的不同原则，其中部分原则在某些结构上可能还会发生竞争关系。例如经济性原则和模拟性原则有时就有矛盾。"老王帮助了一位失学儿童，老李也帮助了一位失学儿童"假如说的是两件事，是符合模拟性原则的——一个事件用一个小句表示。假如"老王"的事情在前，这一句更符合模拟性原则——语言顺序与时间顺序一致，但是这一句显然不符合经济原则，我们可以说"老王和老李分别帮助了一位失学儿童"，获得了更好的经济性但损失了一定的模拟性。

用不同的原则来解释同一范畴的语言现象时，如果不注意一定的方法，可能会导致"永远有理"、无法证伪的情况，如 A 现象符合 A 原则，B 现象符合 B 原则，什么都能解释等于什么也没解释。这是语言研究中应当避免的。事实上可以找到证伪的方法来避免这种情况。真正相互竞争的有效原则之间会在语言分布中呈现如下格局：同时符合两条原则的语言现象最常见，符合其中一条而违背另一条的现象也可以存在，而同时违背两条原则的现象应当不存在或极为罕见。假如同时违背两条原则的现象也很常见，就证明所谓的原则有问题。

用这个方法来看分裂式话题，问题就比较清楚。整个受事论元做宾语的现象符合接近度原则，也没有违背话题的框架原则（可能句子完全不存在框架性话题，谈不到违背）。这种结构在各种语言中是最常见的。分裂式话题违背了接近度原则，但符合话题的框架原则，所以在部分语言中存在。而（8）、（9）这样的例句，既违背接近度原则，又违背话题框架原则，所以完全被语言排斥。这说明，本节所讨论的两条语言认知原则，应该都是有效的原则。

比较起来，接近度原则是更为概括，可能也是更为基本的原则。因为，只要涉及语言单位的组合，都有接近度问题，都会受到接近度原则的制约。而话题的框架原则却不同，许多句子完全没有框架性话题，也就没有框架原则的用武之地。因此，接近度原则是普遍性的大原则，而话题的框架原则是局部性的小原则。假如汉语让整个受事论元"规规矩矩地"待在宾语位置，也就不存在框架原则的用武之地了。为什么汉语会以违背接近度原则为代价而"人为"制造一个框架性话题？根本原因在于汉语是一种话题优先的语言，话题是高度语法化或者说句法化的成分。说汉语的人不但倾向于让有定的单位充当关涉性话题，而且倾向于让类指性的单位充当框架性话题。一个有定或无定的单位虽然本身不是类指的，但分析显示它们内部包含了一个类指的光杆名词短语，这就为汉语使用者将其提升为框架式话题准备了句法和指称方面的条件，分裂式话题就是这种可能性的实现。

以牺牲大原则为代价构造框架性话题不独发生在分裂式话题上。同一性话题曾被我们称作拷贝式话题,见徐烈炯、刘丹青 1998,刘丹青、徐烈炯 1998a,Liu 2004)是以牺牲经济性原则为代价来构成框架性话题的,如:

(35)<u>钱</u>他没有多少钱,<u>本事</u>他又没有任何本事。

(36)你<u>吃</u>也吃了,<u>玩</u>也玩了,该歇歇了。

两例中横线标出的话题与述题中的一个部分同形,去掉话题也不影响句子的命题意义即句子的真值条件。这种话题明显违背语言的经济原则。其存在再次说明汉语使用者对话题结构的"偏爱"。有意思的是,同一性话题也是符合话题的框架原则的,因为做同一性话题的单位通常是光杆名词短语(没有指称标记)和光杆动词短语(没有时体标记),属于更加"大"(概括、宽泛)的类指 / 无界成分。

在普通话中,不管是分裂式话题还是同一性话题,还都是某种较为特殊的结构,通常需要在某种特殊的话语环境的激发下为满足特定的交际功能而说出。在某些南方方言中,这两种结构要平常一些,普通一些。关于同一性话题,详见上引有关文献的讨论。下面我们将展示一下分裂式话题在南方一些方言中的活跃程度。

四、方言中的论元分裂式话题

先从吴语的代表方言苏州话、上海话说起,然后再讨论分裂式话题可能更加发达的其他南方方言。

在许多方面,上海话等北部吴语都表现出比普通话或者官话更加明显的话题优先的特征(详见徐烈炯、刘丹青 1998:286—290)。从分裂式话题看,情况也是如此。虽然分裂式话题结构在吴语中也不比一般的动宾语序常见,但的确显得比普通话或其他官话要自然和常见一些。由于差别主要在于自然度和常见度的问题,所以下面尽量采用客观材料而不用我们自拟的例句。

先看吴语的传统代表方言苏州话。我们抽查了电子版《海上花列传》。该书是以官话写叙述语言、以苏州话写人物对话的著名晚清长篇小说，所以口语部分与今天的苏州话仍基本相同，但语句形式比今天的苏州话少一些变化。尽管不像实际口语那么活泼多变，分裂式话题似乎比今天的实际语言少，但我们还是发现了一些这类结构。下面各例只有（42）是包含在叙述语言中的苏州口语，其他都是对话中的例子。例句中的画线部分是分裂的论元，需要时在单引号中用普通话按原语序译出全句或有关的小句。

（37）匡二也笑道："四老爷，耐看俚阿好嘎？门前一路头发末才咎光个哉，嘴里<u>牙齿</u>也剩勿多<u>几个</u>，连面孔才咽仔进去哉。"（15回）

（38）俚屋里<u>大小老婆</u>倒有<u>好几个</u>来浪。（18回）'他家里大小老婆倒有好几个呢。'

（39）漱芳道："无啥，教俚<u>酒</u>少吃<u>点</u>，吃好仔就来。"（20回）'叫他酒少喝点。'

（40）善卿见是银水烟筒，又见妆台上一连排着五只水烟筒，都是银的，不禁诧异道："<u>双玉个银水烟筒</u>有<u>几花</u>嘎？"（24回）'双玉的银水烟筒有多少啊？'

（41）秀英道："耐伤风末，<u>酒</u>少吃<u>点</u>罢。"（31回）

（42）（丽娟看浣芳当真水汪汪含着一泡眼泪，不曾哭出，忙换笑脸，挈浣芳的手过自己身边，问其）年纪几岁，啥人教个曲子，<u>大曲</u>教仔<u>几只</u>？（一顿搭讪）（43回）'大曲教了几只？'

（43）王老爷，难<u>酒</u>少吃<u>点</u>。（57回）'现在酒少喝点吧。'

以上例句说明吴语中分裂式话题结构同样符合框架式话题的指称原则。此外，在很大程度上也体现了这种结构出现的主要语法条件：较强调数量成分而不是受事名词的句子较容易用分裂式话题结构，因为句末位置在汉语中是自然焦点的位置（刘丹青、徐烈炯1998b），分裂式话题结构把这个位置留给数量单位，当然更利于强调数量成分。以上例句显然都以数量成分为强调单位，其中陈述句（37）、（38）和祈使句（39）、（41）、（43）都出现了"勿多""好几个""少"等强调数量的词语，而疑问句（40）、（42）都以数量成分为疑问对象。酒席上，北方人劝客人

"多喝点酒，多吃点菜"，吴语中常说"酒多吃点，菜多吃点"，因为需要强调数量。这种格式也进入了俗语。苏州以南的吴江话形容吃饭不管事的人是"饭吃三碗，闲事勿管"，其中"三碗"也是形容吃饭之多。表示存在、拥有的动词常用在强调数量的句子中，这类句子也较容易取分裂式话题结构，如（37）的"剩"、（38）的"有"。当然，假如留在宾语位置的成分是指量短语或"的"字短语，则强调的就是这些单位所表示的内容。不过，以上例句正好反映了一个事实，尽管在分裂结构中做宾语的成分也可以是指量短语、"的"字短语，但最常见的还是数量单位。

下面再看当代最有影响的吴语——上海话中的一些例子。材料取自香港城市大学"上海话语料库"，下面的例句出自电台播出的上海方言小品和上海话随意交谈录音材料，出处代码是该语料库内的编号。

（44）我刚刚调到店里来勿长远咊，一个号头<u>奖金</u>拿到<u>一百块</u>末，啊。（bc0005av）'一个月奖金拿到一百块呢。'

（45）我搿个号头<u>奖金</u>就拿着<u>一百块</u>，派啥用场呢？（bc0005av）'我这个月奖金就拿到一百块。'

（46）就是讲大世界<u>年数</u>有得<u>七八十年</u>勒。（iw0013av）

（47）上海人现在<u>钞票</u>也赚了<u>蛮多</u>个，对哦？（iw0022av）

（48）假使讲像老早大家<u>工钿</u>只有<u>几十块洋钿</u>，啥地方有钞票去捐拨人家。（iw0022av）'假如像早先大家工资只有几十块钱，哪儿有钱去捐给人家。'

（49）要灯心小一眼，革末，搿能样子末<u>油</u>可以省<u>一眼</u>咊。（iw0009av）'要灯心小一点，那么，这样做么油可以省一些啦。'

（50）迭个是当时辰光个理想啊。<u>花</u>要收<u>三担</u>，稻六石，小麦十二石。（iw0009av）'棉花要收三担。'

（51）好像迭个<u>稻</u>可以<u>多收点</u>啦。（iw0009av）'好像这稻子可以多收点啦。'

看来上海话分裂式话题的出现条件和表达功能与苏州话是完全一致的。有一点可以提一下。在前举苏州话的例子中，施事主语基本未出现，因此难以看出话题和主语的位置关系。而以上上海话例句多数有施事主语，这时分裂式话题都在主语之后，即次话题的位置。这正反映了上海话次话题发达的类型特点（参阅徐烈炯、刘丹青 1998：253），其实这也是整个北部吴语乃至许多南方方言的特点。另外，次话题的位置也使话题与宾语的距离不像主话题与宾语之间那么远，这至少减小了违背接近度原则的程度。

分裂式话题结构在宁波话中可能是一种更普通、语法化程度更高的结构。下面 6 例，取自我自己的田野调查录音。值得注意的是，我给发音人看的是普通动宾语序的调查例句，而且没有特别强调数量意义，照例最容易得到动宾语序的方言例句，但发音人说出的却是分裂结构，可见宁波话对分裂结构的喜好：

（52）〈普〉你要带一些钱在身上。~〈宁波〉尔啦，身边啦，<u>钞票</u>要带<u>眼</u>堆。'你呀，身边呐，钱要带一些呢。'

（53）〈普〉我买了一些桌子和凳子。~〈宁波〉我<u>桌凳</u>也买<u>眼</u>，<u>矮凳</u>也买<u>眼</u>。

（54）〈普〉你还是带把伞，省得淋了雨感冒。~〈宁波〉尔啦还是<u>伞</u>带<u>把</u>去咪，省得雨淋啦要感冒伤风起个。

（55）〈普〉昨天被黄鼠狼偷了三只鸡。~〈宁波〉昨么子黄鼠狼<u>鸡</u>偷去<u>三只</u>啦。

（56）〈普〉姐姐给他打了两件毛衣。~〈宁波〉阿姐<u>毛线衫</u>搭其结<u>两件</u>。

（57）〈普〉倒一杯茶我喝喝。~〈宁波〉<u>茶</u>倒<u>杯</u>拨我吃吃。

宁波话与苏沪吴语同属吴语太湖片，只是位置要往南数百里。而分裂结构看来也的确有越往南越发达的特点。在描写东南方言语法的若干论文中，我们都看到了对这种结构的描写，作者们（大多以所描写方言为母语）往往把这种结构的发达看作所涉方言在语法上区别于普通话的特点：

（58）〈金华汤溪〉（属吴语婺州片，在吴语区中西部。采自曹志耘 1997：44）

a. 笔递支我。

b. 尔碗借两个我用用。

c. 我糖分两块尔吃吃。'我糖给你几块吃吃。'

(59)〈温州〉（属吴语瓯江片，在吴语区南端）

a. 饭吃爻一碗。'饭吃了一碗。'（采自郑张尚芳1996：59）

b. 衣裳洗爻一桶。（出处同上）

c. 米籴三十斤。（采自潘悟云1997：67）

(60)〈福州〉（属闽东方言）

a. 衣裳换吼蜀件又蜀件。'衣服换了一件又一件。'（采自郑懿德1996：197）

b. 伊当当新摩托车骑蜀架。'他崭新的摩托车骑一辆。'（采自陈泽平1997：115）

c. 经理红红领带缚蜀条。（出处同上）

d. 我保姆请蜀只照顾老侬。'我保姆请一个照顾老人。'（出处同上）

e. 侬爸笔乞我蜀把。'爸爸笔给我一支。'（采自陈泽平1997：118）

f. 我书送小李几本。（出处同上）

g. 厂礼摩托车发乞伊蜀架。'厂里摩托车发给他一辆。'（出处同上）

(61)〈泉州〉（属闽南方言）（均采自李如龙1997：127—133）

a. 菜园开一块嘞门口。'菜园开一块在门口。'

b. 羊毛衫刺一领着一礼拜。'羊毛衫织一件要一星期。'

c. 册提一本我看嘞。'书拿一本我看看。'

d. 伊册送我几落本。'他书送我好几本。'

e. 伊牛牵一只来唠。'他牛牵一头来了。'

(62)〈连城〉（属闽西客家话）（均采自项梦冰1997：179，189）

a. 饭食碗添。'饭吃碗再。'

b. 糯米买一百斤来添蒸酒。

跟北部吴语一样，当分裂式话题出现在有施事主语的句中时，通常占据次话题的位置。用国内结构主义分析法的话说，就是充当"主谓谓语句的小主语"。可见这些方言也都属于次话题发达的类型。假如将这些例句照原结构译成普通话，有的可以说，如（59a）、（60a），很多可以说但不常见或不太自然，有的则完全不能说，如（58a），其中单由一个量词充当宾语的情况在普通话中是不容许的，类似的有（62a）（即使不考虑后置状语"添"的情况）。而这些例句在所在方言中都是很自然的句子，甚至是比普通的动宾语序更自然、更常见的句子。比如，潘悟云先生告知，在以温州话为代表的瓯江片吴语中，带完成体标记"爻"[ɦuɔ]的句子，虽然也可以有"渠吃爻一碗饭"（他吃了一碗饭）这种说法，但"渠饭吃一碗爻"却是最自然、最常见的结构。陈泽平（1997：114）指出，在福州话中，"以受事小句做谓语的主谓谓语句（刘按：包括本文所说的分裂式话题做次话题的结构，如（60）诸例）构成不受'周遍性'的条件限制，使用频率也很高。这种句式的特点甚至顽强地表现在福州人说的普通话中。"李如龙（1997：126）也指出，"泉州话的受事成分在许多情况下都可以灵活地前置于主谓之间或句首。不同的语序所表示的语义重点有一定的差别，但并不十分明显。"它所说的受事前置，也包括本文所说的分裂结构，如（61）诸例。而且请注意，他把"前置于主谓之间"放在"句首"之前，他提供的分裂式话题与主语同现的例子也都是次话题结构。可见次话题发达至少是吴语和闽语的共同特点，而且越往南越发达。在这些方言中，分裂式话题结构已不是一种特殊的语用变化，而是一种相当常规的句法结构，已经在很大程度上句法化了。这也是我们要重视对它的研究的重要理由。不过，根据我们的了解和感觉，更南方的粤语，分裂式话题和次话题似乎都不算发达，至少不像吴语和闽语那么发达。其他南方方言的情况则还有待调查。

五、结语

在话题优先的语言中，话题化的作用范围很广，话题结构的种类也多种多样，而且句法化的程度较高，甚至可能成为语言中的常规结构。汉语论元分裂式话题结构就是由适合做宾语的受事类论元经过部分话题化而形成的，它从又一个角度体现了汉语话题优先的类型特征。

分裂式话题总是由光杆名词短语或指类的"指量名"短语充当，不能带其他数量词语、指别词语等指称性成分。光杆名词短语和指类别的"指量名"短语都具有类指（generic）的指称义，而分裂结构中的宾语则总是由无定有指（specific）或有定（definite）成分充当。这种指称关系使分裂式话题结构像其他框架式话题结构一样符合"框架大于内容"这一条认知原则。借助分裂结构，我们也发现，汉语的"数量名"/"指量名"短语都可以分析为由一个表有指/有定的数量/指量短语加一个表类指的光杆名词短语构成。

分裂式话题结构违背了语言单位的接近度原则，所以它难以成为在所有语言中广泛存在的结构。只有在话题优先的语言中，分裂式话题结构才可能以违背接近度原则为代价而存在。不过在分裂式结构发达的方言中，分裂式话题往往用在施事主语之后即次话题的位置，或者用在施事主语根本不出现的句子中，使分裂的论元两端不至于相距过远。这减小了违背接近度原则的程度。

分裂式话题有其特有的话语信息功能，最明显的是让留在宾语位置的成分（特别是数量单位）而不是受事名词本身成为句子的自然焦点。但是，在吴语（尤其是南部吴语）和闽语中，分裂式话题结构已成为一种相当常规而自然的句式，不需要很强的语用动因也大量出现，甚至超过普通的动宾语序结构。这显示在这些方言中，分裂式话题已经是一种高度句法化的成分，而不仅是一种临时的语用安排的产物。这再次说明在话题优先语言的语法学体系中设置话题这一句法成分的必要性。

参考文献

曹志耘　1997　金华汤溪方言的动词谓语句，《动词谓语句》，李如龙、张双庆主编，广州：暨南大学出版社。

陈泽平　1997　福州方言的动词谓语句，《动词谓语句》，李如龙、张双庆主编，广州：暨南大学出版社。

胡裕树（主编） 1981 《现代汉语》（增订本），上海：上海教育出版社。

李如龙 1997 泉州方言的动词谓语句，《动词谓语句》，李如龙、张双庆主编，广州：暨南大学出版社。

刘丹青、徐烈炯 1998a 普通话与上海话中的拷贝式话题结构，《语言教学与研究》第2期。

刘丹青、徐烈炯 1998b 焦点与背景、话题及汉语"连"字句，《中国语文》第4期。

潘悟云 1997 温州方言的动词谓语句，《动词谓语句》，李如龙、张双庆主编，广州：暨南大学出版社。

文炼 1991 与语言符号有关的几个问题——兼论语法分析中的三个平面，《中国语文》第2期。

项梦冰 1997 连城方言的动词谓语句，《动词谓语句》，李如龙、张双庆主编，广州：暨南大学出版社。

徐烈炯、刘丹青 1998 《话题的结构与功能》，上海：上海教育出版社。

郑懿德 1996 福州方言时体系统概略，《汉语方言体貌论文集》，胡明扬主编，南京：江苏教育出版社。

郑张尚芳 1996 温州话相当于"着"、"了"的动态接尾助词及其他，《汉语方言体貌论文集》，胡明扬主编，南京：江苏教育出版社。

朱德熙 1983 自指和转指，《方言》第1期。

Abany, S. P. 1987. *The English noun phrase in its sentential aspect* (Unpublished doctoral dissertation). Cambridge: M.I.T. Press.

Chafe, W. 1976. Givenness, contrastiveness, definiteness, subjects, topics and point of view. In C. N. Li (Ed.), *Subject and Topic*. New York: Academic Press.

Croft, W. 1990. *Typology and Universals*. Cambridge: Cambridge University Press.

Gasde, H.-D. 1999. Are there "Topic-Prominence" and "Subject-Prominence" along the lines of Li & Thompson (1976). Paper presented at the Workshop of Adding and Omitting, University of Konstanz.

Liu, D. Q. 2004. Identical topics: A more characteristic property of topic prominent languages. *Journal of Chinese Linguistics*, 32(1), 20-64.

（原载《面向二十一世纪语言问题再认识——庆祝张斌先生从教五十周年暨八十华诞》，上海教育出版社，2001年）

Identical Topics: A More Characteristic Property of Topic Prominent Languages[*]

1. Introduction

1.1 Introductory Remarks

An identical topic (IT henceforth) is a topic which is fully or partially identical to a corresponding element (CE henceforth) located in the following part of the clause.

As a topic type, IT can be attested in every Chinese variety and many (all?) Tibeto-Burman languages, though the phenomena in question have been poorly documented and have scarcely been studied under a unified category. IT seems to be a better candidate to characterize topic prominent languages than many other topic types including the non-gap topic, which has long been called "Chinese style topic" since Chafe (1976) and has been viewed as a major characteristic of topic prominent languages (e. g., Li & Thompson 1976; Xu & Langendoen 1985; Gasde 1998). Studies of IT structure may be necessary to obtain a clearer and more complete picture of

---

[*] An earlier version of this paper was written during my stay at the Zentrum für Allgeneine Sprachwissenschaft (ZAS) in Berlin in 1999. I am grateful to ZAS for its invitation and especially to Dr. H-D. Gasde for his arrangements for my visit and his helpful comments on the draft of this paper. I also thank Prof. Xu Liejiong, Dr. Bingfu Lu, Dr. Niina Zhang and an anonymous reviewer for their insightful comments and helpful suggestions. All the remaining faults are mine, though.

topic structure in general. It may also help make sure the very existence of topic prominent languages as a language type. As far as I know, Wu dialects of Chinese, including Shanghainese, are the ones which have the richest IT types and the greatest text frequency of IT. Therefore, this study will be based on both Mandarin and Shanghainese data.

This paper will follow the framework for topic structure developed in Xu & Liu (1998), according to which, a topic in topic prominent languages could be not only a discourse element, but also a basic syntactic function; topics can occur at various syntactic levels including the pre-subjective position (main topics), the position between the subject and the predicate (subtopics), and even a still lower position (sub-subtopics). At least four major types of topics can be specified: argument co-indexed topics (gap topics), background-frame topics (nongap topics), copying topics (now re-termed as identical topics) and clausal topics (mostly conditionals), all of which are often syntactically encoded in similar manner, e. g. followed by the same set of topic markers.

In Xu & Liu (1998: 141-157), and Liu & Xu (1998b), we have offered a preliminary description of so-called copying topic structure in Mandarin and Shanghainese. This paper will be a further exploration. I will discuss IT structure in terms of syntax, semantics and discourse functions in turn, especially the semantic relations between IT and argument structure, and the referential properties of IT. I will attempt to show that IT is a semantically empty element, different from any other topic types. On the other hand, IT prefers unbounded elements, such as generic NPs or aspectless VPs. This characteristic relates IT closely to other frame-setting topics (using the term of Gasde 1999). As a more general proposal, we will argue that frame-setting topics, especially some types of them like IT, prefer generic elements, while aboutness topics (Gasde's term) prefer definite ones, because there is a principle we called the **Principle of Frame Being Bigger (PFBB)**, and generic

NPs are "bigger" than specific or definite ones in terms of its referents.

What comes next will be a discussion of the significance of IT structure in syntax and subject-topic typology. IT seems to be the least likely to have counterparts in subject prominent languages such as English. I will show that Chinese not only tends to have definite arguments serving as aboutness topics, but also tends to have generic elements appearing as frame-setting topics. The latter tendency is stronger in southern dialects than in Mandarin. Chinese even has two strategies to "create" a frame from inside the argument structure. One is to "split" an objective NP into two parts, letting a bare NP serve as a generic topic while leaving the rest of the argument behind the predicate to serve as a specific or definite object. The other is to coin a nominal or verbal identical topic to serve as a frame-setting topic. These strategies are not expected to be attested in non-topic-prominent languages.

1.2 Identical Topics Exemplified

Let me first introduce some Mandarin and Shanghainese sentences containing IT. (1) to (9) are part of the examples in Xu & Liu (1998). I will use "(S)" to stand for Shanghainese and leave Mandarin unmarked throughout the paper. To save space, the corresponding element will be glossed as CE[1].

(1) ***Xingxing*** *hai shi na ge **xingxing**, **yueliang** hai shi na ge **yueliang**.*
star   still be that Cl CE   moon   still be that Cl CE
'As for star, it remains that star; as for the moon, it remains that moon.'

(2) *Ta **zhuren** dao   ye shi **zhuren**, danshi...*
he head   unexpectedly also be CE   but
'As for head, he is indeed a head unexpectedly, but...'

(3) *Ta erzi **congming** dao   ting **congming**, jiushi tai cuxin.*
he son smart   unexpectedly quite CE   but   too careless

'Talking about smart, his son is smart unexpectedly indeed, but is too careless.'

(4) ***Qu** jiu **qu**.*
    go just CE
   'Talk about going? It's fine to go.'

(5) (S) ***Phingdeu**-meq²   phingdeu leqweq, kong sageq bang'iou.*
        illegal-spouse-Top CE   Ptc   say   what friend
   'He is in fact an illegal spouse, how can you call him a friend.'

(6) (S) ***Sy**-meq   sy jingtsang, **die**-meq   die jingtsang.*
        water-Top CE insufficient electricity-Top CE insufficient
   'As for water, it is insufficient; as for electricity, the same is true.'

(7) (S) ***Befaq**   tsung   you **befaq** ho xiang geq.*
        solution eventually have CE   can think Ptc
   'As for solution, (we) will eventually be able to find a one.'

(8) (S) ***Lo-Wong** **niqxing**-zy   tsengge **niqxing** geq.*
        Old-Wang warm-hearted-Top really CE   Ptc
   'L. W. is really keen in helping others.'

(9) (S) ***Khosi jiqsuq**-a   **jiqsuq**-leq.*
        Exam end-Top/also CE-Perf
   'Exams have / had been over.'

Given IT is really a topic, we can see from the above examples that IT can be a main topic (1, 4, 5, 6, 7) or a subtopic (2, 3, 8, 9). CE can serve as either arguments or predicates.

IT exists in Old and Middle Chinese (cf. notes 4 and 6 in Xu & Liu 1998: 159), Mandarin, probably all Chinese dialects as well as in many Tibeto-Burman languages. Here I add a Middle Chinese example (10) from *You Xianku* 'A Tour in the Wonderful Cave', and an old Wu example (11) from *San Xiao* 'Three Smiles', a dialectal novel about 300 years ago. To demonstrate the wide distribution of IT in Tibeto-Burmans, I give (12-13) for Jingpo (provided by Prof. Dai Qingxia, p.

c.), (14-15) for Karen (Dai *et al.* 1991) and (16-17) for Tibetan (Lhasa speech, Wang 1994) respectively:

(10) **Hao** shi ta jia **hao, ren** fei zhuoyi **ren**.
good be he home CE person be-not desired CE
'As for being good, his family is really good; as for person (himself), this man is not the right one.'

(11) (Wu) **Qiqdjuq** suqsing **qiqdjiuq**, khungdjuq suqsing
Eat directly CE sleep directly
khungdjuq, nang-leq vene jia.
CE why difficult Ptc
'(You) may choose either to eat or to sleep. Why is it so difficult (to decide)?'

(12) (Jingpo) **pum**^{31} ko^{31} wo^{55} ʒa^{31} **pum**^{31} ʃe^{31} ʒe^{51}.
mountain Top that CE only be
'As for maintain, it remains that maintain.'

(13) (Jingpo) shi^{33} po^{31}luŋ^{55} **ka**^{31}**jat**^{31} ai^{33} ko^{31} kʒai^{31} tʃe^{33} **ka**^{31}**jat**^{31} ai^{33}
He ball play Top Ptc very can CE Ptc
'He plays ball very well.'

(14) (karen) **bɔ**^{31} dɛʔ^{55} **bɔ**^{31}, **wa**^{55} dɛʔ^{55} **wa**^{55}
fat also CE white also CE
'(somebody) is fat, also white.'

(15) (Karen) ɔ^{31} lɛ^{55} ɔ^{31} li^{55}
eat enough CE TAM
'As for eating, (somebody) has done it enough.'

(16) (Tibetan) **nøʔ**^{11} ni^{53} **nøʔ**^{11} tsʻa:^{55} pare
buy Top CE finish TAM
'As for buying, (somebody) has done it.'

(17) (Tibetan) **loʔ**^{53} ta^{53} **loʔ**^{51} pare
read Top CE TAM
'As for reading, (somebody) has done it indeed.'

1.3 The Status of IT as a Topic Type

At the first glance, ITs in the examples above appear to vary in terms of syntactic functions and semantic roles. Why should we uniformly treat them as topics? Tsao (1987) has virtually answered this question in part, though his concerns are limited to what is known as "the verb-copying construction" as exemplified in (18):

(18) *Ta kan-shu   kan-le   san-ge zhongtou.*
     he read-book read-ASP three-Cl hour
     'He read (books) for three hours.'

According to Xu & Liu (1998), the first VP in (18) exemplifies a subtype of IT. Let me cite a couple of Taso's arguments for its status as a "secondary topic": 1. The first VP in "verb-copying construction" cannot take any aspect marker, and its object is typically non-referential; that makes the VP as a whole (deverbalized into an NP here, according to Tsao) a generic NP. 2. They can all be promoted to be the "primary topic". His observations in fact apply to IT in general. In addition, IT and other topic types share the same set of topic markers; and topic sensitive operators are also sensitive to IT (see details in section 2). These facts seem to suffice to treat IT as a kind of topic.

2. The Syntactic Categories and Morphological Features of IT

2.1 The Syntactic Categories of IT: Neutralization between NP and VP

IT can be an NP as in (1, 2, 5, 6, 7) above or a VP including AP as in (3,

4, 8, 9,), but cannot be an AdvP. For instance:

(19) (S) *I   ganggang-meq ganggang veq qi, (*muozang-meq*
         he before-Top   CE   not go   at-once-Top
   muozang veq qi), exiq-meq   exiq veq qi.
   CE   not go later-time-Top CE   not go
   'He didn't go before. Nor will he go at once or later.'

ganggang 'a short time ago', *muozang* 'at once' and *exiq* 'a later time' in (19) are all temporal adjuncts, but only *muozang* is ruled out here because it is an adverb instead of a noun. This limitation on word classes is consistent with the general situation of Chinese topics (cf. Xu & Liu 1998: 108-111).

Interesting enough is that in the IT position, the differences between NPs and VPs are basically neutralized. So we can easily compose a parallelism usually required to be structurally harmonic, with one clause containing a nominal IT and the other a verbal one. (10) above is a good example in middle Chinese in this respect. Also consider Shanghainese sentences (20) and (21):

(20) (S) *I die'ing-meq die'ing veq hoexi,*
         he movies-Top CE   not like
   tsaq ziangdji-meq   tsaq ziandji veq hoexi.
   play Chinese-chess-Top CE   not like
   'He doesn't like movies. Nor does he like playing Chinese chess.'

(21) (S) *Geq dio djungtsy liotsuq-meq liotsuq me   ho,*
         this Cl skirt   fabric-Top CE   quite good
   phioliang-meq a   me   phioliang.
   pretty-Top   also quite CE
   'This skirt is made of good fabric and looks quite pretty.'

In fact, we can also freely replace the NP *die'ing* 'movies' with a VP *khoe die'ing* 'watch movies' or replace the VP *tsaq ziangdji* 'play

Chinese chess' with the NP *ziangdji* 'Chinese chess' in (20) without the cost of semantic and pragmatic alternation.

I shall explain the neutralization in 4.4.

2.2 Marking of IT: Pauses, Topic Markers and Topic-Sensitive Operators

Every IT can be followed by an optional pause, like the other topic types, as shown in the above examples of IT. Pause can no doubt serve some discourse functions. As syntactic means, however, pause is only in a low degree of grammaticalization. In Chinese, IT does not always rely on pause. It means that IT is not just a pragmatic constituent, but has obtained a sort of syntactic status as well. In other words, IT has been highly grammaticalized or syntacticized.

Compared with pause, topic markers are more grammatical means. They are function morphemes following topics. If a topic introduced by a topic marker needs not to be followed by a pause, then this kind of marking should be more grammaticalized than those that are always accompanied by a pause. IT is often marked with a topic marker, as in (5-6) and (8-9), all of which are also used for other topic types. In addition, topic markers attached to IT do not need to be followed by a pause, as shown in (5), (6), (8) and (9). It again verifies the syntactic nature of IT.

Besides topic markers, topic sensitive operators (TSO) play crucial roles in IT structure. TSO can be regarded as a kind of indirect marker for topics in terms of their close connection with topics, especially IT. Before proceeding with IT, let us take a brief look at TSO in Chinese.

TSOs are independent words (mostly adverbs), the occurrence of which is closely relevant to the topic in the same clause in a certain way. There are two classes of TSOs. One can be called **topic indicator**, which always co-occurs with a topic (in general, not only IT), usually following the topic but sometimes being separated from it by other elements like *zuotian* 'yesterday' in (22) below. In other words, whenever there exists a topic indicator, there will be a topic. Compare:

(22) a. *Zhe ge xiaohair zuotian bing le.*
 this Cl child yesterday be-ill Ptc
 'This child was ill yesterday.'

b. *Zhe ge xiaohair zuotian* **haishi** *bing le.*
 this Cl child yesterday after-all be-ill Ptc
 'This child was ill yesterday after all.'

c. *Yi ge xiaohair zuotian bing le.*
 a/one Cl child yesterday be-ill Ptc
 'A child was ill yesterday.'

d. **Yi ge xiaohair zuotian* **haishi** *bing le.*
 a/one Cl child yesterday after-all be-ill Ptc
 'A child was ill yesterday after all.'

Haishi 'still, eventually' can co-occur with topics as in (22b) but cannot co-occur with a indefinite subject *yi ge xiaohair* 'a child', which is of no topicality, as in (22d). Thus *haishi* is a topic indicator. In view of their persistent co-occurrence with topics, we may treat topic indicators as indirect markers for topics. Other topic indicators in Mandarin include: *hai* 'still, yet', *ye* 'also; even', *dao* 'unexpectedly, actually', *dou* 'all; even'. Due to the close connection with topics, topic indicators can even become real topic markers through reanalysis, as Shanghainese *a* 'also' and *to* 'unexpectedly' (see note 2).

The other class of TSO is the **topic licenser**. A topic licenser does not always co-occur with a topic, but it can license a topic in a clause, and to delete it will make the clause ill-formed. Among topic licensers in Mandarin are negatives *bu* 'not' and *mei (you)* 'have not, did not', multi-functional adverb *jiu* 'only, just, soon, immediately, as early as, firmly', *pian* 'against normal way or others' will'. Compare the following Mandarin examples:

(23) a. *Ta baijiu* **bu** *he.*
   he white-liquor not drink
   'As for (strong) white liquor, he doesn't drink it.'

b. ?? *Ta baijiu he.*
   he white-liquor drink
   'As for (strong) white liquor, he drinks it.'

c. *Ta he baijiu.*
   he drink (strong) white liquor
   'He drinks (strong) white liquor.'

(24) a. *Ta weixian-de shiqing* *(*jiu/pian*) *ai zuo.*
   he dangerous-Modi matter/thing just like do
   'As for dangerous things, he just likes to do them.'

b. *Ta ai zuo weixian-de shiqing.*
   he like do dangerous-Modi matter/thing
   'He likes to do dangerous things.'

Now go back to IT. Topic markers are not obligatory, especially in Mandarin, cf. (1)-(4). On the other hand, in most cases Mandarin IT goes along with TSO. Rechecking all of the 11 Mandarin IT examples in Liu & Xu (1998a: 142-143), I found 8 of them contain topic indicators, 2 of the rest contain topic licensers, and only one example contains no TSO. If one deletes TSOs in Mandarin IT sentences, most sentences will become ill-formed, as with the case in (1-4) above.

Mandarin IT can also be followed by a topic marker. Whether a topic marker is employed basically does not affect the acceptability of a clause containing IT. It is TSO that plays a more crucial role than topic markers or pause in Mandarin IT structure.

The Shanghainese case is somewhat different. As shown in Xu & Liu (1998), Shanghainese IT structure has wider semantic range, more syntactic variations, more discourse functions and greater text frequency. While TSO is a positive factor in comprising an IT construction, in many cases a topic marker can go well without TSO to license an IT in a clause. For instance:

(25) (S) *Phingdeu-**meq**   phingdeu leq weq, kong sageq bangiou.* (= 5)
   illegal-spouse-Top CE Ptc say what friend
   'He is in fact an illegal spouse, how can you call him a friend.'

(26) (S) *I khexing-**meq** khexing teqle.*
   he happy-Top CE so
   'He is so happy.'

Both (25) and (26) have the topic marker *meq* after the IT, but contain no TSO. Sentences like these have no exact counterparts in Mandarin. In addition, some Shanghainese TSOs have been reanalyzed as post-topical markers, hence their role in licensing an IT has been integrated into the topic marker system.

2.3 The Marking of Reference and Aspect for IT

Li & Thompson (1981: 447) observe that in the "verb-copying construction" the direct object of the first verb is typically nonreferential. Similarly, Tsao (1987: 17) points out that the first verb in the construction in question does not take any aspect markers. Tsao also believes that the VP consisting of the aspectless verb and the nonreferential object has been nominalized into a generic NP in the "secondary topic position". Leaving aside Tsao's nominalization analysis, their findings apply to IT in general. In short, nominal IT contains no referential encoding while verbal IT contains no aspect marking (Chinese has no pure tense marking). In other words, IT prefers bare NPs and bare VPs. CE, on the other hand, is free of such constraints. Below are some examples of nominal IT, which are beyond Li & Thompson's and Tsao's concerns:

(27) *Ta (*yi ge / *zhe ge) zhuren dao   shi yi ge zhuren.*
he a Cl   this Cl head unexpectedly be one Cl CE
lit. 'As for head, he is a head actually.'

(28) *Ta (*yi suo / *zhe suo) daxue-me   ye   shang-le*
he a Cl   this Cl   university-Top also study-in-Perf
zhe suo daxue.
this Cl   CE

lit. 'As for university, he also has studied in this university.'

No matter whether CE is indefinite as in (27) or definite as in (28), IT should be a bare NP. Now let's turn to verbal IT:

(29) a. *Ta daying   dao   daying-le san   ci.*
he promise unexpectedly CE Perf three time
'He has promised three times indeed.'

b. **Ta daying-le   san   ci   dao   daying-le san   ci.*
he promise-Perf three times unexpectedly CE-Perf three time
'He actually has promised three times.'

c. **Ta daying-le   dao   daying-le san   ci.*
he promise-Perf unexpectedly CE-Perf three time
'He actually has promised three times.'

(30) *Zhan (*zhe)-me   wo ye   zhan-zhe.*
stand (-Dur)-Top I   also CE-Dur
'I was/am also standing indeed.'

(29) and (30) show that IT cannot take any aspect markers even if the marker occurs in CE. It is quite similar with the situation regarding referential marking of nominal IT (also see 4.3).

3. The Syntactic Position and Ordering of IT

3.1 IT as Main Topics and Subtopics

Below are examples showing that IT can appear at various syntactic levels:

(31) ***Shan*** *yi* *bu shi na zuo **shan***.

mountain already not be that Cl CE

'As for mountains, it is no longer the mountain (we used to see).'

(32) a. (*Congqian*) (*zai shuxuexi*) ***zhuren*** *ta ye dang-guo **zhuren***.

previously at math-Dept. head he also serve-as-Exp

CE

'He used to serve as a head (in the Department of Mathematics).'

b. *Ta **zhuren** ye dang-guo **zhuren***.

he head also serve-as-Exp CE

'He used to serve as a head.'

c. ***Dang*** *ta ye **dang**-guo zhuren*.

serve-as he also CE-Exp head

'He used to serve as a head.'

d. *Ta **dang** ye **dang**-guo zhuren*.

he serve-as also CE-Exp head

'He used to serve as a head.'

(31) is a clause which has IT but no subject. IT here is a main topic. (32) contains a group of largely synonymous sentences, but the position the ITs take varies. In (32a) IT is a main topic in the pre-subjective position. It can either take the sentence-initial position or follow one or more

temporal and/or spatial elements. In (32b) IT is a nominal subtopic. In (32c, d), we see verbal ITs serving as a main topic and a subtopic respectively.

IT also occurs in dependent clauses, mostly resultative clauses. The distinction between main topics and subtopics remains valid here, though verbal subtopic IT is predominant at this level as shown in (33) and (34) below. IT as a nominal main topic in dependent clauses is permitted basically only in Shanghainese as in (35) below:

(33) *Ta zui de* **zhan** *dou* **zhan** *bu qi.*
    he drunk so-that stand even CE not up
    'He was so drunk as to be unable to stand up at all.'

(34) *Wo guyi xie de ta kan ye kan bu chu.*
    I intentionally write so-that he see also CE not out
    'I intentionally wrote it (in such a way) that he cannot even read it.'

(35) (S) *I tse teqle* **ning**-*meq* **ning** *a liq veq qi.*
    he drunk so-that person/body-Top CE also stand not up
    'He was so drunk as to be unable to make his body stand up at all.'

3.2 The Syntactic Distance between IT and CE

The distance between IT and CE ranges in a great scale, from zero (neighbouring immediately) to a long distance across several clause boundaries. (36) and (37) illustrate both extremes respectively:

(36) (S) *a.* **Sy** *sy mmeq,* **die** *die mmeq,*
    water CE not-have electricity CE not-have
    meqi *meqi mmeq.*
    gas CE not-have

'As for water, it's unavailable, and the same is true for electricity and gas.'

b. *I* ***lozeq*** ***lozeq*** *geq*.
he humble CE Ptc
'He is really humble.'

(37) (S) ***Iaq**-meq*   *nung ezy io*   *qing*   *isang khe*
medicine-Top you still should request doctor prescribe
iq   *tsang fongtsy*   *phe nge* ***iaq*** *le*   *qiq*.
one Cl prescription buy some CE come eat
'As for medicine, you still should request the doctor to write you a prescription and then buy some to take back.'

In (36a), IT is a main topic and its CE immediately follows it in each clause. In (36b), IT is a subtopic and its CE directly follows it too. In (37), IT is a main topic in the matrix clause while CE occurs in a complemental embedded clause which is a few levels lower than the matrix one. The distance between IT and CE crosses several clause boundaries.

With all the flexibility for distance between IT and CE, there are many cases which seem to require immediate adjacency between IT and CE.

When IT occurs in each clause of a coordinate sentence in parallel form, adjacency between IT and CE is desired as in (38).

(38) (S) ***Si***   *si jingtsang,*   ***die***   ***die*** *jingtsang*
water CE insufficient electricity CE insufficient
(, ***meqi*** ***meqi*** *jingtsang*).
gas CE insufficient
'As for water, it is insufficient, and as for electricity (and gas), the same is true.'

This requirement leads to further discussion of an extremely interesting type of IT where CE itself functions as a kind of topic. Compare:

(39) (S) a. *I   ueteq so   ve, a   uedeq da   izong.*
       he can   cook rice also can   wash clothes
       'He is capable of cooking meals as well as washing clothes.'

   b. *I ve-meq ve ueteq so, izong-meq izong ueteq da.*
       he rice-Top CE can cook clothes-Top CE   can   wash
       'He is capable of both cooking meals and washing clothes.'

   c. **I ve-meq ueteq so   ve, izong meq uiteq da   izong.*
       he rice-Top can   cook CE clothes Top can   wash CE

(39a) stands for the normal transitive pattern in Chinese, i.e., VO order. In (39b), each clause has IT as a subtopic that takes the original object as its CE. As CE, original objects must be now located before the governing verb, as the unacceptablity of (39c) shows. According to our topic schema (Xu & Liu 1998), the position CE takes in (39b) is that for a subtopic, too. Hence, we have both IT and CE occurring as subtopics.

This analysis, as strange as it sounds, is not surprising for Chinese. As Gasde (1999) suggests, there are two types of topics which serve different semantic and pragmatic functions. One is the frame-setting topic and the other the aboutness topic. If they co-occur, the former is in a more external position, always preceding the latter. Adopting his taxonomy, we may claim that when both IT and CE are topics, IT is a frame-setter and CE an aboutness topic[3].

Verbal IT is another IT type which prefers to be close to CE, though in a less rigid fashion. Compare (40a) with (40b):

(40) (S) a. *Geqtaq-geq meqzy   ju-meq   ju teqle.*
        here-Modi stuff/goods expensive-Top CE so
        'The goods here are so expensive.'

   b. *Geqtaq-geq meqzy ju-meq   lotso-zengkuong *(a) ju   teqle.*
       here-Modi goods expensive-Top early-time   also CE so
       'The goods here were also very expensive in the past.'

Sentences like (40a) is a frequently-used pattern in Shanghainese. Here IT and CE (*ju*, 'expensive') are immediately neighboring. If one inserts a temporal adverbial in between the two as in (40b), the sentence will be no longer acceptable unless a topic sensitive operator such as *a* 'also' is added in. The contrast between (40a) and (40b) conforms with the fact that verbal IT strongly prefers the subtopic position, which is closer to CE than a main topic to CE. In fact, in my data gathered from Mandarin, Chinese dialects, old Chinese, and Tibeto-Burman languages, almost all the attested examples containing a subject and a verbal IT are the case where IT serves as a subtopic as in (32b) above, though the rarely attested pattern, i.e. verbal IT occurring pre-subjectively, is acceptable as in (32c).

Before studying this issue in depth, we can now get a preliminary impression: while the distance between IT and CE has a wide scale, some types of IT structure tend to have IT and CE located closely. A long-distance IT-CE construction usually needs more conditions such as TSOs to be well-formed, and that kind of structure sounds more marked. The default position for verbal IT is that of subtopic.

4. The Semantic Properties of IT

4.1 Introductory Remark

The semantic properties of IT are rather complicated due to fact that in Mandarin and particularly in Shanghainese there are quite a number of IT subtypes which are not always consistent with one another in respect to their semantics. This section focuses on two semantic considerations. One is the semantic status of IT relative to argument structure and the other its referential nature. For convenience, I will use "semantic role(s)" as a cover term for both thematic role(s) and the predicative function of verbs.

4.2 The Semantic Emptiness of IT

As an NP or VP, IT does add a meaningful entity to the clause physically. In most cases, however, IT does not affect argument structure at all. Nor does it bring in any semantic content for the clause. So it differs from either arguments or adjuncts in terms of semantic contribution to the sentence. In addition, when IT is verbal, only CE instead of IT will function as a predicate at a certain syntactic level. Since IT and CE are fully or partially identical, only one of them is needed for the clausal meaning. Everything shows that it is CE that serves a "normal" syntactic function and plays a certain semantic role in the clause. Thus, we have to say that the contribution of IT to the clausal meaning is virtually zero, and IT is semantically empty. Semantic emptiness makes IT outstanding from other topic types, though in other respects IT has much in common with them. Let's turn to some concrete facts regarding the semantic emptiness of IT.

4.2.1 The Position for Role Assignment

CE occupies a syntactic position from which it receives a theta role, like other elements occupying the same position, or serves as predicate itself. For instance:

(41) ***Xiangyan*-me wo yiqian   ye chou-guo *xiangyan*.**
cigarette-Top I   previously also smoke-Exp CE
'As for cigarettes, I used to smoke them too.'

(42) **Xiao-Wang**-me wo yijing gei le **Xiao-Wang**
Little-Wang-Top I already give Perf CE
yi zhang piao le.
one/a Cl ticket Ptc
'As for X. W., I have given him a ticket.'

(43) a. **Tiaowu**-me wo yiqian ye xihuan *tiaowu*.
dance-Top I previously also like dance
'As for dance, I used to like it too.'

b. **Tiaowu**-me, wo yiqian ye jingchang **tiaowu**.
dance-Top I previously also often CE
'As for dancing, I used to do it frequently too.'

The syntactic positions of CEs show that *xiangyan* 'cigarette' in (41) is a patient while *Xiao-Wang* in (42) is a recipient. Also one can judge from the position of CE that *tiaowu* 'dance' is the theme of the verb *xihuan* 'like' in (43a) while it is the predicate in (43b). The positions of IT, by contrast, offer no clue about their semantic roles because they are all the same in the above examples. Thus it is reasonable to assume that CE rather than IT plays the semantic role. IT is then left empty semantically.

4.2.2 The Semantic Impact of Negatives on the Clause Meaning

Naturally the addition of a negative on CE will change the truth condition for the clause. In contrast, negatives on IT are often optional. In other words, the presence or absence of a negative may not change the truth condition for the clause. For instance:

(44) a. *Ta* **canjia** *ye* **canjia** *huiyi* (, *danshi bu hui tijiao lunwen*).
he attend also CE meeting but not will submit paper
'He actually will also attend the conference(, but will not submit any paper).'

    b. *Ta **canjia** ye **bu canjia** huiyi*   (, *danshi hui tijiao lunwen*).
       he attend also not CE   meeting but   will submit paper
       'He actually will not attend the conference (, but will submit a paper).'

    c. *Ta **bu** canjia ye **bu canjia** huiyi*   (, *danshi hui tijiao lunwen*).
       he not attend also not CE   meeting but   will submit paper
       'He actually will not attend the conference (, but will submit a paper).'

Note the first clause of each example above. By adding *bu* 'not' on CE in (44a), one gets (44b), and its meaning is opposite to that of (44a). By going further to add the negative on IT in (44b), one gets (44c), and its meaning remains the same as that of (44b)[4]. The above results can be formulated as follows:

    (45) a. Neg + VP (as CE) ≠ VP (as CE)
         b. Neg + VP (as IT) = VP (as IT)

(45) could be stronger evidence for the emptiness of IT.

4.2.3 The Omission of IT and CE

Generally every IT is omissible and its omission change neither the grammaticality nor the semantic meaning of the clause, though the omission will cause a syntactic change from topic structure into nontopical structure. In fact if we want to translate Chinese sentences containing ITs we would better delete all the ITs to get more natural sentences in target languages without IT structure.

    How about CE then?

    If CE is an argument, it usually can be deleted too. In so doing, one has in fact turned IT into another type of topic, i.e., the so-called gap topic. Compare:

    (46) ***Xiangyan**-me wo yiqian*   *ye*   *chou-guo*   *xiangyan*. (= 41)
       cigarette-Top I   previously also smoke-Exp CE

'As for cigarettes, I used to smoke them too.'

(47) ***Xiangyan***$_i$-***me*** *wo yiqian ye chou-guo* [$_i$].

One may claim that there is a gap or trace in (47), but if IT is deleted, we get a canonical VO pattern and nobody will argue for a gap, as in (48):

(48) [$^?_i$] *Wo yiqian   ye   chou-guo   xiangyan*$_i$.
       I   previously also smoke-Exp cigarette
    'I used to smoke too.'

When CE is the predicate, the omission of CE is absolutely prevented. For instance:

(49) *Chou-me   wo yiqian   ye   **(***chou-guo***) *xiangyan*.
    smoke-Top I   previously also   CE-Exp   cigarette
    'I used to smoke, too.'

Predicative CE again reminds us of the asymmetry between IT and CE, i.e., IT is semantically optional while CE is obligatory. It proves the former is semantically empty.

4.2.4 From Conditional IT to Morphological IT: A Continuum of Grammaticalization

It is true that not every type of IT is semantically empty in the same degree. We do see diversity among IT types in terms of semantic status. The diversity may reflect a continuum of grammaticalizaiton from discourse to syntax and then to morphology.

The starting point for the grammaticalization of IT, and of many other topic types, is the conditional. In some cases IT can be analyzed as reduced conditional clauses. One such example is (4), repeated below:

(50) *Qu jiu   qu.*
    go just   go
    '(As for going /If you ask me to go,) it's fine to go.'

We can make the conditional meaning more evident by adding a coordinate clause:

(51) *Qu jiu qu, bu qu jiu bu qu.*
go just go not go just not go
'If you want (me/us) to go, it's fine; if you want (me/us) not to go, it's fine too.'

In certain contexts, NPs can also function this way:

(52) A: *Zher zhi you miantiao, meiyou mifan.*
here only have noodle not-have rice
'There are only noodles here, no rice.'

B: *Miantiao jiu miantiao.*
noodle just noodle
'(As for noodles? / If only having noodles) Noodles are OK.'

Conditionals are inherent topics in a sense, especially for preceding conditionals (cf. Haiman 1978; Ford & Thompson 1986; Schiffrin 1992). Chinese conditionals can be viewed as topics even at the syntactic level (cf. Gasde & Paul 1994; Xu & Liu 1998: 237-250). So it is not surprising for a reduced conditional to serve as IT. In the meantime, however, it is somewhat difficult to say that conditional ITs are semantically empty. Furthermore, there is no optional negation for conditional IT, and the polarity must be kept consistent between IT and CE, compare (53) below with (45) above:

(53) *qu jiu qu / bu qu jiu bu qu / *qu jiu bu qu / *bu qu jiu qu*
go just go / not go just not go / go just not go / not go just go

It means the degree to which these conditional ITs are grammaticalized is relatively low. On the other hand, many IT types which are more grammaticalized may be traced back to their origin as conditionals. For a lot of IT examples offered in the present paper, which are apparently empty and omissible, we may have an alternative gloss closer to the conditional meaning, besides the ones given before. For example:

(54) **Xiangyan**-me wo yiqian   ye   chou-guo   **xiangyan**. (=41)
cigarette-Top I   previously also smoke-Exp CE

Previous gloss: 'As for cigarettes, I used to smoke them too.'

Alternative: 'If talking about cigarettes, I used to smoke them too.'

Both glosses are fine, though English speakers may feel less comfortable with the latter. When IT occurs as subtopic, a more grammaticalized position, to gloss it as a conditional seems to be harder:

(55) a. *Wo* **xiangyan**-me yiqian   ye   chou-guo   **xiangyan**.
I   cigarette-Top previously also smoke-Exp CE

'As for cigarettes, I used to smoke them too.'

So there appears a continuum of grammaticalization from conditional clauses to (reduced) conditional IT and then to syntactic IT. That is why IT is semantically empty in various degrees.

In fact, some IT types in Shanghainese have gone farther along this pathway. They have become something which can hardly be viewed as syntactic components but rather as morphological variants of CE. They are the emptiest semantically, so to speak. For instance:

(56) (S) *Lo-Wong*   **niq (xing)**-zy   tsengge **niqxing** ge. (=8)
Old-Wang warm-hearted-Top really   CE   Ptc

'L. W. is really keen on helping others.'

(57) (S) *Khosi* **jiq (suq)**-a   **jiqsuq** leq. (=9)
exam be-over-Top CE   Ptc

'The exam is already over.'

Note that we add a bracket in each example this time. It is to show that the first syllable of IT here, though a nonword morpheme or even a meaningless syllable, can stand alone as IT. This fact strongly hints that this type of IT construction is closer in nature to morphology than to syntax. A nonword syllable alone is inaccessible to syntactic processes. On the other hand, CE can never be shortened such a way. When one shortens CE this way, the result will be absolutely ungrammatical as shown in (58):

(58) (S) *Lo-Wong* **niqxing**-*zy*   *tsengge* **niq*(xing)** *ge*. (c. f. 56)
     Old-Wang warm-hearted-Top really   CE   Ptc
     'L. W. is really keen in helping others.'

In concordance with their nonword status, ITs in (56-57) can scarcely be glossed with 'as for... ', because they have lost some of their topicality. IT and CE together, e. g., *niq* (*xing*) ... *niqxing* in (56) can be analyzed as a morphological variant of the verb *niqxing* 'warm--hearted' . However, in some aspects, they conserve their properties as topics. They not only carry typical topic markers, but also syntactically behave like other topics types. As noted in Xu & Liu (1998: 113), topics with topic markers cannot occur in relative clauses. It is also true for ITs in (56-57). Chinese adjectives are predicative and behave like a kind of intransitive verb, hence any AP modifying a noun is virtually a relative clause. Keeping this in mind, then compare (56) above with (59) below:

(59) (S) a. *Iq   geq niqxing-geq   ning*
         one Cl   warm-hearted-Modi person
         'a warm-hearted person/a person who is warm-hearted'
     b. *Iq   geq* **tsenggeq niqxing-geq**   *ning*
         one Cl   really   warm-hearted-Modi person
         'a person who is really warm-hearted'
     c. **Iq   geq* **niqxing-zy**   **tsenggeq niqxing**-*geq ning*
         one Cl   warm-heated-Top really   CE-Modi   person

Either the adjective *niqxing* or the AP headed by *niqxing* can be a relative clause, as in (59a, b); but when we expand this AP into the IT construction of (56), it can no longer serve as a relative clause. Its nature of being a topic is responsible for this. That is why I still treat this pattern as a kind of IT.

To sum up, we propose (60) as a major pathway for the grammaticalization of IT. It can account for at least most types of IT:

(60) **conditional clause > conditional IT > syntactic IT > morphological IT**

The particular process demonstrated in (60), though seldom touched on in literature, is in fact a normal instance of grammaticalization. Hopper & Traugott (1993: 95) describe a main pathway of grammaticalization as "**lexical item** used **in** specific linguistic **contexts > syntax > morphology**". Comrie (1988: 266) points out that "many syntactic phenomena can be viewed as phenomena semantic and/or pragmatic in origin which have become divorced from their semantico-pragmatic origin, in other words as instances of the grammaticalization (or, more accurately, syntacticization) of semantic-pragmatic phenomena. " Bringing these ideas together, a general model for grammaticalization could be in the form of "**semantics / pragmatics > syntax > morphology**". The development from conditionals to syntactic IT in Chinese reflects the first stage of the process, i.e., "**pragmatics > syntax**", with conditional IT as an intermediate phase. The further change from syntactic IT to morphological IT in Shanghainese reflects the second stage, i.e., "**syntax > morphology**".

4.3 The Referentiality of IT as a Subtype of Frame-Setting Topics

4.3.1 Unboundedness for Both Nominal and Verbal ITs

The referentiality of a nominal phrase on one side, and the tense/aspect (especially aspect for Chinese, which essentially does not have tense systems) of a verbal phrase on the other side, are similar phenomena in essence from the perspective of a higher conceptual level, both serving as an index to help hearers build a connection between linguistic elements in the sentence and their counterparts in the real-time world. For convenience, I will discuss both sides under the same term, i.e., referentiality.

In what follows, I will try to explain why IT usually contains no referential encoding for nominal elements and no aspect marking for verbal elements, as described in 2.3.

4.3.2 Frame-Setters and the Principle of Frame Being Bigger (PFBB)

Since Chafe (1976), many linguists agree that in languages like Chinese, a basic role for topics to play is to "set a spatial, temporal or individual framework within which the main predication holds". Gasde (1999) proposes a more clear-cut taxonomy, which divides topics into two categories: **frame-setting topics** and **aboutness topics**. His frame-setters include the following subtypes: spatial topics, temporal topics, Chinese-style topics (non-gap topics) and its German counterparts, i.e. so-called "free themes", PP individual frames, conditionals.

Checking all the subtypes Gasde identifies, one can see that they have one thing in common, namely **frames are always bigger or broader than the "content" in the frames**. The content means the events, states or propositions indicated by the predications following topics, or, in particular, the elements semantically relevant to topics. For instance, when somebody says "In China, Heinrich speaks Chinese", it means as far as this sentence is concerned, the space where Heinrich speaks Chinese is within China and must be smaller than China because he is unable to go to every corner in China. This is a spatial frame-setting topic (≠ a spatial adjunct, see Gasde 1999). The temporal ones shows similar characteristics. Let's consider individual frames, which look more tricky. When one says "For Fritz, the world is too big", can we then state that the proposition "the world is too big" is smaller than "Fritz"? Yes. The proposition in question is effective only within Fritz's conceptual world. Since there are also many other ideas and beliefs exiting in his mind, the proposition alone is smaller than Fritz as a whole. A more tricky case may be the conditional topic. When one says "If you go, I'll go", does the former clause tell something bigger than what the latter tells? Yes. The former denotes a free, "unbounded" event, which covers more possibilities, both taking place and not taking place. In contrast, the latter is a bounded event, totally depending on whether the former takes place. In this sense, it is indeed smaller than the former.

On the basis of the above discussion, I propose a principle called the "**Principle of Frame Being Bigger**" (**PFBB**). The relation of being "bigger" vs. "smaller" means a super-set vs. sub-set, whole vs. part, or an effective domain vs. proposition, and the like.

4.3.3 Applications of PFBB to Various Topic Types

Xu & Liu (1998) have implicitly touched on the fact that topics are often bigger than the relevant elements in comments, though we have not distinguished between the two types of topics as Gasde does. Let's take a brief review on how PFBB applies to other topic types. Then we will clearly see how IT follows PFBB in a way, too.

In Xu & Liu (1998: 68-75), we pointed out that an inexchangeable relation of super-set vs. sub-set or whole vs. part persistently exists between a topic and its semantically related element, if any, in the comment. The following examples are all taken from there:

(61) a. ***Shuiguo***, wo zui xihuan ***pingguo***.
fruit I most like apple
'Among fruits, I like apples most.'

b. *****Pingguo***, wo zui xihuan ***shuiguo***.
apple I most like fruit

(62) a. ***Huoche***-shang, chengke keyi zai ***canche***-li yong can.
Train-on passengers may at dining-couch-in use meal
'In train, passengers can have their meals in the dining coach.'

b. *****Canche***-li, chengke zai ***huoche***-shang keyi yong can.
dining-couch in passengers at train on may use meal

(63) a. ***Mingtian xiawu***, wo ***san dianzhong*** zai bangongshi
tomorrow afternoon I three o'clock at office
deng ni.
wait you
'I will wait for you in my office at three o'clock tomorrow afternoon.'

b. *****San dianzhong***, wo ***mingtian xiawu*** zai bangongshi
three o'clock I tomorrow afternoon at office
deng ni.
wait you

(64) a. *Ta* ***shao cai*** buguo ***chao jidan***, ***zhu baicai*** eryi.
He cook dishes only fry egg boil cabbage Ptc
'If he cooks, he can only fry eggs and boil cabbage.'

b. ***Ta chao jidan***, ***zhu baicai*** buguo ***shao cai*** eryi.
he fry egg boil Cabbage only cook dishes Ptc

(65) a. ***Xiao-Zhang hui pian ren***-me, wo xiang ta zhi hao
Little-Zhang will deceive people-Top I think he only can
pian-pian laopo.
deceive wife

'If X. Z. is able deceive others, I think at most he can only deceive his wife.'

b. *__Xiao-Zhang hui pian__ laopo-me, wo xiang ta zhi hao __pian-pian ren__.
Little Zhang will deceive wife-Top I think he only can deceive people

In each case above, the topic is bigger than its semantically relevant elements: *shuiguo* 'fruit' > *pingguo* 'apples' (nominal), *huoche* 'train' > *canche* 'dining coach' (spatial), *mingtian xiawu* 'tomorrow afternoon' > *san dianzhong* 'three o'clock' (temporal), *shao cai* 'cook dishes' > *chao jidan, zhu baicai* 'fry egg and boil cabbage' (verbal), and finally, *Xiao-Zhang pian ren* 'X. Z. deceives others' > X. Z. *pian laopo* 'Xiao-Zhang deceives his wife' (clausal). The reverse of this relation, by contrast, is ruled out.

Frame-setting topics do not necessarily precede the subject. Subtopic is also a good position for them. For example, (66) is acceptable too:

(66) Wo **shuiguo** zui xihuan **pingguo**.
I fruit most like apple
'Among fruits, I like apples most.'

Usually, a frame-setter is outside the argument structure of the clause. Thus Gasde (1999) claims that it is IP-external. In Chinese, however, there are also cases in which speakers can create an frame-setting topic from inside argument structure. There are two ways to do so. One is to split an argument, the other to coin an IT. Let me examine them in turn.

4.3.4 Splitting the Argument for Setting a Frame

This is a pattern where a nominal object is separated by the verb into two parts. The bare NP of the object is located in the topic position preceding the verb while the rest of the object is left in the object position following the verb. For convenience, I will call the preposed NP "split topic". A syntactic requirement for the process is that the part left behind must be a syntactically autonomous nominal, such as a numeral-classifier (Num-Cl) phrase (the typical case), a Dem (demonstrative)-Cl phrase, or *de*-phrase (*de* is a modifier marker as well as relativizer/nominalizer). They can be all regarded as DP. For instance:

(67) a. *Wo* **(lan)** *chenshan mai-le san jian*.
    I   blue   shirt   buy-Perf three Cl
    lit. 'As for (blue) shirt, I bought three ones.'

b. *Wo chenshan mai-le zhe jian*.
    I   shirt   buy-perf this Cl
    lit. 'As for shirt, I bought this one.'

c. *Wo chenshan mai-le lan* *(de).
    I   shirt   buy-perf blue Nom
    lit. 'As for shirt, I bought a blue one.'

d. *Wo zhe zhong chenshan mai-le san jian*.
    I   this kind   shirt   buy-perf three Cl
    lit. 'As for this kind of shirt, I bought three ones.'

As (67) shows, bare NPs functioning as split topics are often bare nouns or an NP with an non-deictic modifiers, as (*lan*) *chenshan* '(blue) shirts' in (67a). A Dem-Cl phrase is permitted for topic only when Cl is a kind-denoting classifier like *zhong* 'kind, sort' in (67d)[5]. Either bare NPs or NPs with kind-denoting classifiers are generic, while the phrases in object positions are either specific, as in (a, c), or definite (rarely) as in (67b). Thus there is always a type (bigger)-token (smaller) relation between split topics and objects. The topics in (67) are all subtopics, but they can also function as main topics.

The split topic can be widely attested among Chinese dialects. In some southern dialects it seems to be more dominant than in Mandarin. In Shanghainese, patterns corresponding to (67) are in more frequent use. In addition, many scholars on southern dialects report (c.f. descriptions in Li & Chang eds. 1997) that the dialects under their investigation prefer to have the patient/theme noun preceding the verb while leaving the Num-Cl phrase behind the verb. In some dialects like Wenzhou, the split pattern is even dominant over VP pattern. For example, (68a) is more common and frequent than (68b):

(68) a. *Wo fan chi-yao liang-wan.* (Spelling based on Mandarin)
    I   rice eat-Perf two-bowl
    'I ate two bowls of rice.'

b. *Wo chi-yao liang-wan fan.*
    I   eat-Perf two-bowl rice
    'I ate two bowls of rice.'

For a more detailed account of split topic structure in Chinese and its dialects, see Liu (2001).

To split an argument violates an important cognitive-linguistic principle, i.e., elements with close syntactic and semantic relationships tend to be located together (c.f. Croft 1990: 174-183). As Foley's example (as cited in Croft ibid.: 179) shows, Russian has a similar split construction. Croft explains it as "pragmatic factors determining word order compete with the iconic-distance principle in determining linguistic structure". However, the split topic construction is an unmarked pattern and need not be triggered by obvious pragmatic factors in many southern Chinese varieties. Therefore, I prefer to attribute the wide use of this pattern in Chinese to the syntacticization of frame-setting topics. Since it is a highly syntacticized position, speakers always try to fill it in. The generic bare NP extracted from the object is one of the candidates to fill in the position. This candidate is particularly welcome when there is no "IP-external" frame-setter.

4.3.5 The Referentiality of Nominal and Verbal ITs

Besides split topic, we have another argument-internal candidate to fill in the frame-setter position in Chinese, in particular in some southern dialects. That is the identical topic. Interestingly, while the split topic violates the iconic-distance principle, IT, being semantically empty, violates the principle of economy. Its existence again proves the syntactic significance of the frame-setter position in Chinese.

Nominal IT actually has much in common with the split topic. Compared:

(69) a. Split topic:

  Wo **chenshan**$_i$ *ye*   *mai-le*   *san*   *jian* [$_i$]
  I   shirt   also   buy-Perf   three   Cl
  lit. 'As for shirts, I also bought three ones of them.'

b. IT:

  Wo **chenshan**$_i$ *ye*   *mai-le*   *san*   *jian*   **chenshan**$_i$.
  I   shirt   also   buy-Perf   three   Cl   CE
  lit. 'As for shirts, I also bought three ones of them.'

(69a) and (69b) are two synonymous sentences with similar structure. The only distinction lies in the overt occurrence of *chenshan* 'shirt' in the object position in (69b). In other words, while the split topic is co-indexed with a gap, IT is co-indexed with the repetition of itself. Both constructions are means to make frame-setters from inside argument structure.

The more significant similarity consists in the way the two topic types observe the Principle of Frame Being Bigger. In both constructions, the topic and comment share an common NP, overt or covert, thus there is no relation of being bigger based on different lexical items like "fruit" vs. "apple". The relation of being bigger here is based on genericity on the topic side vs. specificity or definiteness on the comment side. In other words, IT structure and split topic structure follow PFBB the same way. They observe PFBB as perfectly as argument-external frame-setters discussed in 4.3.3, though in a different way.

Verbal IT also should be bigger than CE, following PFBB. As observed above, generic NPs as a kind of unbounded elements are favoured to serve as IT. Their counterparts in verbals are unbounded VPs in the form of bare VPs in Chinese (c.f. 2.3). Generic NPs denote people or objects as kinds, types rather than individuals. In other words, a generic NP indicates an unindividualized set. Similarly, an unbounded VP denotes an action or state as a kind, a type, i.e., an unindividualized set, not as any individual ones in the real-time world. In contrast, verbal CE usually indicates a concrete action or state, with certain aspect marking. A set is larger than any individual within the set. Hence PFBB is well observed.

4.4 The Neutralization of Nominal and Verbal ITs

The observations made thus far in Section 4 may lead to an explanation of the neutralization of nominal and verbal as mentioned in 2.1.

Since IT is semantically empty, it can be neither argument nor predicate. The morphological and syntactic differences between nouns and verbs basically arise from the opposition between being arguments and being predicates[6]. While features like (in)definiteness or (non) specificness mainly serve to bound arguments, those like the past/ present tense or (im)perfective aspect mainly serve to bound a predicate. The IT position, however, is neither argumental, nor predicative. In other words, in this position, nominal IT does not behave like prototypical nominal elements while verbal IT does not behave like prototypical VPs.

Unbounded NPs and VPs are alike in nature. The differences between both is no longer salient thereby. Hence the neutralization of nominal and verbal elements in the IT position. Tsao (1987) argues that the first VP in the so-called verbal copying construction has been deverbalized and nominalized. While Tsao's analysis well accounts for the 'deverbalization' of VPs, it fails to account for the 'denominalization' of NPs in the IT position (nominal IT is beyond the concerns in Tsao 1987). Thus I believe the neutralization analysis could be a more precise description. In addition, the neutralization analysis also seems better than the nominalization analysis in that verbal IT is usually predominant over nominal ones.

5. IT in Discourse and Pragmatics

5.1 Discourse Motivations and the Degree of Grammaticalization

Topic, including IT, even as a syntactic notion, is closely related to discourse and pragmatics. To be more aware of IT and its typological significance, it is necessary to relate IT to discourse and pragmatics. This aim, however, is too far for this paper. There are many things waiting for in-depth investigations, e. g., the close relations between occurrence of IT and topic sensitive operators (TSO). In addition, there are actually various types of IT, the occurrence of which is motivated for different discourse reasons, as preliminarily described in Xu & Liu (1998). Without detailed study of each type, a satisfying generalization of functions of IT can be hardly drawn.

On the other hand, the importance of discourse motivations

are far from being equal for each IT type. It appears that the more grammaticalized or more morphologicalized an IT type is, the less discourse conditions it needs to occur, and the less marked it sounds. For instance, the verbal IT in Shanghainese functioning like the morphological variant of the verb stem, such as in (56-57), need almost no particular contexts in which to occur.

In the following part of the section, I will only briefly deal with some factors which may not only trigger the occurrence of some IT types, but also underlie the grammaticalization of IT. These factors can be divided into two groups. One includes focus, emphasis, affirmation and concession. The other includes contrast, coordinating and parallelism.

5.2 Focus, Emphasis, Affirmation and Concession

In many languages, a topicalized argument usually leaves a gap or a resumptive pronoun in the normal position for the argument. This is in part true for Chinese. However, there is an alternative in Chinese, i.e. repeating the topicalized element in the comment. That yields what we call identical topic (IT) structure. A major motivation to do so is to emphasize the element which has been topicalized. A meaningful lexical item should be more informative than a gap or pronoun. This seems to fit in linguistic iconicity: longer, heavier linguistic elements will cause greater informational power. Compare (46-47), repeated as (70):

(70) a. *Xiangyan-me, wo yiqian   ye   chou-guo   xiangyan.*
         cigarette-Top I   previously also smoke-Exp CE
      'As for cigarettes, I used to smoke them too.'

   b. *Xiangyan$_i$-me, wo yiqian   ye   chou-guo [$_i$].*
         cigarette-Top I   previously also smoke-Exp
      'As for cigarettes, I use to smoke them too.'

In (70a), *xiangyan* 'cigarette' occurs twice, as a topic first and then part of the comment, where *xiangyan* is emphasized; whereas in (70b), *xiangyan* occurs only as a topic, which has a co-indexed gap in the comment, where *chou-guo* 'used to smoke' is emphasized. In fact, the CE *xiangyan* in (70a) occupies the sentence-final position, which is for natural focus in Chinese (c.f. Liu & Xu 1998a). In addition, CE often co-occurs with focus markers like *shi* or focus sensitive operators such as *ye* 'also' in (70a). If CE does not occur in the position for natural focus, focus markers or focus sensitive operators may become obligatory, as in (71):

(71) *Xianggang   Lao-Wang   *(shi/ye)   dao   Xianggang   qu-guo*.
     Hong Kong   old-Wang   Foc   to   CE   go-Exp
     'As for Hong Kong, L. W. really has been there.'

Since *Xianggang* 'Hong Kong' as CE does not occur sentence-finally as a natural focus, the focus marker *shi* or the focus sensitive operator *ye* must co-occur with CE. When CE goes with the focus marker *shi* (<copular), it is a contrast focus (c.f. Liu & Xu 1998a). The above data can be generalized as (72) below:

(72) **CE often serves as a natural focus or contrastive focus in Chinese. The IT phrase is thus strongly emphasized because the single element occupies both positions of the topic and the focus within a clause.**

The emphasis function of IT structure is more important for verbal elements than for nominal elements in Chinese. When Chinese speakers want to stress a nominal, they can employ the so-called pseudo-cleft structure with *shi... de*, which has similar emphasis function as that of English cleft sentences. The *shi... de* construction also applies to a VP with its arguments and adjuncts. In such a case, the stressed part is normally one of the arguments or adjuncts rather than the verb itself (c.f. Zhu 1978). In addition, as Paris (1998) notes, the *shi... de* construction has the effect of transforming a stage-level predication (+event) into an individual-level one (−event), where the VP becomes "generic", or unbounded in my terminology. In other words, this construction is unable to emphasize a VP as an event, especially the verb itself. IT structure makes up for this "flaw". While verbal IT occurs as an unbounded element, CE maintains all its features as a bounded VP. That is one of the reasons why verbal IT is more common than nominal IT in Chinese. Another reason might be the fact that reduced conditionals, which are a main source for IT, are more often verbal.

In Shanghainese, based on its emphasis effect, IT structure becomes a very ordinary pattern for affirming or stressing a property, a state or an event. This pattern is used so frequently as even to be undergoing a change from syntax into morphology (c.f. 4.2).

In Mandarin, both nominal and verbal IT can occur in concessional clauses. That is why I sometimes add a *but*-clause after an IT clause in our examples, as in (2), (3). Verbal IT, in particular, has become a common means to express concession in colloquial Mandarin and exhibits a high degree of grammaticalization. For example, in (73), the IT *congming* 'smart/clever' is a positive VP, but its CE is under negation. Thus IT here is totally empty.

(73) *Ta erzi* **congming** *dao*   *bu*   **congming**, *danshi hen   yonggong.*
he son   smart   actually not CE   but   quite diligent

'Although his son is actually not smart, but is quite diligent.'

As we have seen (4.2.4), the more empty an IT is, the more grammaticalized it is. Concession is inherently related with affirmation. When one uses a concessional, he is in a position where he has to affirm some fact, say A, which sounds disharmonious with his main statement, say B, but what he really wants to stress is B despite A. That is why the concessional conjunctions often contains affirmative morphemes. For instance, *suiran*, 'although', lit. 'although it is so', *zongran*, 'although', lit. 'let it be so', *guran* 'though indeed', lit. 'certainly so', *ran'er* 'but, however', lit. 'so, but'. These facts hint that concessional usage of IT may have derived from its affirmative role.

Among IT types, examples like (70a) and (71) sound relatively marked in that their occurrence needs rather particular contexts and strong discourse motivations, e.g., when IT is given/activated information, or the speaker strongly desires to emphasize IT. Other types mentioned in this section so far, including Shanghainese verbal IT for emphasis or affirmation, Mandarin verbal IT for concession, are all unmarked patterns. No special context is needed for them.

5.3 Contrast, Coordination and Parallelism

One of the roles a topic may play is contrast. A topic with a topic marker such as Shanghainese *meq* typically has the contrasting function[7]. The same is true for IT. For some IT types, such as those exemplified by (19-21), (38) and (39b), contrasting function shows up most prominently. In these cases, the two or more coordinate clauses are tightly bound with each other and no single clause can stand alone, although there is no conjunction there to tie them up. Since such a construction strongly indicates a contrast between two or more topics in a coordinate sentence, at least two topics should be present in a syntactically similar way. The contrasting function here has given rise to a fixed formula for coordinating. This is in accord with other types of topic structure. As we noted (Xu & Liu 1998: 233-234), the topic marker *meq* in Shanghainese, while marking contrastive topics, also plays an active role in linking coordinate clauses. Since spoken Mandarin and many dialects lack pure (lexically meaningless) coordinate conjunctions for verbal elements[8], the linking function of contrastive topics, especially contrastive ITs as in (19-21), (38) and (39b), is indeed a useful way to organize coordinate sentences in discourse.

Comparing the above analysis with what we see in 5.2, one can find, interestingly, that various types of IT have gone along different pathways of grammaticalization and resulted in different patterns with regard to semantic and pragmatic functions. Some have developed into specialized patterns for emphasis or affirmation, or even further into a specialized pattern for concessional clauses, belonging to **complex** sentences, while other IT types have developed into a parallel sentence pattern, belonging to **compound** sentences.

6. Summary and Beyond: IT in Topic Typology

6.1 Summary

An identical topic (IT) is wholly or partially identical to a certain part of the following comment. The corresponding element (CE) may be an argument, part of an argument or a predicate at a certain syntactic level. In some special cases, CE itself may be another topic, a more internal one.

IT can be a nominal or verbal element, the latter being predominant in Chinese. The differences between nominals and verbals in the IT position make little sense and even are neutralized. The pause after IT is only optional. Topic markers are often employed after IT. While topic sensitive operators (TSO) play crucial role in triggering the occurrence of IT in Mandarin, topic markers are a more important factor in Shanghainese.

Being a linguistic entity, IT is semantically empty, whereas CE contributes its lexical meaning to the clause meaning. In a sense, the occurrence of IT violates the principle of linguistic economy. There is a continuum of grammaticalization for IT. At one end is the conditional IT, which sounds more meaningful. At the other end is morphologicalized IT, which can be reduced into nonword elements or even meaningless syllables. Like "split topic", IT prefers unbounded elements, usually in the form of generic bare NPs or aspectless VPs. In so doing, IT follows the Principle of Frame Being Bigger (PFBB) in a way, because an unbounded element is bigger in its extension than a specific or definite one. Since IT is neither an argument nor a predicate, the bounding conditions respectively for arguments or predicates are not in need. That also accounts for the neutralization of nominal and verbal elements in IT position.

For some types, the occurrence of IT needs particular contexts or discourse motivations. The most prominent motivation is to emphasize a constituent because IT structure makes an element occur twice in both topic and focus positions. Due to the emphasis function, some types of IT have be highly grammaticalized as to be common patterns for emphasis, affirmation or concession. These IT types need not be triggered by particular contexts or special discourse motivations. The contrastive function, on the other hand, makes IT play an active role in organizing co-ordinate sentences in discourse.

6.2 IT in the Classification of Topics

Identical topic structure seems to be something novel in the linguistic literature. How to classify it properly, i.e. to find it an appropriate position relative to other types in a general schema of topics, remains a tough task. The frame-setting vs. aboutness division of topics (Gasde

1999) is a well-established classification. However we will still face trouble when classifying IT by this design. Since an aboutness topic should be an argument, IT, being semantically empty, cannot be an aboutness topic. In addition, an aboutness topic should function as a pivot of a sentence (in Foley and Van Vanlin's sense, see Sasse 1995) by means of its either semantic or pragmatic saliency. Many IT types, especially verbal IT, which is predominant over nominal IT, seem to fail in playing such a function. On the other hand, according to Gasde, the frame-setter is IP-external and is not supposed to follow the subject. Unfortunately, IT, although able to precede the subject, takes the subtopic position as its favorite position. Thus it is also difficult to label it as the frame-setting topic due to its syntactic position.

Since this taxonomy is based more on semantics than on syntax, let us take more care of semantics and put aside syntactic obstacles. Then it will be more appropriate to treat IT as a frame-setter than as an aboutness topic. Like other frame-setters, IT follows PFBB. In addition, the aboutness topic prefers definite elements. Contrarily, IT prefers generic ones. Recall that even CE can be a topic sometimes (3.2). If IT is a frame-setter, then we will get a "frame-setting + aboutness" order, which will be a more desired result than the reverse. Since Gasde's design does not cover IT, we may say that as a special subtype of frame-setters, IT can occur after the subject. It is very special in that while other frame-setters really set/add frames external to the argument structure, IT "artificially" creates a frame based on material inside argument structure. Unlike gap topics, however, IT does not "take away" anything from arguments. That special situation prevents ITs from being aboutness topics. In this respect, split topics seem to stand in the midway between the gap topics and ITs.

6.3 The Significance of IT in Topic Typology

Linguists who more or less accept the subject/topic prominence typology normally characterize so-called topic prominent languages with some types of non-gap frame-setting topics which have been known as Chinese style topics. This stereo-typed impression, however, is facing challenges from new findings such as German "free themes", which are similar with "Chinese-style topics" in several ways (see Gasde 1999).

Is there anything else making languages like Chinese and those like English or German apart in terms of topic structure? IT should be one. Perhaps split topic is another.

Frame-setting topics, to which IT may belong, as a kind of means or strategy in discourse, might be universal cross-linguistically. The key point is in what degree frame-setters are grammaticalized or to what extent they have become a genuine syntactic function.

It seems that the existence of IT, maybe as well as the split topic, and the way they occur, has provided rather strong evidence proving that the syntactic status of topics is different in Chinese on one side and so-called subject prominent languages on the other side.

1. In Chinese, the topic position is a kind of syntactic position, which is always available for referentially suitable elements, definite, generic, or somehow bigger in reference than the relevant elements in the comment, to fill in. According to Shibatani (1991), only a highly grammaticalized syntactic position allows a great semantic range. While in English it is subject that allows wide semantic range including emptiness as in the cases of the dummy subjects *it* and *there,* in Chinese it is topic that allows wide semantic range including emptiness as in the case of IT. It is clear that while in English the subject is a highly grammaticalized syntactic function, in Chinese the topic is such a one.

2. In languages where the frame-setter is a semantically or pragmatically motivated component, it is supposed to be in an IP-external position, occurring at the left periphery of the clause, as in English. As a syntactic function, by contrast, a topic may have a more internal position. In fact, many Chinese IT types, especially verbal ITs, prefer the subtopic position. Hence they exhibit clearer syntactic status.

3. Semantically, frame-setters, such as spatial, temporal, individual or conditional ones, should be taken from outside the argument structure. Only in languages where topic has already been a syntactic function, will there be strategies to "artificially" create a frame-setter inside the argument to fill in this position, as in the cases with IT and split topic. In the meantime, IT and split topic do not function as arguments so cannot function as aboutness topics.

4. Only when topic structure has been grammaticalized from a kind of pragmatic arrangement to a kind of syntactic structure, will it be possible for some topic types to develop more sorts of syntactic functions like concession, coordinating, and even to go further to become a kind of morphological phenomena. These secondary grammaticalizations do happen in Chinese with IT and some other topic types, but we will not expect such situations at all for languages like English.

To sum up, languages like Chinese, especially some of its dialects like Shanghainese really can be labelled as topic-prominent because topic there is a more grammaticalized function than that in languages like English.

6.4 Various Pathways and Destinations of Grammaticalization of Topics

Li & Thompson (1976) assume a historical cycle of topic-prominent languages into subject-prominent ones. In their viewpoint, subjects are essentially topics that have become integrated into the case frame of verbs. Related to this idea, Shibatani (1991), elaborating the data from Philippine (Austronesian) languages, convincingly illustrate how topics are gradually changing into subjects through the historical process of grammaticalization. However, the present paper shows that the grammaticalization of topics can have alternative destinations. In Chinese, some types of IT structure have become common syntactic patterns for emphasis, affirmation or concession. The original topic can become a sort of morphological element through further grammaticalization.

As far as I know, at least three major pathways can be attested. First, a topic gradually becomes a subject, as in the case with some Philippine languages; Second, a topic becomes a syntactic topic, with fixed syntactic status while maintaining its discourse functions as a topic, different from the subject in the same language. This is the case with Japanese, Korean and Bunun (Cheng 1977/1991). Finally comes the case with Chinese IT, where a topic can become a morphological element for certain syntactic functions. While the first two cases seem to be connected with aboutness topics, the last one basically occurs in frame-setting topics.

Notes

1. Other abbreviations used in gloss: Top: topic marker; Ptc: particle; Cl: classifier; Perf: perfective aspect marker; Prog: progressive marker; Dur: durational aspect marker; Exp: experience aspect marker; TAM: tense and aspect marker; Modi: modifier marker. In addition, in

examples I use a Shanghainese alphabet system designed in 1996 by a research group including me in City University of Hong Kong lead by Prof. Xu Liejiong. Some noticeable uses of letters: y [ɿ], o [ɔ], ong [ɑ̃], ang [ã], ung [oŋ], oe[ø], -q[-ʔ], uq[oʔ], uo[o], "h" after "p, t, k, ts" stands for the aspirate ['].

2. *Meq* [məʔ] is the most important and most typical topic marker in Shanghainese. Other Shanghainese topic markers appearing in this paper include: *zy* [zɿ], originally the copula, *a*, 'also, too', originally an adverb, and *to* [tɔ], 'unexpectedly', originally an adverb. After reanalysis, a process which didn't happen to their Mandarin counterparts, they all became postpositional topic markers with their original meanings more or less remaining. See Xu & Liu (1998: 103-104).

3. In Gasde's scheme, frame-setting topics should be IP-external and should not follow the subject of the clause. Accordingly ITs in (39b) could not be frame-setters. However, it is hard to treat ITs as aboutness topics. In Section 4.3, we will see more properties IT shares with other frame-setters. Reasons for the frame-setter analysis are given also in 6.2.

4. Although (44c) is acceptable, it sounds marked and is less likely to be attested in text than (44a, b), because the negative is kind of bounding means and ITs prefer to be unbounded (c.f. 2.3, 4.3.5).

5. If there is a whole-part relation between topic and object, the topic can contain a demonstrative and/or a numeral, as in *Wo (zhe) san ge li chi le liang ge* 'I ate two of the three pears', lit. 'I (this) three Cl pears eat Perf two Cl'. This is a frame-setting topic construction, but is not a split one, since the two separate parts cannot be combined into one phrase.

6. That is why linguists think bare NPs in Romance languages are predicative because they cannot serve as arguments, c.f. Chierchia 1998.

7. See Xu & Liu (1998: 228-237) for a discussion of the contrasting function of topics and its relationships with other functions topic may play.

8. Cantonese *thungmai* 'and' is an exception. It can be used for NPs, VPs and clauses.

References

Chafe, W. 1976. Givenness, contrastiveness, definiteness, subjects, topics, and points of view. In C. N. Li (Ed.), *Subject and Topic*. New York: Academic Press.

Cheng, H-H. 1977/1991. *Topic and Focus in Bunun*. Taipei: Monograph 72 of Institute of History and Philology, Academia Sinica.

Chierchia, G. 1998. Reference to kinds across languages. *Natural Language Semantics*, 6(4), 339-405.

Comrie, B. 1988. Topics, grammaticalized topics, and subjects. *Berkeley Linguistics Society*, 14, 265-219.

Croft, W. 1990. *Typology and Universals*. Cambridge: Cambridge University Press.

Dai, Q. X., Liu J. H., & Fu, A. L. 1991. Karen Language. In Dai Q. X. *et al*. (Eds.), *Zangmianyu 15 Zhong (15 Tibeto-Burman Languages)*. Beijing: Yanshan Press.

Gasde, H-D. 1998. Topics, foci and sentence structure in Mandarin Chinese. *Sprachtypol. Univ. Forsch*. Berlin (51), 43-94.

Gasde, H-D. 1999. Are there "Topic-prominence" and "Subject-Prominence" along the lines of Li & Thompson (1976). Konstanz: 21st Conference of German Linguistic Society.

Gasde, H-D., & Paul, W. 1994. Functional categories, topic prominence, and complex sentences in Mandarin Chinese. *Linguistics*, 34(2), 263-294.

Haiman, J. 1978. Conditionals are topics. *Language*, 54(3), 564-589.

Hopper, P. J., & Traugott, E. C. 1993. *Grammaticalization*. Cambridge: Cambridge University Press.

Li, C. N. 1981. *A Functional Reference Grammar in Mandarin Chinese*. Berkeley: University of California Press.

Li, C. N., & Thompson, S. A. 1976. Subject and topic: A new typology. In C. N. Li (Ed.), *Subject and Topic*. New York: Academic Press.

Li, R. L., & Chang, S. H. (Eds). 1997. *Dongci Weiyu Ju* (Verbal Predicate Sentences). Guangzhou: Jinan University Press.

Liu, D. Q. 2001. *Lunyuan fenlie-shi huati jiegou* (Argument-split topic structure).

In *Yuyan Wenti Zai Renshi* (*New Recognition of Linguistic Problems: In Honor of Prof. Zhang Bin at his 80*). Shanghai: Shanghai Education Press.

Liu, D. Q., & Xu, L. J. 1998a. *Jiaodian yu beijing, huati ji hanyu lian-zi ju* (Focus, background, topic and *lian* sentence in Chinese). *Zhongguo Yuwen* (*Chinese Language and Writing*), 4, 243-252.

Liu, D. Q., & Xu, L. J. 1998b. *Putonghua yu Shanghaihua zhong de kaobei-shi huati jiegou* (Copying topic structure in Mandarin and Shanghainese). *Language Teaching and Research*, 1, 85-104.

Paris, M-C. 1998. Focus operators and types of predication in Mandarin. *Cahiers de Linguistique-Asie Orietale*, 27(2), 139-159.

Sasse, H-J. 1995. Prominence Typology. In J. Joachim *et al.* (Eds), *Syntax: An Internatinal Handbook of Contemporary Research*. Berlin & New York: Walter de Gruyter.

Schiffrin, D. 1992. Conditionals as topics in discourse. *Linguistics*, 30(1), 165-197.

Shibatani, M. 1991. Grammaticalization of topic into subject. In E. C. Traugett, & B. Heine (Ed.), *Approaches to Grammaticalization* (Vol. II). Amsterdam: Benjamins.

Tsao, F-F. 1987. On the so-called "verb-copying" construction in Chinese. *Journal of Chinese Language Teacher's Association*, 22(2), 13-43.

Wang, Z. J. 1994. *Zangyu Lhasa Kouyu Yufa* (A Grammar of Spoken Lhasa Tibetan). Beijing: Central Nationality University Press.

Xu, L. J., & Langendoen, D. T. 1985. Topic structures in Chinese. *Language*, 61(1), 1-27.

Xu, L. J., & Liu, D. Q. 1998. *Huati de Jiegou yu Gongneng* (*The Structure and Functions of Topics*). Shanghai: Shanghai Education Press.

Zhu, D. X. 1978. *De-zi jiegou he panduan ju* (The *de*-construction and judgement sentences). *Zhongguo Yuwen* (*Chinese Language and Writing*), 1 & 2.

(The article was first published in *Journal of Chinese Linguistics*, 32(1), 20-64, in 2004.)

话题理论与汉语句法研究

零、引言

　　话题是个来自语用或语篇的概念，在当代语言学中逐渐进入语法学领域，尤其被汉语研究者重视，在普通语法学理论中占据日益重要的地位。但话题在汉语这种话题优先语言的句法系统中的确切语法地位是什么，仍有不少争议。本文简要回顾当代语言学话题理论及汉语话题研究的发展脉络，总结徐烈炯、刘丹青（1998）一书及后续系列论文的研究成果，结合理论讨论和实例分析，来说明在汉语这种话题优先的语言类型中，话题不仅是一个语用／话语成分，而且是一个基本的句法成分，对句法系统的许多方面产生了广泛而深远影响。所以，话题问题的研究可以大大深化汉语句法的共时与历时研究。反之，套用非话题优先语言的处理法，只在语用平面处理话题而无视话题在汉语中的句法性，将无法面对汉语中大量共时和历时现象，无法构建具有广泛的事实覆盖面和足够的共时历时解释力的汉语句法理论。

一、当代话题理论的发展脉络和研究取向

　　话题（主题）概念进入汉语语法学几乎与话题进入语法学理论视野同步，汉语始终充任话题理论发展的沃土之一。这本身就因为汉语是话题优先语言，话题结构特别发达，对汉语事实的关注和理论思考自然会导致话题问题的凸显和话题理论的发展。而话题理论发展的主线，正是

越来越注意到话题的句法属性或话题在句法系统中的作用。

早期话题研究的共同点是将汉语话题等同于主语。

赵元任是较早（假如不是最早）将话题（主题）概念引入汉语语法研究中的学者，他（赵元任 1948/1952：16）说，"在汉语的句子里，主语可以从字面解释成主题，谓语不过是跟主题有关的话。谓语不一定要指主语所指的那个东西的动作或特性。"

美国描写学派主将之一霍凯特是较早将话题引入一般语法理论的学者，他将话题概念用作普遍概念，但还是重点分析了汉语话题和主语的关系（霍凯特 1958/1986：217—219）："主谓结构的一般的特点可以从它的直接成分的名称'话题'和'说明'两个术语来认识：说话人先宣布一个话题，然后就它作出说明。"同时指出在欧洲语言里话题和主语的一致有时达不到，如"That new book by Thomas Guernsey I haven't read yet"，起首的 that new book by Thomas Guernsey "是句子的话题，虽然不是主语"。但又马上补充说这一看法"不适用于汉语。""汉语的说明部分有许多本身又由话题和说明两部分构成，所以汉语的句子可以像中国的套盒那样在主谓式里面包含主谓式。例如'我今天城里有事'，'我'是话题，其余部分是说明。'今天城里有事'，'今天'是话题，其余部分是说明。'城里有事'，'城里'是话题，'有事'是说明。甚至不包括'话题'的'有事'有时也能作为一个完整的句子轻易地站住。汉语中话题和说明间的联系在我们看来是异常松的。"这段话显示在分析汉语时，霍凯特跟赵元任一样是将话题和主语等同起来的。

汉语结构主义语法的主要代表之一朱德熙（1982：96）也持类似的观点："说话的人选来作主语的是他最感兴趣的话题"。

话题主语等同说的重要贡献是在语法分析中提供了"话题"这一全新的思路，其局限是掩盖了两者的差别，也难以在此框架内发现话题不同于主语的句法属性和作用。既然两者等同，那么话题就成了主语的同义语，除了说明主语的语用功能，在句法上就全无必要了。所以，如果严守话题主语等同说，到一定阶段反而会影响对话题独特句法属性的发掘。对话题主语等同说最有力的反证是主语有时确实不做话题。例如，用来回答"谁走了"的"小张走了","小张"是主语和语用上的焦点,绝不是话题,此时也绝不能带话题标记(——谁走了?——*小张么,走了)。

得益于日语话题和主语标记有别的特点,日本学者较早区分话题和主语,如三上章(1960,转引自杉村博文 2005)。"象鼻子长"这一话题结构的著名例句就是他最早分析的,其 1960 文的标题就是"象は鼻が長い",其中は/wa 是日语的话题标记而が/ga 是主语标记。

话题理论迈出的一大步是 Li & Thompson(1976)提出主语-话题类型学。此文初步探讨了话题与主语的不同特征(虽然不排斥它们有时交叉),并据此分出了话题优先、主语优先、话题和主语都优先及都不优先这 4 种类型,初步肯定了在汉语、傈僳语等话题优先语言和日语、朝鲜语等话题和主语都优先语言中话题所具有的跟主语平行的句法地位。对汉语来说,此文第一次把对汉语话题的关注目光引向了句法方面。

汉语学界也开始区分话题概念与主语概念。学者们在区分语用平面和句法平面的思路下区分话题和主语,认为话题是语用成分,主语是句法成分,两者虽有交叉但并不处处等同,因为有不做句法主语的话题(范开泰 1985;陆俭明 1986)。虽然没有肯定话题的句法地位,但比起话题主语等同说来,无疑是认识上的一大进步。

话题是个逐渐引进语法学领域的新概念,在不同学派的原有理论体系中没有固定的地位,因而对话题的句法地位的认识仍有很多分歧,而且这种观点上的分歧并不跟学派之分对应,出现了学派内部有分歧而学派之间有共识的有趣现象。形式学派和功能学派都有人将话题视为句法成分,两个学派也都有人认定话题只是语用成分而非句法成分。还有介于两者之间的观点。参看徐杰(2003)的综述。徐杰(2003)本身就选择了一种中间道路,认为在汉语这类语言中话题既不仅仅是一种语用功能,也不是一种真正的句法成分,而是某些成分所具有的一种"语法特征"。但这种语法特征到底是句法特征还是非句法特征,仍没有很好地回答,问题并没有完全解决。

二、汉语话题的语用研究和句法研究

由于话题既有语用/篇章属性，也有句法属性，因此对它的探讨也可以有不同的侧重点。

曹逢甫（Tsao 1977/1995）也许是汉语学界第一本话题研究的专著，书名"主题在汉语中的功能研究——迈向语段分析的第一步"显示其关注的重点是话题的语篇属性，书中对话题的跨句主题串（即话题链）功能的探讨尤其着力，并将此作为话题的重要属性。他认为"主题是语段概念，常常可以将其语义范围扩展到一个句子以上"，"主题在主题串中控制同指名词组代名词化或删略"（Tsao 1977/1995: 39）。张伯江、方梅（1996）借鉴 Halliday 的主位-述位理论以北京口语材料深入讨论了与话题有关的功能。该书关注的主位与话题有很大的交叉，而主位的主要类别之一就是话题性最强的"话题主位"，因此该书对主位的表现形式、标记主位的句中语气词、主位的信息地位和主位的易位现象的探讨，在很大程度上也可汇入话题的功能研究成果。

徐烈炯、刘丹青的《话题的结构与功能》（1998）是国内第一部充分肯定汉语话题的句法属性并着重从句法角度分析汉语及其方言的话题结构的专著，书名中的"结构"二字流露了这一倾向，尽管书中也有不少话语功能方面的探讨。该书的主要新见在于从语用功能语法化的角度揭示常为人忽略的话题的句法性。作为语用/篇章成分的话题在很多语言里有，但此书第一次明确提出汉语这类话题优先语言中话题完全有资格成为一个与主语并列的句法单位，因为众多形态句法表现显示其语法化（成为句法成分）的程度非常高，尤其在吴语中。详细论证请看原书。本文将沿着这一思路做进一步的论述。

曹逢甫（1977/1995），张伯江、方梅（1996）的功能研究和徐烈炯、刘丹青（1998）的句法研究并不矛盾，它们体现了某种分工——重点关注语用的话题还是句法的话题。

三、汉语中作为句法成分的非典型
话题——句法的话题和语用的非话题

话题优先语言中的话题不仅是一种语用成分，而且是一种基本的句法成分，它会对句法系统产生深远的影响。最根本的后果，是使话题成为语法系统中一种基本的、现成的、常规的句法功能或曰句法位置。除了徐烈炯、刘丹青（1998），徐烈炯（2002）等用汉语事实所做的论证外，这里还想集中展示一下汉语话题句法性的一个突出表现，这便是存在很多非典型话题。这些非典型话题包括受事次话题（我黄鱼不买）、论元分裂式话题（我黄鱼买了三条）和同一性话题（又称拷贝式话题：我黄鱼也喜欢吃黄鱼，但现在吃得很少｜他聪明挺聪明，就是不太用功）。这些话题在徐烈炯、刘丹青（1998）及一些后续论文（刘丹青2001a，2001b，2009；Liu 2004）中已有较详细的描写和分析，这里只是将它们的一些共同特点集中展示一下。

3.1 非典型话题的话题属性

在指称方面，这三类话题要么是有定（definite），要么是类指（kind-denoting，generic），而排斥无定的成分，这典型地符合话题的指称属性。如"他黄鱼不买"（类指）、"他这条黄鱼不买"（有定）、"*他三条黄鱼不买"（无定）。吴语受事次话题比普通话更为常用，于是有人分析为 SOV 句式，但宾语的无标记匹配指称义是无定，宾语位置排斥无定是难以理解的，可见这种受事是话题而非宾语。分裂式话题将受事论元中的光杆名词部分放在动词前，显示其表示类指，而无定的成分放在动词后，不能倒过来。如"我黄鱼买了三条~*我三条买了黄鱼"。名词性的同一性话题主要是光杆类指名词（我黄鱼也吃了一点黄鱼），排斥无定名词（*我一点黄鱼也吃了一点黄鱼）。谓词性同一性话题只接受无界成分（不受程度、时体一类限定），排斥有界成分（他聪明挺聪明～*他挺聪明挺聪明｜他吃也吃了～*他吃了也吃了），而谓词的无界性与名词的类指性相对应（类指其实也是无界的表现之一）。

在信息结构方面，这三类话题都倾向于由已知信息充当。虽然不完全排斥新信息，但对信息焦点和对比焦点是强烈排斥的，只允许有话题性的话题焦点。这也体现了这些成分的话题属性。例如在回答"他买了什么"时，不能说"他黄鱼买了"而必须说"他买了黄鱼"，因为对疑问代词"什么"的回答"黄鱼"必然是信息焦点，不能充当话题。再看"他黄鱼不买，带鱼买了三条"，"黄鱼"是与"带鱼"对比的话题焦点，后面还有对比性的谓语（包括所带的宾语"三条"之类）作为述题焦点，所以可以前置于动词。

在语义关系方面，当话题和述题有共同或相关的部分时，这些话题结构通常都符合"框架大于内容"原则（详见 Liu 2004），而不能倒过来，这充分体现了话题的框架作用。如类指的分裂式话题大于无定的述题部分，无界的同一性谓词话题大于有界述题谓词。

在表达形式方面，三种成分经常使用同一套话题标记，如上海话的"末、是、也"等（详见刘丹青、徐烈炯 1998；Liu 2004），而它们都是典型的话题标记，常用于典型的名词性话题。

无论是主语还是宾语都难以涵盖上面这些特征，最合适的是统一分析为话题。

3.2 非典型话题对典型话题功能的偏离

不在句首，大大减弱话题的语篇功能，特别是话题链功能。学者们常将置于句首作为话题的必要特征之一（Li & Thompson 1976；曹逢甫 1977/1995），这与话题的语篇功能有关。句首的位置不但辖域最大，能为整个述题提供陈述对象和命题背景，而且便于"将其语义范围扩展到一个句子以上"（前引曹逢甫语）。而受事次话题在施事主语之后，不在句首（吴语中这还是前置受事的优势位置），辖域收窄，使话题的典型语篇功能大打折扣，事实上也很少具备统辖跨句话题链的功能。分裂式话题也可以充当次话题（在吴语中是以充当次话题为常），话题功能同样受限。同一性话题是三类话题中最倾向于做次话题的，况且以谓词性话题（他聪明是挺聪明）为主，离典型话题更远。

生命度通常低于主语。受事次话题、分裂式受事话题的生命度通常低于主语（他黄鱼不买：他＞黄鱼），还强烈排斥高生命度的受事如人称代词等前置（我不欢喜他——??我他不欢喜）。同一性话题以谓词性为主，生命度更是低于主语。话题与生命度通常是正相关关系，生命度越高越具有话题性（参看科姆里 1981/1989）。这些成分的低生命度状况多少也导致了对典型话题性的偏离。

分裂式话题和同一性话题都存在语义理解不自足现象。分裂式话题将及物结构的一个受事拆成话题位置的光杆类指名词短语和宾语位置的量化/指称成分两个部分（他买了三条黄鱼→他黄鱼买了三条/黄鱼他买了三条），其中的话题部分自身尚不构成一个完整的论元，须联系后面的量化/指称成分才能获得理解。同一性话题自身既不担当任何论元也不做谓语或修饰语，有较高的形态化倾向，因而允许词的构成部分甚至无意义的音节担任，其语义更是不自足，如上海话"会议结也结束了"（会议早已经结束了）、"小张滑是滑稽得来"（小张可逗啦）。语义不自足的成分当然难以在语篇中充分发挥话题的功能。

违背重要的语言学原则。分裂式话题违背语言单位的距离象似性或 Dik（1997）所说的"范域整一性"原则（the Principle of Domain Integrity），让本应属于同一论元、语义上密切相关的单位分隔在动词的两端，造成某种非连续成分，这在人类语言中也是受排斥的现象。同一性话题让语义上只起一个成分作用的单位在同一句子里出现两次，语义上有形无义（对立于空语类无形有义），如"他香烟也抽过香烟"和"他聪明倒挺聪明"在论元结构和真值条件方面并不比"他抽过香烟"和"他倒挺聪明"增加什么语义内容，因而实际上是一种显著违背语言经济原则的现象。

3.3 话题位置接纳非典型话题反映话题的句法性

上述非典型话题的话题性，说明只有定性为话题才能概括它们的共同点和这些结构存在的依据，而它们偏离话题属性的方面，则体现了话题在汉语中的句法性。假如话题只是一个语用成分，那么只有那些具有很强的话题语篇功能的成分才会充当话题，那些非典型话题是没有机会充当话题的，英语这类非话题优先语言正是如此。只有作为高度语法化的句法位置，才会容纳偏离原型语义和功能的成分，例如英语主语能容纳的偏离原型（施事）的成分明显多于德语的主语，英语因此被视为主语的语法化程度更高的语言（参看 Shibatani 1991）。正是因为汉语（尤其是吴语等方言）话题是高度语法化的基本句法成分，所以才能接纳大量偏离话题原型功能（如统辖话题链等）的成分。可以说，这些非典型话题在语用上已不是真正的话题，在句法上却只能分析为话题。假如机械模仿非话题优先类型的英语的处理，坚持只在语用层面处理话题，就难以面对体现汉语话题优先类型特点的语用上属非话题而句法上反而做话题的现象。

四、话题和话题标记在句法演变和语法化、词汇化中的作用

汉语话题优先的特点不是一天形成的，其句法作用也不局限于共时平面。话题的句法重要性，同样影响了汉语句法的历史演变。所以，注重话题的句法作用，还能够深化汉语历史句法学的研究。下面以两个例子做简要说明。

"是"字由指示代词在复指主语的用法中形成系词（王力 1980），正是基于话题优先的类型特点。众所周知，系动词"是"来自古汉语用来"复指主语"的指示代词"是"，可是这一重要演变的类型学机制却鲜有讨论。据我们初步了解，世界语言中的系动词来自指示词的很不多

见，这一发展也不像典型的语法化——很难说指示词和动词孰实孰虚。实际上，这一历史句法现象的类型基础也正是话题优先。

孕育系词"是"的句法环境是下面这样的句子：

（1）[富与贵]ᵢ，是ᵢ人之所欲也。(《论语·里仁》)

假如"富与贵"是主语，那么在主语优先的语言中，它总是直接充当判断命题的主辞，不会劳烦代词来复指。而汉语自古有话题优先的倾向，话题结构非常常见，即使是主语也常被话题化。句法上，（1）中真正的主语是代词"是"，"富与贵"则被提到话题的位置，不再是主语。主语复指话题，就像宾语、介词宾语也经常复指话题一样。例如：

（2）[用之则行，舍之则藏]ᵢ，唯我与尔有是ᵢ夫！(《论语·述而》)

（3）[巧言、令色、足恭]ᵢ，左丘明耻之ᵢ，丘亦耻之ᵢ。(《论语·公冶长》)

（4）[持老养衰]ᵢ，犹有善於是ᵢ者与？(《荀子·正论》)

（5）[不仁不知]ᵢ，辱莫大焉ᵢ。(《荀子·正论》)

（2）、（3）两句分别由做宾语的"是"和"之"复指话题，（4）由表示差比介词"於"的宾语"是"复指话题，意为"持老养衰，还有比这更善的吗"。（5）的"焉"是所谓"兼词"，相当于一个介词加一个指示词，表达"于此/于是"，这里也是表比较的"比这"，由其中表"这"的成分复指话题，意为"不仁不知（智），耻辱没有什么比这更大的了"。

由此可见，句首出现话题，后面相应位置用指示代词复指话题化的成分，是先秦汉语的常见现象，体现了先秦汉语已有话题优先的倾向（先秦汉语也有不用代词复指话题的空位话题结构，如《论语·季氏》"夫颛臾ᵢ，昔者先王以[tᵢ]为东蒙主"，此不赘）。判断性名词谓语（即表语）的主语"是"复指话题化的命题主辞也是众多这类现象之一。只是因为先秦汉语缺少系词，主语位置的复指代词有机会吸收整个结构的判断关系而重新分析为系词，原来的话题相应重新分析为主语，而其他复指代词因为不在这种敏感位置而没有机会如此重新分析。话题演变为主语在其他语言中也发生过，例如一些班图语言，而且也是由于充当主语的复指代词的重新分析而使话题成为主语的（Givón 1976）。班图语言和汉语的区别在于，班图语言的复指代词虚化、弱化成了动词上的附加成分，重新分析为一致关系词缀，更符合语法化的性质；而汉语的复指代词由于填补了系词的空白，且符合 SVO 语言系词居中的倾向，因而没有虚化、弱化，而是重新分析为系词。值得强调的是，这类重新分析发生的前提是复指型话题结构的高频使用。假如主语很少话题化，没让出主语位置给复指代词，就不可能出现这类重新分析。可见话题结构的广泛高频使用是"是"一类指示代词重新分析的真正推手。认识到话题优先的类型特点有助于深化对汉语历史句法的认识。

相关成分前波接后浪地语法化为话题标记，满足了话题优先对话题标记的需求。刘丹青（2004）分析了汉语及其方言中话题标记的四大来源及其演变的机制。这些来源是：疑问标记、时间标记、系词、作为话题敏感算子的副词。此外，还有些话题标记来自表示话语的名词，如"的话"（江蓝生 2004），或来自体标记，如晋语的"唠"（了）、"顿"（动）（郭校珍 2003）。虽然这些成分演变为话题标记都有可解释的合理机制，但为什么同样类别的词汇项在其他很多语言中却没有演变为话题标记？根本的原因在于汉语是一种话题优先的语言，其整体类型特点决定了对话题标记的持续需求，促使这些词汇来源向话题标记的方向演化。某些方言一个话题标记尚未完全衰落就有新的话题标记从其他词汇来源中涌现出来接班。如上海话原有的非常常用的典型话题标记"末"（来源于疑问语气词），新派上海话中这一标记的使用频率只是略有降低，而来自附加问短语的"对哦""是哦"很快成为口语中新的常用话题标记。话题标记由"前世"到"今生"的这些故事已经充分体现话题优先语言中话题标记的重要性，而它们从"今生"到"来世"的故事也同样有说服力。这是指话题标记在汉语及方言中常常发生的进一步词汇化，话题标记成为很多实词和虚词的语素来源。这些与话题标记有关的词汇化之所以大量发生，说到底是因为话题标记在汉语句法中活跃而重要，因为词汇化和语法化一样，都是需要时间之溪和频率之波的灌溉滋润才能蔚为大观的（详见刘丹青 2005）。

参考文献

曹逢甫（Tsao, F-F.） 1977/1995 《主题在汉语中的功能研究——迈向语段分析的第一步》，谢天蔚译，北京：语文出版社。

范开泰 1985 语用分析说略，《中国语文》第6期。

郭校珍 2003 晋语的提顿词与话题结构，《话题与焦点新论》，徐烈炯、刘丹青主编，上海：上海教育出版社。

霍凯特（Hockett, C.） 1958/1986 《现代语言学教程》，索振羽、叶蜚声译，北京：北京大学出版社。

江蓝生 2004 跨层非短语结构"的话"的词汇化，《中国语文》第4期。

科姆里（Commrie, B.） 1981/1989 《语言共性和语言类型》，沈家煊译，北京：华夏出版社。

刘丹青 2001a 吴语的句法类型特点，《方言》第4期。

刘丹青 2001b 论元分裂式话题结构初探，《面向二十一世纪语言研究再认识——庆祝张斌先生从教五十周年暨八十华诞》，范开泰、齐沪扬主编，上海：上海教育出版社。

刘丹青 2004 话题标记从何而来？——语法化中的共性与个性，《乐在其中——王士元教授七十华诞庆祝文集》，石锋、沈中伟主编，天津：南开大学出版社。

刘丹青 2005 话题标记走向何处？——兼谈广义历时语法化的三个领域，《语法化与语法研究》（三），北京：商务印书馆。

刘丹青 2009 话题优先的句法后果，《汉语的形式与功能研究》，程工、刘丹青主编，北京：商务印书馆。

刘丹青、徐烈炯 1998 焦点与背景、话题及汉语"连"字句，《中国语文》第4期。

陆俭明 1986 周遍性主语句及其他，《中国语文》第3期。

杉村博文 2005 从功能主义的角度论现代汉语的话题化，《励耘学刊：语言卷》第1期，北京：学苑出版社。

王 力 1980 《汉语史稿》，北京：中华书局。

徐 杰 2003 主语成分、话题特征及相应语言类型，《语言科学》第1期。

徐烈炯 2002 汉语是话语概念结构化语言吗？《中国语文》第5期。

徐烈炯、刘丹青 1998 《话题的结构与功能》，上海：上海教育出版社。

徐烈炯、刘丹青（主编） 2003 《话题与焦点新论》，上海：上海教育出版社。

张伯江、方梅 1996 《汉语功能语法研究》，南昌：江西教育出版社。

赵元任 1948/1952 《北京口语语法》，李荣编译，北京：中国青年出版社。

朱德熙 1982 《语法讲义》，北京：商务印书馆。

Dik, S. C. 1997. *The Theory of Functional Grammar: The Structure of the Clause*. Edited by K. Hengeveld. Berlin: Mouton de Gruyter.

Givón, T. 1976. Topic, pronoun, and grammatical agreement. In C. N. Li (Ed.), *Subject and Topic*. New York: Academic Press.

Li, C. N. & Thompson, S. A. 1976. Subject and topic: A new typology of language. In C. N. Li (Ed.), *Subject and Topic*. New York: Academic Press.

Liu, D. Q. 2004. Identical topics: A more characteristic property of topic prominent languages. *Journal of Chinese Linguistics*, 32(1), 20-64.

Shibatani, M. 1991. Grammaticalization of topic into subject. In E. Traugott, & B. Heine (Eds.), *Approaches to Grammaticalization* (Vol. II). Amsterdam / Philadelphia: John Benjamins.

（原载《当代语言学理论和汉语研究》，商务印书馆，2008年）

话题优先的句法后果

一、引言

　　话题是一个来自语用/语篇的概念，但话题优先（topic-prominence，或译为话题突出）不只是一种语用现象，它作为某种语言的一项基本类型特征还会在句法系统留下广泛的影响。话题优先表现在话题成为语法系统中一种基本、现成而常规的句法位置，在句法系统中被高度凸显，而不仅是作为一种语用成分。它不但使语用上的话题可以充分利用这种位置得到句法实现，而且还可以让话题位置完成在其他语言中由其他成分或手段完成的表义任务，随之形成很多难见于非话题优先语言的话题结构种类。这与其他某个要素在某种语言的句法中占据优先地位而发生的情况是一致的。例如在英语中，比较级是一种高度语法化的凸显范畴，有专用的形态（后加 -er 或前加 more）、专用的虚词（than）和专用的构式（adj-er than 和 the adj-er, the better）。英语就非常"善于"利用这现成的句法便利，用比较级形态及构式表达很多在其他语言中用其他手段表示的语义内容。例如：no longer~ 不再；earlier/later than X~ 在 X 之前/之后；higher wage, shorter working time~ 增加工资、缩短工时。这些比较级表示的内容在汉语中都是用非比较式表示更加自然。[①]

[①] 其他例子如：英语中由专门形态表示的现在时一般体（惯常体），古代汉语的使动句式，现代汉语用动结式表达的结果范畴、用动趋式表达的趋向范畴、用"把"构造的处置范畴，日语的主格标记 ga 和话题标记 wa 构成的语法对立，藏语的动词自主非自主形态对立，壮侗语和吴粤等汉语方言中多功能且多样的量词/分类词，等等，它们作为各自语言中被凸显的语法手段，都发挥着超出其原型意义的作用。例如，英语 "He speaks English" "Bill smokes after meals" 这些用现在时一般体表达的句式，译成汉语就得加上情态词语，说成"他会说英语""比尔通常用餐后抽烟"等。而像汉语用动结式和动趋式表示的很多内容，在其他语言中要用多种不同的手段来表示。即使像英语那样有动结式（make clear, make sure, paint white），也仍不够发达，不足以用来直译汉语动结式的多样化语义，如"放大、砸扁、烫伤、笑疼（肚子）、练熟、裁小（了）、烧咸（了）、唱走（调了）"等。

本文基于徐烈炯、刘丹青（1998）出版之后笔者关于话题的系列论文（刘丹青 2001a，2001b，2004；Liu 2004）以举例的方式探讨话题优先在汉语中的几种句法后果。

二、汉语中的特殊话题结构

2.0 汉语中存在一些特殊的话题结构

这些结构中的"话题"既保留了话题的一些基本属性，并遵循话题结构的一些限制条件，又多少偏离了在世界语言中广泛存在的语用话题的某些属性。话题优先的总体句法类型环境孕育了这些特殊的话题结构，它们难以在非话题优先的语言中存在。它们的存在既满足了汉语句法对话题结构的偏好，又让其发挥一些特殊的表达作用，其中有些语义语用内容在其他语言中是不会用话题结构来表达的，正像英语中用比较级表达的某些内容在其他语言中是不会用比较结构表达的。这些话题结构还有机会发展成表达特定意义的构式（construction）。这些话题结构的又一个特殊之处在于它们常常违背语言的某些重要的原则或倾向，这也是它们难以在非话题优先语言中立足的原因之一。

2.1 受事次话题结构和次次话题结构

Li & Thompson（1976）、曹逢甫（1977/1995：38）等都将居于句首作为话题的基本属性之一。当然，从更多的类型学资料来看，话题并不是必然居首的，但不居首的话题主要是居末，如非洲 Haya 语（Gundel 1988）和北美 Ojibwa 语（Siewierska 1988：86—88 所引），此时话题仍与句子其他部分形成述题-话题两分格局，各自遵循"范域整一性"原则（the Principle of Domain Integration，Dik 1997：402）。句首的位置既便于在辖域上统领全句、充当起点，又便于发挥对话题链的统领作用。但在话题结构超常发达的汉语中，除了句首这个话题的优先位置外。句首之后的其他位置也存在话题的句法位置，特别是吴语、闽语等汉语方言中，主语之后是受事话题的常居之位，我们称之为次话题（徐烈炯、刘丹青 1998：§2.4，§6.5），码化为 STV，T 指受事次话题（受事主话题就是 TSV）。它们是话题而非真正宾语的属性体现为：

1. 动词前的受事必须是有定或类指的，也常常同时是已知信息。这些都是话题的基本指称特征。如刘丹青（2001a）曾举过的上海话例句（1）：

（1）〈沪〉我黄鱼勿_不买。
（2）〈沪〉a. 我搿_这条黄鱼勿买。（次话题有定）
　　　　　b. *我三条黄鱼勿买。（次话题无定）

2. 动词前的受事不能是自然焦点或对比焦点，但可以是话题焦点（关于话题焦点，参看徐烈炯、刘丹青 1998 和徐烈炯 2002）。假如例（1）和（2）中的"黄鱼"作为话题焦点，则该句也可以出现在更大的对比性句子中：

（3）〈沪〉我黄鱼勿买，带鱼要买三条。

话题焦点按徐烈炯、刘丹青（1998）的属性是［＋对比，－突出］，其同句述题不能省略，如例（3'）中的答句 B（"％"号在此表示句子本身能说，但用于此处不合格。下同）。而对比焦点的属性是［＋对比，＋突出］，所在句子中对比焦点以外的其余部分都可以在语境明确时省略，见例（3"）：

（3'）〈沪〉A. 我黄鱼勿买，带鱼要买三条。B.[％]好，带鱼。
（3"）〈沪〉A. 我黄鱼勿买，带鱼要买三条。B. 好，（买）三条。

以上情况可以排除受事次话题的句法宾语性质，因为宾语不应该排斥焦点。

3. 尽管上海话中受事前置于动词的现象远比北京话常见，但是仍有很多情况是排斥受事前置的（参刘丹青 2001a），如：日常行为句（伊_他吃香烟个_的）、将来行为句（伊要吃香烟）、条件句（假使伊吃香烟,……)、主宾语从句(小人_{小孩儿}吃香烟勿好/呒没_{没有}看见小人吃香烟)、关系从句(吃香烟个老人)。这使吴语的 SVO 大格局得以保留。这些动宾句的共同点是话题化动因受到抑制,其句子类型在各种语言中都是排斥话题化的(包括排斥话题标记)。整句焦点是抑制话题化的因素,如日语整句焦点句的主语用主格标记 ga 而不能用话题标记 wa(参 Lambrecht 1994:223)。上海话中,整句焦点也排斥受事话题化及话题标记(如"末"):

(4)〈沪〉A:外头啥个声音?
　　　　B:老王辣海_在杀大雄鸡。/ [%]老王大雄鸡辣海杀。/ [%]老王末辣海杀大雄鸡。

而同样的成分,在不排斥话题化的句法环境中是可以次话题化的,也常带话题标记:

(5)〈沪〉A:老王大雄鸡辣海杀哦_{老王在杀大公鸡吗}?
　　　　B:老王大雄鸡辣海杀(,小雄鸡勿准备杀)。
　　　　B':老王末大雄鸡辣海杀。
　　　　B":老王大雄鸡末辣海杀。

4. 有一些句法环境是强烈倾向于使用受事话题并且以次话题为主的(参徐烈炯、刘丹青 1998:252—253),主要包括是非疑问句(伊香烟吃哦?)和否定句(伊香烟勿吃)。在是非疑问句中,受事都是已知信息或预设的对象;而在否定句中,受事是类指性的成分。这些都是增强话题性的因素(详刘丹青 2001a,2002)。肯定陈述句受事的前置比例低得多,特指疑问句中作为焦点的疑问代词受事在统计语料中全部后置于动词。[①]

由此可见,在上海话这样的吴语中,受事位居主语后动词前的位置虽然相当常见,但仍要受诸多话题性条件的制约,这些前置的受事仍未脱话题本性,并非真正的宾语。

---

① 比较古代汉语疑问代词宾语强制前置,可见受事话题与前置宾语截然不同。此外,否定句受事次话题必须在否定词前,而古汉语否定句如"不吾知"前置的代词宾语在否定词之后,再次显示受事话题与古汉语宾语前置各占不同位置,没有渊源关系。

另一方面，次话题也确实对典型话题功能有所偏离。

最突出的表现是话题链功能的减弱。话题的一个重要功能是为相关的后续小句提供共享的话题，形成话题链（曹逢甫 1977/1995：37—39），体现一定的话题延续性（topic continuity）。话题所在小句的后续小句的共享话题不必再显性出现。比较起来，次话题的篇章功能确有减弱。由于不居句首，句法范域（domain）收窄，只能以后面的部分为述题，对后续小句的影响力降低，很难再有对话题链的控制力。请看刘丹青（2001a）举过的北京话受事主话题和上海话受事次话题的例子：

（6）〈京〉黄鱼（，）我不买，（$^{??}$黄鱼）他也不买（$^{??}$黄鱼）。

（7）〈沪〉我黄鱼勿买，伊$^{??}$（黄鱼）也勿买。

北京话受事话题倾向于位于句首（用方梅（1997）的话来说，"在由 NP_1NP_2V 构成的话题句中，NP_1 的施动性小于 NP_2"，即 NP_1 优先理解为受事话题），这是主话题。受事主话题常可带上停顿而左向出位（left-dislocated），这种逸出小句主干的位置有利于其俯瞰整个话题链，将其话题辖域扩展到后续小句。在此情况下，后一分句由于受整个话题链之首的前一分句话题的管辖，其与话题"黄鱼"同指的论元以省略为佳，否则无论放在话题位置还是宾语位置都不自然，如例（6）所示。上海话受事话题倾向于在施事主语后做次话题，这种位置更加内嵌，一般后面不停顿，也无法将其话题性延伸到下一分句，所以例（7）的后分句与前分句次话题同指的"黄鱼"仍要出现。

此外，受事次话题的生命度通常低于主语，还强烈排斥高生命度的受事如人称代词之类前置（我勿欢喜伊——$^{??}$我伊勿欢喜）。话题与生命度通常是正相关关系，生命度越高越具有话题性[①]，次话题对高生命度的排斥也体现了对典型话题性的偏离。

总而言之，吴语的次话题，既有淡化话题的语用功能、趋近句内成

[①] 如科姆里（1981/1989：247—248）在分析生命度和话题性的关系时指出"假设我们有独立的证据，例如由语篇结构的分析表明，有某些名词短语比较倾向于作为话题出现，那么我们可以进而发问，这种倾向是否跟我们已经提出的生命度等级有密切联系。而结果表明确实存在程度很高的相互联系，两者几乎完全一致，甚至在某些情形里还可以进一步发展，例如像第九编第一章所建议的可把不同的话题价值度分配给个别语法关系和语义角色。"

分身份的方面，也有继续遵守话题常规限制的方面，仍不宜看作句法宾语。此外，下面将讨论的分裂式话题结构 STVO 也明确显示这种次话题并不影响宾语位置的存在，例如（3）的后一分句及相关的"我<u>黄鱼</u>买了<u>三条</u>"等。

从历时角度说，受事次话题假如放宽指称和信息属性方面的话题性限制，理论上有可能演化为真正的宾语，形成新生的 SOV 类型（参看刘丹青 2001c），但是上海话的受事次话题并未发展到这一步。吴语的各类受事次话题，其实在北京话中也存在，只是常用度和句法化程度不如吴语，需要更强的语篇和信息动因。例如，在对比性话题中，完全可以说"我鸡不吃了，汤再喝点儿"，其中"鸡"就是次话题。再如"你敬酒不吃吃罚酒"的说法也表明否定句比肯定句更容易用次话题。除了次话题外，在某些结构中，话题还可以出现在及物动词直接管辖下的内嵌更深的位置，可以称之为"次次话题"①。

无论是次话题还是次次话题，在英语这种非话题优先的语言中都无法存在。这些语言只能有在强大的语话动因促成的具备主要话题属性的句首出现的受事话题，而不容许话题出现在主语和谓语动词之间。而且在实际语篇中，受事因话题化前置只占微不足道的比例。（参见 Steele 1978）只有在话题已经成为一种基本句法成分的语言中，才可以在句子中留有内嵌较深的次话题句法位置，以放置一些非典型话题成分。

2.2 论元分裂式话题结构

这是指上一节已提到的"我<u>黄鱼</u>买了<u>三条</u>"这类结构（详见刘丹青 2001b）。这种结构让一个受事类论元分裂成两个部分，其中的光杆名词

---

① "次次话题"即在动词后仍带有话题标记的论元，如：
  〈沪〉我请小张末，负责业务工作，小李末，负责行政事务。
  〈沪〉伊拨仔_{给了}儿子末一幢房子，拨仔囡儿_{女儿}末一只钻戒。
这种成分的话题性，详见徐烈炯、刘丹青（1998：75—79）的分析。
  〈港粤〉我畀五百文（*啊,）你。

短语（不带指称、量化成分的 NP）放在动词前或句首，指称、量化成分（他衬衫买了这件/三件）或"XP 的"（衬衫他买了蓝的）放在动词后的宾语位置。总体上，分裂式话题在官话中用得偏少，出现时以居句首位置为主，在吴语、闽语等南方方言中这种话题非常常见，以占据次话题位置为主。

这种结构中前置的受事 NP 的话题性体现在以下几方面：

1. 光杆名词短语是汉语中类指成分的典型形式（刘丹青 2002），强制性的光杆 NP 更是只能理解为类指（而表有定或无定的光杆 NP 则可以让隐性的指称量化成分显形，如"客人来了"可以说"那些客人来了"）。类指正是话题的两种主要指称类型之一（另一种是有定）。

2. 话题就其与述题的关系而言，可分为关涉话题（aboutness topic）和框架设置话题（frame-setting topic、frame-setter，简称框架话题）两大类（参见 Gasde 1999）。关涉话题是谓语核心的一个论元，特别适合有定 NP 充当，如"这本书我看过"；框架话题为句子提供命题有效性的环境框架，特别适合时空成分、光杆/类指 NP 及条件句充当，如"水果，他最喜欢吃苹果"中的类指名词"水果"就是框架话题。分裂式话题是将本属一个论元的成分拆成类指和指称/量化两个部分，其中的类指成分充当框架话题，指称/量化成分充当宾语，实际上是在论元内部提取类指成分做框架环境的一种特殊操作。

3. 类指成分是无界成分，而有定成分或数量成分都是有界成分。论元分裂后，这种话题和述题成分就形成了无界对有界的关系，是一种大于的关系（无界＞有界）。这种遵守"框架大于内容"原则的关系广泛见于其他各种框架话题结构，如时空话题"图书馆同学们都在看书"（空间上"图书馆"＞"同学们"/"书"），上位词话题"水果他最喜欢苹果"（"水果"＞"苹果"），分裂话题"他衬衫买了三件"（"衬衫"＞"三件"），以及下文的同一性话题"香烟他也抽过一些香烟"（无界的"香烟"＞有界的"一些香烟"）。这些充分显示了分裂式话题与其他框架话题的一致性。

4. 虽然分裂式话题结构原则上允许在宾语位置出现有定指成分

("衬衫他买了这件"),但绝大多数实例的宾语位置是数量成分,整个句子都用来突出作为句末自然焦点的数量成分,而在动词前的光杆名词短语则退居背景的信息地位,这也符合话题的特性。这种结构的存在使得汉语有一种方便的手段,可以仅让论元的指称/量化成分而非整个论元成为自然焦点。无此结构的语言多靠重音来显示其中的焦点,如 He bought THREE shirts。

5. 分裂式话题与受事次话题有一定的同构性。分裂式话题在吴、闽等南方方言中更常用,其优势位置也是在主语之后动词之前的次话题位置。实际上,两者在吴语中形成了一种分工合作关系——受事次话题主要实现有定受事的整体话题化,分裂式话题则主要实现无定受事的部分话题化,两者都满足了汉语句法对话题结构的偏好。两者的同构性也反过来证明,受事次话题不是句法上的宾语,因为即使在受事名词语前置的情况下,宾语位置也只是可选性地空缺,完全可以由指称/量化成分在动词后的句法宾语位置上显性呈现。

另一方面,分裂式话题也存在一些偏离常规话题的地方。

1. 在吴语等南方方言中,分裂话题的优势位置是动词之后的次话题位置,因此次话题偏离话题典型功能之处(辖域缩小及话题链功能的减弱消退等),也是分裂式话题偏离典型话题功能之处。

2. 分裂式话题在整句的语义理解上不是一个自足的单位,它必须与宾语位置的指称/量化成分结合起来才能被完整理解,这种不自足性也影响其话题功能的发挥。

值得注意的是,分裂式结构还有一个重要的特点——违背语言单位的距离象似性或 Dik(1997:402)所说的"范域整一性"原则,让本应属于同一论元、语义上密切相关的单位分隔在动词的两端,造成某种程度的非连续成分,这在人类语言中是被排斥的。此外,分裂式话题也比一般受事话题少了一些结构上的动因,如避免宾语和某些补语在动词后相遇并排斥,因为分裂式话题结构没有腾出宾语位置。

尽管分裂式话题不具备话题的部分功能,并违背某些重要的人类语言的原则或倾向,也缺少受事话题的某些结构动因,但在汉语中仍能存在，并且在部分方言中成为很常用的基本句式，与这些方言整体上更强的话题优势特征也相吻合。而在话题优先性不如普通话，更不如吴语、闽语的粤语（参看刘丹青 2000）中，基本上不接受分裂式话题。英语等非话题优先语言更是完全不存在分裂式话题结构。这些都显示了分裂式话题结构与话题优先程度的高度相关性。

2.3　同一性话题结构

同一性话题结构原称拷贝式话题结构（刘丹青、徐烈炯 1998；徐烈炯、刘丹青 1998），Liu（2004）改称同一性话题（identical topic）。同一性话题普遍存在于古今汉语和其他汉藏语言，除了被关注得较多的动词拷贝结构（"他走路走累了"）外，还存在很多其他的类型，有些类型主要见于吴语等方言中。同一性话题有名词性的（"主任他也当过主任""香烟我也抽过香烟"）和谓词性的（"他聪明是聪明，但是不努力"），实例以谓词居多。这是因为同一性话题结构主要用来表达强调或确认以及与确认有关的让步。名词性成分的强调有分裂结构（"是小王开的门""小王是昨天买的书"）等多种焦点化手段，而谓词的强调手段相对缺乏，所以同一性话题主要成为强调或确认谓词的手段。

同一性话题的下列属性体现其明显的话题属性。

1. 话题和述题中的相关成分虽然词项相同，却有无界和有界之别。其话题部分必须是光杆名词短语或不带时体标记和度量成分（数量时量补语）的动词短语，都是无界的；而述题中的相应成分却是有界的，可以随时加进指称/量化成分。这种无界对有界的关系形成一种"大于"关系，这符合框架式话题"框架大于内容"原则（详 Liu 2004）。如：

（8）他（*一个/*这个）主任倒是一个主任。

（9）他（*一所/*这所）大学也上了这所大学。

（10）a. 他答应倒答应了三次。

　　　b. *他答应了三次倒答应了三次。

c. *他答应了倒答应了三次。

　2. 同一性话题的不同小类处在句法化的不同程度中。其中句法性较低的种类有明显的假设条件功能，可以换成条件小句来表示，如"去就去（假如要去，就去）""——没有米饭，只有面条。——面条就面条（假如是面条，就吃面条）"。而语法化程度高的小类，也可以用有条件成分"要"的话题标记"要说"来解释，如"他聪明也挺聪明"相当于说"要说聪明，他也挺聪明"。条件小句本身有话题性，条件小句标记也与一般的话题标记相通，同一性话题与条件句和条件标记的关系也显示了同一性话题的话题性。

　3. 充当同一性成分前项的往往是已知信息，而后项连同其新增的指称、时体、量化成分，是强调的新信息和焦点。由于其中的实词部分已在话题部分出现过，这种结构主要用于对相关属性或行为的确认，有焦点作用，同时也常表示让步——让步就是为了转折而先肯定某种断言。

　4. 同一性话题与分裂式话题有一定的同构性，都是在话题和述题部分有相关的部分。同一性话题有完全叠合的词项，分裂式话题是两个成分共同组成一个完整论元。此外，两类话题都是取光杆/无界形式，共同遵守框架话题的"框架大于内容"原则。

　5. 同一性话题出现的主要位置是次话题位置，这是与受事次话题和分裂式话题的共有属性。

　6. 同一性话题经常使用话题标记，如上海话的"末、是"等（详刘丹青、徐烈炯 1998；Liu 2004），而它们正是最典型的话题标记，常用于典型的名词性话题。

　但是，同一性话题也存在一些偏离话题性的方面。

　1. 作为同一性话题主体的谓词性话题比受事次话题和分裂性话题更难放到主语前改做主话题，也更没有话题延续性。而且该话题已经在本小句又作为谓语被确认和强调了一次，就没有机会再在下句被作为话题谈论了，比较：

　（11）伊衬衫买了三件/衬衫伊买了三件，不过 [e] 侪勿合身。

（12）a. 伊聪明是聪明得勿得了。

b. ᵗ聪明是伊聪明得勿得了。

c. 伊聪明是聪明得勿得了，*聪明……

例（11），次话题"衬衫"也可以改做主话题，两种句子都可以引出以隐性的"那三件衬衫"（表现为方括号中的空范畴 e）为话题的后续小句。例（12），带话题标记"是"的同一性次话题很少有机会改做主话题。而且本句已对"聪明"做了确认，下文很难再有以"聪明"为话题的后续小句。

2. 有些同一性话题已发展出专用的整体构式意义（construction meaning）。从先秦汉语到现代普通话，"V 则/是 V"式（"恶则恶矣，然非其急者也"（《管子》）；"他聪明是聪明，就是不太用功"）作为表让步的专用构式不绝如缕。在上海话等北部吴语中，多种同一性话题句都有固定的格式和专用的意义（详见刘丹青、徐烈炯 1998；Liu 2004）。使用这些构式时，主要就是为了获得构式的专用意义，而与通常理解的话题-述题功能已没有直接的联系了，如下面两例上海话所体现的两种专用构式：

（13）伊开心是开心得来 他可真是高兴啊！

（14）（等伊到教室），结束也结束了 (考试)早已结束了。

例（13）所代表的是专用于感叹程度之高的构式，其格式为"(主语)+谓词性话题+话题标记'是/末'+带程度修饰或强调的谓词"。例（14）所代表的是专用于表达强调式完成体的构式，近似于英语的过去完成体，通常指一个行为相对于说话前的一个参照时间已经结束，强调为时已晚等。

3. 同一性话题可以只取有关词项的一个不成词语素甚至只是一个音节，如例（13）和例（14）可以说成"伊开是开心得来""结也结束了"，这说明这些专用构式中的话题已开始失去其句法成分的地位，只成为有关谓词的某种形态成分，整个构式还有形态化的倾向，更难独立发挥一个话题的作用。话题结构的形态化，符合语法化理论中从语义/语用现象到句法现象再到形态现象的常规。

4. 同一性话题的词项与后面的相关成分相同，在句子的语义结构上不增加任何内容，是一个有形的空语义成分（与无形而有语义的空语类正好相反），只具有语用或表达功能，甚至可以说违背了每个名词语都要被赋格的生成语法法则，也严重违背了语言的经济原则。

以上这些形式各异的特殊话题结构有着相当一致的内在同一性：部分失去话题的功能，同时保留很多话题的属性。这些特殊的话题结构在英语之类主语优先语言中根本不能存在。不过在亚洲以外的一些语用成分较突出的非东亚语言中有此类现象，如斯瓦希里语就存在同一性话题（例及译文均引自章培智 1990：318—319）：

（15）a. Ku<u>soma</u> ana<u>soma</u> upesi, lakini...
　　　　说到读书，他读得很快，然而……

　　　b. Ku<u>tamka</u> ame<u>tamka</u> barababa, lakini...
　　　　至于发音，他发得正确，然而……

　　　c. Ku<u>fikiri</u> nili<u>fikiri</u> sana.
　　　　要说考虑，我已经考虑了很久。

　　　d. Ku<u>fahamu</u> ame<u>fahamu</u>, lakini kutumia, bado.
　　　　懂，他是懂了，但是要用，他还不会。

各句画线的部分都是谓语部分动词词干的不定式（带不定式前缀 ku）。章书并没有指明它们是话题，但都用话题成分（要说……，至于……）来翻译，可见确实具有话题性，也多用于确认、让步等。而且，同一性话题使用不定式，正显示其无界性。这类结构出现在一本语言教学用的参考语法书中，可见其常用程度。

三、话题优先对语言共性的挑战：
关系从句及名词短语可及性序列

话题优先的类型特点使汉语的某些现象看起来偏离了语言类型学所总结的一些语言共性或倾向。这里举关系从句和名词短语可及性等级序列的例子。

Keenan & Comrie（1977）基于对50种语言的考察得出了如下名词语可及性等级序列，认为关系从句提取的句法成分遵循这一优先序列：

主语 > 直接宾语 > 间接宾语 > 旁格成分 > 领属定语 > 比较句基准

但是在汉语中，提取成分优先序列却似乎不完全遵循这一序列。汉语只有主语和直接宾语可以自然地直接提取为关系从句所修饰的核心，间接宾语的提取就已困难，旁格宾语（用前置词介引的）则已完全不能提取（不允许介词悬空）。先看下例（方括号是提取后留下的空位）：

(16) a. 老师在办公室给了学生一本书。

> b. [i] 在办公室给了学生一本书的老师ᵢ（提取主语）

> c. 老师在办公室给了学生 [i] 的一本书ᵢ（提取直接宾语）

> d. ?老师在办公室给了 [i] 一本书的学生ᵢ（提取间接宾语）

> e. *老师在 [i] 给了学生一本书的办公室ᵢ（提取旁格成分）

至此，情况很符合可及性序列。不过，按此序列，领属定语位置低于旁格成分，应该更无法被提取。然而，有些语义上属于领属成分的成分，却可以被提取，如：

(17) a. [i] 父亲死了的孩子ᵢ（<孩子的父亲死了）

b. [i] 房屋被烧毁了的居民ᵢ（<居民的房屋被烧毁了）

c. 我只闻到 [i] 香味的肉汤ᵢ（<我只闻到肉汤的香味）

d. 我写了 [i] 提纲的论文ᵢ（<我写了论文的提纲）

假如承认这些关系从句中被提取的名词确实是领属语，则汉语的事实构成了对可及性等级序列的严重挑战。

不过，以上"孩子"和"父亲"、"居民"和"房屋"、"肉汤"和"香味"、"论文"和"提纲"，只是语义上的领属关系。在话题优先的语言里，句法上除了定语，还有话题位置可安放领属成分，这是主语优先语言所没有的。上面那些括号前的关系从句未必来自那些括号中的小句。真正的来源更像是下面这些话题结构：

(18) a. 孩子（,）父亲死了。

b. 居民（,）房屋被烧毁了。

c. 肉汤（，）我只闻到香味。
d. 论文（，）我写了提纲。

有两个证据证明例（17）的关系从句来自例（18）中的话题结构，而不是例（17）后面括号中的领属结构。首先，领属结构的领属语和核心名词之间必须加或至少可以加定语标记"的"，而例（17）的关系从句的领属语后或核心词前都没有"的"，可见不是从领属结构来的。其次，难以充当话题结构的领属结构也就无法像上述例子那样构成关系从句。如：

（19）a. 小孩儿的药很贵。> b. ??小孩儿，药很贵。> c. *药很贵的小孩儿

（20）a. 渔民的对手来了。> b. ??渔民，对手来了。> c. *对手来了的渔民

（21）a. 论文的奖金都花完了。> b. *论文，奖金都花完了。> c. *奖金都花完了的论文

至此，我们看出，汉语的关系从句可能并非真的违背可及性序列。只是话题的等级在可及性序列中没有提及，从而无法解释上述情况。假如在可及性序列中加进与主语地位相当的话题的位置，就能更准确地预测话题优先语言中关系从句的构成规则。

关系从句是一种深嵌于名词短语内部的小句，只能是一种句法现象，一般的话语/语用操作是影响不到它的。由于关系小句的内嵌性和稳定性（抗移位性），生成语法还将关系从句看作移位的"孤岛"，即移位操作无法进行的句法位置。而在汉语中，话题性影响到关系小句，话题结构的合格与否制约着关系从句的合格与否。这显示汉语的话题结构是一种句法结构，话题是一种句法成分，在关系化等句法操作中扮演着重要角色，这是主语优先语言中的话题（只是话语成分）所不能比拟的。Keenan & Comrie(1977)曾说他们的等级序列没有单独考虑话题优先语言的情况，为话题优先语言可能的特殊情况留下了余地。事实证明话题优先语言确实需要将话题列入可及性等级序列的最优先位置。

四、因话题优先而形成的特殊句法操作：
行为动词的次话题化及其功能

下例中的各个分句都用了汉语中一种很常见的句子结构（码化为 NP-VP-AP）：

（22）小张<u>学习</u>认真，<u>工作</u>积极，<u>处理事务</u>很有效率，<u>关心同事</u>仔细入微。

例（22）译成英语时，可以将其中的 VP（画线部分）译为谓语动词，而将后面形容词短语 AP 译为状语，比如第一个分句为 Xiao Zhang studies hard。但是，在汉语中，这些 VP 已不是句中的谓语，失去了动词性。它们不能带体标记（*小张学习了认真）、不能重叠（*小张学习学习认真）、不能否定（*小张不/没学习认真）、不能构成正反问（*小张学习不学习认真）。另一方面，后面的 AP 也不是状语或所谓"补语"，这也有一系列句法表现。例如，汉语的动词和补语直接组合时不允许带程度副词（看清楚了~*看很清楚了），而此处 AP 可以受程度修饰（小张学习很认真），动结式的补语不允许带时间状语（*他看从前清楚），而此处 AP 可以带（小张学习从前认真，现在不认真了）。显然，此处的 AP 是句子的谓语而非补语。按照汉语传统的分析，这类结构可能会被分析为"主谓谓语句"，VP 是主谓短语的"小主语"。汉语的所谓主谓谓语句在现代话题理论中通常被分析为话题结构，NP_1 被分析为话题（如"这棵树叶子大"中的"这棵树"），NP_2 被分析为主语。但是例（22）的结构与之不同。主谓谓语句的 NP_1 与句子谓词不一定有语义陈述关系（"这棵树叶子大"不一定"这棵树大"），而例（22）中的 NP 一定受 AP 的陈述（小张+认真、积极、很有效率、仔细入微），是真正的主语，而 VP 却可以跟 AP 关系松散，如"小张吃烤鸭很贪心"，"贪心"是形容人的，陈述的应是"小张"而不是"吃烤鸭"。因此，NP-VP-AP 中真正的主语是 NP，VP 是表示命题有效范围的框架性次话题，AP

则是全句的谓语。其句法结构是：

主语 NP– 次话题 VP– 谓语 AP

我们把这种句法操作定性为行为动词的次话题化。

　　这种次话题化得以成立的基础，是小句句法结构中存在主语以外的话题位置，而且不仅有主语前的主话题位置还有主语后的次话题位置。"这棵树叶子大"启用了主话题之位，"小张学习认真"启用了次话题之位。这是靠了汉语作为一种话题优先语言才拥有的类型基础。这种结构的功能，是将意义上表示行为的 VP 通过话题化而实现"非谓语化"，从而在信息结构上"背景化"、"去焦点化"。同时让原来语义上修饰 VP 的具有状语性的 AP 升格为谓语，成为句子唯一有资格承担焦点的成分，从而在信息结构上"前景化"、"焦点化"。这些"化"就是行为动词次话题化的语用功能。这种结构与"V 得 AP"（小张学习得很认真）的区别在于，"V 得 AP"要求 V 是预设信息，而 NP-VP-AP 中的次话题 VP 虽非焦点、虽做背景，却不必是已知信息或预设信息。如例（22）中的各个 VP 虽不是焦点，但都不是已知信息。话题优先的类型特点和次话题句法位置的存在使汉语信息结构的表达多了一种选择。

　　VP 次话题句分别与本文讨论过的三种非典型话题共享诸多属性。与受事次话题一样，这类结构也是一种次话题句式，而分裂式话题和同一性话题也以次话题为主要位置。与分裂式话题和同一性话题一样，VP 次话题也是一种由无界成分充当的框架式话题。与同一性话题的主体一样，VP 次话题是一种由动词性成分充当的话题，这也是在非话题语言中难以实现为话题的成分，当然由于充当话题而失去了动词的主要属性，在话题化的同时也伴随着一定程度的名词化。在话题优先的框架下，这么多具有汉语特色的结构都可以得到相当统一而简洁的处理和解释。世界语言话题的典型语类是名词性的，而在汉语中，连本来应表达为谓语核心的动词或动词短语都可以进行次话题化以实现特定的语用功能，这是汉语话题优先的一个突出表现，也是语言对话题结构语用功能的最大限度的开发。

五、小结

　　本文用一些具体的个案研究说明，话题优先的特点给汉语句法的很多方面都带来了深远影响，不但话题结构种类繁多，表达了很多在其他语言中未必用话题结构表达的内容和范畴，而且有些在其他语言中不受话题结构制约的操作在汉语中也受到话题结构的制约，如汉语的关系化操作受话题化的制约。这些情况，都会造成对类型学所揭示的某种语言共性或倾向的偏离，使得这些共性和倾向有必要为了覆盖话题优先语言的情况而做适当的调整。这些已充分显示话题优先绝不只是一种语用现象，而且也是一种重要的句法类型特征。

参考文献

曹逢甫　1977/1995　《主题在汉语中的功能研究——迈向语段分析的第一步》，谢天蔚译，北京：语文出版社。
方　梅　1997　现代北京话的语法特征（提要），第30届国际汉藏语会议，北京。
科姆里（Comrie, B.）　1981/1989　《语言共性和语言类型》，沈家煊译，北京：华夏出版社。
刘丹青　2000　粤语句法的类型学特点，《亚太语文教学报》第2期。
刘丹青　2001a　吴语的句法类型特点，《方言》第4期。
刘丹青　2001b　论元分裂式话题结构初探，《面向二十一世纪语言研究再认识——庆祝张斌先生从教五十周年暨八十华诞》，范开泰、齐沪扬主编，上海：上海教育出版社。
刘丹青　2001c　汉语方言的语序类型比较，《现代中国语研究》第2期。
刘丹青　2002　汉语类指成分的语义属性与句法属性，《中国语文》第5期。
刘丹青　2004　话题标记从何而来？——语法化中的共性与个性续论，《乐在其中——王士元教授七十华诞庆祝文集》，石锋、沈中伟主编，天津：南开大学出版社。
刘丹青、徐烈炯　1998　普通话与上海话中的拷贝式话题结构，《语言教学与研究》第1期。
徐烈炯　2002　汉语是不是话语概念结构化语言，《中国语文》第5期。
徐烈炯、刘丹青　1998　《话题的结构与功能》，上海：上海教育出版社。

章培智　1990　《斯瓦希里语语法》，北京：外语教学与研究出版社。

Dik, S. C. 1997. *The Theory of Functional Grammar: The Structure of the Clause*. Berlin: Mouton de Gruyter.

Gasde, H-D. 1999. Are there "Topic-Prominence" and "Subject-Prominence" along the lines of Li & Thompson (1976). Konstanz: 21st Conference of German Linguistic Society.

Gundel, J. 1988. Universals of topic-comment structure. In M. Hammond, E. Moravacsik, & J. Wirth (Eds.), *Studies in Syntactic Typology*. Amsterdam: John Benjamins.

Keenan, E. L., & Comrie, B. 1977. Noun phrase accessibility and universal grammar. *Liguistic Inquiry*, 8(1), 63-99.

Lambrecht, K. 1994. *Information Structure and Sentence Form*. Cambridge: Cambridge University Press.

Li, C. N., & Thompson, S. A. 1976. Subject and topic: A new typology of language. In C. N. Li (Ed.), *Subject and Topic*. New York: Academic Press.

Liu, D. Q. 2004. Identical topics: A more characteristic property of topic prominent languages. *Journal of Chinese Linguistics*, 32(1), 20-64.

Siewierska, A. 1988. *Word Order Rules*. New York: Croom Helm.

Steele, S. 1978. Word order variation: A typological study. In J. H. Greenberg (Ed.), *Universals of Human Language 4: Syntax*. Stanford: Stanford University Press.

（原载《汉语的形式与功能研究》，商务印书馆，2009年）

话题焦点敏感算子"可"的研究

零、引言

0.1 现代汉语"可"的句法作用之一是充当所谓语气副词，如下列句子中的"可"：

他可没说过这话。|这一问可把我给问住了。|他跑得可不快。|你这副担子可真不轻啊！|大水可比谁都勤谨。|凌木兰：我看没希望。何昌荃：我可要试试。|往后可再不能这样闹啦！|我嘴上说得镇定，心里面可像十五个吊桶七上八下。|你不怕麻烦就去试试吧，我可走了。|唉，找了你老半天，这回可算找到你啦！

对此，《现代汉语八百词》《汉语常用虚词词典》《现代汉语虚词例释》都各自做了阐述。三者都把上例中的"可"看作副词，都认为有强调的语气。《八百词》认为，这些"可"表强调时"程度由轻到重都有"。《虚词词典》认为这些"可"是语气副词。用在各种不同语气的句子里，可以表示或加强各种不同的语气。《虚词例释》则进一步阐述了这些"可"表示的丰富的语气类型：强调、赞叹、肯定、坚决、申辩、祈使、委婉、转折等。

从重音模式的角度观察，以上例句中的"可"都轻读，而"可"前肯定有某个成分要重读。三者都指出了这类"可"（下文的"可"若不做特别说明，都指这类"可"）有表语气的功能，都着眼于"可"在表语气时的丰富性和功能多样性，这是值得肯定的。但因为描写得过细过散，反而没能揭示出"可"的核心语义和语用功能。我们拟从另一个角度对"可"进行剖析，以期发现这些"差异性"和"丰富性"背后的内部一致性，得出更具有概括力的结论。

0.2 以上三本著作在一点上是基本相同的，就是将"可"归入语气副词而不是程度副词。语气主要跟语用有关而程度主要跟语义有关。这一观察还是有道理的。不妨先把"可"与程度副词做一比较（"′"表重读部分）：

（1）a.′我们可愿意做这种工作。　　b. 我们′非常愿意做这种工作。
（2）a.′他做起事来可有问题。　　　b. 他的为人′很有问题。
（3）a.′张三可不愚蠢。　　　　　　b. *张三′极不愚蠢。
（4）a.(′我们)*可不愿意　　　　　b.′非常不愿意

由此可以看出：

第一，程度副词（见各例 b 句）始终处于重读位置，"可"都不重读。

第二，程度副词和前面成分的长短、有无无关，而"可"前成分不能省略，而且必须重读。

第三，"可"不对后面成分进行语义上的程度强化和句法上的修饰限制，所以（4a）"*可不愿意"作为短语是毫无意义的、不合法的；而（4b）是短语。

第四，具有消极意义的性质形容词的否定形式一般不能接受程度副词的修饰（另如"*很不狡猾""*很不单调""*很没有恶意"等），但（3a）在程度副词的位置用上"可"却没关系。

不但如此，我们在程度副词前还可以再加上"可"，却并不会让我们认为它有"程度副词重复"这一语病，也并没有使述语部分的程度得到加强。这也说明"可"不像程度副词。值得注意的是，加上"可"以后，全句的重音仍然落在了"可"前成分上，程度副词所具有的重音也大大弱化。

（5）′我们可非常愿意做这种工作。
（6）′他做起事来可很有问题。（或：他′做起事来可很有问题。）

通过这些观察，可以得出一个粗略的结论："可"对它前面的成分有影响，这是程度副词所不具备的功能。

0.3 再和同属语气副词的"并"进行比较,也能发现有意思的现象。"张三可不愚蠢""张三并不愚蠢",和以上所有例句一样,这两句其实是语用价值没有满足的句子,缺少了提供这些价值的语境;句子不是"意犹未尽",而是"话出无因"。下面试补足这两句最自然的语境:

(7)(张三看起来呆头呆脑的,)其实张三并不愚蠢。

(8)(李四愚蠢,)张三可不愚蠢。

我们把补出的部分称作背景(ground),相对于该背景的原句,我们则称之为前景(figure)。可以看出:

第一,"并"重读,它只强化"不愚蠢",对背景中的述语部分进行否定,不强化"张三",因为它是一个旧信息;"可"轻读,但它不但要求"不愚蠢"是新信息,而且要求"张三"也是新信息,都通过对比而得到强化。

第二,"可"所标记并强化的其实是一个话题结构:"可"前"张三"具有强烈的话题焦点性,"可"后成分则必须是焦点,必须与背景中的对应部分不同或相对,也不可省略(如:"*李四明天开会,张三可明天开会""*李四明天开会,张三可")。

一、"可"的性质——话题焦点敏感算子

1.1 先看看"可"前成分。曹逢甫(Tsao 1990: 210)发现具有话题性的汉语成分同时具有对比的功能,但他以及以后的 Ernst & Wang(1995: 239)、徐杰和李英哲(1993)等所做的研究都没有把话题与焦点明确地区分开来。徐烈炯、刘丹青(1998)尝试运用两个参项([±突出]、[±对比]),区分三类不同的焦点:自然焦点、对比焦点和话题焦点。话题焦点是"只有对比没有突出的焦点",即:

话题焦点:[-突出],[+对比]

并指出"话题焦点只能以句外的某个话语成分或认知成分为背景,在本句中得到突出,而不能以本句中其他成分为背景"。

重读的"可"前成分被突出也并不以本句为背景，而是以句外的成分为背景的。具体讲，就是在"可"出现的句子之外，必然存在与"可"前 NP_2 不同并形成对比的 NP_1（有时候也可以是 VP），这个 NP_1 出现的环境也就是 NP_2 的背景，使得 NP_2 通过与背景的对比而成为一个话题焦点，其对比性质实际上是由"可"加以提示和标记的。

1.2 那么，"可"是不是话题标记呢？下面转引两个例子：

（9）〈上海话〉夜到朝北的房间末，会有暖气个。'晚上朝北的房间么，会有暖气的。'

（10）这个嘛，可不敢肯定。

"可"却不同于北京话中作为主位标记的语气词或者上海话中的"末"。这些话题标记都是后置于话题的，有一定的提顿作用，而且其后有或可以有比较明显的停顿。

"可"虽然轻读，但尚未虚化到成为一个提顿的话题标记。"可"与前面的话题焦点之间可以有停顿，甚至可以不直接用在话题后面，即在话题和"可"之间可以有其他成分（如以"今天"为话题的"今天我可不能答应你"），而与后面的述语之间不能有停顿。而且，"可"还可以与后置的话题标记同时出现在一个句子中，分列逗号（停顿标记）两边（如例（10）），这说明"可"不是一个真正的话题标记。但"可"的出现的确使本句在语境价值上不能独立满足，要求存在一个背景句，并且在本句中有一个话题存在，与背景句中的有关成分构成对比关系，可见"可"作为一个语气副词，其实际的"语气"（即语用功能）就是突出句中的话题结构。我们不妨把有这种作用的副词称作话题焦点敏感算子（$Topic_F$-sensitive operator，以下简称 T_FSO）。

二、话题焦点敏感算子"可"出现环境的基本模式

2.1 先将上文中的例（7）式与例（8）式分别划分为四个位置，再分别用Ⅰ、Ⅱ、Ⅲ和Ⅳ标记，则两句的真值意义用下式表达为（Neg

表否定)：

	Ⅰ	Ⅱ	Ⅲ	Ⅳ
A.	(NP$_1$	VP$_1$,)	NP$_1$	并 Neg VP$_1$
B.	(NP$_1$	VP$_1$,)	NP$_2$	可 Neg VP$_1$

我们将位置（Ⅰ、Ⅱ）看作背景（Ⅰ、Ⅱ分别是背景句内部的话题和焦点），前景句（Ⅲ、Ⅳ）中Ⅳ是对比焦点，B式Ⅲ是语题焦点。A式中Ⅲ与Ⅰ相同，所以信息价值最低，同时不是自然重音所在，因此是全句最弱音；B式则完全不同，位置Ⅲ和位置Ⅰ必须相对或相异，因而信息价值很高，虽然全句的焦点以及语义重心仍然是位置Ⅳ（Neg VP$_1$），但全句的最重音仍然落在位置Ⅲ的NP$_2$上，下面通过两对比较来探讨这一问题。

2.2 A和B中的Ⅱ（VP$_1$）和Ⅳ（Neg VP$_1$）虽然相反，但毕竟有共同的部分VP$_1$，"相反"与"相同"实际是对立统一的两个方面，是非此即彼的、可预期的，因此虽然是针对背景或预设的语义重心所在，却不读最重音；[①] 在实际语料中，无论这两个位置的形式有多么复杂、隐蔽，无论Ⅱ在文本中是否出现或是否已被激活，我们都可以在不改变句义的前提下补出Ⅱ并将其与焦点Ⅳ简化为相互对立的"VP$_1$"和"Neg VP$_1$"。所以A中，最重音落在"并"上；而B中，最重音落在NP$_2$上。这可以通过另一组对比更清楚地看出来：

	Ⅰ	Ⅱ	Ⅲ	Ⅳ
C.	(NP$_1$	VP$_1$,)	NP$_2$	′Neg VP$_1$
D.	(NP$_1$	VP$_1$,)	′NP$_2$	可 Neg VP$_1$

C是"可"出现的基本环境（如"小王好，小张不好"），它的真值语义与D是相同的（如"小王好，小张可不好"）。但用了"可"之后，重音位置由原来的"可"后成分（不好）移到"可"前（小张），这说明，用"可"是使该结构的重音模式发生变化、使它之前的NP$_2$重读的原因。"可"的出现不但要求Ⅳ和Ⅱ相反，而且要求Ⅲ与Ⅰ必须不同，

[①] 我们只需看一组例子就可以发现，在对一个判断（NP, VP）进行否定的否定式（NP, 否定词 VP）中，读重音的不是VP，而是否定词。例如：张三当科长了。~张三′没有当科长。

为了强调Ⅲ和Ⅰ的不同，Ⅲ读全句最重音。

综上所述，"可"对Ⅰ、Ⅱ、Ⅲ和Ⅳ都有制约作用，和"并"相比，"可"最突出的功能是给它前面的成分施加影响，以突出其不同或相对性，使其成为话题焦点。同时，它也使它后面的焦点成为对比焦点。

三、话题焦点敏感算子"可"的界定

3.1 确定 T_FSO 的两条原则　我们从最自然的语感出发，首先确定重音为第一条界定原则，即"可"前成分重读，"可"轻读。另一条原则是，"可"句出现的语境中，必然存在这样一个背景或预设，使"可"前成分具有对比性，而且使"可"句本身的焦点也不同于背景或预设相应的焦点。先看下例：

（11）我走过的路可不多。

（12）我前面的路可不多了。

（13）你这副担子可不轻。

（14）你这副担子可不轻啊！（歧义）

　　　　a. 你这副担子'可不轻啊！　　b. '你这副担子可不轻啊！

（11）—（13）及（14b）中的"可"是话题焦点敏感算子，这四句在语用上都需要语境信息的补充，或暗示语境信息；如果不加重音，例（14）在字面上是语用歧义句，其中，a 句"可"字重读，在语用上自足，b 句需要背景信息，例如，可以补出"其他任务对你来说不算什么"之类。例（14a）是一个重音位置不同、不需要背景或预设的自足句，这就说明其中的"可"和上面句子中提示话题焦点的"可"在性质上不完全一样。下面我们就来探讨一下这种"可"的性质。

3.2 话题焦点敏感算子（T_FSO）和话题算子（TSO）　重读的"可"一般用在形容词前，它前面的 NP 不重读，甚至在信息强度极大的当前情景中还可以省略：

（15）那条大路可宽广啦！

（16）这个人可有意思了！

（17）妈哟，可了不得啦，又要下雨啦，快收拾东西！（《龙须沟》）

这里的"可"不要求背景必须出现，因此不要求"可"前存在具有对比性的话题焦点。但它仍然要求"可"前成分具有话题性，这一点与程度副词也不同，程度副词出现的句子主语可以是无定的，如"一条大路非常宽广啦"。而这类"可"对无定成分仍是排斥的：

（18）*一条大路可宽广啦！

（19）*一个人可有意思了！

但是这类"可"仍然不是话题标记，运用1.2的论证方法不难证明，在句法上它仍然是一个副词，并具有表语气的功能。同时，我们认为在语义上，它兼有程度副词的作用。例如，上文的"那条大路可宽广啦！"的客观语义是"一条大路很宽广"。还可以用其他方法证明：

（20）*这个人可不狡猾了！

（21）*这个人非常不狡猾。

两句错误的原因是一致的，即表程度的副词一般不与消极形容词的否定式连用。另外，这里的"可"要求与句末语气词同现，例如不能说"那条大路可宽广"，因此，它仍然不属于短语层面，将其定义为单纯的程度副词是不妥的，这一点同表示赞叹语气的"太"相似。

不妨将此类要求前面成分具有话题性的语气副词"可"定义为话题敏感算子（Topic-sensitive operator，以下简称 TSO），以区别于本文着重论述的作为 T_FSO 的"可"。它们的共性是话题敏感，主要差异是 TSO 的"可"无对比性，T_FSO 的"可"有对比性。

3.3 话题焦点敏感算子与主语焦点句　"可"是不是单纯的焦点算子？不是。这是可以论证的。单纯的主语焦点句，谓语部分在预设之内，所以回答时只需出现主语，谓语可以省略。例如：

（22）——听说小张明天发言。

　　　——不，（是）'老王。

而"可"字句的谓语部分也是新信息，并与预设构成对比（最常见的是肯定否定对比），而且"可"字句即使不用"可"也不能像主语焦点句那样单独出现主语而省去谓语：

（23）——小张明天不发言。
　　　——老王可明天发言。
（24）——小张明天不发言。
　　　——*老王。

所以，此类"可"不是单纯的焦点敏感算子，只能是话题焦点敏感算子。

四、话题焦点敏感算子"可"在真实语料中的研究

以下语料除标明出处的例句外，均来自北京作家王朔的《我是你爸爸》。

4.1　典型的 T_FSO"可"句　上文 B 式是 T_FSO"可"句的基本模式，其中，背景（ground）部分可以在文中找到的占相当大的比例。[①]先剖析一个例子：

（25）我那是无中生有，你这可是人赃俱在，你还有什么可瞒的？

"我那"是背景中的 NP_1，"你这"是话题焦点 NP_2，"无中生有"是背景中的 VP_1，"人赃俱在"是不同于 VP_1 的 VP_2。这是典型的话题焦点敏感算子"可"出现的环境。我们对搜集来的以《我是你爸爸》为主要来源的语料做了一个统计，这种典型的例子在全部 152 例（包含在 128 个例句中）中出现 72 例，如：

（26）你那儿说得过去，头儿那儿可说不过去了。
（27）乱子出在孩子身上，根源可在你那儿。
（28）想死很容易，要活好了可是难上加难。
（29）甭管哪年了吧，反正我是一回没赶上，你爷爷可是回回不

[①]　很多语法书在列举此类"可"例时，没意识到背景信息（background information）存在的必然性，只截取前景句（figure sentence），显然在一定程度上影响了解释力。

拉（落）。

（30）他不在乎，我们可要在乎呀。

（31）外面流行性病，你可别染上了。（苏童《娴的故事》）

（32）您看，以前，我走八旗老爷们、官里太监们的门子。这么一革命啊，可苦了我啦！（老舍《茶馆》）

（33）你不拘钳我可倒不想，你把我越间阻越思量。（郑光祖《倩女离魂》）

（34）咱们坐在这儿讨论，人民币可是不停地朝外淌哩。

其中，例（34）的背景似乎和话题焦点没有形成对比，但实际上，"坐在这儿讨论"含有"耽于清谈不务实际""官僚主义"，"清谈"虽无害于"咱们"自身，但于国家的经济利益，则"害莫大焉"，因此，"人民币"仍然是话题焦点，"朝外淌"是对比焦点。有时候背景中的 NP_1 和 VP_1 在篇章距离上相当远，但我们仍然可以找到。

（35）"我说你小小年纪怎么对国际上的事这么清楚——风云变幻？马林生听着觉得有点不是滋味儿，冷丁轧住话头，"这些事你搞那么清楚干吗？"

"关心呗，同学之间没事也议论。"马锐被扫了兴，懒洋洋地说。

马林生打量着儿子，"我在你这岁数可说不出你这些话，早熟了点吧？"

（36）我母亲在三个房间和卫生间里焦灼地撞来撞去，最后倚在墙上疲惫不堪地喘息着，她对父亲、小飞蛾和我轮流审视了一圈，轻声说："不搬了，这房子还不如老街的舒服。"……（此处省略426字，下同）父亲严肃地看着我的眼睛，他的神色有一丝坚定又有一丝疑惑，他对我说："小弟你可是要住新楼的，爸知道你做梦都想住新楼。"

（37）（秉德老汉临死前）"哎呀！冷侄儿！我给阎王爷的生死簿子上正打钩哩！猛乍谁一把从我手里抽夺了毛笔，照直捅进我的喉咙。我还给阎王爷说'你看你看这可怪不了我呀！'"

……（419字）

（一番谵语和挣扎之后）这回他可没说给阎王生死簿上打钩画圈的

笑话。

有时候背景就存在于本句中：

（38）这(和小鸡说话)可比拿笼子关头上用灯照放音乐还奏效还提精神——也人道。

（39）小孟对他的朋友说，我可不像你们这么没出息。

背景中的 NP_1 分别为"拿笼子关头上用灯照放音乐"和"你们"，话题焦点分别是"这"和"我"（小孟），例（38）的对比焦点（奏效、提精神、人道）中本身隐含着一个比它程度低的背景句焦点，例（39）刚好相反，对比焦点是"不像……没出息"即"有出息"，则背景不言自明，即"你们没出息"。

4.2 背景隐含的 T_FSO "可"句　　有时背景以预设的方式隐含在听说者的认知结构或自然推论中，这类情况在语料中也相当常见：

（40）(儿子给父亲介绍对象)"你可得正儿八经的，不能玩弄人家的感情，这可是我们同学的妈。"

（41）接着，也许是刘老师再一次使用了"刮不知耻"，可以肯定，不是有意挑衅，谁会坚持错误呢？完全也只能是无意识地脱口而出。

"这下，马锐可揪住不放了。"李老师说。

例（40）中，话题焦点"你"和对比焦点"正儿八经"分别与听说者认知世界中的"一些人""以婚姻为名玩弄感情"形成对比，对比焦点"是我们同学的妈"背后的真正意义是"即使只是出于儿子的面子和同学的情谊也不能玩弄别人的感情"，它和话题焦点"这"一起分别与父子共知的事实形成对比，即父亲曾在私生活方面有让儿子觉得不太光彩的经历。例（41）中的话题焦点"这下"和对比焦点"揪住不放"以及上文的"再一次"暗示我们，刘老师已经念过几次白字了，而且"前几次"马锐都"没有追究"。

4.3 话题焦点在上文中被激活的 T_FSO "可"句　　先看下面的例子：

（42）"你对这女方都有什么要求？模样儿啦，性格啦，品质啦……"

"这可就不好说了，这说来可话长了……"

（43）"你平时抽烟么？"

"抽。"

"抽烟可不好，抽烟有毒，你没瞧世界上抽烟的人肺癌发病率多高。"

（44）"你们马锐我看也快成小流氓了。"

"呃，不不不，这话可说重了，他还不至于。"

（45）"她迷我已经迷得一塌糊涂了。"

"那可不一定。"马锐诡秘地说。

（46）刘巧巧我见过，那可是个好女子，挺进步，劳动也很好。

（转引自《现代汉语八百词》，289页）

初看很容易发现"可"前重读的话题焦点与背景中的预设话题同指，也就是说，该话题焦点在上文中已被激活。所以，似乎并没有形成对比，但我们不妨这样认为，在实际语言的运用中，有些用作对比的预设因为经常用于一种语境之中而被省略，以致我们补出时反而显得很牵强。例如，如果我们给例（43）加上诸如"喝酒还有点好处"的语境信息就有些多余，但设想一下，如果听说者的经验世界中没有那些"对身体有好处的习惯"的话，说出这样的话是不大可能的。

4.3.1 下面给定一个背景，虚拟一段对话，不难看出听说者经验世界中存在的预设对 T_FSO "可"句的影响：

（背景：世界上还没有一个人吃过螃蟹，此事实人人皆知。）

（47）众人：张三，你小子吃过螃蟹吗？

张三：*我可没吃过。

（48）众人：你小子吃过螃蟹吗？

张三：我可吃过。

所以从本质上说，典型的 T_FSO "可"句、背景隐含的 T_FSO "可"句和话题焦点在上文中被激活的 T_FSO "可"句，三者具有共同的"背景-前景"结构和对比性的信息结构。

4.3.2 再次和"并"句相比较

"并"句必须要求上下文或隐含的预设句内有明确的焦点，即位置 Ⅱ

必须有 VP_1，然后由前景句中的焦点 VP_2 加以否定，这个否定是消极否定（即判定预设的焦点是错的，却没有在否定之后进一步给出新信息）。而 T_FSO "可"句可以不给出 VP_1 或补不出 VP_1，只出现位置 I 的 NP_1，因此 VP_2 成为全新的信息，例如（42）—（46）。由此我们得到另一个关于 T_FSO "可"句真值意义的表达式（ø 表文本中不出现或不能自然补出的成分）：

I	II	III	IV
E（NP	ø）	NP	可 VP

4.3.3 T_FSO "可"前指示代词指称功能的弱化

实际上，III 对于 I 的位置的同指有时已经弱化，指示代词的话题功能大于指称作用，即把上文涉及的情景整个用作话题。如例（46）中的"刘巧巧"本来最自然的复指代词应该是"她"，这儿却用了"那"。而例（45）中的"那"则更难看出具体复指什么。根据"这""那"在"可"句的话题焦点位置上出现的频度足以看出这种情景性话题化的倾向。我们在 105 万字的北方作家作品中统计出，"这可……" 27 次，"那可……" 13 次，"这""那"加"数量/名"后成为话题焦点的有 18 次，而且几乎所有的话题焦点都可以用"这""那"及其短语替代。

（49）四九：啊呀！你不哑巴？

　　　银心：你才是哑巴呢！

　　　四九：<u>那</u>可恕我冒失了，对不起……（《梁山伯与祝英台》，《电影欣赏》总第 66 期）

（50）"爸，您<u>这话</u>说得可有点出圈儿。"

表定指（definite）的"这"和"那"的频繁使用，其实从另一个方面证明了"可"前话题焦点的对比特征，因为有"这"就必然存在一个"那"，它们互为背景和前景。而不定指的成分则不能进入"可"句。例如：

（51）这（那）个小伙子可不是窝囊废。

（52）*一个小伙子可不是窝囊废。

（53）一个小伙子可拎不动这桶油。

例（53）中的"一个小伙子"其实不是有指的（specific），而是量化（quantified）成分，强调某种数量的人所代表的能力，与预设中的诸如"两个或更多的小伙子拎得动"这类命题构成对比，所以可以成为话题焦点；而例（52）中的"一个小伙子"是典型的无定有指（indefinite，specific），因此不能进入话题焦点的位置。

五、话题焦点敏感算子"可"前多项话题的结构

"可"前潜在的话题成分可以有两个或两个以上，但一般只有一个实现为话题焦点，必须通过背景来从"可"前多项话题结构中挑选这个话题焦点：

（54）$\underset{T1}{这下}$，$\underset{T2}{马锐}$可揪住不放了。

仅从该例，我们很难确定这句话出现于下面哪种语境：

  a. 马锐的老师已经念了好几次白字，但马锐都没有举手指出来，……

  b. 老师念了白字，别的同学都装作没听见，……

因此很难确定哪个是话题焦点，从书面上也不能辨别哪个应该重读。但从原文的语境（见例（41））中我们知道，"这下"应该是话题焦点，当重读。这种例子比较多：

（55）$\underset{T1}{这}$ $\underset{T2}{说来}$可话长了。

（56）$\underset{T1}{再不当机立断}$ $\underset{T2}{生米}$可就自个儿熟了。

（57）我是酱园的负责人，$\underset{T1}{万一出了人命}$ $\underset{T2}{我}$可负责不了。

（58）老马，$\underset{T1}{你要这样儿}$，$\underset{T2}{发过球来}$ $\underset{T3}{我}$可不接。

从上文我们已经知道,"可"前做话题的不只是 NP,还可以是 VP(见例(6)),或是小句,特别是适合充当话题的条件小句。

如果不参考语境,我们也大体可以从"可"前多项话题中找出话题焦点。一般来说,"可"前多项位置对于话题焦点的优选序列为:

条件小句 > 一般小句 >VP>"这/那"短语 > 一般名词

参考文献
北京大学中文系 1955、1957 级语言班(编) 1982 《现代汉语虚词例释》,北京:商务印书馆。
吕叔湘(主编) 1980 《现代汉语八百词》,北京:商务印书馆。
曲阜师范大学编写组 1986 《汉语常用虚词词典》,杭州:浙江教育出版社。
徐 杰、李英哲 1993 焦点和两个非线性语法范畴:[否定][疑问],《中国语文》第 2 期。
徐烈炯、刘丹青 1998 《话题的结构与功能》,上海:上海教育出版社。
Ernst, T., & Wang, C. C. 1995. Object preposing in Mandarin Chinese. *Journal of East Asian Linguistics*, 4(3), 235-260.
Tsao, F-F. 1990. *Sentence and Clause Structure in Chinese: A Functional Perspective.* Taipei: Student Book Co..

(原载《世界汉语教学》,2001 年第 3 期,与唐正大合作)

话题标记从何而来？*

——语法化中的共性与个性续论

零、引言：话题标记的三个阶段

话题标记是话题优先语言中普遍存在的一种虚词或语素。徐烈炯、刘丹青（1998）的第3章专门探讨了汉语普通话、上海话及其他一些方言、语言的话题标记问题。本文以语言类型学和语法化理论为背景，研究汉语及其方言（尤吴方言）中若干话题标记的形成发展过程，寻求话题标记语法化的一些常见规律。

粗略地说，话题标记的语法化过程可以分为以下三个阶段：

1."话题标记前"阶段，体现话题标记的历史来源；

2."话题标记"阶段，体现话题标记的性质与功能；

3."话题标记后"阶段，体现话题标记的后续发展，即超出话题标记的功能。

本文主要研究阶段1。

阶段1的问题，就是话题标记通常会从哪些成分而来。研究显示，话题化标记有一些常见的共同来源，甚至不同的来源也可能在成为话题标记前经历相同相似的阶段，其中的规律或倾向清晰可见。

---

* 本文不同版本的初稿曾分别在国际中国语言学会第11届年会（名古屋，2002年8月）、湖南大学语言学系和第二届汉语语法国际学术化研讨会（温州，2003年12月）上报告，与会学者的讨论对本文修改多有裨益。修改稿发表于《乐在其中——王士元教授七十华诞庆祝文集》，南开大学出版社，2004年。此次发表又略有修改补充。

阶段 3 的问题，则主要基于"语法化链"的理论，即语法化在某个成分上可能会分阶段地接连发生，朝着越来越虚的方向发展。某个成分在成为话题标记以后还可能继续虚化，主要表现为话题标记与所标记的一些弱化话题一起构成新的虚词，参与一些词汇化的过程，话题标记在此过程中被重新分析为一些虚词的构成语素。我们将另文讨论这一问题。

关于阶段 2，即正处在话题标记阶段的成分，其与阶段 1 的交接处会在本文讨论中涉及。至于话题标记本身的属性和句法表现，则属于话题标记的共时状况，这在徐烈炯、刘丹青（1998：§3）中已有较多讨论，此后屈承熹（2003）、袁毓林（2002）也有专门讨论（两文均又见徐烈炯、刘丹青主编 2003），本文不赘。

一、话题标记的语法化来源之一：
疑问标记 > 话题标记

1.1 疑问句、话题标记、条件句的普遍联系与标记同一性

赵元任（1968/1980）提出，汉语主谓关系相当于话题-述题关系，又相当于一问一答关系，主语/话题后所用虚词（"嚜、啊、呢"等）也正是疑问语气词。比较：

（1）a."饭呐？""都吃完了。"（双线对话）

b."饭呐，""在锅里。"（主语发问，谓语做答）

c."饭吃完了。"（一问一答合并成一个完整句）

我们不完全赞同汉语主谓关系就相当于话题-述题关系的看法，因为不少主谓结构无法分析为话题结构，例如充当对比焦点或信息焦点的主语就绝不能分析为话题，像"昨天谁没有来？——老王没有来。"这一对话中的"老王"就是焦点，无法分析为话题。而赵先生关于话题-述题关系和问答关系之间联系的发现却极具洞察力。跨语言跨方言的考察显示，疑问标记正是话题标记的一个极常见的来源。在赵先生著作出

版的十年之后，John Haiman 在美国 *Language* 杂志（1978）发表了著名论文 Conditionals are topics（条件句就是话题）。虽然该文的重点是讨论条件句的话题性，但其考察也同时发现了疑问句和条件句、疑问句和话题的密切联系，这些联系特别表现在标记的使用上。该文通过比较巴布亚-新几内亚的 Hua 语、英语等语言，指出疑问标记、话题标记和条件句标记在许多语言中常常同一①。赵先生所最先指出的汉语话题标记与疑问标记的同一，也正是这种普遍倾向的反映。

曹逢甫（1979/1995）认为，普通话带有话题标记性质的助词有"啊、么、呢、吧"。我们注意到，这四个词全都兼做疑问语气词，其中"么、吧"也常用于条件句。胡明扬（1981）描写了北京口语"句中语气词"与其疑问助词用法的相关性。他通过一系列例句显示，北京话句中语气词都是可以做句末语气词的，而两种用法之间存在着明显的联系，有些句中语气词就不妨理解为疑问语气词，而带疑问语气词的部分也可以用条件句"假如谈到……的话"解释。胡文所说的句中语气词主要也正是曹逢甫看作话题标记的那些词。比较：

（2）a. 爸爸吧，干脆就不回来。（说到爸爸吧，他干脆就不回来。）
　　　b. 爸爸吗，他干脆就不回来。（你问爸爸吗？他干脆就不回来。）

这些句子按正常理解是一个话题句，但也可以用自问自答句或条件-结果句来解释。

还有个语言事实值得重视。普通话句末语气词中有一些是不表疑问的，如"唉、呗、的、啦"。而这些非疑问语气词全都不能做话题标记，可见疑问语气词和话题标记的同一性绝非偶然的巧合。

1.2 从疑问标记到话题标记，还是从话题标记到疑问标记？

话题标记和疑问标记在词形上常常同一。那么是由疑问标记发展为话题标记，还是从话题标记发展为疑问标记？两者同一的事实本身没有

---

① 英语用主谓换位这种疑问句的方式来表示假设条件，便反映了疑问手段与条件句表达的同一性。

提供答案，我们还需从其他线索来证明其语法化的方向。

我们注意到，汉语中所有疑问语气助词都能程度不同地用作话题标记。只要是疑问语气词，假如用在一个名词短语后，后面接一个谓语性成分，就能形成一个话题-述题结构，如（2）所示。另一方面，话题标记却并不都能用作疑问语气词，在后文将讨论的一些方言话题标记中，就有一些别有来源（如近代汉语和连城客家话的话题标记"时"），的确与疑问标记无关。换言之，疑问语气词和话题标记之间存在一种单向的蕴涵关系：疑问语气词 > 话题标记。这一共时性的单向蕴涵关系也就反映了历时性的派生关系。因为语法化的方向是由疑问标记到话题标记的，所以所有疑问标记都不同程度具有话题标记的作用；因为这一方向不是话题标记到疑问标记，所以有些其他来源的话题标记不具备疑问标记的作用。假如我们假设相反的方向，就无法解释为什么有些话题标记毫无疑问标记的作用。此外，疑问语气词的历史研究也支持这一方向。有些疑问语气词有明确的词汇来源，如"吗/么"直接来自否定词"无"（王力 1980：452—454）的语法化，换言之，疑问语气词"吗/么"的前身只能是否定词而非话题标记，由疑问标记再进一步发展出话题标记。

另一方面，我们也看到，北京话的疑问词用于疑问句时可以完全没有话题意义，用作话题时却多少保留疑问语气：

（3） a. 他上东京去了吗？（"吗"无话题标记作用）

b. 他吗，上东京去了。≈ 要说他吗？上东京去了。

这一语义表现也显示这里的语法化方向只能是从疑问标记到话题标记用法而非相反。话题标记总是遗传其先祖（疑问标记）的特点，而疑问标记却不处处有其后代（话题标记）的作用。

1.3　从疑问标记到话题标记的更多例证

疑问标记和话题标记的渊源关系并不限于共同语，下面我们看一下方言中的一些更加复杂的情况。

1.3.1 上海话及北部吴语的"末"

"末"[məʔ]（字从吴语作品常规，对应于普通话写作"么、麽、吗、嚜"的虚词）是比普通话任何一个"句中语气词"都更典型的话题标记（徐烈炯、刘丹青 1998）。表现在：（1）出现频率高，多于其他"句中语气词"的出现量之总和，不像普通话/北京话"啊、么、吧、呢"等平分秋色；（2）不受语体影响，频见于书面语，甚至宗教文献、教材等较正式的出版物，而其他"句中语气词"在这些文献中几乎不见；（3）后面常不停顿；（4）具有话题的典型功能：用于对比性或并列性话题、引出新话题、激活有话语间隔的已知话题、用于假设条件句等。下面的例子反映了这些特点：

（4）伊个娘十分称心，伊个爷末勿什介能。'他母亲十分满意，他父亲则不这样。'（《圣类思公撒格》，耶稣会编《方言圣人行实摘录》，上海土山湾印书馆，1913年）

（5）有个厂末关脱，有个主人末逃走，弄得一败堕地。'有的厂么关了，有的主人么跑了，搞得一败涂地。'（R. A. Parker《上海方言课本》四十四课，上海广岛书局，1923年）

（6）杨二就演手势咾叫伊拉快点去，伊拉末像吓来死个样式咾就逃走者。'杨二就做手势叫他们快点去，他们么就像吓得要命的样子逃走了。'（同上五十二课）

（7）三，君子立定之志向咾拿定之方针，虽然死也勿改变个，小人末勿是实盖个，打算阿有啥铜钱到手咾，时常翻覆个。四，君子末必定搭君子做朋友咾，小人必定搭小人轧淘。'三，君子立定了志向和拿定了方针，即使死也不会改变的；小人则不是这样，打算着只要有什么钱到手就会经常反复；四，君子必定跟君子做朋友，小人必定跟小人结伴。'（同上五十三课）

（8）有啥人忧闷，或者受著诱惑，看见之圣人个容貌末，就消灭脱者。'有谁忧闷，或者受到诱惑，假如看见圣人的容貌，就消失了。'（《圣达尼老各斯加》，耶稣会编《方言圣人行实摘录》，上海土山湾印书馆，1913年）

（4）例"末"用于精心编纂的严肃宗教文献，而且是作者的叙述性语言而非其中的对话，"末"后没有停顿（下面也有好几例"末"后不加停顿），标示对比性话题。假如删掉这个"末"很难成为顺口的上海话，即具有一定的强制性。（5）、（6）例用于课本，当被视为规范典雅的上海话，也是没有停顿且用于对比性话题。（7）例更是用于离通俗口语更远的论述性文字，每对对比分句用一个"末"，或用于前分句，或用于后分句。（8）例也是宗教文献的叙述语言，用在假设条件性分句后，是一种常见的分句式话题。①

下面我们来看北部吴语最重要的话题标记"末"的历史来源。"末"在当代上海话及北部吴语中不用作疑问语气词，作为句末语气词只表肯定确认语气，近似普通话句末的"么"：

（9）唉，革侬是老勒末！'唉，那你是老了么！'（当代口语录音材料）

（10）啊呀，又尴尬哉了，啊呀呀呀，又勿灵勒末又不行了么！（独角戏录音，杨华生、绿杨）

实际上，"末"与普通话提顿词"么"同源，"么"来自疑问助词"么/麼/吗"（"么/麼/吗"则来自否定词"无"），而"末"在早期吴语中也用作疑问助词，只是其疑问用法后来消退了，今天只剩下了话题标记用法。直到20世纪早期，上海话"末"仍可用作疑问语气词。下面是上海话教材《土话指南》（1908年版，由北京话教材《官话指南》翻译改编而成）中的用例，"末"也作"麼""咪"：

---

① 袁毓林（2002）不很同意徐烈炯、刘丹青（1998）认为吴语话题标记的语法化程度高于普通话/北京话话题标记（句中语气词）的看法，但从本文这里指出的特点和用例看，无法否认至少上海话及北部吴语的"末"是在语法化程度和专用性上比"啊、么/嚜、吧、呢"等北京话虚词更加典型的话题标记。北京口语中的话题标记后必须有停顿，书面上表现为逗号，显示其仍有停顿标记的作用。在口语中，话题标记还多少兼有其作为语气词的功能，所以不会像上海话那样，高度集中地使用"末"作为专用话题标记。正因为北京话的话题标记有更多的口语停顿标记的作用，所以在书面上完全不必仍然保留话题标记的这么多出现次数。袁文认为吴语是因为没有书写传统所以更加忠实地记录口语中出现的话题标记等虚词，这个理由不充分。北部吴语从戏文开始至少已有五六百年的书面语历史，其中很多是文人创作而非口语记录，文献相当丰富，参看石汝杰（1996）和石汝杰、宫田一郎主编（2005）。

（11）a. 自家肯用心，学问还怕有啥勿进境个麽？'……学问还怕有什么不长进的吗？'（标点符号为引者所加，原书只用老式标点"。"）（"应对须知"卷）

b. 自家带来个皮货，现在卖完呋？'您带来的皮货，现在卖完了吗？'（"官商吐属"2章）

c. 老弟动身个日子，定当拉呋？'老弟动身的日子定下了吗？'（"官商吐属"3章）

可见，吴语的"末"与普通话同源词"么"都是由疑问助词发展为话题标记。区别在于"末"的疑问用法已经让位于话题用法而普通话中两种用法至今并存，分别作"吗"和"么/嚜"。

1.3.2 早期吴语的"介"

"介"是在苏州话中与"末"功能相当且曾经并存的话题标记，也来自疑问助词。今苏州话"介"（[tɕia]，字多作"嘎、驾"）只做疑问词，话题标记用"末"不用"介"。下面看一下苏州弹词《三笑》（1802年出版）中的"介"及"末"例：

（12）[丑] 相公，看来阿快介？'相公，看着快吗？'（是非问语气词）（第5回）

（13）[生] 却为何故呢？[丑] 既然亲戚，一淘去哉吓，那啥咿要赶上去介？'……一起去了呀，怎么又要赶上去呢？'（特指问语气词）（第5回）。

（14）[生] 我是华府中亲戚。[丑] 噢，是甚亲戚？然而自我介勿信。（话题标记）（第5回）

（15）[生] 听听介，才是经，……'听着吧，都是经，……'（话题标记）（第4回）

（16）登台以后介，候等个个这个拂尘放子了下来，然后叩头稽首。（话题标记）（第4回）

（17）[生] ……恨介恨玻璃窗里边个面孔勿见，白头发末看见个，介勒无想头个哉。'恨就恨玻璃里边的脸看不见，白头发则看见的，所

以没指望了。'(话题标记)(第 4 回)

（18）[生]……这个末叫做"和样",只要我无隐乎尔,方得石点头。(话题标记)(第 4 回)

（12）、（13）的"介"用作疑问语气词,这些句子可以直接用当代苏州话念,"介"作"嘎"。（14）—（17）"介"都用作话题标记,其中有名词性话题,如（14）,动词性话题,如（15）,表示时间的后置词短语话题"……以后",如（16）,还有同一性话题（拷贝式话题）,如（17）第 1 小句。这些话题结构在当代苏州话中仍很常见,但标记却不能再用"介",而要改用"末"。当时则"介""末"两可,该书中另有大量话题是用"末"标记的,如（17）第 2 小句和（18）。可见疑问助词派生出话题标记用法后,已经经历过了词项的重新整合:"末"专用作话题标记,不再表疑问,"介"专用于疑问,不再做话题标记。整合的结果是两个标记有了明晰的分工。

1.3.3　当代上海话的"对哦""是哦"

当代上海话中派以下的人群"末"有所衰落,但徐烈炯、刘丹青（1998）注意到又有新的来自疑问成分的话题标记正在形成,这就是附加问（tag question）习语"对哦、是哦"（对吗,是吗）。如：

（19）老张对哦,今朝出差了。'老张吧,今天出差了。'

（20）我是哦,勿大欢喜吃鱼。'我吧,不太喜欢吃鱼。'

（21）明朝对哦,我要到公司里加班。'明天吧,我要去公司加班。'

（22）炒股票是哦,板要消息灵通。'（要说）炒股票吧,一定得消息灵通。'

这两个习语中的"哦"[va] 本身是来自否定词"勿"[vəʔ] 或"勿+啊"的疑问语气词（早期上海话文献也写作"否",如"侬去否？"）,其虚化轨迹与普通话"吗/么"一致。不过,"对哦、是哦"毕竟是有单独交际作用的短语,而不是单纯的疑问语气词,因此它们的虚化过程与直接来自疑问语气词的话题标记不完全相同。例（23）大致反映了这一轨迹：

（23）a. 侬要去买小菜，<u>对哦</u>？'你要去买菜，是吗？'
　　b. 侬要去买小菜，<u>对哦</u>？帮我带一眼。'你要去买菜，是吧？帮我带一些。'
　　c. 侬要去买小菜，<u>对哦</u>？一定要早一眼。'你要去买菜吧？／的话，一定要早一些。'
　　d. 侬要去买小菜<u>对哦</u>，一定要早一眼。'你要去买菜的话，一定要早一些。'
　　e. 侬<u>对哦</u>，去买小菜一定要早一眼。'你吧，去买菜一定要早一些。'

　　a句"对哦"在陈述句后，使之变为表推测的附加问句。b句"对哦"位于疑问句和另一小句之间，"对哦"与后面小句没有直接的语义联系，但有篇章联系：后面的祈使句以前面问句的肯定回答为前提条件，说者尚未等听者回答就提出祈使，显示说话人实际上已肯定对方要去买菜，"对哦"的疑问作用已变弱，所以我们改用"是吧"来对译。c句"对哦"位于疑问句和另一小句之间，两小句之间有假设条件关系，"对哦"兼表疑问和假设条件，而条件句的性质使"对哦"开始有表话题的作用。d句"对哦"与条件句间的停顿消失，已不成为一个疑问短语，因而疑问义减弱至近乎零，而重新分析为条件句话题的标记，与"的话"相似。e句"对哦"位于名词短语后，这是"对哦"重新分析后的功能扩展（extension）和句法实现（syntactic actualization），代表了语法化的彻底完成，[①]"对哦"成为"全能"的话题标记，疑问短语的功能尽失。"对哦／是哦"的语音弱化也反映了它们的虚化轨迹。a句"对哦"的读音为完整的 [tɛ$^{423\text{-}33}$ va$^{\text{-}44}$]，e句为弱化的 [tə va]，"对"的元音弱化央化，两个音节都失去了声调，而且两字之间连得极紧。其余各句的"对哦"读音介于两者之间。

[①] 我们采纳 Harris & Campbell（1995）的看法，认为一个语法化过程之完成的标志不是重新分析，而是重新分析之后的功能扩展，即可以用于以前不能用的地方。

1.4 小结

"疑问标记 > 话题标记"这一语法化路径常是以否定词为起点的语法化链的延伸:"末/么/吗"来自否定词"无","对哦"之"哦"来自否定词"勿/弗"或"勿+啊"。同属北部吴语的常州话的疑问语气词"哦"还有时态的变化,更清楚地显示了与否定词的源流关系。问未然是"去哦?"(去吗),问已然是"去 [vin]?"(去了没有),[vin] 即"勿曾"的合音,常州话"没去"说"[vin] 去"。

疑问助词向话题标记引申的初级阶段多与假设情态有关,随着语法化程度的加深,变成专用话题后,假设语气渐退。北京话的话题标记多处在假设语气尚明显的阶段,如:

(24)小张吧,人挺不错。≈ 要论小张吧,人挺不错。

二、话题标记的语法化来源之二:
时间名词 > 时间语标记 > 话题标记

时间成分是天然适合充当话题的成分,特别是做框架性话题(Chafe 1976; Gasde 2001: §6.1)。标记时间语的虚词似也容易成为话题标记,但时间标记到话题标记未必为直达车。

时间虚词常来自时间名词/代词,如英语 when、while,汉语"时""的时候",日语 toki。Gasde(1998)把普通话"的时候"看作表时间题元的后置词和时间话题的标记,这是有道理的。作为时间标记的"的时候"已可整体轻读,意义上也已不是纯粹的名词。例如"去的时候叫我一声"不能说成"去的时间叫我一声",这时"的时候"已整体相当于英语 when,而名词"时间"并没有同样虚化,也不能整体轻读。

时间语标记如"时"发展为真正的话题标记后可以标记时间语以外的话题,不过这种语法化通常要以条件句标记为中间阶段。因为时间语标记主要用在小句或 VP 后,如"(你)去时",要到发展出条件句标记用法时才开始大量出现"NP 时"话题。下面看看实际情况。

近代汉语"时"先由时间语标记发展为假设条件句标记（艾皓德 1991），再发展出包括话题标记在内的其他更虚的用法（江蓝生 2002）。略引江文数例：

（25）男女有亦好，无时亦最精。（王梵志诗 288；"无时"即"若无"）

（26）臣妾饮时，号曰发装（妆）酒，圣人若饮，改却酒名，唤甚即得？唤曰万岁杯。（《敦煌变文集·韩擒虎话本》）

（27）新罗参时，又好，愁什么卖。（"NP 时"做话题）（《老乞大谚解》2b7）

（28）繫腰时，也按四季。（繫腰：腰带。"NP 时"做话题）（《老乞大谚解》46a7）

（25）是叙说一般事理，并非实表时间，这就为"无时"同时理解为条件句"若无"创造了合适的语境（英语 when 用于一般性事理时也能表示假设条件）。（26）"臣妾饮时"与后面"圣人若饮"相对，明显已可重新分析为条件句话题。（27）、（28）例，"时"用于非时间性的名词话题，这已是重新分析后的扩展用法，"时"变成话题标记的语法化进程彻底完成。

连城客家话的"时"（项梦冰 1997，1998）是语法化程度最高的话题标记，经常用在毫无时间义的各种 NP 话题和多少有话题性的多种 VP 或小句后，包括处于时间标记和 NP 话题标记中间阶段的条件句用法。这应当是近代汉语"时"的继续发展。例如：

（29）这得食酒时会伤身。'这样喝酒会伤身子的。'（据项原译。也可译为"这样喝酒的话……"）

（30）倩时唔就加买一件 ə^{11}。'（既然）好看就多买一件吧。'

（31）佢唔食羊肉时我知得 e^{35}。'他不吃羊肉我知道。'（作为受事的小句性话题）

（32）春兰时系老婢子 ə^{55}。'春兰是婢女。'（NP 话题）

（33）新泉时有一个汤窟 ə^{55}。'新泉有一个温泉。'（处所话题）

（34）行下底时㤘多人蒸酒 a⁵⁵。'（山）下面有很多人酿酒。'（方位话题）

（35）今晡时过节 a³³。'今天过节。'（时间性话题。"今晡"表时间，"时"做话题标记）

（36）老实时老实，成绩忒差板。'老实是老实，但成绩太差。'（同一性话题）

综合一、二节的分析可以看到，"疑问标记→话题标记"和"时间语标记→话题标记"两种语法化机制虽然起点不同，但都要经过一个共同中介——条件句标记。可见条件句在话题标记的语法化中扮演着关键的角色，条件句标记是很多话题标记的直接前身。两种过程可以合成下图：

（否定词→）疑问句标记 ⎫
　　　　　　　　　　　　⎬ 条件句标记→话题标记
（时间名词→）时间语标记 ⎭

三、话题标记的语法化来源之三：系词"是"＞话题标记

徐烈炯、刘丹青（1998）指出上海等北部吴语除了使用"末"外，也使用来自系词的话题标记"是"。看例：

（37）老张是，我勿认得伊。'老张啊，我不认识（他）。'

（38）侬去是，我也要去。'要是你去的话，我也要去。'

（37）"是"用在作为受事的名词话题之后，不管用不用停顿，"是"都只能依附在其前的话题成分上，没有独立的声调，只能跟在前一个连调组后轻读。（38）"是"用在条件句话题后，系词"是"绝不能用在这种句法位置。

系词"是"是所谓"断词"，经常作为焦点的标记，吴语亦然；而第一节分析的话题标记都来自"疑词"。"疑词"标话题而"断词"标焦点应为自然的匹配，而吴语系词又发展出话题标记的用法，似乎有悖此理。其实"是"作为话题标记与作为焦点标记为"同途殊归"，都源于

主谓之间的关键位置。而位于话题与焦点之间的一些信息标记的指向两重性，是焦点标记与话题标记交叉的原因。方梅（1994）对北京话"句中语气词"（我们认为有话题标记性质）的分析在这方面给了我们直接的启发。

方梅（1994）指出：从来源看，北京话的"句中语气词都是由句末语气词发展而来的。……在句首成分后的停顿位置上，又产生了一些新的语气意义。而总的看来，这种新的语义大致是向着标示话题、标示主位的方向发展的。"后面又说到："语气词总是出现在句子表达重要信息的核心成分之前，……句中语气词实际上是说话人划分句子重要信息跟次要信息心理过程的外部表现，语气词前的内容是说话人认为不那么重要的内容，语气词之后才是重要信息，是需要听话人特别留意的。"

参考方梅的看法，不妨说，作为话题标记的句中语气词在标注其前成分为话题（主功能）的同时也提示了其后成分的焦点性（副功能）。那么反过来，同样位于话题和焦点之间的系词"是"在标注其后成分为焦点（主功能）的同时，也可以提示其前成分的话题性（副功能）。区别在于两类标记主副功能的换位，与此相关的是两者停顿位置的不同。两种标记都向其主功能所在成分靠拢：作为话题标记的句中语气词靠前，停顿在后；作为焦点标记的系词靠后，可能的停顿在前。假如要凸显系词的提示话题的副功能，那么只要改变一下停顿的位置就可实现。上海话的"是"正是如此，当它出现在停顿之前成为后附性标记时，它的主、副功能便发生换位，话题标记成为主功能，"是"成为近似"末"的提顿词。这是一种语法化上的重新切分。如：

（39）a. 老张，是勿大开心。
　　　b. 老张是，勿大开心。

a 句"是"靠后，停顿在前，主功能为焦点标记，副功能为提示话题。b 句"是"靠前，停顿在后，主功能变为话题标记，副功能变为提示焦点，出现重新分析。

作为话题标记，"是"和"末"句法分布相同，但语义和话语功能有所分工："是"通常引出已激活的共享话题，"末"则可以用来引出新话题

（详徐烈炯、刘丹青1998：234—235），这反映了语法化来源对虚词功能的影响。"是"原为"断词"，焦点功能强而话题功能弱，所以主要用来标注现成的话题，介引新话题的功能较弱。"末"原为"疑词"，其所标注的成分功能类似设问句，便于引出新话题。（40）体现了两者功能的差别：

（40）A：侬上班介远，买部小汽车开开算勒。'你上班这么远，买辆小车开开算了。'

B1：小汽车是，买勿起，摩托车末，还可以考虑考虑。

B2：*小汽车末，买勿起，摩托车是，还可以考虑考虑。

A劝B买小汽车，"小汽车"在B的答话中成为已激活的话题，所以用"是"；而"摩托车"是B自己新提出的对比性话题，只能用"末"。假如两个话题标记换一下位，句子就不成立。

"是"重新分析为话题标记后，也有一系列功能扩展和句法实现。如：

（一）提顿词可与其他用途的"是"叠加同现，显示语法化从量变到质变。刘丹青（2001）指出，语法化进程中的词项若可以与来源成分在句法结构中以不同的身份叠加，就表明语法化进入了一个新的阶段。话题"是"来自系词和焦点标记，但在用了话题标记"是"的小句中还可以再出现系词或焦点标记"是"，就清楚表明话题后的"是"已不再是系词或焦点标记。如：

（41）小王是，从前是语文课代表。

（42）老张是，今朝是勿大开心。

（二）话题标记"是"用在VP及小句后，表示一种假设条件句，也属于一种话题，这是系词"是"所不具备的新功能，如：

（43）——老弟封印之后来，总理衙门里去歇否？

'老弟（过年）放假之后，去过总理衙门吗？'

——去歇二回，办点零碎事体。开之印是就要忙者。

'去过两回。恢复了公务的话就要忙了。'

——是麼，开之印是，无得闲工夫者。

'是啊，恢复了公务的话，没有时间了。'（《土话指南》"官商吐属"4章）

（44）小张开车子是，速度肯定快个。'小张开车的话，速度肯定快。'
（45）明朝落雨是，我也勿去勒。'明天下雨的话，我也不去了。'

可以比较一下上海话及北部吴语中更常用的条件句话题标记"末"。同表条件，"末"和"是"功能也有分工，与标注其他话题时的前述分工完全平行。"末"可以介引没有当前相关性的假设条件，而"是"总是表示已经以某种方式激活的假设条件或在情景中现实性较大的假设条件。如（43）例"是"前的条件句"开之印"（开了印，指衙门休假"封印"之后恢复公务），就紧接着上文的"封印"而说。（44）上文当谈到今天若小张开车一类的话，（45）也当在上文谈到明天将下雨或在情景显示明天将下雨的情况下说出。

四、话题标记的语法化来源之四：
话题敏感算子（副词）> 话题标记

话题敏感算子是我们（Liu 2004）仿照焦点敏感算子的概念而提出的概念，指在句子中不直接加在话题上但要求与话题同现（topic indicators）或允准话题（topic licenser）的副词性成分，如"则""也""倒""还是""可"（对"可"的话题敏感算子属性的分析见刘丹青、唐正大 2001）。语义上，话题敏感算子可以与话题标记非常接近，区别仅表现在句法及可能的停顿位置。比较下面各例：

（46）其室（，）则迩，其人（，）则远。~〈上海〉房间末（，）老近，人末（，）老远。

（47）有（，）则改之，无（，）则加勉。~〈上海〉有末（，）改脱伊，呒没末（，）今后注意。

（48）——叫小张去吧。——小张（，）可不会去。~
　　〈上海〉——叫小张去吧。——小张是（，）勿会得去。

"则"是从古代汉语一直沿用到现代书面语的一个话题敏感算子，它要求前面的成分有话题性，假如前面是谓词或小句则自然带上条件句的性质，这也是一种话题性。用"则"的句子在上海话中最贴切的翻译就是在有关成分后带上话题标记"末"，如（46）、（47）所示。区别只在"则"靠后，是副词，可能的停顿在前；"末"靠前，是话题标记，可能的停顿在后。北京话的"可"和上海话的话题标记"是"也存在这样的关系，如（48）所示。"可"要求前面有一个以某种方式激活或具有现实相关性的话题（参阅刘丹青、唐正大 2001），这是它区别于一般语气副词或程度副词的地方，却正好与上海话话题标记"是"的特点相符。

话题标记"是"原来是由靠后的焦点标记通过重新分析而成为靠前的话题标记的。类似的，话题敏感算子也可能因为与话题的密切关系而发生重新切分，由靠后的副词状语变成靠前的话题标记，而语义基本不变。苏州、上海等吴语中的话题敏感算子"也、倒"就发生了这样的重新切分，从而在副词原义没有明显改变的情况下变成了话题标记，这从（49）、（50）就可以看出（刘丹青、徐烈炯（1998：104—105）已对此有所说明）：

（49）老张（，）倒勿同意。＞老张倒（，）勿同意。

（50）老张（，）也勿同意。＞老张也（，）勿同意。'连老张也不同意。'

在左边的例句中，"倒、也"像普通话中的"倒、也"一样用作话题敏感算子的副词，可能的停顿在前；到右边的例句中，"倒、也"成为附加在话题后的虚词，停顿在后面出现。普通话的"倒、也"没有发生这样的重新分析，不能出现右边句子这样的停顿。

由于吴语常常单用"也"表示"连……都/也"义，在"也"重新分析为话题标记后，"也"几乎成为"连"的同义标记，区别只在"连"为前置标记而"也"为后置标记。[①] 上海话也能单用"都"表示"连……都"，

[①] "连"后的成分常被认为是焦点成分，但一些仔细的考察显示"连"后的成分具有确凿的话题性，如刘丹青、徐烈炯（1998），屈承熹（2003），但也有与焦点相关的对比性。刘、徐文称之为"话题焦点"，屈文认为话题性是主要的，还是叫"对比性话题"而不提"焦点"为妥。因此，把吴语中作用如"连"的后加性的"也"看作话题标记是合适的。也许，正是因为其前的成分有话题性，才促成了"也"的重新分析。假如"也"前的成分不是话题而只是焦点，可能就不会发生这样的重新分析，因为现代汉语中看不到焦点带后加标记的情况。

这是受普通话影响的新说法，"都"似尚未发生类似"也"的重新切分：

（51）老张（，）<u>都</u>勿同意。＞*老张<u>都</u>（，）勿同意。'连老张也不同意。'

"倒、也"的重新分析发生后，也出现了进一步的功能扩展和句法实现。一是后加的"倒、也"还能自由地在名词性成分之前出现，而副词性的"倒、也"不具备这样的功能，因此这时的"倒、也"不再能恢复其副词用法。比较：

（52）老张<u>倒</u>，我认得个。~*老张，<u>倒</u>我认得个。'老张我倒认识的。'

（53）老张<u>也</u>，伊勿认得。~*老张，<u>也</u>伊勿认得。'连老张他都不认识。'

二是"倒、也"也能用于条件小句后，如：

（54）老张做主任<u>倒</u>，我赞成个。'老张当主任的话，我倒是赞成的。'

（55）老张做主任<u>也</u>，伊反对。'即使老张当主任，他也反对。'

话题敏感算子演化为话题标记还要具备一个重要的类型学条件。汉语尤其是吴方言属于话题优先类型，句法结构上有对话题标记的需求，语言中本身也有后置性的话题标记，所以在需求压力和类化机制的双重作用下发生这样的重新分析。语义上的话题敏感算子是普遍性成分，在其他语言中也存在，但是类似的成分在非话题优先语言如英语里不可能发生这样的演化。这是语言类型对语法化的有力制约。

五、小结与余言

汉语及其方言中常见的话题标记来源有疑问句标记、时间标记、系词"是"、副词性的话题敏感算子。前两种来源都经过条件句标记的用法，后两种来源在成为话题标记后也能用于条件句。可以看出话题标记与条件句标记之间极其密切的关系，也反映了话题与条件句在语义属性上的高度一致性。

话题标记的语法化在句法上体现了语法化进程的一般规律，从双重分析、到重新分析、再到功能扩展和句法实现。重新分析方面最显性的变化是体现句法切分的停顿位置的改变，如由话题敏感算子（副词）向话题标记的演化。功能扩展和句法实现中最明显的是所加对象语类属性的扩展，即只能加在小句后的成分扩展到名词短语后，只能加在名词短语后的成分扩展到谓词和小句后。疑问语气词是加在疑问句末尾的，演化为话题标记后可以加在名词短语后。时间标记"时"原来也是加在时间小句后的，在近代汉语和连城客家话中成为话题标记后也可以加在名词性话题后。系词"是"原来是加在名词性主语和表语或焦点之间的，在上海话中成为话题标记后也可以加在条件小句后。副词"倒、连"本来是用在名词话题和谓词之间的，在上海话中成为话题标记后，也可以加在名词话题和另一个名词之间，还可以加在条件小句后。这些功能扩展使话题标记的重新分析获得最终的句法实现。

话题标记的语法化除了遵循普遍性规律外，也受到汉语本身类型特点的有力制约。疑问句标记、时间标记、系词、话题敏感算子等都是普遍性范畴，在其他语言中也存在，但是在很多语言中我们并没有看到发生本文所述的这种语法化。可见，汉语容易产生话题标记，不是因为汉语中存在这些话题标记的来源，而是因为汉语作为话题优先语言在类型上需要话题标记。旧的话题标记的式微会催生新的话题标记，如上海话"末"之后的"对哦"等。还有一些学者持语言共性的语法化决定论，认为人类语言之所以存在语法共性及类型特点是由共同的语法化规律和不同的语法化过程决定的（参阅 Bybee 1988，LaPolla 2001）。可是本文的研究显示同样的成分在不同语言中并不一定导致同样的语法化结果，语法化受到具体语言类型特征的强大制约。在话题标记问题上，语法化是果，而不是因，汉语对话题标记的类型需求倒是一个重要的因。语法化决定论难以解释这种现象。对于汉语语法学来说，本文的研究再次提醒我们，必须重视汉语话题优先的特点对汉语句法的深刻影响。假如话题结构在汉语中像很多学者坚持的那样只是语用平面的现象，我们难以解释话题标记的语法化会有如此深刻的句法表现并可以给句法结构带来如此明显的影响。

在《语法化与语法研究》（一）中，拙文（2003）以吴语一些虚词的语法化过程为例讨论了语法化中的共性个性问题。本文可算是从另一种角度对这一论题的继续。

最后添说几句余言。本文所考察话题标记的四种来源，远非话题语法化来源的全部。至少有两种已确定的来源本文尚未及讨论。一是从体标记到话题标记。郭校珍（2003）令人信服地显示，山西晋语中常见的"佬"一类话题标记其实就是从体标记"了"来的。其确切的语法化机制今后还可以深入考察。二是从言说义词语发展出话题标记，在汉语中突出表现为普通话中的"的话"，其形成过程详见江蓝生（2004）。江文揭示，历史上"的话"是先有名词短语后的话题标记作用，再用作条件句话题的标记的，虽然在现代普通话中条件句标记的作用更为人重视。"的话"的演变史也再次显示了话题标记与条件句标记的高度相关性，这是与本文的考察完全一致的。

参考文献

艾皓德　1991　近代汉语以"时"煞尾的从句，《中国语文》第6期。
曹逢甫　1979/1995　《主题在汉语中的功能研究》，谢天蔚译，北京：语文出版社。
方　梅　1994　北京话句中语气词的功能研究，《中国语文》第2期。
郭校珍　2003　晋语的提顿词语话题结构，《话题与焦点新论》，徐烈炯、刘丹青主编，上海：上海教育出版社。
胡明扬　1981　北京话的语气助词和叹词（上）（下），《中国语文》第5、6期。
江蓝生　2002　时间词"时"和"后"的语法化，《中国语文》第4期。
江蓝生　2004　跨层非短语结构"的话"的词汇化，《中国语文》第5期。
刘丹青　2001　语法化中的更新、强化与叠加，《语言研究》第2期。
刘丹青　2003　语法化中的共性与个性，单向性与双向性——以北部吴语的同义多功能虚词"搭"和"帮"为例，《语法化与语法研究》（一），吴福祥、洪波主编，北京：商务印书馆。
刘丹青、唐正大　2001　话题焦点敏感算子"可"的研究，《世界汉语教学》第3期。
屈承熹（Chu, C. C.）　2003　Please, let topic and focus co-exist peacefully!，《话题与焦点新论》，徐烈炯、刘丹青主编，上海：上海教育出版社。
石汝杰　1996　《吴语读本》，东京：好文出版。
石汝杰、宫田一郎（主编）　2005　《明清吴语词典》，上海：上海辞书出版社。

王　力　1980　《汉语史稿》(中册)，北京：中华书局。
项梦冰　1997　《连城客家话语法研究》，北京：语文出版社。
项梦冰　1998　连城方言的话题句，《语言研究》第 2 期。
徐烈炯、刘丹青　1998　《话题的结构与功能》，上海：上海教育出版社。
徐烈炯、刘丹青（主编）　2003　《话题与焦点新论》，上海：上海教育出版社。
袁毓林　2002　汉语话题的语法地位和语法化程度——基于真实自然口语的共时和历时考量，《语言学论丛》第二十五辑，北京：商务印书馆。
赵元任　1968/1980　《中国话的文法》，丁邦新译，香港：香港中文大学出版社。

Bybee, J. 1988. The diachronic dimension in explanation. In J. Hawkins (Eds.), *Explaining Language Universals.* Oxford: Blackswell.

Chafe, W. 1976. Givenness, contrastiveness, definiteness, subjects, topics and point of view. In C. N. Li (Eds.), *Subject and Topic*. New York: Academic Press.

Gasde, H-D. 1998. Topics, foci and sentence structure in Mandarin Chinese. *Language Typology and Universals*, 51(1), 43-94.

Gasde, H-D. 2001. Yes/no questions in Mandarin Chinese (revisited). In K. von Heusinger, & K. Schwabe (Eds.), *ZAS Papers in Linguistics* (Vol.24). Berlin.

Haiman, J. 1978. Conditionals are topics. *Language*, 54(3), 564-589.

Harris, A., & Campbell, L. 1995. *Historical Syntax: A Cross-Linguistic Perspective*. Cambridge: Cambridge University Press.

LaPolla, R. 2002. Problems of methodology and explanation in word order universals research. In Pan W. Y. (Ed.), *Dongfang Yuyan yu Wenhua*. Shanghai: Orient Publishing Center.

Liu, D. Q. 2004. Identical topics: A more characteristic property of topic prominent languages. *Journal of Chinese Linguistics*, 32(1), 20-64.

（原载《语法化与语法研究》(二)，商务印书馆，2005 年）

话题标记走向何处？*
——兼谈广义历时语法化的三个领域

零、小引

拙文《话题标记从何而来？》（2004）分析了汉语及其方言中话题标记的四种语法化来源，它们是：疑问句标记、时间标记、系词"是"、副词性的话题敏感算子。前两种来源都经过假设条件句标记的用法，后两种来源在成为话题标记后也能用于条件句。可见话题标记与条件句标记有极其密切的关系，也反映了话题与条件句在语义属性上的高度一致性。此外还有来自体标记的话题标记（郭校珍 2003），也可用于假设条件句。

语法化现象常常表现为一个连续的链而不是到达某个终点站。即使成为一种专用的虚词后，这个虚词仍可能进一步虚化。不过虚词的虚化不一定仍以独立虚词的身份继续。有的虚词会进一步黏着化并经过类推而成为形态成分，例如汉语中来自指代性谓词的后缀"然"。有的虚词会和所结合的词语发生紧密的融合，衍生出新的词语——实词或虚词，如由"于"构成的"敢于、勇于、善于、迫于"和"对于、至于、关于"，以及英语口语中由表示将来时的 going to 合音而成的 gonna。前一种情况，学者们通常仍称之为语法化，体现了"语用/语义 > 句法 >

---

* 本文获中国社科院重点课题"汉语方言语法语料库与方言语法比较"的资助，部分内容曾在日本名古屋国际中国语言学学会第 11 届年会、湖南大学、暨南大学和香港理工大学报告，得到不少有益意见，在此一并致谢。

形态"这个斜坡的后一阶段。后一种情况,现在学界多归入词汇化,用词汇化研究汉语现象的已有董秀芳(2001,2005)等专著和江蓝生(2004)等论文。吴福祥(2005b)对词汇化与构词法的区分修正了传统的构词法理论,是对词汇化的一种理论探索。词汇化经常涉及作为语法化产物的虚词,构成的也可能是"对于""gonna"这种虚词,因此同样也是广义的历时语法化研究所应关注的现象。

回到话题标记,我们发现,虚词在语法化为话题标记后,由于话题标记在话题优先语言中的高频、广泛使用,因此也常发生后续虚化,而且主要表现为与其前面的话题融合而导致的词汇化,所构成的主要是虚词。由"话题+话题标记"词汇化所构成的虚词,其用法基本上都可以追溯到话题标记的功能,特别是其假设条件标记的功能。本文接续刘丹青(2004),就汉语及其方言中一些现象,讨论话题标记向何处去的问题。余论部分将小结话题标记三种演化现象,并由此就广义语法化的三个领域——狭义语法化(虚词化、形态化),词汇化和构式化谈点看法。

一、指示词+话题标记→结果句连词

刘丹青(2004)显示,从实词而来的话题标记,往往经历做假设条件句标记的阶段,或在成为话题标记后可以用作假设条件句标记,这是由条件句与话题的内在共性所造成的。话题标记的后续词汇化,也有一条主要途径与话题标记的假设功能有关,可以简示如下:

指示词+话题标记→(假设条件句+)结果句连词

上式表示,指示词加话题标记整体成为结果句连词,括号中的内容表示该连词的出现位置是一个假设条件句的后面。下面分析其演变的机制。

假设句所表达的命题,既可以是在话语中新提出的(如下面例(1a)),也可以是回指上文所提到的一种情况。在后一种情况下,出于表达的简洁性，假设分句常由一个谓词性的代句指示词充当（如下面例（1b））。比较：

(1) a. 如果你去，我也去。

　　b.（我听说你要去。）如果那样，我也去。

而汉语中表达假设关系不但可以用"假如"这种前置连词，也可以用更加简洁的话题标记，如"么"，而回指的成分也可以简省为单音节的"那"，于是会现出例（2）这样的发展：

(2) a. 你去么，我也去。

　　b.（听说你要去。）那（样）么，我也去。（原意：……那样的话／如果那样，我也去）

　　c. 你去，那么我也去。

　　d. 如果你去，那么我也去。

由例（2b）可见，"指示词+话题标记"很容易由一个简短的条件性话题小句凝固为复句连词，而且经重新切分后可以变成加在后面的承接／结果类分句上的标记，如例（2c）。随着词汇化程度的加深，开始带有假设标记性质的"那么"已不能再复原为更复杂的"那样么"，凝固为连词，这时说话人也意识不到"那么"本身就是一个简短假设句，于是还可以在前面再用一个假设句，如例（2d），从而彻底完成了"那么"的词汇化过程。

上面的分析，解释了为什么"那么"可以用作假设句的结果分句连词。也可以看出，普通话连词"那么"的构造不同于方式／程度指示词（又叫"样态指示词"）"这么、那么"（以及类似的"多么"）。连词"那么"的"么"为话题标记／条件句标记，而话题标记"么"来自疑问语气词"么／吗"，其前身是否定词"无"。样态指示词"这么、那么"的"么"的来源，现在尚无定论。吕叔湘（1985：266—295）、志村良治（1995：268—288）等著作讨论样态指示词"这么、那么"及其早期形式的来源时，都没有明确回答其中"么"字之所从来。江蓝生（1997）则认为样态指示词"这么、那么"的"么"与疑问代词"什么"的"么"同源，都来自"物"。不管怎样，这种"么"与话题标记"么"

没有关系。①

两种"那么"在句法上存在显著区别。第一，样态指示词主要是副词性的，用来修饰后面的谓词性成分，如"这出戏那么好""不能那么干"，所以通常后面不能有停顿，如不能说成"这出戏那么，好""不能这么，干"。而由话题标记"么"构成的结果句连词"那么"中的"么"本性就是话题标记，最适合停顿，所以即使用作假设连词，仍保留着这一特性，如"假如他参加，那么，你也参加吧"。第二，样态指示词中的"么"是谓词/副词的词性标记，不能省略，"那么好""那么干"不能说成"那好""那干"。而话题标记在句法上强制性不大，通常用不用两可。继承了话题标记特性的连词"那么"也可以省略"么"单用"那"，如"假如他参加，那〔 〕你也参加吧"。

这些重要差别有利于说明两种"那么"来源迥异。假如样态指示词"那么"和结果句连词"那么"是同一个词或有派生关系，则我们不但难以很好解释两者的句法差别，而且无法说明样态指示词用作结果句连词的理据和派生机制。

吕叔湘（1985：293—294）在分析近代汉语样态指示词时，也提到了它们（尤其是"那么"的前身"恁么"）有连词用法，认为是省去连词后由指示词起连接作用。这一分析有一定道理，但该书所举的近代汉语例子大多似乎与本文上述所举的结果句连词用法不属同类，其中并无话题标记的成分，所以其中的"么"还可以换成其他副词性/谓词性后缀"地、等、样"等，且摘录该书所引的部分例句（着重号和说明文字均照录，本文加上编号）：

（3）恁么即达于彼岸也。（灯录 12.17）

（4）恁地后怎生整顿得起？（靖康城下 33.10；后在这里作"时"讲，作用近于语助词）

---

① 关于连词"那么"之"么"与样态指示词"这么、那么"之"么"不同源的论断，希望日后能在历史语料中得到佐证。目前的历史语料研究对指示词后缀"么"的来源刚有新说，还未成共识，马上在历史语料中搞清连词中的"么"的来源还有困难。此处及下文的结构和语义分析，特别是方言的例证，已足以显示两者性质之迥异并排除了两者同源的可能。

（5）这等，我过去。（元 7.1.2 白）
（6）这样还是我去罢。（冰心，集 225）
（7）那么那一个是谁？（儿 27）
（8）那么着，咱们说开了……（又 29.33）

这些例句中带的"么""地""等""样"等，基本上都属于指示词内含的标记副词/谓词的后缀，不同于话题标记，其句法表现是，后面还可以带上"后""着"等语助词（其中相当于"时"的"后"倒有话题标记的性质，参考江蓝生 2002），而含有话题标记"么"的"那么"后是不能再带助词的，① 例如：

（9）a. 如果你去，那么我也去。
  b. *如果你去，那么着我也去。

上述例子中，只有（7）中的"那么"可以看作本文所关注的带话题标记的"那么"，而其后也确实不能再带"着"之类助词。

结合吴语的情况，可以更清楚地看出结果连词"那么"与样态指示词没有必然关系。在北部吴语中，没有带"X 么/末"的方式/状态指示词，但有"X 末"连词（写作"末"是按照吴语文献习惯，与普通话话题标记"么"同源，都来自否定词变成的疑问语气词"无/么"），义近普通话"那么"而且更常用。以苏州话为例：

（10）倷去，葛末我也去。'你去的话，那么我也去。'
（11）唔哚侪勿肯去，辫末我去跑一趟。'你们都不肯去，那就我去跑一趟。'
（12）俚哚板要退货，乃末我呒拨办法哉。'他们一定要退货，那我可就没办法了。'

"葛 [kəʔ⁵]这/那、辫 [gəʔ²]这/那、乃 [nɛ²²³旧]/[nã²²³新]这下/现在"都是指示语素，而"葛末、辫末、乃末"都只做连词，没有样态指示词的用法（*葛么好，*辫么做）。尤须强调的是，这里所用的指示语素，都是

---

① 在连用标记的情况下，表达语用义的话题标记通常在最外层。例如在日语中，假如话题带后置词/格标记 ni、de 等，话题标记 wa 要用在这些标记之后，形成 Tokyo de-wa（在东京么，……）之类组合。所以含有话题标记的"那么"之类连词后不能再加其他助词是有合理解释的。

苏州话固有而共同语不用的指示词，因此可以肯定这些连词作为整体是在苏州话中自源形成的，可以排除从普通话借入的可能。由此可证明，这些"X末"连词与样态指示词毫无关系，是由"指示词＋话题标记"词汇化而成的。事实上，"X末"作为一种结果句标记，既是高度词汇化的，也是一种可以临时构造的能产格式。在词汇化方面，苏州话不分远近的有定指示词是"瓣"[gəʔ²]，但连词中还有"葛末"，"葛"[kəʔ⁵]是"瓣"相对的清音形式，应是"瓣"的早期形式（早期文献该指示词多作"个""葛"等，清声母字），"葛"作为指示词现已被"瓣"取代。①而"葛末"可以不随之浊化为"瓣末"，显示其已凝固为一词，其中的"葛"已与指示词"瓣（＜葛）"脱钩。至于其能产性，则苏州话除了上面这些固定连词外，还可以用指示词加话题标记临时构造，例如：

（13）俚板要去，<u>实梗么</u>，事体僵脱哉。'他一定要去，这下事情可难办了。'

（14）倷只要勿签字，<u>埃丈末</u>小张就弄勿成哉。'你只要不签字，这样小张就干不成了。'

其中的"埃丈"（这样）是"埃实梗"（这＋这样）的合音，是新近产生的样态指示词，照样可以自由地带上"末"起关联作用。这些也都说明结果连词"那么/X末"之"么/末"和指示副词"这么/那么"之"么"无关。

另一个有力的旁证是，吴语中与"么"无关的话题标记也能构成作用类似的结果句连词，如苏州话、上海话等北部吴语的话题标记之一"是"。徐烈炯、刘丹青（1998：103—104）和刘丹青（2004）已介绍过"是"的话题标记/假设条件标记用法及其从系词而来的语法化机制。成为话题标记后，"是"与"末"句法作用相近而话语功能有别。这个"是"也能构成类似"X末"的"X是"连词。先以苏州话为例：

---

① 吴语中很多虚词经历了类似的声母浊化的过程。如苏州的体助词"仔"[tsʅ]在吴江浊化成[zʅ]，苏州话和早期上海话的句末助词"哉"[tsE]在后来的上海一带方言中浊化为[zE]。杭州话和绍兴老派的"来东"[lɛ toŋ]（在这儿）在绍兴新派中浊化为"来同"[lɛ doŋ]。

（15）侪去，搿是我勿去哉。'（既然）你要去，那我就不去了。'

（16）王处长勿答应，搿是勿好哉。'王处长不答应，那可不好了。'

下面是一部老上海话文献中既用"X 末"也用"X 是"做结果连词的例子：

（17）a. 要转去者，格味到屋里去，替我一概望望。'（你）要回去了，那回家后，代我都问个好吧。'（《土话指南》"官商吐属"4 章）

b. 侪都要发奋朝前，勿可以自家哄骗自家，乃味能够成功者了。（《土话指南》"应对须知"）

（18）……所以今朝特地来见见老兄咯后置连词辞别声。'今天特地来见见老兄并辞别一声。'

固是太客气者。'那可太客气了。'（《土话指南》"官商吐属"3 章）

"格、乃、固"都是老上海话中的固有指示词或指示语素。

由此可见，"指示词+话题标记→结果句连词"是汉语中有一定广泛性的词汇化路径。在某些方言（如北京话）中，其词形可能与方式/程度指示词"那么"等相同，这纯属偶合。没有"这么、那么"一类方式/程度指示词的方言照样可以有"X 么"连词，也可以用其他话题标记"是"等替换其中的"么"，与方式/程度类"那么"没有关系。

二、X+话题标记→联合复句连词

话题标记，特别是"末/么"，既有表条件的功能，也常有对比性功能（详见徐烈炯、刘丹青 1998：228—232），由这种对比性功能，又发展出并列连接的作用（同上 232—234）。有对比兼并列连接作用的话题标记如果用在简短成分之后，就可能与话题部分融合而词汇化。其中最常见的是构成联合复句中选择句的关联词，如"要末……要末"（普通话"要么"同理）：

（19）〈苏〉要末倷去，要末我去，终归要去个人。

（20）〈普〉村上人要么种田，要么做生意。

这里代表话题部分的成分是"要"，显然其间经历了某种缩略。不过这个"要"仍可追溯到它的假设功能。我们知道"要是"（有时就简作"要"）就是表示假设句的常见连词，如"你要（是）不去，我也不去了"。而假设条件句本来就有话题的性质，加了"末"后，又可以突出其对比功能，从而词汇化为联合复句中的选择问句的连词。不过，苏州话"要末"在不成对使用时，对比性减弱，只突出假设性的用法，其作用相当于普通话的"要不"，表示假设性的取舍关系，例如：

（21）老王生病勿上班。要末我来代俚领吧。'老王生病没上班，要不我来代他领吧。'

（22）我勿相信！要末耐吃仔一鸡缸杯，挖拨倪看。'我不信，要不你喝下一大杯，吐给我看。"（《海上花列传》50回）

"要末"在苏州话中还有一些更主观化的用法，在普通话中没有直接对应的词项，表示与预设相反的测度或反讥语气。不过这已是"要末"这个虚词形成后其整体的语法化，同话题标记的关系更为间接，主要与话题标记的假设功能隐退有关。下面只举两个书证，以进一步显示与话题标记有关的词汇化和语法化在虚词系统中的活跃角色：

（23）催去哉。俚哚是牌局，要末来哚替碰和，勿然陆里有实概长远嘎。'催去了。他们是牌局，也许是在替人碰和了，否则哪有这么久啊。'（《海上花列传》7回）

（24）倪是蛮干净来里，要末耐面孔齷齪仔，连只嘴也齷齪哉。'我可是挺干净的。反倒是你大概脸脏了，连这嘴也脏了。'（《海上花列传》26回）

话题标记可以词汇化为联合性连词，作用与话题标记相仿的话题敏感算子也有类似的现象。这可以拿"则"举例。古今汉语的"则"虽然不直接加在话题上，而是用作后面谓词的状语，不能算话题标记，但它却是典型的话题敏感算子（关于话题敏感算子，参看刘丹青、唐正大2001），要求句子前面一定要有一个具有话题性的成分（包括条件小句),其在句子中的作用与话题标记很相近(参看徐烈炯、刘丹青 1998:230—232;刘丹青 2004)。我们发现作为话题敏感算子的"则"在构成关联词方面也与话题的功能有关,其中"然则""否则"接近本义的理解都是一个条件小句——"这样的话""不这样的话",按重新分析后词汇化的理解,"然则"表顺承关系,"否则"连接两个选择句。而"再则""一则……二则",则连接并列分句。取舍、选择、顺承、并列都是联合类复句关系。

在句法上,"则"的词汇化比话题标记的词汇化要多一个重新切分的过程,因为"则"原来是加在后面谓语上的,重新切分后加在前面的话题上,如"然,则善也→然则,善也",其余"X 则"依此类推。而"么/末"一类话题标记本来就是加在话题上的,"话题+话题标记"词汇化为一个虚词无须经历重新切分。董秀芳(2001:274)将"否则"的形成归入"跨层结构"的词汇化,这是对的,因为层次原本是"X/则 Y","X 则"跨越了层次。不过董文没有从话题性角度分析"则",[①]这是本文与之不同之处。

话题敏感算子不一定要到词汇化阶段才发生重新切分。刘丹青(2004)已分析过上海话"也、倒"等前加的话题敏感算子重新分析为后加的话题标记的现象。

三、话题标记+语气词>合成语气词

话题标记本是后加性虚词,但在苏州方言中,基本话题标记"末"通过实词成分的脱落而发生重新分析,与后面的语气词"哉"(相当于"了$_2$")跨层组合,成为一个有趣的合成语气词"末哉"。

"末哉"是晚清以来一些北部吴语表示祈使和意愿的句末语气词,

[①] 董秀芳(2001:274)强调"'假设'含义是语境所赋予的,'否'本身只有'不这样'的意思"。此说不确。"否"是话题敏感算子,其前的成分必有话题性,而话题和条件句有同质性,很容易带有假设义。

有打消别人顾虑、鼓励对方的含义（语气近似英语 go ahead），以苏州话为例：

（25）倷去末哉。'你（尽管）去好了。'

（26）耐肯借末借仔，勿肯借末也呒倷希奇，老老实实搭倪说末哉。'你肯借就借，不肯借的话也没什么大不了，老老实实跟我说好了。'（《九尾龟》130 回）

（27）覅说哉，我去买末哉。'别说了，我去买得了。'（《海上花列传》22 回）

有些老上海话文献作"味者"（"者"与"哉"同音）：

（28）倘使自家有空味，可以到小店来，大家谈谈味者。'您有空的话，可以到（我）小店来，大家谈谈。'（《土话指南》"官商吐属"2 章）

（29）我总替阁下办到把_到位_，放心交代我味者。（《土话指南》"应对须知"）

从共时平面看不出"末哉"的来历。"末"是话题标记，"哉"是表示新情况的句末语气词，两个虚词照例不能直接组合，特别是话题标记后不可能再带语助词（参看第 312 注①）。那么这个合成语气词是如何形成的呢？

联系历史材料才能看清楚，这个虚词的形成，其实经历了三个阶段：

Ⅰ.［小句式话题＋末］［是＋哉］＞ Ⅱ.［小句］［末］［是＋哉］＞ Ⅲ.［小句］［末＋哉］

在早期的苏州话文献中，这个语气词的前身是"末是哉""末好哉""末罢哉"之类跨层次组合①。"末"本为话题标记，"是哉"（对了）等为谓语/述题。谓词"是"脱落，"末、哉"两个虚词合成一个语气词。先以"末是哉"为例。请看 1802 年《三笑》的例句：

（30）唅，你摇过来，你放心唱末是哉。'喂，你（把船）摇过来，你放心唱就行了/你放心唱吧。'（《三笑》5 回）

---

① 石汝杰、宫田一郎主编（2005）的《明清吴语词典》（笔者也参编）收"末哉"条，分为几个义项，均注为语气词，并说明也作"没哉""末者""嚜哉""嘿哉"等。词典未收"末是哉"，但在"末"条下列一个义项，说明后面接"是哉、好哉"时的意义。这是对的，因为"末是哉"不成词，只是一个跨层结构。不过"末哉"条并未提到其与"末是哉"之类的关系。

（31）放心，还你大船浪去吃夜饭末是哉。'放心，准保你在大船上吃饭就得了。'（同（30））

《三笑》一书中只有"末是哉"，没有"末哉"。从石汝杰、宫田一郎主编（2005：441）的"末哉"条的用例看，在《三笑》前后印行的《缀白裘》《伏虎韬》等则有一些"嘿哉""没哉"等变体的用例，但总体上这一阶段还是以"末是哉"一类未脱落的形式为常。以后的作品，就出现"末哉"和"末是哉"并存且以前者为主的情况，如1892年的《海上花列传》，出现"末哉"252例，说明90年间这个组合已经从无到有，并成为一个非常高频的语气词了，而"末是哉"只有4例，呈夕阳西下之态。与"末是哉"结构相近的"末好哉"也只有18例，其在意义上与"末哉"有些距离，还有些"末好哉"用于普通的评论句或感叹句，不像是祈使意愿句专用的"末哉"的来源。同样可能作为"末哉"来源之一的"末罢哉"在该书中没有用例。下面是《海上花列传》中的"末是哉""末好哉"的部分用例：

（32）赵大少爷请耐哚两位用酒，说一声末是哉。'赵大少爷请你们两位用酒，说一声好了。'（《海上花列传》10回）

（33）a. 只要俚巴结点，也像仔俚哚姊妹三家头末好哉。'只要她巴结些，也像她姊妹三人那样就好了。'（《海上花列传》3回）

b. 难末好哉！三个局还勿曾去，老旗昌咿来叫哉。'这下好了，三个"局"还没去，老旗昌又来叫了。'（《海上花列传》44回）

例（32）祈使的是听话人希望进行的行为，最符合语气词"末哉"的鼓励功能，所以也可以删除"是"变成"末哉"。这种"末是哉"当已处在前文所说的阶段Ⅱ，是"末哉"的直接来源。例（33a）表达说话人对第三方的愿望，并不涉及听话方，与"末哉"的鼓励祈使不合，不能删除"好"说成"末哉"。例（33b）是普通评说句，与祈使愿望无关，"好"纯属实义谓语（反话，指糟了），绝不能删除，这种"好哉末"与"末哉"无关。从意义和用法上看，"末是哉"是"末哉"最直接的来源。

当代苏州话只有"末哉"，没有"末是哉"，"末哉"完成重新分析和词汇化，成为一个地道的语气词，当代苏州人已感觉不到它与"末是哉"等的联系（石汝杰、宫田一郎主编（2005）收了"末"条及"末是哉"等的用法，也收了"末哉"，但没有提及"末哉"与"末是哉"等的任何联系）。而"末好哉"仍存在，不过仍是一个未经词汇化的跨层组合，与"末哉"不能互换。

早期文献中也有些"末是哉"还处在阶段Ⅰ，"末"必须理解为话题标记，此类意义当代苏州话也不说"末哉"或"末是哉"：

（34）堂子里做个把倌人，只要局账清爽仔末是哉。'窑子里包个把妓女，只要账目清楚了就行了。'（《海上花列传》10回）

从结构上说，与"末+是哉"结构类似的"末+罢哉"也可以看作"末哉"的来源之一。如石汝杰、宫田一郎主编（2005：440）用到的清初作品的例子：

（35）大爷认得个，自家进去末罢哉。'大爷认识的，自己走进去得了。'（《珍珠塔》17回）

这一句与用"末哉"的句子相当接近，也有鼓励语气。在当代苏州话中只能用"末哉"，"末罢哉"也不再存在，实际上在清末《海上花列传》中已不见"末罢哉"。

"末是哉"的词汇化与汉语中的"不成"（我听你的指派不成？详见钟兆华1991）、"罢了"（你别去罢了）等复合语气词有共同点，都是将小句做陈述的谓语（"不成、罢了"）重新分析为语气词，而做主语或话题的小句（听你的指派、你别去）上升为主句。区别在于"不成、罢了"不含话题标记，而且原谓语仍在，因此来源清楚。而"末是哉"却包含了一个本来附于前面小句的话题标记，而且让这个话题标记"挤走"了原谓语"是"（或"罢"），才使现在的构造看不出由来。

四、余论：广义历时语法化的三个领域

结合我们以前对话题标记功能及其来历的探讨，可以看出，与话题标记有关的历时演变涉及三种类别。

第一、狭义语法化（虚词化）。刘丹青（2004）所讨论的在不同方言中由意义相对较实的疑问句标记（么/吗）、时间标记（时）、系词"是"、副词性的话题敏感算子（倒/也）等演化为更加虚的话题标记，就属于这种情况。

第二、词汇化。与其他语素一起整合成紧密的词汇性单位，尤其是一个成分在成为话题标记后往往还会有进一步的词汇化。其中最常见的是与话题标记的条件句意义相关的变化，即与指示词一起成为结果分句的前加性连词。有些演变也与话题的对比功能等有关。

第三、构式化。虚化后用在特定的构式（句式或格式）中，整个构式有难以分解的整体语法意义。① 如刘丹青、徐烈炯（1998）和 Liu（2004）所讨论的同一性话题（拷贝式话题），大多可以看作构式，其中多由话题标记或其他虚化词语参与构成。如普通话"V 是 V"专表让步（好是好，只怕做不到），吴语"V 也 V 哉"专表强调式过去完成（等我到教室里，考试结束也结束哉）等，其中"是"是由系词虚化来的，"也"是由副词（话题敏感算子）虚化为话题标记再用于这一属于同一性话题的构式的。

再看国内历时语法化研究的总体态势。语法化理论从引进介绍、在汉语中的初步应用，到大量成果的涌现和研究的深化，发展迅速，与国际上的语法化研究几乎同步，早先宽泛意义的语法化领域也逐渐细化为若干子领域。除了关注语言实时状态的"共时语法化"的研究外（如方梅 2002），历时语法化的子领域主要也就是上面所讲的三项：

第一、狭义语法化（虚词化/形态化）。如动词到介词（前置词），关系名词、方位名词、时间名词到后置词（上、下、里、中、后、时），动词、前置词到连词（同、跟、比），动词到体标记（了、着、过、起、来、在、好、脱、稳定），动词到否定词（休、懒），否定词到疑

---

① 吴福祥（2005a）也把"结构式"（construction）的语法化列为当前值得重视的课题。不过他说的"结构式"比本文所说的构式含义更加宽泛，似乎指一切句法结构，不强调整体意义的不可分解性，而本文取"构式"的狭义，指多少带有习语性的难以分解的结构体，即刘丹青（2005）所论说的构式。

问语气词（吗），等等，都属于此类。从更普遍的意义讲，假如语法化的产物是有规则的形态要素，如格标记、时体标记之类，则属于形态化，也是狭义语法化的一种，而且是程度更深的语法化，处在"语义/语用＞句法化＞形态化"这一语法化斜坡的更右边。不过，在某些黏着语及分析性语言中，虚词和形态的界限本身不很明晰。如日语 -ni、-e、-de、kara 等成分，有学者称为后置词（postposition），即看作虚词；也有学者称之为格标记（case marker），则又近于形态要素了。汉语由动词发展来出"了、着、过"，或称动态助词、体助词，则当属于虚词化；或称体标记、体貌词尾，则又当入形态化了。在难以细分时，就不妨统称（狭义）语法化。

第二、词汇化。这是近年来引起关注的新领域。很多双音节以上的虚词，以前都放在（狭义）语法化中研究，现在也要具体分析。假如是先成一个合成词，再整个词一起虚化，则后一阶段可以归入狭义语法化。如先有一个动词"恐怕"，然后这个词在使用中虚化，成为情态副词，这一虚化是狭义语法化（虚词化）。再如先有一个表示道义情态的复合助动词"应该"（学生应该好好学习），然后虚化为表示认识情态的助动词（他这会儿应该已经到了）。假如某组合本来不是词，而只是短语或甚至是不成短语的跨层组合，虚化过程与成词过程是同步进行的，由于出现了虚化用法才最后形成了合成词，如"然则""的话"，则这类现象当属于词汇化，应放在词汇化中去研究。现在看来，汉语大部分合成虚词是词汇化的产物而不是狭义语法化或有规律的构词法的产物（参吴福祥 2005b），如"所以、因为、尽管、对于、为了、好不、罢了、不成"等。

第三、构式化。这是更晚被关注的领域，即某些词语和一定的结构形式结合，形成有特定语法意义的结构格式，即构式语法（Construction Grammar）所讲的构式。狭义语法化和词汇化两种过程中，演化的主体都是某种固定或临时组合的语法单位（词语、语素或跨层组合），而构式化的演化主体是"语法单位＋结构模式"，其中的结构模式是一些词类的要求和语序方面的特性。虚词只是参与构式形成的因素之一（有些构式可以没有虚词，如双宾式）。如洪波、董正存（2004）讨论的"非……不"式的形成，史金生（2004）、刘丹青（2005）讨论的"连"字句的形成发展，江蓝生（2005）讨论的"还是 VP 的好"的形成，周刚（2002：18）讨论的配套性后置连词"……也好/也罢""……也好/也罢"，都经历了由虚词参与的构式化，江文也特别强调了语法化研究应关注格式的语法化。这些都是句法层面（短语结构、句子结构）的构式化。动词重叠式"V 一 V""V 着 V 着"等的形成过程也是一种与广义虚词有关的构式化，其特点是构式化发生在形态层面（构词构形）。石毓智（2005）所讨论的"A 里 AB"式的形成，也是一种形态层面的构式化，不过此式实际上与虚词无关，因为石文的贡献就在于揭示其中的"里"源自重叠中的变音成分，不是虚词。

　　虽然三类历史变化各有特点，但它们仍有一些重要的基本共同点。它们都涉及某些语法单位的语义的虚化（漂白，bleaching）、泛化和组合面的扩大。在词汇化中，涉及的语素意义变得更加模糊，甚至不可理解。在构式化中，涉及的虚词因为与整个构式的特定语义联系松弛，虚词在其中的语义贡献也越来越模糊，如"你还是去的好"中的"的"，"他们连架都不吵"中的"连""都"等，都与其普通用法有一定距离，更难分解和解释，而适应的搭配范围却越来越广，如"连"后已经不要求一定是在等级尺度中处于程度极点的词语（详见刘丹青 2005）。这些现象都与狭义语法化有相同之处。因此，把它们归入广义语法化是合理的。

　　我们注意到，已经将"词汇化"写进书名的董秀芳仍在其 2004 年的论文中将虚化的"是"进入词内的词汇化现象称为"是"的"进一步语法化"，洪波、董正存（2004）研究"非 X 不可"格式，也将这一构式化过程称为"语法化"。可见词汇化、构式化现在也同时被称为语法化。所以在区分三个领域的同时保留"语法化"的广义，也与目前学界术语使用的现状相符合，不过这样定位更重要的意义还在于可以同时关注这三个领域的共性和差异。

　　汉语中的话题标记在三分法的每一领域里都很活跃，这再一次体现了话题优先语言在历时方面的类型特点，值得这类语言的研究者高度关注。

参考文献

董秀芳 2001 《词汇化：汉语双音词的衍生和发展》，成都：四川民族出版社。
董秀芳 2004 "是"的进一步语法化：由虚词到词内成分，《当代语言学》第1期。
董秀芳 2005 《汉语的词库与词法》，北京：北京大学出版社。
方　梅 2002 指示词"这"和"那"在北京话中的语法化——指示功能的衰减与冠词的产生，《中国语文》第4期。
郭校珍 2003 晋语的提顿词与话题结构，《话题与焦点新论》，徐烈炯、刘丹青主编，上海：上海教育出版社。
洪　波、董正存 2004 "非X不可"格式的历史演化和语法化，《中国语文》第3期。
江蓝生 1997 说"麼"与"们"同源，《中国语文》第3期。
江蓝生 2002 时间词"时"和"後"的语法化，《中国语文》第4期。
江蓝生 2004 跨层非短语结构"的话"的词汇化，《中国语文》第4期。
江蓝生 2005 "还是VP的好"格式的来源，《中国语文》第5期。
刘丹青 2004 话题标记从何而来？——语法化中的共性与个性，《乐在其中——王士元教授七十华诞庆祝文集》，石锋、沈钟伟编，天津：南开大学出版社。
刘丹青 2005 作为典型构式句的非典型"连"字句，《语言教学与研究》第3期。
刘丹青、唐正大 2001 话题焦点敏感算子"可"的研究，《世界汉语教学》第3期。
刘丹青、徐烈炯 1998 普通话和上海话中的拷贝式话题结构，《语言教学与研究》第1期。
吕叔湘 1985 《近代汉语指代词》，江蓝生补，上海：学林出版社。
石　毓 2005 论"A里AB"重叠形式的历史来源，《中国语文》第1期。
石汝杰、宫田一郎（主编） 2005 《明清吴语词典》，上海：上海辞书出版社。
史金生 2004 现代汉语常用虚词的语法化，中国社会科学院博士后工作报告。
吴福祥 2005a 汉语语法化研究的当前课题，《语言科学》第2期。
吴福祥 2005b 汉语语法化演变的几个类型学特征，《中国语文》第6期。
徐烈炯、刘丹青 1998 《话题的结构与功能》，上海：上海教育出版社。
志村良治 1995 《中国中世语法史研究》，江蓝生、白维国译，北京：中华书局。
钟兆华 1991 "不成"词性的转移，《中国语文》第4期。
周　刚 2002 《连词与相关问题》，合肥：安徽教育出版社。
Liu, D. Q. 2004. Identical topics: A more characteristic property of topic prominent languages. *Journal of Chinese Linguistics*, 32(1), 20-64.

（原载《语法化与语法研究》（三），商务印书馆，2007年）

汉语差比句和话题结构的同构性[*]
——显赫范畴的扩张力一例

一、引言

本文将在语言库藏类型学（Linguistic Inventory Typology，刘丹青2011，2012）的框架下探讨现代汉语差比句和话题结构的关系。这是两种可以无关，但是在汉语中却确实密切相关甚至同质的句法结构。

语言库藏类型学注重语言中的形式手段库藏对语言类型特点的制约，认为一种语言的库藏中所拥有的语言形式手段及其语法属性会对一种语言的类型特点，尤其是该语言的形式和语义的关系类型，产生重大影响。在语言库藏特别是语法库藏的视角下，可以看到，不同的语言，可以让不同的范畴成为显赫范畴，即在语法系统中凸显而且强势的范畴。什么范畴能成为显赫范畴，取决于该语言的库藏特点。所用语法手段的语法功能越强、语法化程度越高、类推性越强、句法分布域和出现频率越大，所表达的语义范畴越容易成为显赫范畴。显赫范畴的强势性，主要表现在它能够在特定语种中扩展领地，用于其他一些既有语义联系又有概念距离的范畴，这些被显赫范畴手段所表示的范畴可能在其他语言中不属于该显赫范畴的语义，而属于其他的独立范畴（刘丹青2012）。

---

[*] 本文受中国社科院重点课题"语言库藏类型学"资助，初稿曾在第三届两岸三地现代汉语句法语义小型研讨会（北京，2011年8月）和南开大学文学院学术讲座（天津，2012年5月）上报告，获众多与会者指正，另获博士生曹瑞炯、盛益民在语料及语料分析方面的帮助。一并致谢。尚存问题均由笔者负责。

话题结构和差比句在现代汉语中就形成了这样的一种显赫范畴-扩展功能的关系。

从 Li & Thompson（1976），到曹逢甫（1977/1995）和徐烈炯、刘丹青（1998/2007），越来越多的学者认识到汉语话题优先的类型特点。这意味着话题结构是汉语的一种显赫范畴。以往谈论话题优先，主要是强调话题结构在汉语中出现频率高，可以多层话题并存（曹逢甫1977/1995）、形式比较多样（刘丹青2001a；Liu 2004）。随着话题研究的深入，话题结构与其他句法语义范畴的关系开始受到关注。徐烈炯、刘丹青（1998/2007）谈过话题标记用来帮助表达并列句、条件句的作用，Liu（2004）分析过同一性话题表达强调义、让步义等的作用。刘丹青（2003，2006）指出了普通话差比句跟话题结构有关的几项特性。刘丹青（2009）注意到话题结构作为一种语言中优先的结构可以用来表达其他的语义内容，而且这种情况不独出现于话题结构，也出现于其他占据优先地位的结构。这是库藏类型学显赫范畴观念的萌芽：

> 话题优先的语言不但会让语用上的话题充分利用这种位置得到句法实现，而且会借用这种位置完成在其他语言中由其他功能或手段完成的表义任务。这与其他某个要素在某种语言的句法中占据优先位置后发生的情况是一致的。

刘丹青（2011，2012）提出的库藏类型学和显赫范畴的概念，明确指出话题结构作为显赫范畴可以用来表达多种语义范畴，汉语差比句就是这一显赫范畴功能扩张的典型案例之一。本文将在这些分析的基础上进一步揭示汉语差比句与话题结构的诸多句法同构性，进而证明差比句其实在现代汉语中可以被视为话题结构的一种子结构或功能变体，在句法语义上是话题结构作为显赫范畴的功能扩张的产物。

二、双主体差比句及其话题结构属性

跨语言的典型差比句以属性形容词（又叫比较结果或比较参项）为

谓语或表语，有些语言中这个形容词要取比较级形态。与形容词同现的还有三个基本要素：主体、基准和标记（用来引出基准）。在"他比我高"中，属性形容词谓语是"高"，"他"是主体，"我"是基准，标记是"比"。此外还有一些可选要素，如度量成分（如"他比我高两公分/一点儿/很多"中的"两公分""一点儿""很多"），预设敏感成分（如"他比我还要高"中的"还"，预设主语"我"本身也是高的）。

典型差比句的主语是形容词谓语的主体论元，是形容词所表属性的拥有者，与形容词有词汇选择关系或称次语类化关系（subcategorization），如"他比我高"中"他"就是"高"的主体论元。一个形容词通常只有一个论元。①差比句的属性主体通常就是比较中与基准构成比较关系的一方，本文称为比较主体。如"他比我高"就表现了"他"和"我"这双方的比较。所以，典型差比句的主语是属性主体和比较主体合一的。

以上关于差比句主体的描述，说的是汉语和其他语言典型差比句的共同点。但是，汉语差比句却并不都符合以上描述的情况。其显著特点之一是允许在主语/话题部分（本文称为话题域，与谓语/述题部分相对）出现两个主体，分别充当属性主体和比较主体。例如：

（1）百货大楼价格比你们低。（北大语料库，以下简称"北库"）

（2）有的县灾情比你们严重得多。（北库）

（3）他们两口子神经都比你坚强。（北库）

（4）我力气比你大，比你更有男子汉气概。（北库）

（5）我们俘虏到的德军潜艇专家，地位比你高得多得很。（北库）

这些句子可能会被分析为单主体差比句，即前面的两个名词性单位解读为省去"的"字的领属定语结构，如例（1）和例（2）分别理解为"百货大楼的价格"和"有的县的灾情"。这样的理解在语义上有一定道理，有些同类的句子也确实插入了"的"，如"你声音大了，我的

---

① 二元形容词可另带一个客体类论元，不属于主体，如"他对我很客气"中用介词引出的"我"。

声音比你还大"（北库），其中的"我的声音"在前一分句中就说成不带"的"的"你声音"。但是，在不带"的"时，双主体差比句是优先解读。首先，这些连用的两个名词语间如不带"的"，其领属结构基本不能成立，很难做宾语：

（6）他们了解了百货大楼?（的）价格。| 我在调查有的县*（的）灾情。| 这件事触动了他们两口子*（的）神经。

其次，这两个名词语间都可以有停顿，不可能再是领属结构，如（上引诸例可类推）：

（7）百货大楼，价格比你们低。| 有的县，灾情比你们严重得多。

第三，"比"字短语可以插到这两个语义上有领属关系的名词语之间，如：

（8）你的女朋友比你年纪大呢，还是小些？（北库）

最后，这两个名词语可以互换位置而不改变语义，说明能理解为两个分离的单位，如：

（9）价格百货大楼比你们低。

（10）灾情有的县比你们严重得多。

在例（9）、（10）内的两个名词语中，不管语序在前在后，"价格""灾情"分别是谓语形容词"低""严重"的属性主体论元，而"百货大楼"和"有的县"在这里不是谓语形容词的属性主体，和形容词没有词汇选择关系，分别跟两句中的基准"你们"构成对比的比较主体，而属性主体"价格""灾情"则和基准不构成比较，不是比较主体。因此，在这些双主体差比句中，属性主体和比较主体在话题域出现了分离。这在许多语言的差比句中是不允许的。① 例如英语差比句做主语的比较主体必须同时是属性主体，如例（9'）对例（9）的翻译就将两个主体用领属的方式整合为一：

（9'）The price of the department store is cheaper than yours.

按照徐烈炯、刘丹青（1998/2007）的处理，与谓语动词、形容词有论元关系的主体性成分优先分析为主语（语用上可以有话题功能）。

---

① 其他语言有比较主体位于谓语内部从而与属性主体分离的情况，不属于这种情况。详后。

而与谓语动词、形容词没有论元关系的主体性成分，只能是话题，不能是主语，用生成语法的话说，它不是由谓词"投射"出来的，不管它是否出现在句首。所以，无论是例（1）还是例（9），都以"价格"为主语，以"百货大楼"为话题。当然，当作为论元的主语像例（9）那样出现在句首时，它在语篇中的话题性会显著增强，按照某些学者的分析不妨认为是主语兼话题。有时候这类句首主语还可以加上词汇性的话题标记，更加凸显其话题性。如：

（11）稚晖，论与蒋公的交情，张静江比你我更深。（北库）

但是，当它不带话题标记时，作为主语的属性仍然是首要的。而此时位于其后的比较主体，虽然语篇话题性不如句首主语，但是其首要本质仍是话题，因为跟谓语没有直接的语义关系。余例可推。① 显然，双主体差比句在汉语中的存在，与汉语的话题结构有直接的关系，差比句实际上就是一种话题句。

双主体差比句还有一些变体。

一种是二元谓词如"清楚、了解、满意、熟悉、陌生"等构成的差比句，两个主体都是论元，只是其中的客体论元也放在了谓语前，如：

（12）朝廷上的事我比你清楚。你还有什么话，简短直说吧。（北库）

（13）这事儿他比我着急。（北库）

（14）军队上的事情你比我们懂得多。（北库）

"朝廷上的事""这事儿"分别是"清楚""着急"的客体论元，它们也可以直接用在动词之后或用"对"一类介词在谓语前引出。这类客体论元的话题化由话题化的一般规则生成，跟差比句的结构特点没有直接关系（详下）。

另一种是两个主体之间有整体-部分之类的固有关系，均可看作谓

---

① 我们的处理，与另一些学者不同。他们多根据句首位置来决定何为话题或主话题。参照陈平（Chen 1996）对其例（35）"物价纽约最贵"的分析，例（9）的话题应是"价格"，例（1）的话题才是"百货大楼"。而按照曹逢甫（1977/1995）的分析，例（1）当以"百货大楼"为主话题，"价格"为次话题，例（9）则以"价格"为主话题，以"百货大楼"为次话题。不管怎么分析，反正其中一个是谓语属性的主体而另一个不是论元，只为比较而存在。

语核心的论元,如:

(15) 他武功比你强得多啦!(北库)

(16) 国外的车质量又好价钱又比国内便宜多了。(北库)

例(15)既是"他强",又是"武功强";例(16)既是"国外的车好、国外的车便宜",又是"质量好、价钱便宜"。从该类语义的领属结构表达式来看,指整体的词适于做领属定语,指部分的词适于做核心名词,如"他的武功强""国外的车的价钱便宜",显然核心名词比定语与谓语的关系更直接。因此,在两者同现时,当由表部分的词优先获得做谓语论元的能力时,这类句子还是看成一个话题一个主语的双主体差比句,是例(1)—(5)那些双主体差比句的一个特殊小类——比较主体也具备做主语的潜能。

这几类差比句与话题结构的关系不尽相同。

例(12)—(14)这种二元谓词差比句,虽然也有客体话题化的过程,但它是由单纯的客体话题化造成的普通话题结构,没有任何专属差比句的规则或制约起作用,其双主体现象不依赖于差比句而存在。如例(12)也可以说成非差比句:"朝廷上的事我很清楚"。根据奥卡姆剃刀原理,这类差比句的话题结构属性问题可以从差比句研究中剔除。

而例(1)—(5)那种双主体差比句之所以成立,是因为不但利用了汉语话题、主语并存且可分离的类型特点,而且与差比句的结构特性特别是基准的存在有关,从而使差比句成为话题结构的特定小类。差比句的非论元比较主体,主要依靠与基准的对立而进入差比句,因此删除基准,这类句子的可接受性就明显降低,虽然不一定完全不合法。如:

(17) 价格百货大楼比你们便宜。~?价格百货大楼很便宜。

(18) 想法小王比我新奇。~?想法小王很新奇。

(19) 阵地我们营比你们营险要。~?阵地我们营很险要。

当然,如果非论元主体前置于属性主体,去掉差比标记和基准,句子仍然能够成立,因为属性主体和谓语有论元关系,这符合一般整体-部分型话题结构的规则,如(余类推):

(20) 百货大楼价格很便宜。

以上分析显示，双主体差比句，一方面是基于汉语话题结构本身容许主语、话题并存的类型特点，另一方面则借助于比较主体和基准的句内同现。下一节我们会看到，基准本身在汉语中也有话题的属性。

三、基准的话题性

从跨语言角度看，典型的差比句中不但比较主体同时是属性主体，而且基准本身也应当是属性主体，可以跟谓语形成词汇选择关系。例如英语句子（21）：

（21）His house is more expensive than mine / *me / *I.

例（21）的主语（属性主体＋比较主体）是 his house，它和谓语核心词 expensive 有词汇选择关系，同样地，基准 mine 指"我的房子"，它和 expensive 也有词汇选择关系。把基准换成表示比较对象的 me、I（我），句子都不成立，因为 me 和 I 跟 expensive 没有词汇选择关系。

汉语的基准不受这一限制的影响。例如（21）在汉语中可以表达为：

（21'）a. 他房子比我贵。~ b. 房子他比我贵。

谓语形容词"贵"的主体论元是"房子"而非"他"和"你"（*他贵｜*我贵），但这没有影响"他"和"你"分别成为"贵"字谓语句中的比较主体和基准。前文所举的例（1）—（5），都是基准与谓语在本句中无关的例子。又如：

（22）你地价低，我比你还低。（地价低｜*你低）（北库）

（23）我力气比你大，比你更有男子汉气概。（力气大｜*你大）（北库）

"你大"虽然也成立，但在例（23）中"大"指"力气"而不指人，"你大"是无关的组合。

通常情况下，与谓语无关的基准都与比较主体相对，两者构成差比的双方，同在话题域中。但是，比较主体并不总是直接充当主体论元，它也可以嵌在主体论元内部，例如：

（24）实德队的实力比他们更强。（北库）

（25）"肥仔队"的训练内容也不一样，难度要比他们的女同行低多了。（北库）

（26）当代中青年人承受的压力比他们的父辈要大得多。（北库）

例（24）中，"强"的属性主体是"实力"，而基准所对应的比较主体则是"实力"的领属语"实德队"。例（25）中"低多了"的属性主体是"难度"，比较主体"肥仔队"在句法上隔得更远，还不是主语"难度"的领属定语，而是前一分句的主语内的定语，语义上则是本句主语"难度"的领属语"训练内容"的领属语。例（26）的"大得多"的属性主体是"压力"，比较主体则是"压力"的关系从句中的主语"当代中青年"。

本节讨论的这些汉语特色的差比句基准，经常与非论元的比较主体相对使用，共同强化了汉语差比句的话题结构属性。而且，汉语的基准既不要求与谓语有词汇选择关系，也不强制要求比较主体直接做句子的主语或话题，它享有汉语特色的句法语义自由。任何比较主体在本句或上文的话题域中出现，不管嵌入得多深，都能允准相对的基准，不影响句子的合格性。基准的这种重在满足语用条件、不要求有严格的句法语义条件的成分，与话题的属性非常一致，也与由词汇性话题标记"至于"之类引出的话题比较一致，而与由语义性介词引出的题元不同。虽然基准受介词"比"的支配，不是句法上的话题，但是与词汇性话题标记"至于"之类引出的语用性话题有共同的句法属性。

除了由语法化程度较高的介词"比"介引的句法性差比句基准外，汉语中也存在由保留动词性的"比"介引的差比句，就是"比起……来"和"与……相比"，如：

（27）我所念的那所学校，与"中戏"比起来，根本就不在一个档次上。（北库）

（28）美国人的一日三餐，比起亚洲地区一些餐餐烹制习惯来，简便得多。（北库）

（29）翻耕比起免耕来，土壤流失竟要增加上百倍。（北库）

（30）比起张先生，40多岁的司机李先生略显平静。（北库）

这些句子中动词性的"比"都带虚化的趋向补语"起来"或"起"，而且比较基准还可以在小句中由另一个介词"与"在动词"比"前介引，如例（27）。因为带趋向补语的"比"不是真正的差比标记，所以它所介引的基准也不一定用在典型的差比句中，其谓语不但可以是有程度义的形容词、心理认知动词等，还可以是没有程度义的动词性谓语，如：

（31）比起"倒时差"，"华美"可能首先要过的是语言关，……（北库）

"比起……（来）"基准短语的话题属性，可以从两方面看。（1）"比起……（来）"基准短语总是出现在主要谓语之前，这与话题的位置一致；而英语的相应短语 compared with 可以出现在主要谓语之前或之后，不必展示其话题性。（2）虚化的"起来"具有话题标记的功能（参看唐正大2005），因此"比起……（来）"短语有很强的话题属性。

由此可见，无论是由动词"比"还是由介词"比"介引的基准短语，在汉语中都有很强的话题性，可以看作由词汇性话题标记介引的话题或次话题。

四、比较主体和基准的句法限制及其话题属性

汉语的差比句，既有特有的自由，如上文所示，也受到特有的限制。有趣的是，自由和受限这两方面的表现，都从不同角度强烈体现了差比句的话题结构属性。

普通话比较主体和比较基准这两种成分只能出现在句子的谓语核心之前，这正是汉语话题成分的区域，即话题域。比较一下其他语言就可以看出，这并不是差比句普遍存在的限制。不妨看一下英语和韩语这两种类型特点迥异的语言的情况。

人类语言典型的差比句的比较，是以作为主语的属性主体兼比较主

体为一方,以基准为另一方。汉语的自由度在于比较主体可以不是属性主体,可以不做主语,基准也可以跟属性没有词汇选择关系。而另一些语言的自由度在于比较主体可以不在主语或话题位置,而是充当其他成分,比较基准更不必在话题域。下面具体分析。

英语的比较基准毫无话题性。其位置总是在表属性的谓语——形容词或某些非行为性动词短语——之后,不像另一些介词短语可以移到主语前。比较:

(32) He became a teacher in this city. ~ In this city, he became a teacher.

(33) He is taller than you. ~ *Than you, he is taller.

英语介词短语前置时,话题性会增强。而基准短语不允许前置,可见其没有话题性。而普通话的比较基准,不管用介词"比"还是动词"比"(比起……来)介引,总是用在谓语之前,不允许动词之后的位置。这说明汉语比较基准的话题性较强。

更重要的是,英语的比较主体,可以不是主语,但也不能是主语之外的话题,而可以是谓语中的一部分,包括谓语核心本身。例如:

(34) He likes noodles more than rice.(比较主体:noodles;基准:rice)

(35) She bought more pants than skirts.(比较主体:pants;基准:skirts)

(36) This is a store selling more fruits than vegetables.(比较主体:fruits;基准:vegetables)

(37) John was more sad than angry.(比较主体:sad;基准:angry)

(38) Othello is more fool than classical hero.(引自曹瑞炯 2011。比较主体:fool;基准:classical hero)

例(34)和例(35)的比较主体 noodles(面条)和 pans(裤子)都位于宾语位置(谓语内的成分),比较参项(比较结果)则分别是状语 more 和比较主体的定语 more。例(36)的比较主体则是嵌得更深的宾语,即修饰表语 store 的分词短语(=非限定关系从句)的宾语。例(37)、(38)的比较主体就是句子表语 sad 和 fool。例(34)—(38)的比较主体都不在主语/话题的位置。当我们将这些句子按典型差比句的方式译成汉语时(a 句),结果全都不合格;倘若转而采用意译(b 句),则不得不将比较主体放在话题域，有的还必须用动词"比"字短语或复句来翻译。如：

(34')a.*他比面条更爱吃米饭。~ b. 比起面条来，他更爱吃米饭。

(35')a.*她比裙子买了更多的裤子。~ b. 她裤子买得比裙子更多。

(36')a.*这是一家比蔬菜卖更多水果的商店。

~ b. 这是一家比起蔬菜来更多地卖水果的商店。

(37')a.*约翰比愤怒更悲伤。

~ b. 约翰与其说是愤怒，不如说是悲伤。

(38')a.*奥赛罗比一个古典英雄更是一个傻瓜。

~ b. 奥赛罗与其说是个古典英雄，不如说是个傻瓜。

(34'b)将比较基准用尚未完全虚化的"比起……来"式放在前面，使结构松散如复句，后面的主句不再是差比句式。(35'b)则把由受事成分充当的比较主体"裤子"放在动词前的话题位置，同时把原来限制比较主体 pants 的定语 more 改译为"卖"的补语（状语性的）。例(36)的比较主体嵌入得更深，比较主体无法在简单的"比"字差比句中话题化，所以例(36'b)采用动词"比"短语以松散方式引出基准，从而摆脱介词"比"差比句的束缚，使比较主体可以留在宾语位置，但"更多"还得改做状语。例(37a')的比较基准是"愤怒"，比较主体"悲伤"则是谓语的核心。谓语核心是汉语差比句放置比较参项（比较结果）的地方，绝不容许放置比较主体。例(38a')比较基准是"古典英雄"，比较主体"傻瓜"是表语。例(37)、(38)是偏离汉语差比句合格条件最远的句子，无法用差比单句来翻译，只好用表示取舍的复句来表达。

　　以上英汉差异还带来一个后果，当比较基准同时可能以主语和宾语为比较主体时，英语有歧义而汉语没有歧义，因为汉语的解读限于比较主体在话题域的情况。如：

(39) Susan likes Mary more than Anne.

(40) 苏珊比安妮更喜欢玛丽。

例(39)的英语例句是歧义句，因为与基准 Anne 相对的比较主体，既可以是主语 Susan（苏珊喜欢玛丽胜过安妮喜欢玛丽），也可以是宾语"玛丽"（苏珊喜欢玛丽胜过喜欢安妮）。而汉语例句(40)只有英语例句(39)的前一种解读，因为汉语不允许宾语成为比较主体。

以上分析充分显示，汉语差比句的比较主体和比较基准都受制于其话题属性，只能处于话题域，可称为比较主体和基准的话题域限制。同时我们发现，比较参项除了充当谓语核心之外，还可以位于补语、状语位置，但不能充当定语，这是因为补语、状语都在谓语域内，可以和比较主体所在的话题成分相对而成为话题结构。而定语是名词短语内的成分，不在谓语域内，无法与话题构成话题结构。这可以叫比较参项的谓语域限制。可见比较主体及基准的话题域限制和比较参项的谓语域限制是相辅相成的，共同满足了话题结构的句法要求。

对比较主体位置多样性的宽容，并不是英语特有的。韩语的形态类型和语序类型都迥异于英语，被 Li & Thompson（1976）归为话题主语并重型语言，但根据曹瑞炯（2011）所做的汉韩英三语差比句比较，韩语的比较主体没有话题域限制，位置自由度更像英语，如：

(41) 나는 국수보다 만두를 좋아한다
　　　na nun　　kwukswu pota　　mantwu-lul　cohaha-n-ta.
　　　我（话题）面条　　（比较基准）饺子-（宾格）喜欢-（现在时-直陈式）
　　　'比起面条来，我更喜欢吃饺子。'

(42) 그녀는 예쁘다기보다는 총명했다
　　　Ku nye nun　　yeypputa-ki　pota-nun
　　　那　女人（话题）漂亮-（主格）（比较基准-话题）
　　　chongmyengh-ayss-ta.
　　　聪明-（过去时-直陈式）
　　　'与其说她聪明，倒不如说她漂亮。'

例(41)的比较主体是宾语，例(42)的比较主体是形容词谓语。这些韩语句子像英语一样无法直译成汉语。不过例(42)中作为基准的形容词带了主格标记，比较标记后置词 pota 后还加了话题标记 -nun，这表明做基准的形容词有一定的话题性，这与汉语略有接近之处。此外，韩语也有英语例(39)那样的歧义差比句（引自曹瑞炯 2011）：

（43）나는 지혜보다 미혜를 좋아한다
　　　na nun　　cihyey pota mihyey-lul
　　　我（话题）志惠　　基准 美惠–（宾格）
　　　te　　cohaha-n-ta.
　　　更多 喜欢–（现在时–直陈式）
　　'我比志惠更喜欢美惠／我喜欢美惠胜过喜欢志惠。'

例（43）像英语例（39）一样具有歧义，而直译为汉语后，只有前一种语义；后一种语义要用复杂句来表示。

以上韩英差比句的共同之处更清楚地说明，在韩语和英语中，差比句是一种独立的句式，与话题结构没有关系，可以根据表达的需要选择不同句法位置的成分来展示比较主体及与基准的关系。而汉语"比"字差比句是一种话题结构，是用话题结构的句法形式来表达差比句的内容，因此其比较主体、基准等都享受话题结构的自由度，同时也遵循话题结构的一些生成规则，其结构受到话题特有的句法限制，体现出了差比句和话题结构的高度同构性。如果汉语差比句不是一种话题句，我们无法解释这种高度的同构性。

差比句与话题结构的同构性，只能解释为差比句受话题句规则的支配，而不能解释为话题句受差比句规则的支配。从跨语言角度讲，它们共享的一些自由和限制，符合话题句的一般属性——话题要用在谓语之前，但不必与谓语有论元关系或词汇选择关系；但并不符合差比句的一般属性——差比句通常并不要求比较主体和基准只用于话题域。因此，汉语实际上是由话题结构作为库藏中的显赫范畴扩张领地占据差比句的位置，表达了差比范畴的语义。

下文的历时比较和跨方言比较更加证实了上面的判断。

五、汉语差比句句法属性的历时视角

汉语差比句经历过重要的类型更替。本文重点从差比句的话题结构属性角度分析一些相关的历时事实。

先秦汉语典型的差比句是符合 SVO 语言常态的"主语＋谓语参项（＝比较结果）＋标记＋基准"（苛政猛于虎、季氏富于国）。

首先，这一结构中基准位于谓语之后，不受话题域限制，话题属性弱于现代"比"字句基准。

更重要的是，先秦汉语差比句允许以宾语为比较主体，跟英语、韩语等以宾语为比较主体的句子对应，没有比较主体的话题域限制。

先秦汉语差比句中以宾语为比较主体的现象，长期未受重视，有的还被后代注家误读，可能因为该结构为后代的汉语句法所不容，因此后代人缺乏这种解读的语感。张新武（2009）可能是第一篇系统合理地解读先秦汉语中这一结构用例的论文，尽管他没有用本文的差比句分析框架和术语。下面是该文所分析的若干此类用例中的一部分：

（44）……然以畏匈奴於汉使焉。（《史记·大宛列传》）（张文释"畏匈奴於汉使"为"畏匈奴甚於畏汉使"）

（45）子之道，貉道也。……欲轻之於尧舜之道者，大貉小貉也。欲重之於尧舜之道者，大桀小桀也。（《孟子·告子下》）

（46）故世至於枕人头，食人肉，菹人肝，饮人血，甘之于刍豢。（《淮南子·览冥》）

（47）争一言以相杀，是贵义於其身也。故曰：万事莫贵於义也。（《墨子·贵义》）

从例（44）的张注看，"畏"是比较双方的共有成分，不是比较的内容，因此"畏"的宾语"匈奴"才是与基准"汉使"构成对比的比较主体。下面几例都是同样情况。例（45）基准"尧舜之道"在两个分句中的比较主体分别是"轻"的宾语"之"和"重"的宾语"之"。例（46）基准"刍豢"的比较主体是"之"（"之"回指"枕人头、食人肉"等）。例（47）基准"其身"的比较主体是"贵"的宾语"义"。

与英语相比，"畏匈奴於汉使"与例（34）的结构非常相近，例（44）实际上也可以直译成例（35）那样的英语句：to fear Huns more than Han envoys。唯一的不同点是英语多了一个 more，但这个 more 是为了满足英语差比句用比较级的强制性要求，形容词做谓语也要用比较级后缀 -er 或分析性虚词 more。古今汉语都没有比较级形态，理论上无须强制添加 more 的对应词。

张文用来解释的"畏匈奴甚於畏汉使"是文言色彩的差比句，但此句已经不再用原句谓语动词"畏"做谓语，而是插入一个文言中可属谓词的"甚"作为谓语，从而将"畏匈奴"整体置于话题域，并同时让基准名词"汉使"加上"畏"成为动宾短语"畏汉使"，以与比较主体"畏匈奴"整齐相配。张文的释义句已经满足了比较主体的话题域限制，在这个重要参项上向现代汉语靠近，从而较好地解释了先秦汉语以宾语为比较主体这种"古奥"的差比句式。为了让被"甚"取代的谓语"畏"仍然保留在句中，这一释义句让比较主体"匈奴"带上了原本支配它的动词"畏"。这一比较主体成分的扩大又导致基准由原有的名词"汉使"也相应扩展为动宾短语"畏汉使"，从而与话题化的"畏匈奴"构成一个整齐的对比项。

不管怎样调整，"于"字差比句终究不是现代"比"字差比句的直接来源。现代"比"字句来自所谓"比"动句（黄晓惠 1992；史佩信 1993；史佩信等 2006），即"比"充当比较动词（而非介词）的比较句。从"比"动句到"比"字句的发展历程非常有助于揭示"比"字句话题属性的来源。

从上引黄晓惠、史佩信等文献看，"比"动句开始是平比句，表示主宾语两个实体的情况类同。我们摘选这些文献中的例句勾勒从"比"动句到"比"字句的大致历程（标注依原作）：

(48) a. 鲁之南鄙人，有吴虑者，冬陶夏耕，自比于舜。（《墨子·鲁问》）

　　 b. 自是已后，暴至巨富，田七百余顷，舆马仆隶，比于邦君。（《搜神记》，88 页）

(49) 人以汝家比武侯。（《世说新语》卷二十五，44 页）

(50) a. 如瞎猴比于我妇。（《杂宝藏经》卷八，96 页）

　　 b. 如瞎狝猴比彼妙女。（《贤愚经》卷五，354 页）

（51）此其比万物也，不似毫末之在于马体乎。（《庄子·秋水》）

（52）天下，大利也，比之身则小；身之重也，比之义则轻。（《淮南子·泰族训》）

（53）a. 若比箪壶人，吾今太富贵。（《白居易诗》。《全唐诗》，1164页）

b. 庄子比邵子，见较高，气较豪。（《朱子语类》，228页）

（54）日比天行迟了一度。（《朱子语类》，7页）

（55）王陵比我会沽酒。（《新校元刊杂剧三十种》）

例（48）显示，"比"字差比句的源头是"比"动句，比较动词"比"可以只涉及比较双方（类似主体和基准），表示双方情况相类，而它们在什么方面相类，即比较结果或比较参项，则阙如于句中。所以黄晓惠、史佩信等研究者将这类无参项比较称为"泛比"。例（48）在句法方面重要的一点是，比较基准是靠动词"比"后的介词"于"介引的，符合 SVO 语言介词短语后置于谓语的常规，"比"本身并不直接带基准论元。

例（49）、（50）则显示，"比"动句中介引基准的"于"可显可隐。隐去时，动词"比"就有机会直接带基准论元，从而跨出虚化为基准介词的关键一步。

例（51）说明，在比较参项阙如的"比"动句后，可以接上对比较主体进行说明的后续分句，部分起到比较参项的作用。这种说明如果只针对比较主体，不适用于基准，则"比"动句的泛比功能就可能不再是平比，而可能偏向差比。另可注意的是，"比"动句后出现了"也"。先秦语气词"也"出现在句中时具有话题标记作用，如"鸟之将死，其鸣也哀；人之将死，其言也善"中的两个"也"。例（51）前面用了领属代词"其"，显然此小句不是独立句子，"也"确实位于句中而非句末，是话题标记，体现了"比"字小句与话题的紧密关系。

例（52）显示"比"动句后的说明小句也可以以形容词为核心，这样的说明小句更容易发展成差比句的参项部分。不过（52）的后分句还不能分析为参项，因为"比"后面还带着比较主体和比较基准两个论元,"比之身"相当于"比之(天下)于身"(拿天下与身体相比)。这个"比"还是动词,不可能是介词。请特别注意形容词前面有"则","则"是话题敏感算子,连接的都是条件小句(有话题性)和其他话题。这再次展示了"比"字差比句形成过程中与话题结构的亲和力。

例(53)也是在"比"动句后有形容词性的说明小句,但例(53a)"比"字小句用条件句连词"若"引出,显示其仍为动词小句,而例(53b)在"比"字所带的基准之后还出现属性主体,显示"比"性质上虽然更靠近差比标记了,但尚未到位。由于条件句都有话题句的性质(Haiman 1978;徐烈炯、刘丹青 1998/2007:205—208),"若"字之用更是体现了"比"差比句与话题结构的相关性。

例(54)以单个形容词作为说明部分,"比"字短语与后面谓语更加紧凑,基本上可视为现代的"比"字差比句类型。不过例(54)还用了度量词"一度"来帮助强化其参项的地位。例(55)没有使用度量词,已在各方面完全成为现代"比"字差比句。

以上分析表明,"比"字差比句源于无参项泛比句加上说明小句,是由两个小句逐渐整合而成的。在整合过程中,"比"字小句/短语具有很强的话题属性,经常带话题标记或具有标示话题作用的副词"则"、连词"若"等。这些"比"字尚未虚化的"比"动句仍然有其现代版,就是前文分析过的"比起……(来)"句,其中的"起来"标明该结构仍然具有话题结构的属性。"比"字句形成过程中与话题结构的密切关系,铸就并加固了"比"字差比句内在的话题结构属性,从而成为话题结构的一种子结构。

在漫长的句法演化过程中,与话题结构有不解之缘的"比"字句逐渐成为现代的单句式差比句,并在共同语中基本取代了话题结构属性弱但更合 SVO 语言常规的"于"字句,最终成为主流差比句,显示了汉语句式竞争中话题结构作为显赫范畴的强大影响力和扩张力。汉语"比"字句是 Dryer(1992,2003)统计的世界语言中唯一基准在谓语前的差比句。这一罕见结构能够战胜更符合语言共性的类型,可见话题结构在汉语语法库藏中的强大生命力。

六、汉语差比句句法属性的跨方言视角

话题结构属性很强的"比"字差比句,是现代汉语中影响最大、方言分布最广的差比句式,是大部分官话、吴语、湘语、徽语等方言的主流差比句,所用的介词除了"比"外还有"傍"(吴江吴语)、"赶"(宁夏固原)等。有些不以"比"字句为优势差比句的方言,如粤语,也以"比"字句为可选句式(张双庆、郭必之 2005)。不过方言中还是存在一些话题结构属性与"比"字句不尽相同的差比句式。刘丹青(2003,2006)和李蓝(2003)已经初步分析了汉语方言差比句的主要类型差异。下面我们从话题结构的角度举例分析一些方言差比句的类型特点。

以粤语"A 过 + 基准"(阿明高过阿良)句式为代表的差比句类型(包括胶东方言的"A 起 + 基准"等:我的身子强起你),在语序类型方面基本上与古汉语的"A + 于基准"(苛政猛于虎)相近,区别在于"过"是附核标注型(head-marking),加在前面谓词上,"于"是附从标注型(dependent-marking),介引后面的基准。这类句式的基准位于谓语后,显然不存在基准的话题域限制。但是,比较主体必须在话题域,不能充当谓语或谓语中的局部成分,这是与"比"字句的共同之处。从表面上看,广州粤语似乎可以像英语一样将比较主体放在宾语的位置。如:

(56)我食面多过食饭。(比较:I eat noodles more than rice. / I eat more noodles than rice.)

实际上,例(56)句的比较主体仍然受到话题性限制,与英语有点"貌合而神离"。例(56)的英文释义句中,more 可以是状语或定语,比较主体 noodles 在宾语位置。而广州话中,"多"是谓语,带差比标记"过"。副词性成分是不能带"过"的。例(56)以整个"我食面"为主语,比较主体"面"仍在话题域内。汉语(包括粤语)的差比句不像英语那样需要比较级,可以只靠比较标记(基准标记)来表示差比。而例

（56）却必须加进"多"来做谓语。假如广州话可以拿宾语做比较主体，那么应当可以像古汉语那样不用"多"，可是缺了"多"句子就不合格：

（57）*我食面过饭。（比较古汉语（44）—（47）"畏匈奴於汉使"类例句）

可见，粤语式差比句虽然没有基准的话题域限制，但是跟"比"字句一样有比较主体的话题域限制，这与古汉语"于（於）"字句不同。

另一方面，方言中还存在话题句属性比"比"字句更强的差比句。根据戴昭铭（1999），天台吴语的差比句结构是"基准+是+主体+形容词"，如例（58）、（59）。另据盛益民介绍（个人交流），绍兴（柯桥）吴语也有类似句式，如例（60）：

（58）小王是小李长。（小李比小王高。）

（59）倒阿是坐阿好过。（坐着比躺着舒服。）

（60）我么，渠长。（他比我高。字面义：要说我，还是他高。）

天台吴语的差比句式有两大特点值得注意。（1）没有专用的比较标记，它所用的介引基准的后置标记"是"，其实就是吴语常用的话题标记之一"是"（徐烈炯、刘丹青 1998/2007：89；刘丹青 2005）。在绍兴话的同类结构中，用的正是吴语区更基本的话题标记"么"（也作"末"）。（2）带着话题标记的基准位于句首，其话题性超过其后的比较主体，也比"比"字句基准的话题性更强。

特点（1）说明，天台话差比句作为独立范畴的地位比"比"字句更弱，与话题结构的同构性更强。它直接靠话题结构包括话题标记来表达差比句语义，没有话题结构和话题标记以外的专用差比句手段，靠主话题和主语（或次话题）之别来区分基准和主体。据盛益民介绍，例（60）的话题标记"么"也可以省略。这时，基准后的停顿是必须的，差比句就完全靠话题句式来表示了。天台、绍兴吴语的这类差比句，句法上就是典型的话题结构本身，连话题结构的次类都说不上，完全是话题结构向差比范畴扩张的产物。

特点（2）说明天台、绍兴吴语中基准的话题性胜过主体的话题性。这并不奇怪。"比"字句形成过程中，"比X"就常出现在主体之前（例

(53)),"比X"后面也常使用话题标记、话题敏感副词等（例(51)、(52)）。可见基准的强话题性是汉语表比较的话题结构的常见现象。

汉语差比句话题属性强弱的跨方言差异，与话题结构在相关方言语法库藏中的显赫程度是一致的。刘丹青（2000，2001b）指出，粤语是比普通话更典型的SVO语言，相应地，因话题化而导致的受事前置现象比普通话少。粤语的主流差比句"A过基准"正好是话题结构属性小于"比"差比句的。反过来，吴语是比普通话更典型的话题优先类型，尤其是浙江境内的绍兴等地吴语，话题化更加强势，而SVO的类型特征更加微弱。盛益民的初步考察（个人交流）显示，天台、绍兴的上述话题式差比句主要分布于浙江和闽北的大部分吴语、闽语中，都是话题特别优先的方言。这说明话题结构在一种方言的语法库藏中的显赫性程度是一种整体性、系统性的类型特征，其影响会通过范畴扩张投射到一种方言的许多方面。

七、小结

本文通过跨语言比较说明，汉语普通话的"比"字差比句与其他不同类型语言（如SVO、主语优先的英语和SOV、主语话题并重的韩语）的差比句相比有鲜明的个性。一方面，它享有特殊的句法自由，即属性主体和比较主体及基准可以在句法-语义上分离，另一方面又受到特殊的句法限制，即比较主体及基准都只能出现在话题域，比较参项只能出现在谓语域，差比句与话题结构有高度的同构性，因此"比"字句可以视为话题结构的一种变体。汉语差比句的话题结构属性是汉语语法库藏中的显赫范畴——话题结构扩张的产物。

理论上，差比句应当遵循该范畴的语言共性。汉语差比句却表现出了很多独有的自由和限制，这些现象与差比范畴的本性无关，却高度符合话题结构的特性。其他语言的差比句并没有体现出与话题结构的关系。这说明汉语差比句不是一种主要基于差比语义的独立句式，而是话题句式的下位句式。

历时方面，先秦汉语"于"字差比句并没有话题结构的属性，而现代的"比"字差比句是由带话题结构属性的"比"动句演化而成的。带话题句属性的差比句最终取代"于"字句成为汉语主流差比句，也是话题结构作为语法库藏中的显赫范畴起强大作用的结果。

汉语方言差比句的话题结构属性也有强弱的差异，粤语的"过"类差比句的话题句属性较弱，而某些浙江吴语的差比句有更强的话题句属性，这与话题结构在这些方言中的显赫程度是一致的，体现了显赫范畴对语言方言整体类型特点的深远影响。

参考文献

曹逢甫 1977/1995 《主题在汉语中的功能研究——迈向语段分析的第一步》，谢天蔚译，北京：语文出版社。
曹瑞炯 2011 韩国语差比句的类型特点——韩汉英比较的视角，中国社科院博士生课程论文。
戴昭铭 1999 天台话的几种语法现象，《方言》第4期。
黄晓惠 1992 现代汉语差比格式的来源及演变，《中国语文》第3期。
李 蓝 2003 现代汉语方言差比句的语序类型，《方言》第3期。
刘丹青 2000 粤语句法的类型学特点，香港《亚太语言教育学报》第2期。
刘丹青 2001a 论元分裂式话题结构初探，《面向二十一世纪语言研究再认识——庆祝张斌先生从教五十周年暨八十华诞》，范开泰、齐沪扬主编，上海：上海教育出版社。
刘丹青 2001b 汉语方言的语序类型比较，日本《现代中国语研究》创刊2期。
刘丹青 2003 差比句的调查框架与研究思路，《现代语言学理论与中国少数民族语言研究》，戴庆厦、顾阳主编，北京：民族出版社。
刘丹青 2005 话题标记从何而来？——语法化中的共性与个性续论，《语法化与语法研究》（二），沈加煊、吴福祥、马贝加主编，北京：商务印书馆。
刘丹青 2006 差比句与等比句：《语法调查研究手册》节选，《语言学名家讲座》，云贵彬主编，北京：中国传媒大学出版社。
刘丹青 2009 话题优先的句法后果，《汉语的形式与功能研究》，程工、刘丹青主编，北京：商务印书馆。
刘丹青 2011 语言库藏类型学构想，《当代语言学》第4期。
刘丹青 2012 汉语的若干显赫范畴：语言库藏类型学视角，《世界汉语教学》第3期。

史佩信　1993　比字句溯源,《中国语文》第 6 期。

史佩信、杨玉玲、韩永利　2006　试论比字句的形成及其与先秦两汉有关句式的渊源关系——兼论"词汇兴替",《中国语文》第 2 期。

唐正大　2005　从独立动词到话题标记——"起来"语法化模式的理据性,《语法化与语法研究》(二),沈家煊、吴福祥、马贝加主编,北京:商务印书馆。

徐烈炯、刘丹青　1998/2007　《话题的结构与功能》(增订本),上海:上海教育出版社。

张双庆、郭必之　2005　香港粤语两种差比句的交替,《中国语文》第 3 期。

张新武　2009　动词作谓语的"於"字差比句及其训诂问题,《语言研究》第 3 期。

Chen, P. 1996. Pragmatic interpretations of structural topics and relativization in Chinese. *Journal of Pragmatics*, 26(3), 389-406.

Dryer, M. S. 1992. The Greenbergian word order correlations. *Language,* 68(1), 43-80.

Dryer, M. S. 2003. Word order in Sino-Tibetan languages from a typological and geographical perspective. In G. Thurgood, & R. LaPolla (Eds.), *The Sino-Tibetan Languages*. London & New York: Routledge.

Haiman, J. 1978. Conditionals are topics. *Language*, 54(3), 564-589.

Li, C. N., & Thompson, S. A. 1976. Subject and topic: A new typology of language. In C. N. Li (Ed.), *Subject and Topic*. New York: Academic Press.

Liu, D. Q. 2004. Identical topics: A more characteristic property of topic prominent languages. *Journal of Chinese Linguistics*, 32(1), 20-64.

（原载《语言研究》,2012 年第 4 期）

汉语中的非话题主语*

一、引言：汉语话题优先论与汉语主语-话题等同说的区别

Li & Thomson（1976）提出主语-话题类型学，将世界上的语言分为主语优先，话题优先，主语优先和话题优先并存，主语优先和话题优先都不明显四种类型。这一学说当受到了赵元任（赵元任 1948/1954：16；Chao 1968：§2.4）和霍凯特（1958/1986：251）等的汉语主谓观的启发，即视汉语主谓结构为话题述题结构。但在一个关键问题上，主语-话题类型学及其包含的汉语话题优先论，与前辈们的相关观点是判然有别的。赵元任和霍凯特都认为汉语的主语就是（语用上的）话题，在汉语这类语言中主语和话题是等同的（本文称为汉语主语-话题等同说）。而 Li 和 Thompson 的学说从分类系统和理论前提上就将话题和主语分开，话题优先和主语优先是对立的类型。具体到汉语中，他们认为这类语言被凸显的恰恰不是主语，而是话题。这一观点的前提仍是主语和话题不等同。Li 和 Thompson 明确指出，并非话题优先语言就没有主语，或主语优先语言就没有话题。事实上在他们的考察范围内，所有语

---

* 本文为中国社科院创新工程项目"汉语口语的跨方言调查与理论分析"部分成果。初稿不同版本曾先后在语言类型学国际研讨会（浙江大学，2015年5月）、国际中国语言学会23届年会（韩国汉阳大学，2015年8月）和南昌大学文学院（2015年10月）报告，获 Chungmin Lee、黄晓山、吴义诚、端木三、陆丙甫、徐阳春等先生讨论指教，《中国语文》审稿人也提出有益修改意见，一并致谢。尚存问题由作者负责。

言都有话题结构;同时,虽然并非所有语言都有主语,但是多数话题优先语言都有某些方式可以用来识别出主语。

以上的类型比较,是在语言之间进行的。在单一语言内部,话题和主语的关系是怎样的呢?在话题优先论者看来,汉语作为话题优先语言的主要特点是话题比主语在语法系统中更凸显,句法地位比主语更确定,有更明确的语法标记,语法化程度比主语更高(参看 Li & Thompson 1976;徐烈炯、刘丹青 1998:§7.2)。这些定性和表述的前提是汉语中话题和主语为不同的句法成分。Li 和 Thompson 还指出,虽然他们将汉语普通话描写为话题优先语言,但主语概念确实在某些句子类型中起作用,他们还将汉语定位于话题优先语言中略偏主语优先一点的语言。这表明了主语-话题类型学的提出者认定,话题和主语在汉语中并存而且有别。陈国华、王建国(2010)为了说明汉语话题优先的特点并不明显,专门考察过汉语非主语话题。不管此文的质疑是否有效,但该文标题列明的考察对象"非主语话题"已经默认话题可以不是主语。不过这并未明示主语是否都是话题。

对持主语-话题等同说的学者来说,汉语的主语就是语用上的话题。此说早已有之,还是主语-话题类型学的理论源泉之一,Li & Thompson(1976)就引述了赵元任的观点。在主语-话题类型学问世之后,汉语话题-主语等同说仍然盛行。如朱德熙(1982:96)认为"说话的人选来作主语的是他最感兴趣的话题,谓语则是对于选定了的话题的陈述。通常说主语是话题,就是从表达的角度说的。至于说主语是施事、受事或与事,那是从语义的角度说的,二者也不能混同。"根据朱德熙的看法,主语在语义层面有施事、受事、与事等不同的表现,而在表达层面就是话题。这样,实际上已承认句法上的主语在表达层面就是话题,而在语义层面则无法归结为一种语义。这是一种主语-话题等同说。

逻辑上,仅仅"主语都是话题"说还不足以构成主语-话题等同说,因为并未排除话题非主语的可能性。事实上,有些等同说学者们不仅认为所有主语都是话题,也认为所有话题都可以分析为(汉语特色的)主语(这与上引陈国华、王建国的看法不同)。凡是动词前的名词性成分,包括时间、处所等外围成分，甚至一些不做谓语的动词性成分，句法上都被分析为主语（见 Chao 1968：§2.8）。

这一派学者还有一种更强势的观点，大致可称为话题覆盖主语说，以罗仁地（2004）为代表。他认为在汉语这样的语言中，只有语用上的话题，还根本没有句法上的主语，因为主语达不到一个句法成分所需的语法化程度。沈家煊（2007）赞同赵元任和罗仁地的看法。他把主谓关系和话题结构放在句子和语段的大背景下来论述。首先认为英语的 sentence（句子）和 utterance（话段）是实现的关系，而汉语的句子和话段是构成的关系，汉语里"句子"的构成就是"话段"。相应的，汉语的主语和话题也是构成的关系，"在讲汉语语法时我们还是可以采用'主语'和'谓语'这两个惯用的名称，但是得时刻记着，它们的语法化程度是不高的，它们的语法意义是话题和说明"（沈家煊 2007：39）。

在主语-话题类型学提出后，很多学者持有与此说理论前提相同的观点，即主语和话题在一定程度上分离，如曹逢甫（1977/1995），陆俭明（1986）。曹著、陆文都提出了一些识别话题的标准，至今仍有参考价值（见下）。但是，主语即话题的观点很少面对直接的质疑，尤其是在汉语语法学界，其影响依然很大。

主语-话题等同说也并非独盛行于汉语学界，而有更深远的理论背景。正如 Shibatani（1991）所指出的，西方的语法学传统一直试图将主语的两个侧面——语义上的施事和语用上的话题统一起来，科姆里（1981/1989：130）对主语的原型论的定义也近于这种努力："典型的主语是施事和话题的重合"。尤有甚者，西方语法传统在主语的界定上更倾向于突出话题这一面。经典的主语定义——主语是句子的谓语部分谈论的对象——说的恰恰是话题的本质属性。Shibatani（1991）通过对日语等的研究，指出这一定义其实更适合日语这类语言中的话题而不是主语。但是这一界定给主语-话题等同说提供了语法传统的观念支撑。Comrie（1988）也举过另一种主语-话题等同说的样本：在 Givón 的句法学体系中，主语就是小句内的首要话题，直接宾语则是次要话题（参看 Givón 1984：138，168）。这些都是主语-话题等同说的一般语言学基础。

主张话题主语可以分离的著述,如徐烈炯、刘丹青(1998),也遇到在具体汉语句子中如何区分两者的难题,可此可彼的现象并不少见。对日语、韩国语这样的话题和主语有不同语法标记的语言,这一问题很好办。可是汉语中主语没有标记、话题有标记但并不强制性使用,这一问题要棘手得多。对此难点,杨成凯(2003)有过较详细的分析。实际情况是,假如脱离语境,汉语中大量句子的句首名词语分析为主语或话题都是合理的,如"小明做完了作业""他的书法很漂亮"。这一现象似乎成为主语–话题等同说的有力论据和主语–话题分离说的难题。但是,倘若句法上的主语真的都是语用上的话题,那么这两个术语就没有必要并存,应用奥卡姆剃刀裁去其一。Lambrecht(1994:131)也曾就英语的情况指出,假如话题可以跟某个句法成分等同,就不需要另设话题这个概念了。

本文的主要目标,是通过具体实例的分析,指出主语–话题等同说(包括话题覆盖主语说)即使在汉语这样的话题优先语言里也是不成立的。虽然划清主语和话题的界限仍有一些理论和实践难度,还难以明确划定哪些主语同时兼属话题,但是,我们可以明确地划出哪些主语肯定不是话题,因为对一系列语言事实的观察和分析,已经可以从句法、语义和语用上清楚地排除若干类主语的话题属性。两类成分即使共享诸多属性,只要在若干情况下两者相斥,也足以证明两者是不同的范畴。例如,副词和形容词共享状语的功能,介词和动词共享"X+NP+VP"中X的句法槽位,但是这些词类间都有相互区别的功能,如形容词的定语功能,动词的谓语功能,这些就足以将它们划为不同的词类。

文末将从跨语言角度进一步探讨主语和话题的本质区别及其理论意义,以此完善主语–话题类型学,为之提供更坚实的理论和事实基础,同时也为汉语这种话题优先语言中主语和话题的关系提供更加合理的定位和解释。

二、区分主语和话题的若干可行性标准

话题概念来自话语。它是否属于句法成分,是因语言而异的,但

它必然具备固有的话语属性。跨语言的考察显示话题的主要话语属性有：已知信息，有定或类指成分（类指被 Li & Thompson（1976）归在有定范畴中），可以被听说双方共同认知，是注意的中心（center of attention）或后面成分的陈述对象，常常是已经激活的信息但不是必然激活（参看 Gundel 1988）。而主语是一个句法概念，根据 Li & Thompson（1976），Shibatani（1991）等的分析，它的语义属性更加明确，与谓语动词有论元关系和词汇选择关系，大致与施事（agent，对于事件命题来说）或者属性主体（对于形容词谓语和名词表语来说）有密切的关系。主语虽然也常带话题的话语属性，但这不是必然的要求。

汉语虽然缺少日、韩语言那种主语和话题的刚性形态句法标记，但是我们还是可以找到若干帮助辨别主语是不是话题的标准，有语用的、虚词的、句法的、韵律的，其中有些参考了上引曹逢甫、陆俭明等文献已经提到的标准。这些标准基本上是可以相互印证和支持的，而不是彼此矛盾的，这强化了这些标准的适用性和可靠性。

语用上，看这些主语是否有与话题属性相违背的信息结构地位。如本身是对比焦点的主语，此时主语没有话题性。全句都是焦点的句子，主语也没有话题性。（Lambrecht 1994：§4）

汉语的所谓句中语气词（又称提顿词，见徐烈炯、刘丹青 1998：§3），即"啊、么（麽、嘛、噻）、呢、吧"等，带有话题标记的属性。虽然汉语提顿词不是强制性的话题标记，其实呈现出一种负面刚性规则——话题不是都需要带话题标记，但是，话题都可以带话题标记（若不考虑文体制约），而没有话题性的成分则不能带话题标记。曹逢甫（1977/1995：38）指出"啊、呀、呢、嘛、吧"等语气词"在有困难的情况下，这是判定汉语主题的可靠方法。……要是名词组允许某个语气助词插在它和句子其余部分之间，那么这个名词组就是主题。"[①] 下列句子中带星号的提顿词都因为主语不具有话题性而受到强制排斥：

[①] 屈承熹（2003）认为"啊/呀、吧、呢、嘛"中"啊"只是停顿词，不是有话题标记功能的提顿词，其他三个都有话题标记功能。本文同意曹逢甫的处理，仍将"啊"归入提顿词，因为它也排斥非话题成分。本文以"啊"为主要测试词，因为它语义上最中立，适用面最广，没有其他几个话题标记的特定语用限制。

（1）孩子们都喝（*啊）牛奶。
（2）a. 这些孩子们（*啊）的家长都来了。
　　 b. 这些孩子们的（*啊）家长都来了。
　　 c. 这些孩子们（啊），家长都来了。
（3）a. 小陈啊，刚刚买了水果。
　　 b. 小陈（*啊，）刚刚买的水果很新鲜。

例（1）显示谓语动词不能带提顿词，因为谓语动词是述题的核心成分，述题是跟话题相对的。例（2）显示定语不能带提顿词，不管用在定语标记前还是后。这是因为定语在句子层面没有独立的信息地位，而是一个 NP 内部的从属成分，无法取得话题属性。但是语义上的领属成分在话题优先语言中可以提升为话题，句法上与被领属的名词分离（可插入停顿），此时它不再是句法上的定语，而成为有领属义的话题，并且是一种常见的汉语式话题，如"这棵树，叶子大"。这时，领属成分后就可以带提顿词了。例（3）显示主语虽然很容易带上提顿词成为显性话题，但是在关系从句中，整个小句降格为定语，从句主语没有主句主语那样的信息地位，无法成为句子的话题，就不能带提顿词了。[①]

据此，提顿词可以成为测试话题句法性的有效手段。带有话题性的主语都可以带上提顿词成为显性话题，而不具有话题性的主语，刚性地排斥话题标记。

非话题主语重读，而话题主语不带焦点重音。重读与否，与话题的信息属性有关。有定、已知信息一般不重读，而焦点、新信息等需要重读。陆俭明（1986）已提出话题非句子的自然重音所在。此外，话题也不能是焦点重音所在。重读的主语，不管承载自然重音还是焦点重音，都与话题属性相悖，只能是非话题主语。

日语、韩国语等语言具有区别于主格标记（日语が ga，韩语이 i /

[①] 本文主要讨论主句中的主语是否属于话题。话题-述题结构基本上是一种主句现象，因而在从句中天然更受排斥。例（3b）就反映关系从句排斥提顿词的情况。总体上嵌入型从句都是不能容纳提顿词标记的话题结构，因而主语-话题等同说在从句中更难成立。不过，徐烈炯、刘丹青（1998：50）也分析了若干话题结构属性在从句中的现象。这实际上是话题结构在汉语中的显赫性所造成的范畴扩张。

가 ka）的话题标记（日语는 wa，韩语는 nǔn），这为我们识别汉语中的话题和主语提供了参照。

　　罗曼语的主语在没有话题属性时，会有一些特殊的去话题化的句法处理，如意大利语的主语后置，法语的断裂结构等。这类主语所对应的汉语主语，通常是非话题主语。

　　下面我们根据这些标准，来识别汉语中的非话题主语。

三、汉语中的若干非话题主语类别

3.1　主语是对比焦点时不是话题

　　对比焦点是焦点属性最强的焦点（相比于一般的信息焦点、语义焦点、话题焦点等），它是句子中仅有的被凸显的新信息，句子的其余部分都是预设。按 Lambrecht（1994：§4.2.3，§4.3），焦点以外命题所预设的已知信息才是句子的话题，不管它们位于什么句法位置。我们虽然不必认为主语作为对比焦点时，谓语部分反而是话题，但是至少这种谓语不是话题-述题（topic-comment）理论中作为新信息的述题，也不是主位-述位（theme-rheme）中的述位。看例（`号加线表示重读。#表示句子在此语境中不成立，余同）：

（4）A. `小张去了上海。
　　　B1. 不，小张没去上海，（是）`小王去了上海。
　　　B2. 不，（是）`小王。
　　　B3.（不，小张没去上海，）#小王啊，去了上海。

（5）A. 小王去广州了吗？
　　　B. 小王么，去了上海。

上面的对话（4）中，A 陈述了一个事件，以"小张"为施事主语；B 指出该陈述为假，施事不是小张而是小王，主语"小王"成为对比焦点，跟 A 中的"小张"构成对比。"小王"所在小句中的其余成分都是预设，是已知信息，"小王"是仅有的新信息。对陈述 A 的纠正，繁简可以不同，但基本的句法、韵律属性是一致的。下面试做分析。

作为对比焦点和唯一新信息，答句中的"小王"必须重读，以施强调和纠正功能。"小王"前还可以带上焦点强调词"是"，但也可以不用"是"，单用重读来彰显焦点。作为答句信息结构中唯一的新信息，"小王"是不能省略的，而句子的其余部分都是预设信息（即 Lambrecht 所说的"话题"），均可省略，造成（4）B2 那样的简短回答。在简答中，"是"可加可不加，"小王"仍须重读，这些属性没变，而谓语的省略则更清楚地揭示这里的谓语不是述题或述位，它们所对应的主语也不是话题或主位。

答句（4）B3 在此不成立，原因是主语带上了话题标记"么"。（4）B3 在孤立语境或另一些语境中是可以成立的句子，见（5），只是在对话（4）中刚性地不成立，所以此处标以井号而非星号。（4）B3 中"啊"的标记话题的功能，跟"小王"的信息属性——对比焦点、非话题相冲突，因此看似在汉语中隐现颇为自由的提顿词，在这里被强制性地排斥。

（4）中的答句，在日语、韩国语的相应句子中都要加主格标记，而不能带话题标记。

但是，在任何语法分析体系中，答句中的"小王"在句法上都是主语，它的主语身份不受其话语功能——非话题性——的影响。这表明，汉语中完全存在非话题的主语，主语并不是天然的话题，主语也未必一定由话题直接构成。

3.2 主语是信息焦点时不是话题

陆俭明（1986）已指出疑问代词主语不是话题。疑问代词是信息焦点的一类，这个命题可以泛化为信息焦点主语而不是话题。所谓信息焦点，就是并不与话语中的一个成分对比，而是以一个无界集合为背景而凸显的成分，虽然对比性不显著，但它仍然是所在句子中信息强度最大

的成分。问句中的疑问代词主语或答句中回答疑问代词的主语都是典型的信息焦点,其非话题的表现与对比焦点主语相似。看例:

(6) A. `谁是张明?

B. *谁啊,是张明?

(7) A. `谁是张明?

B. `我是张明。

C. (是) `我。

D. #我啊,是张明。

(6)A 是一个由疑问代词充当主语的特指问句,疑问代词是特指问句的默认信息焦点。当"谁"作为疑问焦点时,它以整个人类的集合为背景,在这个集合中寻找符合条件("是张明")的特定个体。作为疑问信息焦点,"谁"要重读。假如不是"是"字判断句,这个"谁"还可以带焦点标记"是",如"是谁骂了小张"。①(6)B 显示,这个信息焦点是不能带提顿词的,因为焦点属性与话题标记的功能是相冲突的。

(7)关注(6)这类主语焦点特指疑问句的答句的表现。在特指疑问句的答句中,回答疑问代词的成分是信息焦点,即答句中的"我"。句子的其余部分都是预设的旧信息。(7)B 显示,作为信息焦点的主语"我"要重读。(7)C 显示,在主语为信息焦点的答句中,句子的其余部分(此句中即谓语部分)都是可以省略的,这是预设的旧信息的正常句法表现。也说明(7)B 的谓语不是述题或述位成分,它所对应的主语也就不是话题或主位。(7)D 显示,信息焦点落在主语上时,主语失去了话题性,因此答句的主语是不允许带提顿词的。而同样的句子在其他语境中,是可以带提顿词来标注其话题身份的。如:

(8) A. 您是哪一位啊?

B. 我啊,是张明。

总之,在信息结构中,信息焦点和对比焦点的焦点强度有所区别,但两者都是所在句子中信息强度最大的成分,它们在性质上共同与话

---

① 正是因为疑问代词做主语经常带"是",所以《祖堂集》等近代文献中出现在句首的疑问代词常以带"是"的形式出现,用多了便被视为词缀,如"是谁如此解会"(蒋绍愚、曹广顺主编 2005:76)。

题构成对立。因此，主语一旦作为对比焦点或信息焦点，就不再是话题。句法、虚词、韵律表现等均证明了这一点。此外，徐烈炯、刘丹青（1998：97-102）还提到了一类"话题焦点"，它们又被称为对比性话题（contrastive focus，见 Chu 2005）。这类成分本身兼有话题和焦点的属性，做主语时不属于非话题主语。

3.3 整句焦点句的主语不是话题

整句焦点句（sentence-focus structure, Lambrecht 1994：138）是可以用来回答"发生了什么？"（What happened?）、"怎么回事？"（What's the matter?）这类问题的句子，亦称"事件报道句"（event-reporting），属"非主题判断"（thetic judgement，见沈园（2000）的介绍，并详见下文）。它们以整个事件为焦点，全句都是新信息，因而主语不是已知信息，不是预设内容，句子不构成话题-述题结构，主语作为焦点的一部分也就无法成为话题。我们先来看看其他语言中这类句子和普通的主题判断（categorical judgement）的区别。

在英语中，孤立地看，同一个句子，例如表达"我的脖子疼"，既可以是以整句为焦点的事件报道句，属非主题判断，也可以是普通的主题判断句。两者的区别可以由简单的语境来展示，句子本身则主要在重音模式上有所不同。Lambrecht（1994：137）通过跨语言材料证明，人类语言除了重音外还有多种形态句法手段来区分这两者，例如（小型大写字母代表重读）：

(9) A. What's the matter?   B. How's your neck?
    '怎么回事？'   '你的脖子怎么啦？'
    a. My NECK hurts.   a. My neck HURTS.
    '我的脖子疼。'   '我的脖子疼。'
    b. Mi fa male il COLLO. b. Il collo mi fa MALE.
    c. J'ai mon COU qui me fait MAL. c. Mon cou il me fait MAL.
    d. KUBI ga ITAI.   d. Kubi wa ITAI.

（9）A-a 是由"怎么回事"这类提问引出的答句，因此整句都是新信息，属于非主题判断，其中的主语核心名词会重读。（9）B-a 是"你的脖子怎么啦"引出的答句，问句中已有话题"你的脖子"，答句则是主题判断，重音不能在话题上，而在谓语动词 hurts 上。再来看其他各语言的表现。

b 答句是意大利语。（9）A-b 为整句焦点句，主语 il collo（脖子）作为焦点信息的一部分不居句首而居句末，并且重读。这是意大利语的句法所要求的语序调整，实为主语的非话题化。而（9）B-b 是主题句，主语 il collo 位于句首并且不再重读，具有话题的属性，而让表示新信息的谓语 male（疼）位于句末并重读，实际充当信息焦点。简言之，对于整句焦点，意大利语通过语序后移和重读实现主语的去话题化。

c 答句是法语，（9）A-c 为了取消当事主语的非话题性，采用了分裂句，近似于英语的 It is my neck that I feel hurt，主语以显性对比焦点的面貌出现，虽然并不是独立担任焦点，而是整句焦点的一部分。（9）B-c 是常规主谓句，主语 mon cou（我的脖子）作为预设的已知信息具有完全的话题性，位于正常的句首位置。换言之，法语是通过分裂式焦点化来实现主语的去话题化的。

d 答句是日语。（9）A-d 和（9）B-d 语序无别。（9）A-d 以整句为焦点，答句施事带主格标记が /ga 而不是话题标记は /wa，以此实现去话题化。而（9）B-d 的施事是已知预设信息，带话题标记。可见，在整句焦点句中，日语以主格标记来实现主语的去话题化。野田尚史（2003：12）对（10）的分析实际上也体现了日语整句焦点句主语带主格标记的策略，如：

（10）そのとき八木がホームランを打った
　　　　sono toki ...　ga ...
　　　　那时候　八木　本垒打　打了

对此，野田尚史（2003：12）分析道："这个句子不是向希望了解关于八木的信息的听话人讲述八木的情况，也不是告诉希望了解本垒打的信息的听话人是谁打了本垒打。它仅仅标出了听话人所不知道的某种事态的发生"。野田尚史的解释表明这里的句子既不是以八木为话题，也不是以八木为信息焦点，而是听话人所不知道的"某种事态"的发生，即整句都是新信息，"八木"带了主格标记。在这点上，韩国语采用与日语相同的策略，例略。

下面我们来看汉语的情况。一般情况下，汉语整句焦点句与话题性主语句，在语序上没有区别，表面上可以完全同形，但是重音模式不同。在这点上跟英语相近而与意、法、日、韩语言不同。如：

（11）A. 什么事儿？/怎么啦？/怎么回事？ B. 我的`脖子疼。

（12）A. 你的脖子怎么啦？ B. 我的脖子`疼。

例（11）B句和例（12）B句结构看似完全相同，但是例（11）B句重音在"脖子"上，例（12）B句重音在"疼"上。前者通过重音实现了主语的去话题化，后者主语"我的脖子"有话题性，属已知信息，不但不能重读，而且可以整个删除，只答一个"疼"字。

另一方面，汉语也可以有略近日语、韩语的模式，在有话题性的主语上带上提顿词，而整句焦点句中主语不能带提顿词。比较：

（13）A. 什么事儿？/怎么啦？/怎么回事？ B. 我的脖子（*啊，）疼。

（14）A. 你的脖子怎么啦？ B. 我的脖子（啊，）疼。

整句焦点不限于对"怎么啦""怎么回事"这一类固定问句的回答。凡是要求提供整句新信息的问题，包括要求解释原因的问句，都能引出整句焦点句。而各种整句焦点句都排斥主语后的提顿词。如：

（15）A. 发生什么事儿了？ B. 哥哥（*啊）打我。

（16）她问陆："听说您十五岁就到这里来做工了，为什么？"
"日本军队抓了我。"（邓友梅《别了，濑户内海！》）

（15）A是询问整句性的新信息，答句也是整句焦点，主语"哥哥"后不能带提顿词。例（16）"她"的话是问原因的，陆以整句焦点做解释。这里，"日本军队"是整句焦点的一部分，不是话题，不能带提顿词。

整句焦点并非只出现在口语对话中。我们注意到，日文媒体的句子型新闻标题，即使主语是有定成分（如公众熟知的人名、地名），也常带主格标记而不是话题标记。消息正文也不乏这类句子。这是因为，新闻标题都是没有上文的陈述，而且新闻以提供新的信息为己任（"新闻""news"在词形上都突出了"新"意），因此，整个标题都是新信息，是整句焦点，主语则是这个整句焦点的一部分，因此不管有定无定都不宜带话题标记。相应的，汉语媒体的句子型新闻标题命题也属于整句焦点。当然，在正规书面语言中，汉语一般不用提顿词，这是语体限制。但是，媒体的句子型标题，即使不考虑语体因素，给主语强加上提顿词，在语法上也是不成立的，因为与标题的信息结构不符。如以下真实标题都插不进提顿词，主语也倾向于重读：

（17）《福建首虎徐钢（*啊）落马前主动谈及被举报》
（18）《北京（*啊）今年将实施海外游客离境退税政策》
（19）《西科大"励志保安哥"（*啊）自学十年考研成功》

整句焦点属于主题判断（categorical judgement）/非主题判断（thetic judgement）理论中的非主题判断（Lambrecht 1994：§4.2.2），又译为简单判断（陆烁、潘海华 2009），按沈园（2000）介绍的久野暲（Kuno）的说法，是没有预设的中性句，区别于话题-述题结构。关于主题判断和非主题判断，沈园（2000：126）有如下介绍：

（20）Brentano 和 Marty 进一步提出逻辑判断具有两种而不是通常认为的一种基本形式。这两种逻辑判断的基本形式分别是主题判断（categorical judgement）和非主题判断（thetic judgement）。其中前者对应于传统意义上的主-谓两分式逻辑判断类型。从认知角度来看，前者包含两个不同的认知行为，即先对一个实体进行命名然后再对它进行描述；后者则只是将一个事件或状态作为整体来描述，是对作为/视为整体的判断内容的简单肯定或否定，是一种单一的认知行为。因此人们经常也将前者称为双重判断（double judgement），将后者称为简单判断（simple judgement）。

从上述介绍可以看出，主题判断和非主题判断的根本区别在于两分式的双重判断和浑然不分的简单判断。非主题判断虽然语法上可能有主有谓，但逻辑上却是一个紧密的整体。

在日语中，主题判断和非主题判断分别对应于话题助词は/wa和主格助词が/ga，这不是偶然的。虽然主题判断被认为更符合传统的主-谓二分的逻辑结构，但日语的材料启发我们，从某种意义上说，内部二分的主题判断更对应于句法上较松散的话题结构，而浑然一体的非主题判断更对应于句法上较紧密的主谓结构。这在汉语中可以得到进一步证明。汉语的主谓结构没有语法标记，而话题结构可以带话题标记。带话题标记的成分总是伴随着停顿，停顿显性表征了主题判断的二分属性。我们把话题标记叫提顿词，也是因为它有提示、提取的作用，即将话题从整个判断中提取出来，从而跟谓语/述题部分分离。而没有话题性的主谓结构，插不进话题标记，表征了它浑然一体的简单判断的属性。Shibatani(1991)指出，传统日本语法学认为话题标记は/wa的重要功能是分离作用(separation)，就是将带は/wa的成分与句子其余部分分开，这更对应于西方传统逻辑中命题主-谓二分的观念；而带主格标记が/ga的成分与句子后部的成分更加紧密，不可分离。印欧语言无法像日语那样在形态上区分话题和主语，于是都用"主谓关系"来概括，其中其实包含了两类判断。日语的は/wa类话题句更对应于主-谓二分的传统逻辑命题——现代所说的主题判断，而日语的が/ga类主格句更对应于浑然一体的非主题判断（简单判断）这一传统逻辑所忽略的判断。

汉语的话题结构句虽然表面上可以跟非主题判断的主谓句一样，但是潜在地都可以在主语后加上提顿词（及停顿）变成显性话题句，跟日语は/wa类话题句一样彰显其主题判断的本性；而没有话题性的主语不能带提顿词，跟日语が/ga类主格句一样只能与谓语部分一起构成结构更紧的主谓句。日语主语作为对比焦点和信息焦点都要带主格标记が/ga，而が/ga在整句焦点句中则不是用来标记窄焦点，而是用来去话题化，表明非主题判断句主语的身份。汉语没有主格标记，但可以通过添加话题标记来测试是话题性主语还是非话题性主语，能加标记的是主谓分离的话题结构，不能加的则是非话题主语，是跟谓语浑然一体的、非主题判断的主语。

3.4 无定主语句不是话题句

无定成分在本性上就与话题的一系列固有属性相冲突，如有定（Li & Thompson 1976）、已知信息、能为随后的命题提供适用的框架（Chafe 1976）等话题属性。因此，无定成分不能充当话题是很自然的。但是，以往汉语研究所认为的对无定成分的限制，不仅指向话题也指向主语。赵元任（Chao 1968：76）早就指出汉语主语强烈倾向于有定成分。这一倾向确实存在，总体上汉语主语与话题也确实有对应的一面。但是，自范继淹（1985）以来，汉语学者普遍认识到无定主语句确实存在，在某些文体中还为数不少，如新闻体语言。至今已有很多文献探讨解释无定主语句的成因，如徐烈炯（Xu 1997）、王灿龙（2003）、陆烁、潘海华（2009）等。那这些无定主语是不是话题呢？这正是本文重点关注的问题。

无定主语句大都属于非主题判断，跟上面的整句焦点句有较大的交叉。作为非主题判断的一种，无定主语本质上就不是话题。由于非主题判断的主语可以无定也可以有定，因此无定主语句值得单独提出来一说。下面是上引范继淹（1985：322）所列举的无定主语例句，无定主语都排斥提顿词（除非作类指解），见括号中带星号的提顿词：

（21）一位中年妇女（*啊）匆匆走来。她也是专程来给14号投票的。(《北京日报》)

（22）一位来自哈尔滨的顾客（*啊）在本市买了一台钢琴，由于没有包装，铁路不予托运。(《北京日报》)

（23）三个素不相识的男青年（*啊）闯进女学生的家……(《北京晚报》)

经过对大量无定主语例句的初步分析，范文在结尾处总结道："无定NP主语句的主语由数量名短语（包括其他修饰成分）构成，是说话人发出的·'新传信息'，对听话人而言是'未知信息'"（范继淹 1985：328）。既然无定主语具有"新传信息""未知信息"的属性，它们显然与话题属性是相对立的。它排斥提顿词也就很好理解了。

陆烁、潘海华（2009）对无定主语句的信息地位有进一步的分析。

他们指出，无定主语句要尽可能减少预设等听说双方的"共同背景"，是难以从共同背景推出的"新情况"（事件匹配新情况；而属性则是恒久的，不匹配新情况）。"越是异于共同背景的'新情况'，越能构成明确的简单判断谓语"（陆烁、潘海华 2009：531）。陆、潘文认为无定主语句在新闻语体中最容易出现，就因为新闻语体受众面极广，共同背景少，最适合表述新情况，这正是无定主语句的用武之地，而这些都与话题的有定性、已知性是对立的。

此外，范继淹（1985）已注意到无定主语句主语之前如有其他成分，无定主语作为后续成分出现更自由。陆烁、潘海华（2009：532）也引述了李行德、朱晓农等的同类观察，即前面有"主题"的句子更容易出现无定主语句，如以下两例：

（24）昨天一个工人从窗口掉了下来。（Lee 1986，转引自陆烁、潘海华 2009）

（25）快来看，俩猫打架了。（朱晓农 1988，转引自陆烁、潘海华 2009）

陆烁、潘海华认为这是因为有主题的句子更容易出现简单判断。本文的解读是：因为句子已另有语用话题，所以主语不带话题性也更加自由。这从另一个角度显示无定主语句的非话题性。

此外，无定形式在汉语中还可以表类指。类指主语的指称、信息属性迥异于真正的无定主语。根据陆烁、潘海华（2009），无定的类指解读需要有通称算子（即类指算子）约束，主要是要求属性谓语。陆烁、潘海华引述相关文献，对通指句主语的话题性做了清楚的解释："根据 Chierchia（1995）等人的分析，通指句的谓语都属于个体性谓语，所描述的性状作用于主语已经确定的话题上面。也就是说，通指句中的无定主语实际上是话题。Kratzer（1995）、Diesing（1992）等也认为通指句的主语是 VP 外主语，即处于 IP-Spec 的位置；Lambrecht（1987）则直接将其称作'话题-述题句'（topic-comment sentence）。汉语还有一个明显的证据，即通指句一般都可以加上话题标记。"（陆烁、潘海华 2009：533）下面是陆、潘文的例句：

（26）书，是智慧的宝库。

（27）一个年轻人啊，应当有志气。①

（28）三个步兵呢，可以带九份口粮。

同样是无定形式，真正表无定时与话题性不相容，因此排斥提顿词；表示类指时，则话题性很强，因此就可以带提顿词了。可见，话题性排斥的不是无定成分的结构形式，而是无定语义的指称属性和信息地位。

此外，"一量名"短语还能在一定构式中表示最小量，也没有话题性，见 3.7 小节。

3.5 受焦点敏感算子约束的主语不是话题句

焦点敏感算子是能在句子中关联焦点的成分，其中很多是副词性成分，它们总是与句子的一个焦点成分相关联。与焦点敏感算子相关联的焦点成分称为语义焦点。语义焦点是一类特殊的对比焦点，同一个焦点敏感算子关联不同的焦点会带来真值语义的不同，因此被称为语义焦点（参看徐烈炯（2005）对相关理论的介绍），如（原文粗体此处改为小型大写字母）：

（29）a. John only introduced BILL to Sue. 'John 只介绍 BILL 给 Sue。'

b. John only introduced Bill to SUE. 'John 只介绍 Bill 给 SUE。'

例（29）两例的构成完全相同，都含有焦点敏感算子 only（只），但是重音不同，就导致焦点位置不同，只有重读的那个音节才是焦点。a 句 only 只关联 Bill，John 只介绍了 Bill 一个人给 Sue（不排除他也介绍 Bill 给其他人）。b 句关联 Sue，John 只给 Sue 一个人介绍了 Bill（不排除他也给 Sue 介绍了其他人）。

英语的 only 和汉语的"只"都是右向关联的。有些焦点敏感算子则是左向关联的，包括关联主语，使主语成为语义焦点。做语义焦点的主语也像做其他对比焦点的主语一样，不再带有话题属性，也就不再能带提顿

---

① 用无定形式表示类指，实际上不是直接表达，而是一种转喻，用个体转指类，参看刘丹青（2002）。这种转喻需要一定的语境条件。比（27）更自然的、对语境依赖更小的类指用例是讲述更一般道理的句子，如"一个人啊，要讲良心"。

词。如《现代汉语八百词》(吕叔湘主编 1980：281)"就"条的一个义项是"就+动/形。主语重读,'就'轻读,表示主语已符合谓语所提的条件,无须另外寻找",举的例子是(此处重新编号,并插入提顿词测试):

(30) a. 老ˋ赵(*啊)就学过法语,你可以问他。
　　　b. 你要的材料(啊),ˋ我(*啊)手头就有。
　　　c. ˋ这个花色(*啊)就好。
　　　d. ˋ这儿(*啊)就很安静。
　　　e. ˋ那种规格(*啊)就合适。

这种句子中的"就"是指向主语的焦点敏感算子,所以主语作为焦点总是重读,如《现代汉语八百词》所指出的,而且主语后插不进提顿词或插入后会改变原有重音模式和语义模式。此外,这类句子主语前可以有真正的话题,如例(30b)句的"你要的材料",这种话题后可以带话题标记。

副词"才"也有左向关联功能,其所关联的主语(也要重读)是作为必要条件的焦点,而"就"所关联的主语是作为充分条件的焦点。"才"字句主语后也很难带提顿词。如：

(31) 吃过苦的人(?啊)才会更加珍惜幸福生活。(《刘汉洪快乐学》)

(32) "你(?啊)才是我真正的朋友!"毕加索的这句话,在他耳旁一遍遍地响起。(李良旭《你才是我真正的朋友》,《读书》2011年13期)

3.6　新信息主语句不是话题句

　　以上小类都有比较明确的测试方式可以确定主语是焦点本身或成为整句焦点的一部分。本小类句子的主语,包括一些抽象名词短语,既不是无定形式的 NP,也不是典型的类指,有些甚至还有一定的有定性(如专有名词或带领属定语),没有很直接的测试方式判定它们是不是焦点,但是,语境显示它们是句子中的新信息,并带有焦点的属性。我们对韩国学者朴正九教授的征询也表明同样语境中这类句子的主语在韩国

语中要带主格标记이 [i]/ 가 [ka] 而非话题标记는 [nin]。这类主语在汉语中都排斥提顿词，显示其非话题性质，如：

（33）身边谁说他都没用；有时候，陌生人的严厉斥责（*啊）能让他惊醒。

（34）如若课前布置学生收集有关作者杏林子的生平资料，阅读她的有关文章，作者不平凡的经历（*啊）会给学生以震撼，从而产生强烈的阅读期待。(鹏程万里的新浪博客)

例（33）主语"陌生人的严厉斥责"是一个领属结构，在这儿跟上句"身边谁"相对，是一个新信息，也是作者强调的内容，带有焦点属性，因此，不适合当话题，排斥提顿词。例（34）"作者不平凡的经历"也是领属结构，其中领属语"作者"属已知信息，但加了修饰语"不平凡的"后，名词短语整体属于新信息，并且是作者强调的方面，因而就不再带有话题性，并排斥提顿词。假如去掉提供新信息的"不平凡的"，则"作者的经历"在此句中可以带提顿词：

（35）如若课前布置学生收集有关作者杏林子的生平资料，阅读她的有关文章，作者的经历（啊）会给学生以震撼，从而产生强烈的阅读期待。

假如"不平凡的经历"与"平凡的经历"构成对比性话题，分别引出不同的话题，也可以带提顿词成为显性话题（对比性话题适合用"么"），如：

（36）有人说，生命如同故事。不平凡的经历（么）会有不平凡的故事；平凡的经历（么）也同样会有不平凡的故事。(语文教材《微笑着承受一切》网上备课材料)

再看下例：

（37）"市财政局有个乔安平，刚提拔不久的副局长，今天下午在市委大院跳楼自杀了。"

向天亮故作惊讶，"乔安平？我认识啊，一起在市党校待过……哎，他怎么想不开了？"

余中豪说，"蹊跷，许厅长（*啊）让我跑一趟清河。"

……

向天亮索性装傻到底,"这个乔安平很重要吗?还要省厅派人下去确认?"

余中豪轻声一叹,"这么说吧,咱们清河市藏龙卧虎,我也是刚知道的,这个乔安平来头不小,听许厅长说,<u>省委书记李文瑞</u>(*啊)亲自下了命令。"(网络小说《官道》第 0966 章)

例中的"许厅长"和"省委书记李文瑞"都是专有名词,对听说者来说都是有定成分,但是在此语境中是新信息,虽然不像§3.2 的例句那样可以通过疑问句的问答来确定其信息焦点的地位,但在这里的语境中也能认定其具有焦点的属性。这两处有定成分都不能带提顿词变成显性话题。可见,主语的话题性根本上来自话语中的信息地位而不是指称的有定性。

3.7 主语为极小量词语的全量否定句不是话题句

这一小类属于周遍性主语。陆俭明(1986)认为周遍性主语不是话题,包含了这一小类。①

张斌主编(2010:826—827)指出"'一+量_名+动'结构一般是否定形式,受副词影响,结构中的'一'不是基数用法而是强调周遍性,是全量用法,如'车子一辆也没有、一个都不敢动'。"该书所举的"车子一辆也没有","车子"是全句话题,全量主语是"一辆"。此句也可以说成"一辆车子也没有",那就是纯粹的全量否定句主语了。

这里说的"受副词影响",应指在构成这种全量否定构式时有副词"都/也"参与。这类句子的主语可以是施事(一个人都不敢动、一个人也没来),也可以是受事(车子一辆也没有、一口饭都没吃)。这里的"一"有时也可以换成"半",如"半点便宜也没捞着","一"和"半"在此均非实数,而做极小量的代表。值得注意的是,极小量词语在全量否定句的主语位置上都要重读,这与其他焦点性主语是一致的。所以,即使是受事,也不宜分析为话题,而当视为受事主语。由于这类主语的

---

① 陆文说的周遍性主语句包括"什么人都不知道这件事、一个人都不知道这件事、人人都不知道这件事"三类。本文暂不讨论"什么人""人人"这类句首成分的话题性问题。

非话题性，它们也都不能带提顿词。如"*一个啊也不敢动""*一口饭啊都没吃"。值得注意的是，假如名词部分放在极小量词语之前，就可以带提顿词，极小量词语仍不能带提顿词；假如名词放在极小量词语之后，则该 NP 整体不能带提顿词，如：

（38）a. 车子（啊）一辆都没有。~ b. 一辆车子（*啊）都没有。

可见，与提顿词排斥的是表示全量否定句的极小量词语，而与实义名词本身无关。

上面我们从不同角度讨论了汉语中这七小类情况，有些小类之间有交叉关系，但不完全等同。在这七小类的条件下，汉语句子的主语都不是话题性成分，属于本文所说的非话题主语，这可以得到句法（提顿词的使用）、语义、重音、语用等方面的证实。

以上七小类仍是很粗略的列举，只涉及了主句中的主语。假如将讨论范围扩大到从句，则非话题主语远比在主句中更常见，如前文例（3b）所示关系从句的情况。假如我们参考野田尚史（2003）对日语主格助词が /ga 类句子的分析，就能找出汉语中更多与话题性相排斥的句法和语义条件，它们会造成主语的非话题属性。粗略对比可以发现，日语中带主格标记が /ga 的句子在汉语中要么属于需要重读、不能带提顿词的非话题主语，要么在汉语中不适合做主语。

四、话题与主语再议

上文的讨论初步显示，汉语中确实存在不具有话题性且只能分析为主语的句法成分。将汉语主语简单地等同于话题，或认为句法主语都是语用上的话题，或认为汉语主语直接由话题构成，都是片面的看法。对此问题的全面认识，还得回到话题和主语各自属性的问题。

西方语法传统中主语的定义（"主语是谓语陈述的对象"之类）和逻辑学上命题的主谓二分，都将主语的功能指向话题。然而，正如柴谷方良（Shibatani 1991）所指出的，主语的原型其实是行为事件的施事。

他发现，对于有主语的语言来说，该成分的语义泛化程度因语言而异，其中英语是主语泛化最厉害的，但是施事肯定都在各语言主语的语义角色之内，区别只在于其他主语还可以离施事这个原型有多远。柴谷方良认为，扩展得越远，代表主语的语法化程度越高。① 很多语言中带话题性的成分就因为施事性不够而不做主语，只以其他格位的身份出现，比较（例证见 Shibatani（1991：102—103），原例无释义，译文及分析为笔者所加）：

（39）a.〈英语〉I like beer. ~ b.〈西班牙语〉Me gusta la cerveza. '我喜欢啤酒。'

（40）a.〈英语〉I am hungry. ~ b.〈德语〉Mich hungert. '我饿了。'

（41）a.〈英语〉I am freezing. ~ b.〈德语〉Mich friert. '我冻坏了。'

诸 a 句的英语都以经验者角色（或中文文献中的"当事"）I 为主语，取第一人称单数主格。但西班牙语例（39b）却用第一人称单数的与格 me 表示喜欢的主体，因为"喜欢"不是动作动词，主体没有施事性，所以西班牙语不用主格代词，全句没有主语。德语例（40b）和（41b）都用宾格来表示饿和冻的主体/感受者，也因为饿和冻的主体是被动感受者而不是主动施事者，因此宁可没有主语也不用主格形式。这几句的属性主体或状态主体的话题性是没有疑问的，但是话题性并不能支持它们在西班牙语和德语中以主语的身份出现，因为施事性不够。

科姆里（1981/1989：130）提出典型的主语是施事和话题的重合，该观点基本符合实际，但无法覆盖非典型的主语。从跨语言来看，施事对主语的制约比话题对主语的制约更加刚性。没有话题性的施事完全可以充当句法主语，包括像意大利语等罗曼语那样放到句末（见例（9A-b）），仍是主语。虽然施事也可以出于语用考虑而去主语化——如动词被动化，施事降级为旁格（英语的 by 短语），但这不是刚性制约。另一方面，不少语言的主体性论元因施事性不够而无法充当主语，只

---

① 我们倡设的库藏类型学实际上已在更一般意义上采用这一观点，即范畴表达手段的语法化程度越高，就越显赫，扩展到其他范畴的能力也越强。参看刘丹青（2012）。

能取旁格而让主语位置空缺，这倒是刚性句法规则。因此，主语的原型只能是施事而不是话题。换言之，非典型主语，经常是非话题的施事，但不能是非施事的话题，除非该角色在该语言中已在主语语义扩展的规约域内。

　　对柴谷方良的看法，只需要做一点小补充。主语不仅面向动词/事件性谓语，也面向形容词谓语和（系词＋）名词表语。对于后两者来说，"施事"作为主语的语义标签就过分狭窄。因此，我们认为主语的原型语义角色是（事件的）施事，有时也包括（属性、身份的）主体，三者加起来即较广义的"主体"。不同语言的主语，可以围绕着这一原型语义做不同程度的扩展，但无论怎样扩展，肯定是语义上越接近施事的成分越能成为主语。

　　那么，话题在主语中又扮演着何种角色呢？我们同意上引科姆里的看法，典型的主语确实包含了施事和话题的重合。施事有更高的生命度和指称性，更容易成为注意的中心。在多数情况下，这些因素足以同时满足对主语的施事性和话题性的要求，因此让主语兼话题的策略经常能同时满足语句的语义和语用要求。但是，当有话题性的成分不符合施事的要求时，它就常常被编码为主语以外的句法成分，而只是靠语序等手段成为语用上的话题；没有话题性的施事，例如属于非话题判断的各类事件的施事，则仍然可以成为主语，有些语言会另用些语用手段表征其信息地位。可见在主语的要素中，施事的地位超过话题。

　　汉语在这一问题上表现如何、特点何在呢？汉语主语的语义要求可能没有西班牙语、德语那么严格，像例（39）—（41）那样的句子，汉语都可以表达为主谓结构。但是，汉语并不像人们所想的那样，做主语的成分在语义上没有什么限制。例如，柴谷方良（Shibatani 1991：102）所举的一些在英语中被编码为主语的偏离施事的成分，有些在汉语中很难成为主语，如：

　　（42）a. The recent earthquake killed 150 people. ~ b. ??最近这场地震杀了150人。

　　（43）a. The 1930's saw the world at the brink of disaster. ~ b. *20世

纪 30 年代看见了世界在灾难的边缘。

当然,汉语似乎也存在语义偏离施事更远的主语,比如赵元任(Chao 1968:71)举的那些"奇怪例句"。这又怎么理解呢?这是因为,汉语在主语之外,还存在一个话题的句法位置,这个位置的存在有许多表征(参看刘丹青 2008,2009),这是跟英语完全不同的。这个话题位置不像日语、韩国语那样是由话题标记的刚性使用界定的。汉语的话题可以由提顿词表示,但这不是刚性要求,事实上大部分有话题性的主语也未必带提顿词,尤其在正规书面语中。不带提顿词时,除了非话题主语,主语都是一种隐性的话题;当主语带上提顿词时,就成为"显性的话题"——前文已多次提过这个术语,在此补一个交代。

我们回头再看赵元任(Chao 1968:71)的举例,可以发现,偏离主语的施事要求的成分,往往在主语-话题测试中符合话题要求而不符合主语要求。例如:

(44) a. 他是个日本女人。(意为:他的用人是个日本女人[①])

　　　b. 他呀,是个日本女人。

　　　c. *`他是个日本女人。

(45) a. 他是一个美国丈夫。(意为她嫁了一个美国丈夫。该处"他"的英文是女性的 she)

　　　b. 她呀,是一个美国丈夫。

　　　c. *`她是一个美国丈夫。

(46) a. 你(的小松树)要死了找我。(括号里是没有说出来的意义)

　　　b. 你呀,(小松树)要死了找我。

　　　c. *`你(的小松树)要死了找我

可见,赵著举的表面语义怪异的主谓关系,其"主语"其实都是话题,不符合主语可以重读的特性,也都可以加进提顿词变成显性话题。放在适当的语境下,加上话题标记和停顿的例句会很自然,而主语带重音的

[①] 张和友、邓思颖(2010)认为汉语中很多语义关系特殊的"特异型'是'字句"是主语空缺的话题句,其中包括这里引用的赵著的"他是个日本女人"这一小类。尽管本文的论证方式与张、邓文不同,但是我们赞同他们对这一小类"是"字句的定性,"他"是话题,不是主语。

例句靠语境也无法救活。话题的语义可以偏离施事、当事很远，而主语的语义偏离的幅度就小得多。因此，话题的表现并不代表主语的表现。

基于以上认识，汉语作为话题优先语言的特点何在呢？我们现在可以归纳为下面几点，这几点也可以视为对徐烈炯、刘丹青（1998）观点的进一步补充和推进。

1. 在现代汉语中，主语不是一种语法化程度很高或者说句法属性很强的成分。它不具备人类语言主语常有的关键句法属性：主格形态（或虚词）、一致关系。它在语序上和信息地位上都跟话题有交叠，句法界限不清。多数主语可以视为隐性的话题。这些也基本符合上引赵元任、罗仁地、沈家煊的看法。但是，汉语确实存在没有话题性的主语，如本文所列举的七类主语。这些主语以重读为形式特征，而话题不重读。

2. 话题在汉语中是比主语语法化程度更高的成分，这是汉语划归话题优先语言的依据。虽然话题也常常没有标记，只靠语序在前作为形式特征，但是话题可以带提顿词构成显性话题，而主语中只有带话题性的那些才能带提顿词转化为显性话题。没有话题性的主语，主要属于非主题判断，不能带提顿词。

3. 汉语的主语和隐性话题在很多情况下是叠合的，可以进行两可的分析。但是，主语是以施事为原型、以跟谓语的论元关系/词汇选择关系为纽带组成主谓结构，主谓结构可以出现在话题结构所不能出现的许多场合，包括本文所分析的七类（基本上属于非主题判断），这些是主句的情况。到从句中，主语更容易丢失话题性，非话题主语更多（须另文详析）。话题以已知、有定、类指、注意中心等信息、认知地位为特征跟述题组成话题结构，话题结构内部的语义关系松紧不一，可以完全没有词汇选择关系。因此，虽然有较大叠合，汉语语法库藏中仍须包括主语和话题两种句法位置，不能相互包含或取代。这是汉语区别于英语之类主语优先语言的重要方面。

4. 话题和主语既然是两个既交叉又有不同的句法成分，那么在谓语前的位置上就可能发生既共生又竞争的关系。汉语的情况是话题优先，其表现之一就是具有话题性的成分更容易占据谓语前的位置。属于隐性话题的主语位于谓语之前是最周全的策略,既满足了话题性需求,又实现了话题和主语的合一,避免了冲突。这是最无标记的句子。但遇到话题性最强的成分属于非施事、非当事成分时,汉语就倾向于让话题性更强的位置占据一个话题位置,主语占据另一个话题位置或非话题的主语位置(如"这棵树叶子大")。汉语的主语虽然确有非话题的类别,但是对非话题主语的排斥还是比日语、韩语等大一些。如野田尚史(2003)一书中的が/ga类主语,有些可以对应汉语的非话题主语,但还有很多小类在汉语中不宜前置于动词,而要改造结构,让非话题的施事、当事充当谓语中的成分。无定主语句之前加"有"也是一种去主语化操作。再比较野田尚史(2003:96—98)的下列例句及其汉译:

(47)何か音が使こえるわ。耳を澄ませて

~'好像有什么声音?你好好听!'

(48)「このボタンを押すと波長の違う音が出てくるんです」と僕は言った。

~'我说:"只要你按这个按钮,就会发出不同波长的声音来。"'

例(47)疑问代词短语"何か音"(什么声音)是信息焦点,位于句首且带主格标记が/ga,充当主语;中文译为"有"的宾语,因为此短语既没有话题性,也不是施事,在汉语中被主语位置排斥。例(48)"波長の違う音"(不同波长的声音)也是带が/ga的主语,中文译为"发出"的宾语,理由同上。正是在这方面,汉语作为话题优先语言又区别于作为话题优先和主语优先并重的日语、韩国语等语言。

五、小结

Li & Thompson(1976)的主语-话题类型学,确立了汉语的话题优先类型,同时设定了主语和话题的区别。而由于汉语主语没有明确的句法标志,主语又常常具有的话题的语用功能,使汉语主语跟话题的界限更加模糊,以致很多学者都持有汉语主语和话题等同的观念。

本文参考前人研究，进一步确定了区分话题和主语的几条可操作的测试标准，包括信息地位（是否为焦点）、话题标记能否出现、能否重读、与日韩等语言的话题标记还是主格标记对应、在一些罗曼语中有无对应的去话题化操作。据此，识别出至少在七种情况下，汉语的主语不是话题。这些主要涉及主句中的主语，很多属于非话题判断（等同于简单判断）类型。假如延伸到从句的研究，非话题的主语类型会更多。基于这个研究结果，本文否定了主语话题等同说的合理性。

　　参考主题判断与非主题判断（简单判断）学说和柴谷方良对主语、话题的类型学分析，本文认同话题概念基于话语信息结构，而主语作为一个句法成分则以施事为原型语义的观点。由于主语常常（但并不总是）带有话题性，因此两者可以在很多情况下叠合，但仍然不能等同。在不同的语言类型中，话题和主语在句法上的关系有所差异。汉语主语没有形式特征；话题可以没有标记，也可以带提顿词做标记；而没有话题性的主语无法带提顿词。因此，汉语在一定程度上能区分出话题和主语，至少能识别出非话题主语，从而在类型上区别于只有主语有句法地位、话题没有句法地位的主语优先语言，如英语。另一方面，汉语作为话题优先语言，对主语有一定的信息结构限制，日韩语言用主格标记的大量非话题主语，有一部分在汉语中可以实现为非话题主语，还有一些改为用汉语谓语部分表达，从而使汉语在类型上又区别于话题优先和主语优先并重的日语、韩国语。

参考文献

曹逢甫　1977/1995　《主题在汉语中的功能研究——迈向语段分析的第一步》，谢天蔚译，北京：语文出版社。
陈国华、王建国　2010　汉语的无标记非主语话题，《世界汉语教学》第 3 期。
范继淹　1985　无定 NP 主语句，《中国语文》第 5 期。
霍凯特（Hockett, C.）　1958/1986　《现代语言学教程》，索振羽、叶蜚声译，北京：北京大学出版社。
蒋绍愚、曹广顺（主编）　2005　《近代汉语语法史研究综述》，北京：商务印书馆。
科姆里（Comrie, B.）　1981/1989　《语言共性和语言类型》，沈家煊译，北京：华夏出版社。

刘丹青　2008　话题理论与汉语句法研究,《当代语言学理论和汉语研究》,沈阳、冯胜利主编,北京:商务印书馆。

刘丹青　2009　话题优先的句法后果,《汉语的形式与功能研究》,程工、刘丹青主编,北京:商务印书馆。

刘丹青　2012　汉语的若干显赫范畴——语言库藏类型学视角,《世界汉语教学》第3期。

陆俭明　1986　周遍性主语及其他,《中国语文》第3期。

陆　烁、潘海华　2009　汉语无定主语的语义允准分析,《中国语文》第6期。

罗仁地(LaPolla, R.)　2004　语用关系与汉语的词序,詹卫东译,《语言学论丛》(第三十辑),北京:商务印书馆。

吕叔湘(主编)　1980　《现代汉语八百词》,北京:商务印书馆。

屈承熹　2003　话题的表达形式和语用关系,《话题与焦点新论》,徐烈炯、刘丹青主编,上海:上海教育出版社。

沈家煊　2007　汉语里的名词和动词,《汉藏语学报》第1期,北京:商务印书馆。

沈　园　2000　逻辑判断基本类型及其在语言中的反映,《当代语言学》第3期。

王灿龙　2003　制约无定主语句使用的若干因素,《语法研究和探索》(十二),北京:商务印书馆。

徐烈炯　2005　几个不同的焦点概念,《焦点结构和意义的研究》,徐烈炯、潘海华主编,北京:外语教学与研究出版社。

徐烈炯、刘丹青　1998　《话题的结构与功能》,上海:上海教育出版社。

杨成凯　2003　汉语句子的主语和话题,《话题与焦点新论》,徐烈炯、刘丹青主编,上海:上海教育出版社。

野田尚史　2003　《日语主题助词"は"与主格助词"が"》,张麟声译,北京:人民教育出版社。

张　斌(主编)　2010　《现代汉语描写语法》,北京:商务印书馆。

赵元任　1948/1954　《北京口语语法》,李荣编译,北京:中国青年出版社。

朱德熙　1982　《语法讲义》,北京:商务印书馆。

Chafe, W. 1976. Givenness, contrastiveness, definiteness, subjects, topics and point of view. In C. N. Li (Ed.), *Subject and Topic*. New York: Academic Press.

Chao, Y. R. 1968. *A Grammar of Spoken Chinese*. Berkeley: University of California Press.

Chu, C. (屈承熹). 2005. Please, let topic and focus co-exist peacefully. In Xu L. J., & Liu D. Q. (Eds.), *Huati yu Jiaodian Xinlun*. Shanghai: Shanghai Educational Publishing House.

Comrie, B. 1988. Topics, grammaticalized topics, and subjects. *Berkeley Linguistic Society*, 14, 265-280.

Givón, T. 1984. *Syntax: A Functional-Typological Introduction*. Amsterdam &

Philadelphia: John Benjamins.

Gundel, J. 1988. Universals of topic-comment structure. In M. Hammond, E. Moravacsik, & J. Wirth (Eds.), *Studies in Syntactic Typology*. Amsterdam: John Benjamins.

Lambrecht, K. 1994. *Information Structure and Sentence Form: Topics, Focus, and the Mental Representations of Discourse Referents*. Cambridge: Cambridge University Press.

Li, C. N., & Thompson, S. 1976. Subject and topic: A new typology of language. In C. N. Li (Ed.), *Subject and Topic*. New York: Academic Press.

Shibatani, M. 1991. Grammaticalization of topic into subject. In E. C. Traugett, & B. Heine (Eds.), *Approaches to Grammaticalization* (Vol. II). Amsterdam & Philadelphia: John Benjamins.

Xu, L. J. 1997. Limitation on subjecthood of numerically quantified noun phrases: A pragmatic approach. In Xu L. J. (Ed.), *The Referential Properties of Chinese Noun Phrases*. Paris: EHESS.

（原载《中国语文》，2016年第3期）

先秦汉语的话题标记和主语-话题之别*

零、引言

0.1 典型的主语是施事和话题的重合（科姆里 1981/1989：130）。在话题优先语言中，主语有更高的话题性要求，表现之一就是汉语主语有比其他语言更强烈的有定倾向。但是，话题和主语毕竟交叉而不等同，有不同的来源和本质。话题源于语用语篇，即使是句法化的话题，也仍带语篇话题的属性。主语的原型语义则是施事（Shibatani 1991）。在话题优先语言中，纵然主语跟话题的关系更紧，毫无话题性的施事性成分仍不乏机会充任主语，形成多种非话题性主语，这是刘丹青（2016）的主要内容。本文将考察先秦汉语话题标记的使用规则及类型特点，以此进一步探讨人类语言中主语和话题的关系。

先秦汉语的话题标记主要是"也"及用得略少的"者"。它们都另有更基本的功能——"也"是判断语气词，"者"是转指名词化标记，但是其在特定位置上的话题标记的功能较明确。初步考察表明，先秦汉语话题标记的使用，跟相关成分的施事性和谓语的事件性呈负相关性。话题标记从不用于事件性谓语的施事主语，而施事只有出现在事件句中才是典型的施事。这一点跟日语、韩语、彝语、景颇语等语言和现代汉语及其方言等话题优先语言都不同。

---

* 本文系中国社科院创新工程项目"汉语口语的跨方言调查与理论分析"的部分成果。初稿曾在第二届语言类型学国际学术研讨会（南昌大学，2015年10月）、湖南师范大学（2015年10月）等处报告，承蒙杉村博文、Hilary Chappell、张麟声、张萍、丁加勇等教授讨论指教，同事孟蓬生教授通读初稿，多所指正。匿名审稿人也提出了有价值的修改意见。博士生卢笑予帮助做语料分类标注和统计，博士生黄哲、胡乘玲帮助核对文献例句。在此一并致谢。尚存问题，责在笔者。

本文以《论语》和《左传》二书的穷尽性统计分析为基础，用例间采其他先秦文献。初步考察表明作为话题标记的"也"的出现频率是"者"的许多倍（《论语》中约为 15.8∶1），因此本文主要考察"也"的话题标记用法（下文或简作"也ₜ"），有时兼及话题标记"者"（简作者ₜ）。《论语》和《左传》的时代和地域背景（春秋时的鲁国）相近，文体则有语录体（接近口语体）和书面叙事体的区别，便于本项研究兼顾可比性和对比性。

0.2 先秦话题标记的既有研究

传统语法主要将先秦汉语"也"定性为判断助词或语气词，兼及句中或分句末尾的用法，没有话题标记的概念。例如王力（1989∶296—301）将先秦语气词"也"的语法作用分为七种，跟话题标记有关的用法为最后的（六）、（七）两种：

（六）在复句的两个分句中间，表示停顿。例如（作者按：例句只取少数，"也"字下着重号省略）：

夫子至于是邦也，必闻其故。（《论语·学而》）（作者按：据本文所引，"必闻其故"当为"必闻其政"）

耕也，馁在其中矣；学也，禄在其中矣。（《论语·卫灵公》）

在单句中，如果前面是"之、其"等构成的名词性词组，这个词组后面也常常用"也"字表示停顿。例如：

子产之从政也，择能而使之。（《左传·襄公三十一年》）

其视下也，亦若是则已矣。（《庄子·逍遥游》）

（七）在主语和谓语的中间，表示小停顿。例如：

古之狂也肆，今之狂也荡。（《论语·阳货》）

君子谓是盟也信。（《左传·僖公二十八年》）

专名后面也可以带"也"字。例如：

柴也愚，参也鲁，师也辟，由也喭。（《论语·先进》）

蒲立本（1995/2006∶81—82）专设一类"用以标记话题或对比性突显的其他小品词"，其中将王力所说的"也"的第（六）、（七）种用法都归入话题标记，例如（编号重排）：

（1）君子之于禽兽也，见其生不忍见其死。（孟子 1A/7）（章节序号录原引者）

（2）丈夫之冠也，父命之，女子之嫁也，母命之。（孟子 3B/2）

这里明确将"也"的某些用法定为话题标记。蒲立本分析道："这种用法的'也'尤其常见于动词短语因名物化而形成的话题句"。他也提到"'也'字用作话题的标记尤其常见于跟专有名词在一起的时候"，例如：

（3）鲤也死，有棺而无椁。（论语 11/8）

王力和蒲立本还提到了"今也"一类用法。王力归入第（七）类，认为"今、古、向、必"等是副词带"也"（关于"必"，详见本文 §1.5）。蒲立本将这种"也"归入话题标记，但同时说"今也"的"也"作用类似名物化。

Bisang（1998）也认为"也"在句末是焦点标记，在句首成分后是话题标记，如他分析《论语》"求也为季氏宰"一句，认为"也"用来引出一个新话题。梅广（2015）在他的新著中专设一章讨论上古汉语的话题和主语，也探讨了"者"和"也"的话题标记功能。不过他关注的重点是话题-述题结构，而不是话题标记。

近年来，国内有学者对句中的"也"做了更精细的研究，涉及"也"与话题的关系。张小峰（2008）认为"赐也，始可与言《诗》已矣"中的"赐"是语用上的话题。该文列举了"也"字在句末和句中的几种主要的分布位置，分类相对合理，只是还没有完全采用现代语法学的框架。其提到的句中用法包括人名后、普通名词后、时空成分后、"NP 之 VP"后、"NP 之于 NP"后、作为陈述对象的主谓短语后、假设分句后，以及一些跨层组合后。张文认为句末和句中的"也"是同一个"语用成分"，其语用特征是［+强调］，具有焦点标记的作用，句中的"也"也有对比焦点的作用，句末、句中用法本质上是一致的。本文的考察将说明，句中的"也"都符合话题标记的作用，而话题成分即使具有对比性，甚至成为话题焦点，也不同于对比焦点（详徐烈炯、刘丹青 1998：97—102）。话题标记"也"虽然来源上与句末助词"也"有关，但功能上两者已有本质区别，不宜混为一谈。

先秦汉语话题标记"者"本是名词化标记，用来转指行为施事（如"闻者"）或属性主体（如"老者"），跟"所"配合则转指受事（如"所杀者"）。对于朱德熙归入自指的名词化标记的"者"，孙洪伟（2015）不同意"者"自指名词化的说法。孙文将所谓自指的"者"分为几个小类，其中最主要的类别是做话题标记。如（编号重排）：

（4）夫固国者，在亲众而善邻，在因民而顺之。（《国语·晋语二》）

（5）夫猎者，托车舆之安，用六马之足，使王良佐辔，则身不劳而易及轻兽矣。（《韩非子·外储说右上》）

（6）庠者养也，校者教也，序者射也。（《孟子·滕文公上》）

（7）以顺为正者，妾妇之道也。（《孟子·滕文公下》）

（8）今恩足以及禽兽，而功不至于百姓者，独何与？（《孟子·梁惠王上》）

（9）大臣贵重，敌主争事，外市树党，下乱国法，上以劫主，而国不危者，未尝有也。（《韩非子·内储说下六微》）

笔者大致同意孙文对"者"的话题标记用法的认定，下文不再细论，而主要就"也₁"的使用条件和类型特征等方面展开观察和分析。

一、"也"的话题标记属性及用法类别

先秦汉语"也"的首要功能是充当判断句的句末语气词，此外，"也"也用在句中位置，主要是句首名词性成分之后，这时它不再有判断语气，而其前成分的话题性却很明显。"也"的句法分布和功能跟现代汉语及方言中的话题标记（＝提顿词）有相当的同一性，也当视为话题标记。蒲立本、Bisang、梅广等上引文献作如是观。本节将进一步关注"也"在哪些位置可以分析为话题标记。

1.1 从语法单位的属性看，不在句末的"也"除少数情况外都属于话题标记。

先秦汉语判断句不用系词，名词直接可以做表语，因此，不在全句末的"NP+也"，有一部分是前面成分的表语，或者是对前面话轮的判断语，实际已经在分句末尾，只是后面还有别的分句，所以标点时不用句号。这类"也"不是"也₁"。如：

（10）他人之贤者，丘陵也，犹可逾也；仲尼，日月也，无得而逾焉。(《论语·子张》)

（11）公曰："小大之狱，虽不能察，必以情。"对曰："忠之属也，可以一战。"(《左传·庄公十年》)

例（10）"丘陵也"是主语"他人之贤者"的表语，"日月也"是主语"仲尼"的表语，表达的是新信息。这两个判断句后面都有零主语分句，零主语与前句表语同指，所以标点时要用逗号，也使得前面的表语看起来也像后面分句的主语。例（11）曹刿说的"忠之属也"是对前面"公曰"后的一段话的判断语，后面接着一个以此为理由的结论分句。这些都不是真正的句中语气词"也"。但是有文献将上述这种较特殊的情况过分泛化，认为句中的"也"都有引进新信息的作用（如张文国1999），这是以偏概全。当然，不排除这种位置是触发判断语气词"也"重新分析为话题标记的敏感位置（之一）。

此外，"也"也可以用在称呼语后，称呼语属于独立成分，自然不是话题。如：

（12）子曰："由也！女闻六言六蔽矣乎？"对曰："未也。"(《论语·阳货》)

除以上两种情况外，句中NP后的"也"都是话题标记"也₁"。如：

（13）吾与回言终日，不违，如愚。退而省其私，亦足以发，回也不愚。(《论语·为政》)

（14）由也好勇过我，无所取材。(《论语·公冶长》)

（15）有颜回者好学，不迁怒，不贰过。不幸短命死矣，今也则亡，未闻好学者也。(《论语·雍也》)

（16）是子也，熊虎之状而豺狼之声；弗杀，必灭若敖氏矣。(《左传·宣公四年》)

（17）是役也，郑石制实入楚师，将以分郑，而立公子鱼臣。（《左传·宣公十二年》）

（18）今此行也，其庸有报志？（《左传·昭公五年》）

（19）吾兄弟比以安，尨也可使无吠。（《左传·昭公元年》）

以上带"也"做话题的成分，（13）、（14）是人名，（15）是时间名词，（16）、（17）是有定名词语，分别指人和事件，（18）是动词"行"带指示词用于指称功能，（19）是类指的动物名词做话题。从指称性上说，它们都非常符合话题的有定或类指的要求，是最典型的话题。更需要讨论的是以下几小类的话题（其中有些小类张小峰（2008）等也讨论过，与本文视角有所不同）。

1.2 领属化的小句性话题

带"也"做话题的也可以是用来指称的谓词。先秦汉语谓词多能够以原词形用于指称功能，因此有些谓词甚至可以视为与相应的抽象名词同源同形，如"战"：战于长勺～夫战，勇气也；"仁"：人谓子产不仁～奉之以仁（均为《左传》例）。因此，单个谓词或紧密的谓词短语（例（18）的"此行"）如做话题，性质近似抽象名词做话题。

需要考虑的是小句带"也"的情况。现代汉语小句可以自由做话题，并可带话题标记，如"他去么，也行"；而先秦汉语常对做句法成分的小句进行显性的降格操作（但不是强制性的）。就是将小句的主体论元用定语标记"之"引出，或用领属代词"其"指代，句法上由主语降格为领属定语，去除小句的独立性，例如：

（20）夫子之求之也，其诸异乎人之求之与？（《论语·学而》）

（21）子产有君子之道四焉：其行己也恭，其事上也敬，其养民也惠，其使民也义。（《论语·公冶长》）

（22）晋侯之立也，公不朝焉，又不使大夫聘，晋人止公于会。（《左传·宣公七年》）

（23）世之治也，诸侯间于天子之事，则相朝也，于是乎有享、宴之礼。（《左传·成公十二年》）

（24）周之盛也，其若此乎！（《左传·襄公二十九年》）

（25）诸侯之封也，皆受明器于王室，以镇抚其社稷，故能荐彝器于王。(《左传·昭公十五年》)

（26）臣闻国之兴也以福，其亡也以祸。(《左传·哀公元年》)

以上各例，"之"前的成分或"其"所指代的成分都是话题从句内的主语。其中有些语义上是受事，如"诸侯之封"说的是"封诸侯"这件事，"诸侯"是封的受事。但"封"的受事常做主语，如《左传·昭公十三年》"今不封蔡，蔡不封矣"，因此仍可以理解为来自主语①。

现代汉语的话题从句虽然也可以领属化降格，如"他的来么，肯定受欢迎"，但实际使用中还是以不带"的"为常，如"他来么，肯定受欢迎"。这种话题从句也可以分析为条件分句（如果他来，肯定受欢迎）。而先秦汉语的话题从句以领属化降格为常，因此其话题的身份更加确定。

1.3 也有个别带"也₁"的非句末成分是未经领属化降格的小句，如：

（27）夫子至于是邦也，必闻其政。(《论语·学而》)

（28）孔子时其亡也，而往拜之。遇诸途。(《论语·阳货》)

这类带"也₁"小句多表时间背景，而时间小句绝大部分是领属化的，如（22）、（23）。"也"附于未经领属化降格的时间小句不是先秦汉语的主流。此时，"也₁"的标注对象由名词性标记成分略微扩展到小句单位，其话题标记的属性没有改变。

1.4 前面1.2节讨论的领属化话题从句，去掉"之"就成为例（27）、（28）那样的可独立小句。但是，先秦汉语中还有一种特殊的领属化话题从句，即使去掉"之"也没有句法独立性，因为主语后面只是一个介引对象的"于"字介词短语，如：

（29）君子之于天下也，无适也，无莫也，义之与比。(《论语·里仁》)

（30）民之于仁也，甚于水火。水火，吾见蹈而死者矣，未见蹈

---

① 小句通过领属化来降格是人类语言常用的手段。英语的 his coming 和 his asking me（I was very much flattered by his asking me to dance a second time,《傲慢与偏见》）也属此类。

仁而死者也。(《论语·卫灵公》)

（31）中行伯<u>之于晋也</u>，其位在三；孙子<u>之于卫也</u>，位为上卿，将谁先？(《左传·成公三年》)

（32）寡人<u>之于国也</u>，尽心焉耳矣。(《孟子·梁惠王上》)

例（29）—（32）如果删"之"就成为"主语+介词短语"，不成为一个句子。所以，我们设想，这个"于"可能保留了早先的动词性；因为某些句式高度构式化，结构透明度降低，"于"得以作为化石化的动词而留存。① 这类结构偶有不用"之"、直接以小句原形出现之例，如：

（33）始吾<u>于人也</u>，听其言而信其行；今吾<u>于人也</u>，听其言而观其行。(《论语·公冶长》)

1.5　上引王力书讨论"也"的两类句中用法时，认为后一类还包括"今、古、向、必"等副词带"也"。那么，这些"副词"后的"也"是否为话题标记呢？

语义上，"今、古、向"都属时间名词，适合充当时间性话题，带"也"用在谓语前很自然。而"必"自成一类，它在这儿并不是副词性的，而是谓语性的。看例：

（34）君子无所争。<u>必也</u>射乎？(《论语·八佾》)

（35）听讼，吾犹人也。<u>必也</u>使无讼乎！(《论语·颜渊》)

（36）子路曰："卫君待子而为政，子将奚先？"子曰："<u>必也</u>正名乎！"(《论语·子路》)

张小峰（2008）引述了李运富对"必也"句的分析，即"必也"是"对先文否定语义所做出的不得已的假设性肯定"，表示"如果一定要说有的话"。据此，张文认为"必也"作为一个假设小句就是一个话题。我们同意李、张两位的分析。假设分句就是本文所说的条件句，而条件

---

① 现代汉语介词短语后也能加话题标记，如"我对国家呢，也算尽力了"。但是情况还是有所不同。现代汉语中介词短语一般都带上提顿词进行话题化，提顿词的作用域只是介词短语，不包括主语，如"我（，）对小张呢，很看好，对小王呢，不太看好"，主语可以跟介词短语隔开，第二个介词短语也没有主语，主语出现反而有点啰唆、别扭。而古汉语这类话题从句，总是有主语一同出现，即使对比着说，两个话题也都要出现主语，很难删除，如下文例（33），可见"也"是加在整个主谓小句上的。

句本身就有话题性。

"也₁"除了用于主句的主话题外,还能用于内嵌更深的低层话题,说明先秦汉语的话题标记已有较高的句法化程度。相比而言,英语的 as for 这种标记只能用于主句的句首主话题,是语用性的操作。如(37)的"也"用在无核关系从句"……者"中的主语后,话题标记进入了定语这种内嵌很深的位置:

(37)<u>其为人也</u>孝弟,而好犯上者,鲜矣。(《论语·学而》)

二、话题标记的使用规则:语体分布和指称、信息属性

考察话题标记的使用规则,必须关注其语体分布、指称义和信息属性,因为话题是源于语篇语用的概念,这几方面最能反映其内在属性和使用理据。我们从不同角度对《论语》和《左传》中带"也₁"的句子进行了穷尽性统计。下面的讨论借助了这些统计数字。

2.1 话题标记是口语属性很强的语法标记。现代汉语中话题标记主要出现在口语中。先秦汉语在这点上表现相仿。请看《论语》和《左传》"也₁"的出现次数和频率:

《论语》:总字数约 22 100,"也₁"158,出现频率约 7.14‰

《左传》:总字数约 277 300,"也₁"311,出现频率约 1.12‰

"也₁"在《论语》中的出现频率达到了每千字 7 次,是相当常用的语法标记。而《左传》中的出现频率为每千字 1 次,仅为《论语》的 1/7,显然不是一个显赫的语法标记。但有一点是共同的,"也₁"在两书中都主要见于对话。《论语》是语录体,本身以整理过的口语对话为主。而《左传》则是书面体的史书,因此"也₁"的低频率很正常。但《左传》中也有一定比例的人物对话,"也₁"主要出现在这些对话中。不过,即使在对话中,"也₁"的出现频率也不如《论语》高。这与它整体上的书面叙述语体有关。

2.2 带"也ₜ"话题的指称与信息属性

带"也ₜ"话题虽然用例繁多，但是其指称属性和信息理据都符合话题成分的典型要求：有定、类指、听说双方的已知信息或共享信息等。未见不合这些属性而带"也ₜ"做话题的。本文对《论语》《左传》二书中全部带"也ₜ"的话题都标注了分类属性，包括指称、信息属性及一些语义关系和结构属性。指称信息属性有：有定、人称代词、专名、类指（其中人称代词、专名都蕴含了有定属性）、谓词、领属化的主谓小句或主语加介词短语的小句（带"之""其"的领属成分）等；信息属性有：已知激活（话题有回指作用）、直指（涉及对象就在现场）、对比性话题（标注其中一项或几项都标注）；语义关系有：时间、条件、取舍、原因等。由于分类角度是交叉的，因此不少话题兼有多个属性。下面是一些实例：

（38）伯牛有疾，子问之，自牖执其手，曰："亡之，命矣夫！斯人也而有斯疾也！斯人也而有斯疾也！"（《论语·雍也》）（有定，直指）

（39）子曰："吾与回言终日，不违如愚。退而省其私，亦足以发。回也不愚。"（《论语·为政》）（专名、已知激活）

（40）子谓子贡曰："女与回也孰愈？"（《论语·公冶长》）（人称和专名并列）

（41）子贡问曰："赐也何如？"子曰："女器也。"（《论语·公冶长》）（专名兼人称，专名用于第一人称）

（42）礼也者，小事大、大字小之谓。（《左传·昭公三十年》）（类指，"也""者"连用）

（43）耕也，馁在其中矣。学也，禄在其中矣。君子忧道不忧贫。（《论语·卫灵公》）（动词做话题，对比）

（44）夫子之不可及也，犹天之不可阶而升也。（《论语·子张》）（领属化降格小句）

（45）穆子之生也，庄叔以《周易》筮之，……（《左传·昭公五年》）（领属降格小句，时间）

（46）有颜回者好学，……今也则亡，未闻好学者也。(《论语·雍也》)（时间）

（47）吾少也贱，故多能鄙事。君子多乎哉？不多也。(《论语·子罕》)（时间）

（48）国之兴也以福，其亡也以祸。(《左传·哀公元年》)（领属化小句，对比）

（49）夫子至于是邦也，必闻其政，(《论语·学而》)（时间，条件）

（50）礼，与其奢也，宁俭；丧，与其易也，宁戚。(《论语·八佾》)（取舍型条件）

（51）吾之于人也，谁毁谁誉？(《论语·卫灵公》)（主语-介词短语型从句）

（52）胥童以胥克之废也，怨郤氏，而嬖于厉公。(《左传·成公十七年》)（原因）

以上各例体现了带"也₁"成分共有的话题属性和各自的次范畴特征。下面做简要分析。

这些属性，都符合有定、类指（参看 Li & Thompson 1976）、已知信息（包括已激活信息、现场直指、共享信息等）等话题的基本语义语用属性。名词性成分带"也"的情况，最符合这些话题性特征。统计显示，在《论语》《左传》两书的带"也"话题中，占据第一位的属性是有定，共159例带此属性，其中包括98例专有名词，专有名词中有些用来指说话人和听话人，相当于一二身代词，是先秦汉语常态。类指名词的话题较少，仅9例，主要是抽象名词话题，句子阐述一般性道理，这类话题多"也者"连用，如例（42）。可见在有定和类指这两项常见的话题指称属性中，先秦汉语更常让有定成分带话题标记。但有些非名词话题有类指的属性（详下）。

时间话题计101例，比例不小。有些直接用时间指称词表示，如"今也"（现在啊）、"少也"（少年时）、"乡也"（以往啊）等，这些也属有定成分，未计入上面的有定成分总数。有的时间话题则有类指性，如"莫春者"（暮春时节），也未计入上面的类指数据。更多的是时间从句。时间从句能提供主句事件的时间背景，实现时间定位，其功能平行于有定名词语的个体定位，很适合做话题。而且，先秦文献中时间从句常常叙述已知事件或可推知的已然事件，这类从句的信息属性跟有定名词语更加相近。如（22）、（28）、（45）各例。（22）是讲晋侯被拥立时，鲁宣公不去朝拜，也不派出使臣去朝贺，导致宣公七年时晋人"止公于会"。时间从句所说的晋侯被拥立之事，是《左传·宣公二年》记述过的事件："宣子使赵穿逆公子黑臀于周而立之"，即宣子（赵盾）派赵穿到周去迎回黑臀并立他为晋侯（晋成公）。再看（45）。每个人都有出生时刻，因此（45）的时间从句是可以推知的已然事件。还有些时间从句表示惯常性事件，与类指话题接近，如（49）。这里的"是邦"虽然用了指示词，但说的是惯常行为，即孔子到任何一个邦国时，都会关心其政事。时间从句天生具有语域性话题的属性，Chafe（1976）在界定汉语式话题时就说这种话题"为所辖话语划定了时间、空间或个体方面的框架"。可见时间从句带话题标记非常自然。

跟时间题元密切相关的是条件句，像英语 when 从句一样，很多时间句本身就兼表条件，特别是类指性事件充当的时间分句，更具有条件句性质，如例（49）。自 Haiman（1978）以来，条件句与话题的同质性已从很多方面得到证实。在本文的统计中，由条件句充当话题且带"也$_t$"的有 35 例（包括时间和条件两属的）。以下为一些实例：

（53）孔子谓季氏，"八佾舞于庭，是可忍<u>也</u>，孰不可忍也？"（《论语·八佾》）

（54）君子之仕<u>也</u>，行其义也。（《论语·微子》）

（55）昭大神要言焉，若可改<u>也</u>，大国亦可叛也。（《左传·襄公九年》）

以上三例代表了条件句话题的三种句法结构形式。（53）直接用一个主谓小句带"也$_t$"，（54）将条件小句领属化降格后带"也$_t$"，（55）则由显性的条件句连词"若"介引，再带话题标记"也$_t$"。35 例条件句话题中有 6 例属于一个特殊小类，即取舍条件句，表示"与其……宁可"的关系，其中表舍的分句是条件句话题，表取的分句是结论。舍弃分句作为条件分句带话题标记"也₁"非常自然，如：

（56）礼，与其奢<u>也</u>，宁俭；丧，与其易<u>也</u>，宁戚。(《论语·八佾》)

（57）退，楚必围我。犹将退<u>也</u>，不如从楚，亦以退之。(《左传·襄公十年》)

由于古汉语句法库藏具备将从句领属化降格的手段——"之""其"，因此领属化降格的小句话题占比不小，在两书中达到 148 例。其中有些在语义上就表时间、条件等，如上举例（45）、（49）、（54）；另一些是更显著的话题成分，常位于单句句首，很多属主体论元，如：

（58）君子之过<u>也</u>，如日月之食焉：过<u>也</u>，人皆见之；更<u>也</u>，人皆仰之。(《论语·子张》)

（59）吾先君之亟战<u>也</u>，有故。秦、狄、齐、楚皆强，不尽力，子孙将弱。(《左传·成公十六年》)

（60）四王之王<u>也</u>，树德而济同欲焉。五伯之霸<u>也</u>，勤而抚之，以役王命。(《左传·成公二年》)

（61）子产有君子之道四焉：其行己<u>也</u>恭，其事上<u>也</u>敬，其养民<u>也</u>惠，其使民<u>也</u>义。(《论语·公冶长》)

（58）"君子之过也"的"过"本是从句的谓语，表示"犯过失"，为使整个命题当话题而让小句领属化降格。① 例（59）、（60）的话题结构同此。当话题从句的主语为代词时，则用领格代词"其"实现其领属降格，如（61）。这些话题从句多为主句谓语的主体论元，叙述惯常事件或特定事件，分属类指型话题和有定类话题；有的是受事，如（58）后两句的"过也""更也"。

对比是话题的常见功能，但话题之对比不能混同于焦点之对比。对比性话题必须由谓语/述题部分的对比作为重要信息出现。对比焦点（包括主语做对比焦点）句中焦点以外的成分都是预设信息，可以删除（徐烈炯、刘丹青 1998：99—102）。"也₁"字话题句有一部分具有对

---

① 我们不将"过"本身理解为名词性指称性的"过失"，因为（58）正好显示当主语隐去时，动词就单独做话题，"过"跟下句动词"更"（改正）相对，说明"过"是动词而不是名词。

比功能（广义，可凸显差异或共性），两书中有35例带对比功能。话题标记的对比功能会强化分句间的语篇关联。有的用例只在对比话题之一项上加"也₁"，或加于前项，或加于后项，从例（62）、（63）看，说话人倾向在被强调的主项上加话题标记以突显，而用作参照的对比项不加话题标记；有的则在几个对比话题上都加"也₁"，如（65）—（68）：

（62）回也，其心三月不违仁，其余则日月至焉而已矣。(《论语·雍也》)

（63）人不堪其忧，回也不改其乐。(《论语·雍也》)

（64）子贡问："师与商也孰贤？"子曰："师也过，商也不及。"(《论语·先进》)

（65）求也退，故进之。由也兼人，故退之。(《论语·先进》)

（66）始吾于人也，听其言而信其行；今吾于人也，听其言而观其行。(《论语·公冶长》)

（67）周之兴也，其《诗》曰："仪刑文王，万邦作孚"。言刑善也。及其衰也，其《诗》曰："大夫不均，我从事独贤"。言让也。世之治也，君子尚能而让其下，小人农力以事其上。是以上下有礼，而谗慝黜远，由不争也，谓之懿德。及其乱也，君子称其功以加小人，小人伐其技以冯君子。是以上下无礼，乱虐并生，由争善也，谓之昏德。(《左传·襄公十三年》)

此外，带"也₁"的原因从句，在两书中也有21例。原因从句整体上不是典型的话题性成分，有时原因句还是新信息甚至焦点所在。原因分句是个基于语义关系的集合，其语篇信息地位则不同质。就以吕叔湘（1944/1982：387）分出的"纪效句"和"释因句"来说，原因分句在其中的信息地位就很不同。先秦汉语中带"也₁"原因句，都属于纪效句。原因句在前，常表示已知事件，提供叙述框架；结果句在后，是句子的新信息所在。很多做话题的原因句往往是前文叙述过的事件，如（68）—（70）a句中的原因分句所述的事件，都在同书上文（见b句）中有过记述，是已知信息：

（68）a. 郑群公子以僖公之死也，谋子驷。(《左传·襄公八年》)

  b. 子驷使贼夜弑僖公，而以疟疾赴于诸侯。(《左传·襄公七年》)

(69) a. 胥童以胥克之废也，怨郤氏，而嬖于厉公。(《左传·成公十七年》)

  b. 晋胥克有蛊疾，郤缺为政。秋，废胥克，使赵朔佐下军。(《左传·宣公八年》)

(70) a. 舒庸人以楚师之败也，道吴人围巢，伐驾，围厘、虺，遂恃吴而不设备。楚公子橐师袭舒庸，灭之。(《左传·成公十七年》)

  b. 吴始伐楚、伐巢、伐徐，子重奔命。……蛮夷属于楚者，吴尽取之，……(《左传·成公七年》)

  当然，也有少量带"也$_t$"原因句并不是已知信息，但是语用上仍被处理为背景信息，突出结果句作为前景新信息。如：

(71) 徐仪楚聘于楚。楚子执之，逃归。惧其叛也，使薳泄伐徐。(《左传·昭公六年》)

  原因句（楚子）"惧其叛也"前文并无记述，但被楚国"执"住的仪楚逃脱了，此时楚子"惧其叛也"是可以推出的信息，因此仍可当背景框架，句子的前景信息是楚王派人伐徐。

  由此可见，原因句在为后面的主句设置背景框架时是符合话题属性的，适合带"也$_t$"。

  至此，我们找到的两书中可以带"也"的句中成分，全部都能归到上述类别中，具有一至多项话题属性。"也"作为话题标记的身份和功能得到确认。

三、带"也"话题句的谓语特征

  以往对"也"的研究主要集中于"也$_t$"前的语段，上文的分析也主要围绕其前的成分。本文发现"也"作为话题标记更突出的特点恰恰在于其后述题的谓语类型上。正是这方面的特点引导我们进一步思考古汉语主语和话题的关系。

当带"也₁"的成分是句子的主体论元时，它对述题的谓语类型有明显的选择限制。对《论语》《左传》二书"也₁"分布的穷尽性考察显示，主要的界限划在属性谓语（individual-level predicate）和典型的事件谓语（stage-level predicate）之间。所谓属性谓语，英文字面义是（人或事物）个体层面的谓语，即对个体的属性进行说明或描述的谓语，偏于恒久性。所谓事件谓语，英文字面义是阶段层面的谓语，即叙述主体在特定时刻的状况，因而往往指向特定事件。因此，刘丹青（2002）用意译的"属性谓语"和"事件谓语"来代替那两个带学究气的晦暗术语。典型的事件谓语指现实式的（realis-mood）谓语，而非现实（irrealis）行为，包括受情态词约束的、将来时间的或条件句情况下的行为，由于不能确定是否发生，不处在事件的阶段中，因此不是典型的事件谓语。我们发现在先秦汉语话题标记使用上，非现实行为谓语的表现接近属性谓语。

属性谓语和事件谓语跟谓语的句法类型有一定的关系，但并非简单一一对应。一般来说，形容词和做表语的名词谓语倾向于表属性谓语，而动词谓语倾向于表事件谓语。但是，假如形容词指向阶段性的状况，也可以是事件谓语，如英语 I'm hungry（我饿了）。而动词谓语一旦受情态词管辖则常转化为属性谓语。如"喝酒""钓鱼"是表事件的，但是"能喝酒""会钓鱼"却是属性谓语，属于恒久性的能力，而不是具体事件。很多静态动词或动词短语本身就是表示属性的，包括存在拥有动词、很多心理认知类动词等，如古汉语"有国有家""（有颜渊者）好学""（楚灵王）好细腰""（尔）爱其羊""（我）爱其礼"等。惯常性的行为，也主要反映个体的固有属性，而不是与特定阶段相关的事件谓语。

根据这一分类，我们来看先秦汉语"也₁"的使用就比较清楚了。简单地说，带"也₁"的主体论元只能接属性谓语及非典型事件谓语，不能接典型事件谓语，因此"也₁"不能用在典型事件的施事之后。这一规律，在《论语》《左传》数百个"也₁"的用例中，几无例外。上文所举"也₁"的用例，凡由主体论元做话题的，都是接属性谓语的。这里再做点进一步的分析，重点是貌似事件谓语的句例。

3.1 带"也$_t$"主体话题最常见的谓语类型是性质形容词。如前引（13）、（39）、（40），再如：

（72）丘也幸，苟有过，人必知之。（《论语·述而》）

（73）雍也仁而不佞。（《论语·公冶长》）

（74）天下之无道也久矣，天将以夫子为木铎。（《论语·八佾》）

（75）戍也骄，其亡乎！（《左传·定公十三年》）

（76）墓门有棘，斧以斯之。夫也不良，国人知之。（《诗经·陈风·墓门》）

但是，并非所有形容词都适合与"也"同现。先秦有丰富的状态形容词，如"皎""嘒""参差""窈窕""离离""绥绥"（杨建国1979）。状态形容词与性质形容词的语义差异之一在于：前者主要表即时的状态，有描写性；后者主要表恒久的属性。因此状态形容词部分带有事件谓语的属性。我们在《论语》《左传》中都没有见到状态形容词谓语句的主体论元带"也$_t$"的实例。请看：

（77）闵子侍侧，訚訚如也；子路（*也），行行如也；冉有、子贡（*也），侃侃如也。（《论语·先进》）

这里的状态形容词"行行如、侃侃如"前的主语，不会带上"也"字。当然，这两部书的状态形容词本身不多。不妨再看一下状态形容词丰富的《诗经》。《诗经》中有一定数量的"也$_t$"，它们也常用在性质形容词谓语句中，如上举（76），但是状态形容词谓语句，却无一在主体论元上用"也$_t$"。如下诗中的"僚"和"懰"前就不宜使用"也"字：

（78）月出皎兮，佼人（*也）僚兮。舒窈纠兮，劳心悄兮！（《诗经·陈风·月出》）

（79）月出皓兮，佼人（*也）懰兮。舒忧受兮，劳心慅兮！（《诗经·陈风·月出》）

《诗经》中有一例状态形容词谓语貌似与"也$_t$"同现：

（80）东门之枌，宛丘之栩。子仲之子，婆娑其下。榖旦于差，南方之原。不绩其麻，市也婆娑。（《诗经·陈风·东门之枌》）

其实，后一句"婆娑"的主体论元是承前省的"子仲之子"，"市也"（在集市上或上集市时）是时空话题，并不属于主体论元带"也₁"的情况，因而不构成例外。

3.2 名词表语判断句，不管肯定还是否定，其有定或类指的主语都可以带"也₁"，如：

（81）子曰："回也，非助我者也，于吾言无所不说。"（《论语·先进》）

（82）是子也，熊虎之状而豺狼之声；弗杀，必灭若敖氏矣。（《左传·宣公四年》）

（83）臣也，亦卿也。大臣不顺，国之耻也。不如盖之。（《左传·襄公十七年》）

名词表语句的主语也常带话题标记"者"，如：

（84）信者，言之瑞也，善之主也，是故临之。（《左传·襄公九年》）

3.3 动词语做谓语时，如果带有情态助动词"能"等，就成为属性谓语，不管动词本身是不是事件性动词，主体论元带"也₁"很自然：

（85）大子曰："唯佐也能免我。"（《左传·襄公二十六年》）

（86）民知穷困，而受盟于楚。孤也与其二三臣不能禁止，不敢不告。（《左传·襄公八年》）

如果带的是"可"，则先秦汉语兼表被动，主语已不是真正的施事，带"也₁"更无问题：

（87）吾兄弟比以安，龙也可使无吠。（《左传·昭公元年》）

此外，非现实式谓语不是典型的事件谓语，可以用于"也₁"后。如：

（88）简子曰："鞅也，请终身守此言也。"（《左传·昭公二十五年》）

（89）是宫也成，诸侯必叛，君必有咎，夫子知之矣。（《左传·昭公八年》）

例（88）是意愿句（"赵简子"即"赵鞅"），谓语必然是非现实式的。例（89）"也"用在条件句中，即"一旦此宫建成"。条件句也是一种非现实情境。

以下这些句子的谓语动词确实具有一定的事件性，但是它们因为各

种原因偏离了典型的事件谓语,而接近属性谓语,因而就可以跟"也ₜ"同现了:

(90)子曰:"由也升堂矣,未入于室也。"(《论语·先进》)

(91)伯兮揭兮,邦之桀兮。伯也执殳,为王前驱。(《诗经·卫风·伯兮》)

(92)季氏富于周公,而求也为之聚敛而附益之。(《论语·先进》)

(93)颜渊死,颜路请子之车以为之椁。子曰:"才不才,亦各言其子也。鲤也死,有棺而无椁。吾不徒行以为之椁。以吾从大夫之后,不可徒行也。"(《论语·先进》)

(90)"升堂""入室"字面上是事件,但在这里是隐喻,指学习修养的境界,因而转化为属性谓语。(91)"执殳"是拿着兵器,但在这里指的是"伯"在王师中的军人职责,也属惯常行为,归了属性谓语。(92)说的是求(冉求)为季氏效力敛财之事。"聚敛"有惯常性,不是一次事件,是在季氏门下的职务行为,因此带有属性谓语性质。此外,(93)不是客观叙述,而是表达孔子对颜路提议的惊讶,有与常理形成鲜明对照的意思,由叙事转向了评说,从而促发了话题结构的启用。比较(94):

(94)郑子䐑使徇曰:"得桓魋者有赏。"魋也逃归……(《左传·哀公十三年》)

此例是《左传》全书几乎仅有的典型事件谓语的施事话题句。但是,此句也不是客观叙事,而是叙事人在凸显事情的极度不合常理,所以元程端学《三传辨疑》评论道"宋郑未接战,胜负未分,子䐑一徇,桓魋即逃,恐无是理。"① 可见,此句也由叙事转向了评说,降低了谓语的事件性。再看(93),其中的"死"本身可算典型的事件谓语。但是,孔子说此话,并不是在通报儿子孔鲤去世的消息,而是在引用作为已知信息的孔鲤死的事件评论颜渊死的棺葬问题。孔鲤死的事件处于时间背景从句,即孔鲤死时用了棺木而没有用"椁"(外棺)。上文的"颜渊死",才是作为事件的报道,就没用"也ₜ"。事件动词作为已知信息用

---

① 此评论蒙孟蓬生教授惠示,此处分析也吸收了孟教授意见,特此致谢。

在时间背景句中，已经失去了阶段性，不再具有典型的事件属性，例如此句"死"后不能再加"矣"一类时体性助词：鲤也死(*矣)，有棺而无椁。因此，此例不是"也ₜ"句谓语类型方面的例外。《左传》中也有一例"死"前的"也ₜ"，则是将来假设条件，更是非现实式的：

（95）吴王勇而轻，若启之，将亲门。我获射之，必殪。是君<u>也</u>死，疆其少安。（《左传·襄公二十五年》）

再看一例更加复杂的：

（96）<u>子路问</u>："闻斯行诸？"子曰："有父兄在，如之何其闻斯行之？"<u>冉有问</u>："闻斯行诸？"子曰："闻斯行之。"公西华曰："由也问闻斯行诸，子曰'有父兄在'。<u>求也问</u>闻斯行诸，子曰'闻斯行之'。赤也惑，敢问。"（《论语·先进》）

"问"是事件动词，但是用"也"的两个句子不是文本中首次直陈的事件，而是公西华在复述上文提到的提问事件（加上孔子对同样问题的相反的回答），并表达自己对此的困惑，这两个命题连同孔子的回答，语义上甚至句法上都是赤（即公西华）"惑"的对象，而且有对比性话题的作用。这两项提问之事在上文作为事件被叙述时就不带"也ₜ"：子路问、冉有问。事实上《论语》有海量的"问"字，都不用在"也ₜ"后，只有此处作为已知信息被评论时，其主语才带了"也ₜ"。

《左传》是纪年体史书，里面充满了春秋时期各诸侯国的内政外交事件，但是这些事件句几乎看不到在主语上用"也ₜ"的例子。一打开《左传》，连串事件动词就扑面而来：

（97）……郑武公<u>娶</u>于申，<u>曰</u>武姜。<u>生</u>庄公及共叔段。庄公<u>寤生</u>，<u>惊</u>姜氏，故<u>名曰</u>"寤生"，遂<u>恶</u>之。……既而大叔<u>命</u>西鄙、北鄙贰于己。公子吕<u>曰</u>：……公<u>曰</u>：……大叔又<u>收</u>贰以为己邑，<u>至</u>于廪延。……子封<u>曰</u>：……公<u>曰</u>：……大叔<u>完聚</u>，<u>缮</u>甲兵，<u>具</u>卒乘，将袭郑。夫人将<u>启</u>之。公<u>闻</u>其期，<u>曰</u>："可矣。"<u>命</u>子封帅车二百乘以伐京。京叛大叔段。段<u>入</u>于鄢。公<u>伐</u>诸鄢。（《左传·隐公元年》）

这些动词前的施事主语无一加"也ₜ"。事实上《左传》"也ₜ"本身用于主体论元的比例极低，不管是事件谓语还是属性谓语。与《左传》

数十万字、无数个事件谓语句相比,一两个事件性降低的事件动词用作"也$_t$"字句谓语的例句,不影响话题标记的使用规则。

3.4 需要说明的是,"也$_t$"并不是不能用在事件谓语句中,而只是不用在事件谓语句的主体论元(主要是施事主语)后。当时间、空间等外围题元做话题时,就可以带"也$_t$",即使后面是事件谓语。如前引(17)、(22)、(29),再如:

(98)乡也吾见于夫子而问知,子曰:……(《论语·颜渊》)

(99)是行也,晋辟楚,畏其众也。(《左传·成公二年》)

(100)昔有夏之方衰也,后羿自鉏迁于穷石,因夏民以代夏政……(《左传·襄公四年》)

当外围题元做话题时,述题就不只是小句的谓语部分了,而是后面的整个主谓小句(有时主语省略),话题和述题已不是主体论元和谓语核心的关系,谓语类型的选择限制也就无效。例如(98)"乡也"(以前)的述题是"吾见于夫子而问知"。余类推。总之,"也$_t$"字话题要排斥的,不是事件谓语,而是主体论元(施事)和事件谓语的组配。

四、话题标记"也$_t$"的类型特征和话题-主语之别

4.1 通过上文的分析,可以看出先秦汉语句中助词"也$_t$"的主要功能是话题标记,符合话题标记固有的指称和信息属性,并且扩展到话题标记经常达到的功能域,如时空背景成分、条件从句,以及表示已知信息的原因从句。这些特性是"也$_t$"跟文献中已知的话题标记共有的属性,例如日语的 wa,朝鲜(韩国)语的 nŭn,现代汉语普通话的话题标记(句中语气词)和吴语的话题标记(提顿词"末"等)。

然而,先秦汉语话题标记"也$_t$"也有自己的个性,从而有别于以往文献中提到的话题标记。主要表现在"也$_t$"对述题的谓语类型有更严格的选择限制,除了极个别的例外,主体论元后不能带现实式的事件谓语,也就是说话题标记排斥最原型的主语角色——典型施事。只有事

件谓语出现于时间、条件、评述对象等背景性从句时，其主体话题才能带"也₁"。当带"也₁"的话题本身是外围题元时，述题可以是含事件谓语的主谓句。

已有文献中报道的话题标记，未见受如此限制的。下面是多种话题优先类型的语言、方言中事件谓语跟在话题标记句后的例证：

（101）日语

  Taroo wa zibun o   hihansita.（Kuno 1978）
  太郎 （话标）自己 （宾格）批评
  '太郎批评了自己。'

（102）朝鲜（韩国）语

  na nŭn John i næil o-n-ta
  我（话标）John （主格）明天 将来了
  ko malha-yəs'-ta（Kim 2009）
  （引语）说了
  '我说了约翰明天将要来了。'

（103）景颇语

  naŋ³³ ko³¹ ti²⁵⁵naŋ³³ a²³¹ puŋ³¹li³¹ ko³¹
  你 （话标）自己 的 活儿 （话标）
  n⁵⁵ kǎ³¹ lo³³ ai³³（戴庆厦 2001）
  不 做 （句尾词）
  '你啊，自己的活儿不做。'

（104）诺苏彝语

  ɔ³³ku³³ ma⁴⁴ su³³   nɯ⁴⁴ ɲi³³mo⁴dɯ³ tɕo³¹ ta³³
  狸猫 （量词）（定指）（话标）火塘主人方 （与格）（处所）
  i⁵⁵ɲi³³kɯ³³ dɯ³¹lo⁴⁴,
  睡觉 （意外情态）
  a³³tɕʰi³³ ma³³ su³³ nɯ⁴⁴, nɔ³³ si⁴⁴ ka³³kʰu⁴⁴ ko³³ i⁵⁵
  鸡蛋 （量词）（定指）（话标）躲 LINK 火塘 （处所）睡
  '狸猫原来是在火塘里方主人席上睡，鸡蛋躲在火塘里睡。'
  （胡素华、赵镜 2015）

(105) 北京话

王师傅<u>嘛</u>，个人也挺委屈，哭了好几次。（电视剧《编辑部的故事·胖子的烦恼》）

(106) 上海话

a. 皇后<u>末</u>用正经道理，解脱伊个疑惑。（《方言圣人行实摘录·圣妇格罗第德·国后》）

'皇后么，用正经道理，解脱他的疑惑。'

b. 安当<u>末</u>跪到日头直，话多少说话，里势一声勿答应。（《方言圣人行实摘录·圣保禄·隐修》）

'安当么，跪到日当头，（外面）说多少话，里面一声不应。'

(107) 苏州话

我只道耐同朋友打茶会去，教娘姨哚等仔一歇哚，耐<u>末</u>倒转去哉。（《海上花列传》3 回）

'我以为你跟朋友打茶会去了，叫娘姨们等了好一会儿，你么，倒回去了。'

各语法报告所举话题标记例以属性谓语居多，上述事件谓语句在语料中实居少数，颇难收集。可见先秦汉语的总体倾向与之是相符的。不过，没有哪种语言/方言的话题结构像古汉语一样排斥主体论元话题后的事件谓语。值得一提的是，据胡素华、赵镜（2015），诺苏彝语有 li^{33} 和 nɯ^{33} 两个专用话题标记，li^{33} 专用于属性谓语，nɯ^{33} 专用于事件谓语。我们注意到，li^{33} 要求话题是有定或类指，而 nɯ^{33} 要求其前的话题是有定或无定，它一般用来引进新话题，并且还能做焦点标记。显然 li^{33} 是更典型的话题标记，很能体现话题标记向属性谓语的倾斜。但彝语毕竟仍有与事件谓语同现的话题标记，而先秦汉语另一个话题标记"者$_t$"也是只与属性谓语同现，未见用于事件谓语之例。因此，先秦汉语话题标记几乎刚性地排斥事件谓语，而事件谓语的施事恰恰是最原型的主语，这一特点还是构成了一项类型特征。

"也$_t$"字句的这一类型特点，引导我们更全面更审慎地思考主语和话题的关系问题。

4.2 属性谓语-事件谓语对立和主题判断-非主题判断对立

属性谓语和典型事件谓语本来是一项语义性的对立，但它构成了先秦汉语的句子主体论元能否使用"也₁"的关键参项；而主题判断和非主题判断是与信息结构有关的判断类型的对立（参考沈园 2000 的介绍），对话题结构的定性有直接的作用。对此，刘丹青（2016）已有所论述，我们还将另文深入讨论这个问题，在此只做简要的概述。

属性谓语跟主语的有定性直接相关，更要求主语属于有定或类指成分，排斥无定成分。因此，属性谓语跟主题判断是天然的匹配。我们可以说"这个学生很聪明"（有定主语）或"学生总是很单纯"（类指主语），但是很难说"一个学生很聪明/很单纯"（无定主语），因为内容令人不解：这是在说谁？因此，属性谓语适合构成主题判断，即先对一个实体进行命名，然后再对它进行描述，这是一种两分法的判断，分为主题（话题）和述谓两个部分（参看沈园 2000）。而事件谓语对有定性比较宽容，允许存在无定主语句。例如，可以说"一个学生来找过你"，说明发生了什么事件。范继淹（1985）列举了许多无定主语例，多数出自以报道事件为主业的新闻媒体。先秦汉语无定主语句也不少见，如：

（108）<u>六鹢</u>退飞，过宋都。（《左传·僖公十六年》）

（109）<u>三人</u>行，必有我师焉，择其善者而从之，其不善者而改之。（《论语·述而》）

（110）睹一蝉，方得美荫而忘其身；<u>螳螂</u>执翳而搏之，见得而忘其形。（《庄子·山木》）

无定主语句是一种浑然一体的判断，连主语在内都是新信息，属于非主题判断（参看沈园 2000），就是句法上无法分出话题和述题两个部分的判断。这是现代语言逻辑学者确认的另一大类判断，这类判断可以有主语，但没有话题。可见，事件句跟非主题判断是自然匹配。当然，事件谓语也允许有定成分，如"那个人掉到河里了"。有定主语既能构成二分结构的主题判断（当有定、类指成分是话语中已知信息时），也能构成非主题判断（当有定、类指成分是新信息的一部分时）。总体来说，跟属性谓语相比，事件谓语跟非主题判断更加匹配。我们注意到，有话题标记的语言都有将话题标记优先用于属性谓语的倾向，只是其他语言或方言的话题标记对事件谓语不是刚性排斥，而先秦汉语对事件谓语有较为刚性的排斥，从而构成它的类型特点，是对人类语言话题结构优先倾向的一种强化。

另一方面，柴谷方良（Shibatani 1991）指出，跨语言来看，主语的原型其实是行为事件的施事（agent）。施事性越强，越适合当主语。很多语言中带话题性的成分就因为施事性不够而不做主语，只能表征为其他格位，比较（序号、译文及分析为笔者所加）：

（111）a. 英语 I like beer. ~

b. 西班牙语 Me gusta la cerveza. '我喜欢啤酒。'

（112）a. 英语 I am hungry. ~　b. 德语 Mich hungert. '我饿了。'

（113）a. 英语 I am freezing. ~　b. 德语 Mich friert. '我冻坏了。'

这些例句中对应英语主语 I 的是西班牙语的与格 me 和德语的宾格 mich，但这些非主语都占据句首话题的位置。

由此可见，主语的原型是论元结构中的施事，跟事件性谓语是无标记匹配；话题的原型是篇章中的已知信息，跟属性谓语是更自然的匹配。两者可以交叉，但是由于来源不同，相互分离也很常见。先秦汉语话题标记将话题与属性谓语的自然匹配强化为对事件谓语的排斥，比其他语言更加凸显了主语和话题的区别，是主语-话题类型学一份难得的样本。

参考文献

戴庆厦　2001　景颇语的话题，《语言研究》第 1 期。
范继淹　1985　无定 NP 主语句，《中国语文》第 5 期。
胡素华、赵　镜　2015　诺苏彝语话题标记的功能及其话题类型，《民族语文》第 2 期。
科姆里（Comrie, B.）　1981/1989　《语言共性和语言类型》，沈家煊译，北京：华夏出版社。
刘丹青　2002　汉语类指成分的语义属性和句法属性，《中国语文》第 5 期。
刘丹青　2016　汉语中的非话题主语：主语和话题关系再探，《中国语文》第 3 期。
吕叔湘　1944/1982　《中国文法要略》，北京：商务印书馆。

梅　广　2015　《上古汉语语法纲要》，台北：三民书局。
蒲立本（Pulleyblank, E.）1995/2006　《古汉语语法纲要》，孙景涛译，北京：语文出版社。
沈　园　2000　逻辑判断基本类型及其在语言中的反映，《当代语言学》第 3 期。
孙洪伟　2015　上古汉语"者"的所谓自指标记功能再议，《中国语文》第 2 期。
王　力　1989　《汉语语法史》，北京：商务印书馆。
徐烈炯、刘丹青　1998/2017　《话题的结构与功能》（增订本），上海：上海教育出版社。
杨建国　1979　先秦汉语的状态形容词，《中国语文》第 6 期。
张文国　1999　《左传》"也"字研究，《古汉语研究》第 2 期。
张小峰　2008　先秦汉语语气词"也"的语用功能分析，《古汉语研究》第 1 期。

Bisang, W. 1998. Grammaticalization and language contact, constructions and positions. In A. G. Ramat, & P. Hopper (Eds.), *The Limits of Grammaticalization*. Amsterdam and Philadelphia: John Benjamins.

Chafe, W. 1976. Givenness, contrastiveness, definiteness, subjects, topics and point of view. In C. N. Li (Ed.), *Subject and Topic*. New York: Academic Press.

Haiman, J. 1978. Conditionals are topics. *Language*, 54(3), 564-589.

Kim, N-K. 2009. Korea. In B. Comrie (Ed.), *The World's Major Languages* (2nd Edition). London & New York: Routledge.

Kuno, S.（久野暲）. 1978. Japanese: A characteristic OV language. In W. Lehmann (Ed.), *Syntactic Typology*. Texas: University of Texas Press.

Li, C. N., & Tompson, S. A. 1976. Subject and topic: A new typology of language. In C. N. Li (Ed.), *Subject and Topic*. New York: Academic Press.

Shibatani, M.（柴谷方良）. 1991. Grammaticalization of topic into subject. In E. Traugott, & B. Heine (Eds.), *Approaches to Grammaticalization*. Amsterdam & Philadelphia: John Benjamins.

古汉语及方言语料文献来源

《论语》：[魏]何晏（注）[宋]邢昺（疏）《论语注疏》（十三经注疏整理本），北京大学出版社，2000。
《左传》：[晋]杜预（注）[唐]孔颖达（疏）《春秋左传正义》（十三经注疏整理本），北京大学出版社，2000。
《孟子》：[汉]赵岐（注）[宋]孙奭（疏）《孟子注疏》（十三经注疏整理本），北京大学出版社，2000。
《诗经》：[汉]毛亨（传）[汉]郑玄（笺）[唐]孔颖达（疏）《毛诗正义》（十三经注疏整理本），北京大学出版社，2000。
《庄子》：[清]郭庆藩（撰）《庄子集释》，中华书局，2013。

《国语》：[清]董增龄（撰）《国语正义》，巴蜀书社，1985。
《韩非子》：[清]王先慎（撰）《韩非子集解》，中华书局，2013。
上海话：《方言圣人行实摘录》，上海土山湾印书馆，1913。
苏州话：韩邦庆（著）《海上花列传》，人民文学出版社，1982（原版1894）。

（原载《古汉语研究》，2016年第2期）

制约话题结构的诸参项*

——谓语类型、判断类型及指称和角色

话题原先只被当作一个语篇和语用的概念，在静态的句法语义研究中没有位置。霍凯特（1958/1986：251）和赵元任（1948/1952：16；1968/1979：§2.4）较早注意到话题概念在汉语这种语言中的特殊重要性，认为一个成分只要符合话题的要求就能充当主语，但是尚未赋予"话题"概念明确的句法地位。Li & Thompson（1976）在更广阔的类型学视野下提出主语-话题类型学，研究话题的多方面功能，首次肯定话题在话题优先语言及话题优先和主语优先并存语言中的句法地位。从此，至少在部分语言的句法研究中，话题愈益引起关注。对话题成分研究得较多的普通语言学题目或特定语言题目有：话题和主语的区别（Li & Thompson 1976；刘丹青 2016a，2016b）及日语话题标记和主格标记的区别（野田尚史 2003），话题在话题优先语言或语用成分结构化语言中的句法地位（Li & Thompson 1976；Xu 1997；徐烈炯、刘丹青 2007；刘丹青 2008），话题对基本语序的影响（Steele 1978；Xu 1997），话题化操作和关系化操作的关系（陈平 1996），话题在语篇尤其是话题链中的作用（曹逢甫 1977/1995），话题向主语的语法化（Givón 1976；Shibatani 1991），话题标记的识

---

* 本文为中国社科院创新工程项目"汉语口语的跨方言调查与理论分析"的部分成果。初稿曾在第十六届中国当代语言学国际研讨会（2016年10月28—30日，同济大学）和浙江大学人文学院讲座（2017年4月10日）上报告，获潘海华、李旭平等多位专家指教，吴建明、陈玉洁、王芳诸位也提出过有益建议，一并致谢。尚存问题均由笔者负责。

别和语法化（刘丹青2005；屈承熹2005a，2005b），话题结构的扩展功能（刘丹青2012a，2012b）。也有一些学者关注影响话题结构的一些句法语义因素，如徐烈炯（2005）讨论了汉语话题结构的合格条件，Lee（1996，2011）通过韩语和其他一些语言的比较，指出通指句和谓语类型等与话题结构更加匹配的要素，这是本文将进一步探究的领域。

本文尽量吸收已有话题研究的理论进展，并基于话题和主语最新对比研究（刘丹青2016a，2016b），以古今汉语和跨语言事实为材料，进一步发掘话题成分的句法语义特点，并与主语的属性相比较，集中关注对话题及话题标记的使用有制约作用的若干句法语义范畴，揭示其中复杂的扭曲对应关系，即参项之间基本对应而不等同的关系。涉及的参项有：1. 谓语类型：属性谓语和事件谓语的对立（individual-level vs. stage-level predicates）；2. 判断类型：主题判断和非主题判断的对立（categorical vs. thetic judgements）；3. 主体论元的指称：有定、类指和无定的对立（definite/generic vs. indefinite）；4. 语义角色：施事和非施事的对立（agent vs. non-agent）。下面依次讨论。

一、谓语类型：属性谓语和事件谓语的对立

根据其时间属性，Carlson（1977）将谓语分为两大类。在时间轴上占有特定位置的非恒久性状态的谓语，称为stage-level predicate，直译为阶段性谓语，刘丹青（2002）意译为事件谓语；描述一个或一群个体的属性、具有一定持久性或常态性的谓语，称为individual-level predicate，直译为个体性谓语，刘丹青（2002）意译为属性谓语。语类上，事件谓语主要由行为动词充当，例如"我去了北京""他买了三本书"，但有些形容词也用于事件谓语，如Carlson（1977）列举的英语形容词hungry（饿）、sleeping（睡着）、awake（醒着）、drunk（醉）等。汉语中像"他今天疯了""我很饿"这类也是事件谓语句。属性谓语一

般是由形容词、名词充当的谓语、表语,如"他很瘦""鲁迅是绍兴人",也可以由带有非现实情态或惯常体等非现实性标记的动词短语充当,因为这时实义谓语虽然是动词,但是整个命题不表示真实发生的特定事件,如"他会游泳""我喜欢吃鱼"等。

话题结构对这两类谓语的匹配度有显著差别。这既表现在话题结构的合格度上,也表现在话题标记的使用上。

话题结构跟属性谓语是无标记匹配。属性谓语从自身性质上就要求跟有话题性的主体论元组合。朴正九(2016:394)从信息结构角度指出,"根据信息结构类型学的观察,形容词谓语句通常是谓语焦点句,即话题-陈述句"。因为属性谓语没有时间定位,具有恒久性或复呈性,若要获得解读,必须依赖个体定位。属性在可能世界里总是存在的,相当于词库中的词,本身不提供信息,只有跟可辨认的属性主体相关联,句子才能落地(grounded),变得可以理解。这个属性主体,或者是可确认的一个或多个个体,表现为有定指称;或者是整个类(generic),因为类指名词的所指也是可确认的。Lee(1996,2011)甚至认为,跨语言来看,通指句(generic sentences)都是话题结构,而且是更典型的话题句。这类句子的主体论元都是类指的,而谓语则是属性谓语。① 假如属性谓语的主语是无定的,句子便无法落地,听话人无从获得实际信息,句子变得没有意义。比较:

(1) a. 这个农民很辛苦。　　b. 农民很辛苦。
　　 c. ??一个农民很辛苦。　d. ?一些农民很辛苦。

(1a)句用了单数有定名词,显示言者认定听者可以"锁定"这位"农民",并从此句获知该农民有辛苦的属性,从而获得了信息。(1b)用了光杆名词,在汉语中优先理解为类指,指农民作为一类人都是很辛苦的。类指也是听说双方都明确范围的所指,听话人据此知道农民作为类是辛苦的;他若遇到任何农民个体,都可以推导出他们是辛苦的。因此,本句是落地的,传递了信息。(1c)用了无定单数名词,主语对

---

① 关于话题、谓语类型跟类指等指称属性的关系,下文将有更详细的讨论。

听者而言是不确定的存在量。每一个属性谓语都预设有主体具备这一属性（否则在词库中就不需要存在谓语所用的词语），如果句子只是表明有人具有该属性，不能帮助听话人"锁定"其主体，则句子就无法落地，没有传递信息，句子内容只是预设中的无效信息。（1c）只有把"一个农民"理解为转喻，实为类指，句子才能自足。（1d）从单个无定个体扩大到复数的无定个体，可接受性稍稍上升，因为复数义会增加名词语的类指度，"一些农民"可以理解为"农民"的一个子集，但整个命题的自足性还是很弱。如果在对比的情况下，则无定成分可以通过排除法获得更大的特指性，从而促成谓语落地，就可以带属性谓语了，如：

（2）一个农民很辛苦，其他都不辛苦。

（3）一些农民很辛苦，另一些农民不辛苦。

如果换成带情态词的动词谓语句，效果跟形容词谓语句相同。如：

（4）a. 这个农民很会种庄稼。　　b. 农民很会种庄稼。

　　　c. ??一个农民很会种庄稼。　　d. ?一些农民很会种庄稼。

有定和类指，是话题性的重要侧面。Li & Thompson（1976）和曹逢甫（1977/1995）都只提到话题的有定性，但他们的有定性中包含了类指的情况。属性谓语要求属性主体为有定或类指，实际上就是要求有话题性。反过来，事件谓语对主体的话题性没有刚性要求。有定主语有话题性，无定主语没有话题性，两者都可以做事件谓语的主体论元（施事）。如：

（5）a. 一个学生（昨天）做了实验。

　　　b. 这个学生（昨天）做了实验。

　　　c. 学生（昨天）做了实验。

"做了实验"是带了体标记的事件谓语。假如谓语包含时间定位信息，则能使事件命题落地而获得解读，对主体论元的指称属性就不再强制要求，有定无定均可，都能传递新信息：在特定时间范围内有事件发生，即使事件的施事不明确。在（5）中，"了"表示事件的实现状态，默认理解为过去的行为。假如加上时间状语"昨天"，时间定位更明确，就更自然。①

话题标记是话题优先语言中话题成分的显性句法表征，也是辨别话题和非话题主语的可操作依据。某语言若有高度语法化的话题标记，则普遍优先用于属性谓语句，用于事件谓语句则可能受限。日语的主体论元可以根据不同的情况（主要是信息结构）选择话题标记は（wa）或主格标记が（ga）。野田尚史（1996/2003：100—101）在分析 ga 的一种主要句型时指出：

跟动词相比，形容词在做"富士山 ga 見えるよ"（富士山看得见了——引者）的句类的谓语时难度更大一些。不过，像下面（16）那种把一种临时性状态当作一种事态来表述是可以的。

其中（16）为例（6）：

（6）大阪府豊能郡能勢町山辺の住民から十日夜，「水道の水が石油臭い」という苦情が十数件，同町役場に相次いだ。(『朝日新聞』1992.3.11 夕刊 p. 15)

'大阪府丰能郡能势町政府 10 日晚收到了十几起来自沿山一带居民关于"水管里的水有石油臭味儿"的报告。'

这里是说"水道の水が石油臭い"这一句中"石油臭い"这个形容词谓语，不表示水管里的水的恒久状态，而是一种临时状态。临时状态有了时间定位，就不再是典型的属性谓语，而是事件谓语了，所以前面可以用主语标记 ga。这仍然反映了主语标记与属性谓语相斥。

野田接着分析：

名词类也很难做"富士山 ga 見えるよ"句类的谓语。偶尔使用的大体上只有"危篤"（病危）、"火事"（火灾）、"大好評"（极大的好评）、"急増中"（正在急剧增加）等几个把临时性状态当事态来表述的名词。

---

① 汉语"了"是完整体（perfective aspect）标记，不是过去时（past tense）标记，但在中性语境中默认为过去时（刘丹青 2014），带有一定的时间定位功能。此外，对于不带数量词的光杆宾语，带"了"及物句还有信息强度的要求，如新闻性的"一个妇女喝了农药"就比常规性的"一个妇女吃了饭"更能自然成句（孔令达 1994）。"做了实验"属于新闻性较高的事件，成句能力较强。

显然，这里举的少数几个能用于主格句而非话题句的名词谓语，都是临时性很强的、有时间定位的谓语，均属事件谓语。

话题标记对谓语类型的敏感，在先秦汉语主要话题标记"也"的用法上得到突出表现。据刘丹青（2016b）对《论语》《左传》两书话题标记"也"的穷尽性考察，"也"对谓语类型高度敏感。它强制排斥施事带"也"与事件谓语共现，不许出现"施事主语＋也＋事件谓语"的结构，但是允许非施事的旁格题元带"也"，这时，整个后面的部分——包括可能出现的施事——一起做述题，整个句子也就不能简单地算作动词谓语句了。例如（编号重排）：

（7）吾与回言终日，不违，如愚。退而省其私，亦足以发，回也不愚。(《论语·为政》)

（8）由也好勇过我，无所取材。(《论语·公冶长》)

（9）是子也，熊虎之状而豺狼之声；弗杀，必灭若敖氏矣。(《左传·宣公四年》)

（10）吾兄弟比以安，龙也可使无吠。(《左传·昭公元年》)

（11）有颜回者好学，不迁怒，不贰过。不幸短命死矣，今也则亡，未闻好学者也。(《论语·雍也》)

（12）是役也，郑石制实入楚师，将以分郑，而立公子鱼臣。(《左传·宣公十二年》)

（13）今此行也，其庸有报志？(《左传·昭公五年》)

例（7）—（10），都由主体论元带"也"，谓语都是属性谓语，分别是形容词、形容词比较结构、名词性谓语、带情态词的被动性动词谓语。（10）看似谓语中有动词性短语"使无吠"，但是前面带了情态词"可"，便成为属性谓语了。例（11）—（13）是时间话题，"亡"是表有无的存在动词，不是典型的事件谓语，可作属性谓语解。（12）、（13）两例都是拿事件名词当作语域背景性话题，话题和动词谓语之间不再有施受述谓关系。两书尤其是《左传》中大量的事件句，除了个别貌似的"例外"（刘丹青2016b），都未见在施事论元上用话题标记的，如：

（14）……郑武公娶于申，曰武姜。生庄公及共叔段。庄公寤生，惊姜氏，故名曰"寤生"，遂恶之。……既而大叔命西鄙、北鄙贰于己。公子吕曰：……公曰……大叔又收贰以为己邑，至于廪延。……子封曰：……公曰：……大叔完聚，缮甲兵，具卒乘，将袭郑。夫人将启之。公闻其期，曰："可矣。"命子封帅车二百乘以伐京。京叛大叔段。段入于鄢。公伐诸鄢。（《左传·隐公元年》）

这一著名段落中包含许多事件命题，无一施事主语后使用"也"。

诺苏彝语话题标记的分工也显示了话题标记与属性谓语的无标记匹配。根据胡素华、赵镜（2015），诺苏彝语对属性谓语句和事件谓语句使用不同的话题标记，但只有用于属性谓语句的话题标记才是典型的话题标记；用于事件谓语的标记也用于非话题结构中，甚至可以标记焦点，可见不是真正的或典型的话题标记。

以上情况充分说明话题标记总体上排斥事件谓语中的施事论元，偏爱属性谓语。属性谓语也基本用在话题结构中。话题结构中优先出现于属性谓语，也可以得到形式语法方面的解释。据陈莉、潘海华（2008）所引，Diesing 认为两种谓语的主语在句法结构中生成的位置不同：个体性谓语的主语在 IP 的标志语位置 [Spec, IP] 生成，而阶段性谓语的主语在 VP 的标志语位置 [Spec, VP] 生成。在生成句法中 IP 的位置高于 VP，IP 的标志语由 VP 的标志语往上移位而来。另一方面，话题的句法位置一般高于主语。假如属性谓语的主语高于事件谓语的主语，则它自然比事件谓语更容易取得话题的位置。

同时要看到，属性谓语、事件谓语各自与话题和主语的关系是一种不对称匹配关系。属性谓语一般只能跟话题组合，而事件谓语却跟话题和非话题主语都可以组合。古汉语话题标记完全排斥事件谓语句的施事，是比较突出的现象，一般语言中没有排斥到这种程度。比如，日语用话题标记的成分，也有不少属事件谓语句的施事或主体论元。如：

（15）沢田は東京へ行つた。'泽田（啊）去了东京。'（野田尚史 1996/2003：27）

（16）私は久美ちゃんに背中をたたかれた。'我被久美捶了背。'（野田尚史 1996/2003：40）

（17）雨は降っていますが，雪は降っていません。'雨在下，雪没在下。'（野田尚史 1996/2003：125）

（18）Taroo　wa　　zibun　o　　　hihansita.（Kuno 1978）
　　　 太郎　（话标）自己　（宾格）批评
　　　 '太郎批评了自己。'

下面是刘丹青（2016b）引用的更多方言、语言中事件谓语句主体论元带话题标记的实例：

（19）北京话：

王师傅嘛，个人也挺委屈，哭了好几次。（电视剧《编辑部的故事·胖子的烦恼》）

（20）上海话：

a. 皇后末用正经道理，解脱伊个疑惑。（《方言圣人行实摘录·圣妇格罗第德·国后》）

'皇后么，用正经道理，解脱他的疑惑。'

b. 安当末跪到日头直，话多少说话，里势一声勿答应。（《方言圣人行实摘录·圣保禄·隐修》）

'安当么，跪到日当头，（外面）说多少话，里面一声不应。'

（21）苏州话：

我只道耐同朋友打茶会去，教娘姨哚等仔一歇哚，耐末倒转去哉。（《海上花列传》3 回）

'我以为你跟朋友打茶会去了，叫娘姨们等了好一会儿，你么，倒回去了。'

（22）韩语（Kim 2009）：

na　nŭn　　John　i　　 næil　 o-n-ta　ko
我　（话标）John　（主格）明天　将来了（引语）
malha-yəs'-ta
说了

'我说了约翰明天将要来了。'

（23）景颇语（戴庆厦 2001）：

naŋ³³ ko³¹　　ti?⁵⁵ naŋ³³ a?³¹ puŋ³¹li³¹ ko³¹　　n⁵⁵kǎ³¹lo³³ ai³³
你　（话标）自己的　活儿　　（话标）不做　　（句尾词）
'你自己的活儿不做。'

（24）诺苏彝语（胡素华、赵镜 2015）：

ɔ³³ku³³ ma⁴⁴　　su³³　　nɯ⁴⁴　　ŋi³³　　mo⁴dɯ³ tɕo³¹　　ta³³
狸猫　（量词）（定指）（话标）火塘　主人方　（与格）（处所）
i⁵⁵ŋi³³ku³³ dɯ³¹lo⁴⁴,
睡觉　（意外情态）
va³³tɕʰi³³ ma³³　　su³³　　nɯ⁴⁴,　　no³³si⁴⁴
鸡蛋　（量词）（定指）（话标）躲
ka³³kʰu⁴⁴ ko³³　　i⁵⁵
火塘　（处所）睡
'狸猫原来是在火塘里方主人席上睡，鸡蛋躲在火塘里睡。'

不过，我们在搜寻语料时发现，各类文献中带话题标记的句子绝大部分是属性谓语句，事件谓语句的实例颇难觅得。此外，属性谓语在溯因句这类特殊语境中也可能用于非话题主语后（见下文例（37）的分析），因此，谓语类型和话题位置，大致形成了如下的不对称匹配关系，其中粗线表示无标记匹配，细线表示有标记匹配，虚线表示特殊条件下的匹配：

属性谓语　　　　话题
事件谓语　　　　主语

二、判断类型：主题判断和非主题判断的对立

判断类型是由德国哲学家 Brentano 和 Marty 提出的逻辑判断分类（沈园 2000），他们将语言逻辑判断分为 categorical judgement 和 thetic judgement 两种类型。沈园将两者分别译为主题判断和非主题判断。这种意译法，在汉语字面上已经表明了与话题结构的对应关系。主

题判断（categorical judgement，陆烁、潘海华（2009）也取此译）字面上是范畴判断，朴正九（2016）译为断言判断。非主题判断（thetic judgement），陆烁、潘海华（2009）译为直接判断，解释为简单判断，朴正九（2016）译为简单判断。据沈园介绍，这两种判断：

> 其中前者对应于传统意义上的主-谓两分式逻辑判断类型。从认知角度来看，前者包含两个不同的认知行为，即先对一个实体进行命名然后再对它进行描述；后者则只是将一个事件或状态作为整体来描述，是对作为/视为整体的判断内容的简单肯定或否定，是一种单一的认知行为。因此人们经常也将前者称为"双重判断"，将后者称为"简单判断"。

亚里士多德之后的逻辑长期以来只关注主-谓两分的判断，非主题判断的发现是语言逻辑研究的一大进展。学者们发现有些判断没有二分的基础，不需要对一个实体进行命名然后再对它进行描述的两部曲程序，而是将一个判断的整体一下子表达出来。这一区分，得到日、韩等语言的有力支撑。这些语言的主体论元有用话题标记（日语 wa，韩语 nun、un）和主格标记（日语 ga，韩语 ka、i）之分。使用话题标记时，符合主题判断的属性；使用主格标记时，符合非主题判断的属性。传统日语语法学就注意到 wa 和 ga 的使用有结合得松和紧之分，符合两分式判断和简单判断的区分。例如，用传统语法框架分析两者用法差别的野田尚史（1996/2003：3）就指出："如下面（7）（8）所示，句子一般可以分为先点出主题然后在此基础上进行叙述的句子和不设主题直接进行叙述的句子两大类"，如：

(25) a. 子供たちはカレーを作っています。（原书（7））
　　　　孩子们　　咖喱　　　（在）做
　　 b. 子供たちがカレーを作っています。（原书（8））
　　　　孩子们　　咖喱　　　（在）做

类型学家柴谷方良（Shibatani 1991）也指出，传统日本语法学认为话题标记 wa 的重要功能是分离（separation）作用，就是将带 wa 的成分与句子其余部分隔开，这更对应于西方传统逻辑中命题主-谓二分观；

而带主格标记 ga 的成分与句子后部的成分密不可分。不可分离的属性，是 thetic judgement 又称"简单判断"的原因。

主题判断和非主题判断的区别，在信息结构理论中得到显著印证。根据 Lambrecht（1994），在交际过程中以全句为焦点的句子和以施事主语为焦点、以谓语为已知信息的句子，都属于主语非话题的句子，这类句子在日语、韩国语中就是让主体论元带主格标记而非话题标记，其中整句焦点句就属于非主题判断。如上面的句子，带"は"的（25a）句是先确定"子供たち"（孩子们）这个话题，然后就这个话题做出他们在做咖喱的判断。这类句子适合在"孩子们"作为上文提及的已知信息的情况下使用。而带"が"的（25b）句则适合将孩子们在"做咖喱"这一情况整体作为新信息时使用，回答"What happened？"（发生了什么？）一类触发整句焦点的问题。也可以用在做咖喱已经是已知信息的情况下，将"孩子们"作为焦点新信息时使用，如用于回答"谁在做咖喱"。

汉语的话题标记，又称为提顿词（徐烈炯、刘丹青 2007），常常用在停顿之前，有将话题从句子中提取出来与后面的叙述部分分隔开来的作用。这体现了话题结构的两分特点。同时，汉语中也存在非主题判断，即整句作为焦点的句子。刘丹青（2016a）指出，在 7 种情况（种类之间有交叉关系）下，汉语的主语不是话题，不能带提顿词，其中就包括整句焦点的句子。这类句子都属于非话题主语句。比较：

（26）A：什么事儿？／怎么啦？／怎么回事？　　B：我的脖子（*啊，）疼。
（27）A：你的脖子怎么啦？　　　　　　　　　B：我的脖子（啊，）疼。

例（26）由"什么事儿"这类整句焦点触发问句引出，答句整体都是焦点，浑然不分，不能插入提顿词。例（27）先承接问句中的话题"我的脖子"，然后就该话题做出陈述。句子是二分的，话题后可以插入提顿词。

在非话题优先型语言中，虽然话题结构不显赫，没有发达常用的话题标记，但是可以通过特定的句法操作形成有标记的非主题判断句，从而让无标记句式默认理解为主题判断（沈园 2000）。下面是 Lambrecht

（1994：137）所引的一些例证（小型大写字母代表重读），日语 wa~ga 例略去：

（28）A. What's the matter?   B. How's your neck?
　　　　'怎么回事？'   '你的脖子怎么啦？'
　　〈英〉a. My NECK hurts.   a. My neck HURTS.
　　　　'我的脖子疼。'   '我的脖子疼。'
　　〈意〉b. My fa male il COLLO.   b. Il collo mi fa MALE.
　　〈法〉c. J'ai mon COU qui me fait mal.   c. Mon cou il mi a MAL.

以上显示，英语主要靠重音来区分两者，非主题判断重读主语，主题判断重读谓语动词；意大利主要通过语序来表述，非主题判断的主语置于句末，主题判断的主语置于句首；法语通过断裂结构来区别，接近于英语的分裂结构。

非主题判断句不但可以有主语无话题，而且可以连主语也没有，如无人称句（包括傀儡主语句）等（沈园2000），因与本文关系不大，不再讨论。

主题判断与话题结构的关系比较简单直接，主题判断的主语都有话题属性，在话题优先语言中表现为句法上的话题成分。非主题判断的主语都不是话题。但是话题优先语言中话题的种类比较多样，不限于主体论元，空间、时间、与事、其他关涉对象等都有机会充当话题，这些不是都适合分析为主题判断的主语。

三、指称属性及其与谓语类型、判断类型的关系

话题对成分的指称属性有明显的选择性，强烈倾向于只接受有定成分和类指成分。汉语主语虽然也被认为有强烈的有定倾向，但是仍然存在无定主语句，范继淹（1985）引证了大量实例，如：

（29）一位中年妇女匆匆走来。她也是专程来给14号投票的。（《北京日报》）

（30）一位来自哈尔滨的顾客在本市买了一台钢琴，由于没有包装，铁路不予托运。(《北京日报》)

（31）三个素不相识的男青年闯进女学生的家……(《北京晚报》)

刘丹青（2016a）在诸多无定主语研究文献（Xu 1997；王灿龙 2003；陆烁、潘海华 2009 等）的基础上进一步论证这些主语确实没有话题的属性。在对指称性的选择性上，话题比主语要强烈得多。

有定和类指的共同性是都可以为听话者所辨认。与之相反，在古今汉语和其他使用话题标记的语言中，无定成分都难以带话题标记。

指称属性跟上文讨论过的谓语类型、判断类型也都有很密切的关系，但都不是简单的对应关系，需要进一步分析。

有定性是话题研究中更被人强调的属性。Li & Thompson（1976）建立主语-话题类型学时，只把有定性视为话题的指称属性，而将类指成分归入有定成分（其表现为有定性的句子中有实为类指的情况）。注重话题语篇功能的曹逢甫（1977/1995：37）在归纳话题特点时也只谈到有定，未涉及类指。然而，类指虽然与有定共享可认定性，但是必须被视为一种独立的指称。在某些情况下，有定和类指有显著的功能差异。例如，类指成分做主语，只能配属性谓语，不能配事件谓语，而有定成分既能配事件谓语，也能配属性谓语，如：

（32）a. 陕西人爱吃面食。　　c. *陕西人吃了一些面食。
　　　 b. 那些陕西人爱吃面食。　d. 那些陕西人吃了一些面食。

"爱吃面食"是属性谓语，主语既可以是类指的"陕西人"，也可以是有定的"那些陕西人"；"吃了一些面食"是事件谓语，主语可以是有定的"那些陕西人"，不能是类指的"陕西人"。只有在"陕西人"借助语境指有定的一位或一群陕西人时，（32c）才可以成立。

Gasde（1999）将话题分为关涉话题（aboutness topic）和框架设置话题（frame-setting topic）两大类。所谓关涉话题是论元同指话题，就是生成语法通常认为通过"移位""提升"手段形成的话题结构，这类话题在句中有与话题同指的空位或代名词/名词性短语。框架设置话题则是无空位话题（non-gap topic），即 Chafe（1976）所说的汉语式话题，只为述题提供一种时间、空间和个体方面的范围和框架。从指称属性观察，类指成分特别适合充当框架式话题，有些汉语式话题构式更是限定由类指成分充当话题，如：

(33) a. 水果我喜欢苹果。
　　　b. 这种吊车，我们总是采购巨轮牌。
(34) a. 衬衫我买了三件，西服我买了一套。
　　　b. 衬衫我挑了格子的，西服我挑了蓝色的
　　　c. 这种稻子我们种了一百亩。

例(33)的话题是框架式话题(或陈平(1996)所说的"范围话题")，在句中没有句法空位，语义上则是宾语 NP 的上位名词，因而为述题提供了个体方面的框架范围。这种话题，只适合类指名词充当。(33b)句虽然用了"这种"，看似为有定成分，但量词"种"决定了其类指性。

例(34)的话题是论元分裂式话题(刘丹青 2001)，这类话题(衬衫、西服、这种稻子)由宾语论元的光杆核心名词提取而来，将宾语论元的数量部分或区别性定语加"的"构成的转指名词语放在宾语位置。分裂之后，真正的宾语论元是宾语位置的数量短语或"的"字短语，这些都是句法上自足、语义上有转指功能的名词语，成为话题类指名词的子集。值得注意的是，后面的"的"字短语不能省略"的"，而它们在相应的动宾句做定语时并不要求带"的"，这说明它们在动词之后的身份就是宾语，而不再是宾语的定语，如：

(35) 我挑了格子衬衫，蓝色西服。
　→ a. 衬衫我挑了格子的，西服我挑了蓝色的。
　→ b.*衬衫我挑了格子，西服我挑了蓝色。

既然宾语位置上的名词语不再是定语，而是句法上自足的宾语论元，那么，话题位置上的光杆名词就不能再是宾语论元，而是宾语论元上位的类指名词，充当宾语名词语的上位语域，是框架式话题。这类话题，也适合由类指名词充当，包括带"种"的指量成分，如(34c)。

从以上这些话题优先语言特有的话题构式看，类指成分是部分话题

结构中的显赫成分，类指性是研究话题结构时应当与有定性分开处理的重要指称属性。

主体论元的指称属性跟谓语类型密切相关。如前所述，类指成分只能配属性谓语，而有定成分既能配事件谓语，也能配属性谓语。至于无定成分，则只能配事件谓语，因为，如第一节所分析的，属性谓语语义上是适合于任何潜在个体的词库信息，如果跟无定主语结合，仍然无法落地。这样，主体论元的指称成分和谓语类别，就呈现出如下的扭曲匹配关系：

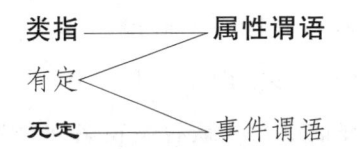

类指 ──────→ **属性谓语**
有定 ＜
无定 ──────→ 事件谓语

上图内容又可以根据对话题结构的适应性分为三个区域。黑体字构成的"类指-属性谓语"是纯话题区，该区域的主体成分必然具有话题性，优先采用话题编码。隶书"无定"自身构成了非话题区，它只能充当主语，不能充当话题。楷体字构成的"有定-事件谓语"是话题非话题两可区。该区域成分既可以出现在话题结构中，也可以出现在非话题结构属性的主谓结构中。其中反映的与传统观念稍有不同的事实是，类指成分是比有定成分更加典型的或者说更加纯粹的亲话题指称（pro-topical referentiality）成分。

主体论元的指称属性跟判断类型也有密切关系。有定的成分和类指的成分主要用于主题判断，因为它们有可确定性，适合先命名再判断的二分式判断。但是，当有定类指成分整体作为一个焦点新信息出现时，也可以表现为非主题判断。例如：

(36) A：出了什么事？　　　　　B：小王跳河了。

(37) A：为什么这一带不适合种红薯？　B：因为野猪爱刨红薯吃。

(36)中的"小王"是会话双方都知道的对象，属于有定成分。但是，这一句是整句焦点触发问句"出了什么事？"引出的整句焦点句，并不要求"小王"是语境中的激活信息，全句整体呈现给听者，主语后不能插入"啊""么"一类提顿词。属于非主题判断。(37)中的"野猪"是类指成分，属于双方都能确定的类别信息，而且此句是属性谓语。但是这一句整体是对问句做原因的解答，这种溯因句可以整体作为焦点新信息出现，因而也属于非主题判断。本文第一节在图示属性谓语的匹配可能性时，已经考虑到了这类情况，但是它们毕竟是在特殊条件下的非常规匹配，因此用虚线来表示。至于无定成分，作为主语只能出现在非主题句中，因为这个主体论元是听话人无法确认的成分，无法完成命名这第一步的认知，建立不了判断的主题。这样，指称属性和判断类型大致具有如下的扭曲匹配关系：

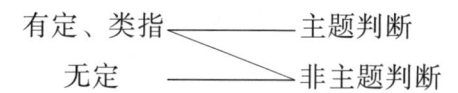

  有定、类指————主题判断
   无定　　————非主题判断

  判断类型和谓语类型有更加直接的关系。主题判断可以由属性谓语充当，也可以由事件谓语充当。对一个主体先"命名"（指确定主题）再描写或进行事件叙述也是可以的。如：

  （38）A：小明能不能去参加会议？
     B1：小明昨天出差了。
     B2：小明是个学生（，不合适去）。

非主题判断主要由事件谓语充当，如上引范继淹（1985）的无定主语句例子，都是事件谓语。有定主语句作为非主题判断，也主要是事件谓语，如上引（36）中的"小王跳河了"。但是在溯因句等特殊条件下，属性谓语，包括类指成分充当主语的属性谓语句，也可以充当非主题判断，如（37）。有定主语的事件谓语句，在溯因句中也可以成为非主题判断，如：

  （39）A：咱们班怎么没参加接力赛？B：(因为)队长王超突然生病了。
  这样，谓语类型和判断类型之间，就形成了这样的扭曲对应关系：

  主题判断————属性谓语
  非主题判断————事件谓语

上图中，粗线为无标记对应，细线为有标记对应，虚线为特殊条件下的对应。

四、语义角色

无论中外，对话题与主语的一致性都关注得比较多，甚至认为两者至少在某些语言里是等同的（赵元任 1968/1979）。即使认为不等同，也认为"典型的主语是施事和话题的统一"（科姆里 1981/1989）。而主语的语义角色，最典型的就是行为事件的施事，对于形容词名词谓语/表语来说，则可以扩大为较广义的主体论元，即属性的拥有者，包括当事或经验者角色。因此，对于话题的研究，反而是语义角色的研究较少。在人们的感觉中，通常会认为，虽然能够充当话题的语义角色比主语更加多样，但是施事主语仍然是天然具有最强的话题性的。这也有一定合理性，因为生命度、有定性这些要素都是可以增强话题性的要素，而行为的施事更容易在这方面强于其他角色。

然而，结合以上研究过的诸参项，我们已经可以觉察，施事角色并不总是优先占据话题的位置，尤其是话题的句法位置。如前所述，在属性谓语和事件谓语中，属性谓语比事件谓语有更强的话题匹配力。属性谓语的主体论元主要表示属性拥有者，而不是事件行为的施事者。从判断类型看，非主题判断，包括无定主语句，更常表现为事件谓语，也就是说，施事论元比其他论元更常出现在非话题性的主谓结构中。如此看来，施事角色与主语位置的优先匹配，并不一定适合于对话题位置的匹配。

刘丹青（2016b）对古汉语话题标记的研究，更是对传统的话题-施事优先观的挑战。该研究发现，先秦汉语最常用的话题标记"也"主要用在属性谓语中，强烈排斥事件谓语句的施事。比较前引（7）—（13）和（14），用在主体论元后的话题标记"也"后的句子几乎无例外地是属性谓语句。如果"也"出现于事件句，则用在时间、处所、条件等非主体题元上。如：

（40）乡也吾见于夫子而问知，子曰，……（《论语·颜渊》）

（41）是役也，郑石制实入楚师，将以分郑，而立公子鱼臣。（《左传·宣公十二年》）

（42）穆子之生也，庄叔以《周易》筮之，……（《左传·昭公五年》

（43）榖旦于差，南方之原。不绩其麻，市也婆娑。（《诗经·陈风·东门之枌》）

（40）以时间词"乡"（过去）做时间话题。（41）以事件名词短语"是役"做时空背景话题，（42）以领属名词化的小句"穆子之生"做时间话题，（43）以"市"做时空话题。这四句的述题部分都是事件谓语，都不以施事主语为话题。（43）的"婆娑"虽然是形容词，但却是状态形容词，表现的是当时的动作姿态，而不是恒久的属性，因此也属于事件谓语。

其他带语法化的话题标记的语言，也是以属性谓语为主，事件谓语的施事带话题标记的相对较少，只是不像先秦汉语那么刚性地排斥。可见，在语义角色的匹配关系上，话题确实跟主语不同，不能简单地以主语的条件套用于话题。

对此事实，可能有一种想法：事件谓语的施事是更加默认的话题，更加无标记，因此不需要带标记，其他语义角色做话题比施事有标记，所以需要额外带标记。这一解释难以成立。本文的分析以及刘丹青（2016a，2016b）已经显示，施事主语在很多情况下不充当话题，用于非主题判断或整句焦点句、主语焦点句等，比其他题元角色更常用于非话题主语。先秦汉语也是如此。不带标记的主语，只能认定为主语，无法默认为话题，不可能是因为默认为话题才不能用话题标记的。

五、小结

话题是个来自话语和篇章的概念，与信息结构关系密切，其初始功能也是作为语用成分。但是，在部分语言中，话题有较高的语法化程度，成为小句成分库藏中的一个句法成分，并作为显赫范畴发展出多种扩展功能。因此，话题也自然成为本体句法语义研究的对象，而不仅仅是语篇分析一类的研究对象。话题的出现，受到一系列句法语义参项的制约，而且这些制约具有跨语言的一致性，甚至与非话题优先语言的相关表现也有共同性。

本文讨论的各种制约话题结构的句法语义范畴，大多与话题结构的相关成分呈较显著的对应或匹配关系，但不是完全正对正、负对负的整齐对应，而是某种不对称对应。总体规律可以简述如下：

话题应当由有定或类指成分充当，与属性谓语和主题判断是无标记匹配，与事件谓语是有标记匹配，与非主题判断不匹配。无定主体论元只能充当主语，并且谓语总是事件谓语，整个句子是非主题判断。有定主体论元能够跟所有判断类型、谓语类型匹配，自由充当话题和（非话题）主语。类指主体论元基本上只跟属性谓语、主题判断匹配，主要充当话题。以上概况可以简略地图示如下，其中横线代表自然匹配关系：

有定、类指 —— 主题判断 —— 属性谓语 —— 非施事 —— 话题
无定　　——非主题判断—— 事件谓语 ——　施事　—— 主语

主体论元的施事性一般对话题结构没有直接的影响。但是，有的语言（如先秦汉语），施事主语与事件谓语共现时刚性排斥话题标记，但事件谓语前的非施事角色（时空、受事等）可以带话题标记。施事性与话题性的负相关性在其他语言中也有所反映，只是不像先秦汉语那样刚性。

本文的分析说明，话题具有自身的句法语义属性，不是仅在篇章功能上有特点，并且具有跨语言共性，因此应当作为一种独立的句法成分来分析其句法语义特点，对主语的句法语义分析完全不能代替对话题的分析，虽然话题的分析也需要联系主语的分析来进行。

参考文献
曹逢甫　1977/1995　《主题在汉语中的功能研究——迈向语段分析的第一步》，谢天蔚译，北京：语文出版社。
陈　莉、潘海华　2008　现代汉语"不"和"没"的体貌选择，《语法研究和探索》（十四），北京：商务印书馆。
陈　平　1996　汉语中结构话题的语用解释和关系化，徐赳赳译，《国外语言学》

第 4 期。

戴庆厦　2001　景颇语的话题，《语言研究》第 1 期。

范继淹　1985　无定 NP 主语句，《中国语文》第 5 期。

胡素华、赵　镜　2015　诺苏彝语话题标记的功能及其话题类型，《民族语文》第 2 期。

霍凯特（Hockett, C. F.）1958/1986　《现代语言学教程》，索振羽、叶蜚声译，北京：北京大学出版社。

科姆里（Comrie, B.）1981/1989　《语言共性和语言类型》，沈家煊译，北京：华夏出版社。

孔令达　1994　影响汉语句子自足的语言形式，《中国语文》第 6 期。

刘丹青　2001　论元分裂式话题结构初探，《面向二十一世纪语言问题再认识——庆祝张斌先生从教五十周年暨八十华诞》，范开泰、齐沪扬主编，上海：上海教育出版社。

刘丹青　2002　汉语类指成分的语义属性和句法属性，《中国语文》第 5 期。

刘丹青　2008　话题理论与汉语句法研究，《当代语言学理论和汉语研究》，沈阳、冯胜利主编，北京：商务印书馆。

刘丹青　2012a　汉语的若干显赫范畴——语言库藏类型学视角，《世界汉语教学》第 3 期。

刘丹青　2012b　汉语差比句与话题结构的同构性：显赫范畴的扩张力一例，《语言研究》第 4 期。

刘丹青　2014　论语言库藏的物尽其用原则，《中国语文》第 5 期。

刘丹青　2016a　汉语中的非话题主语，《中国语文》第 3 期。

刘丹青　2016b　先秦汉语的话题标记和主语-话题之别，《古汉语研究》第 2 期。

陆　烁、潘海华　2009　汉语无定主语的语义允准分析，《中国语文》第 6 期。

朴正九　2016　从类型学视角看汉语形容词谓语句的信息结构，《中国语文》第 4 期。

屈承熹　2005a　话题的表达形式和语用关系，《话题与焦点新论》，徐烈炯、刘丹青主编，上海：上海教育出版社。

屈承熹　2005b　Please, let topic and focus co-exist peacefully!，《话题与焦点新论》，徐烈炯、刘丹青主编，上海：上海教育出版社。

沈　园　2000　逻辑判断基本类型及其在语言中的反映，《当代语言学》第 3 期。

王灿龙　2003　制约无定主语句使用的若干因素，《语法研究和探索》（十二），北京：商务印书馆。

徐烈炯　2005　话题句的合格条件，《话题与焦点新论》，徐烈炯、刘丹青主编，上海：上海教育出版社。

徐烈炯、刘丹青　2007　《话题的结构与功能》，上海：上海教育出版社。

野田尚史　1996/2003　《日语主题助词は与主格助词が》，张麟声译，北京：人民教育出版社。

赵元任　1948/1952　《北京口语语法》，李荣编译，北京：中国青年出版社。

赵元任　1968/1979　《汉语口语语法》，吕叔湘译，北京：商务印书馆。

Carlson, G. N. 1977. A unified analysis of the English bare plural. *Linguistics and Philosophy*, 1(3), 413-457.

Chafe, W. 1976. Givenness, contrastiveness, definiteness, subjects, topics and point of view. In C. N. Li (Ed.), *Subject and Topic*. New York: Academic Press.

Gasde, H-D. 1999. Are there "Topic-Prominence" and "Subject-Prominence" along the lines of Li & Thompson (1976). Paper presented at the Workshop of Adding and Omitting, Konstanz.

Givón, T. 1976. Topic, pronoun, and grammatical agreement. In C. N. Li (Ed.), *Subject and Topic*. New York: Academic Press.

Kim, N. K. (Ed.). 2009. Korean, In B. Comrie (Ed.), *The World's Major Languages* (2nd Edition). London: Routledge.

Kuno, S. 1978. Japanese: A characteristic OV language. In W. P. Lehmann (Ed.), *Syntactic Typology*. Austin: University of Texas Press.

Lambrecht, K. 1994. *Information Structure and Sentence Form: Topics, Focus, and the Mental Representations of Discourse Referents*. Cambridge: Cambridge University Press.

Lee, C. 1996. Generic sentences are topic constructions. In T. Fretheim, & J. K. Gundel (Eds.), *Reference and Referent Accessibility*. Amsterdam: John Benjamins.

Lee, C. 2011. Genericity and topicality: Towards dynamic genericity. *Journal of Language Sciences*, 18(1), 233-251.

Li, C. N., & Thompson, S. A. 1976. Subject and topic: A new typology of language. In C. N. Li (Ed.), *Subject and Topic*. New York: Academic Press.

Shibatani, M. 1991. Grammaticalization of topic into subject. In E. C. Traugott, & B. Heine (Eds.), *Approaches to Grammaticalization* (Vol. II). Amsterdam & Philadelphia: John Benjamins.

Steele, S. 1978. Word order variation: A typological study. In J. H. Greenberg, C. A. Ferguson, & E. A. Moravcsik (Eds.), *Universals of Human Language* (Vol. IV). Redwood City: Stanford University Press.

Xu, L. J. 1997. Limitation on subjecthood of numerically quantified noun phrases: A pragmatic approach. In Xu L. J. (Ed.), *The Referential Properties of Chinese Noun Phrases*. Paris: EHESS.

（原载《当代语言学》，2018年第1期）

试析汉语中疑似连动式的话题结构[*]

一、引言

连动式（又称连动结构，连动句，serial verb construction，SVC）是描写汉语及亚、非、澳、美各洲众多语言结构的一个常用概念。连动式在汉语中是独立的构式库藏，是汉语的显赫范畴（刘丹青2015）。作为显赫范畴，汉语连动式内部情况非常复杂，学者们历来在其"定义、标准、划界、范围、小类等诸多问题上存在种种分歧"，在各种标准下曾被归入连动式范围内的格式数目繁多（高增霞2006：39—41）。

汉语是话题优先型语言（Li & Thompson 1976）。汉语中的话题是固有句法成分，话题结构同样是汉语的显赫范畴（徐烈炯、刘丹青1998/2007；刘丹青2009，2012a，2012b）。汉语的话题优先特征，"不但使语用上的话题可以充分利用这种位置得到句法实现，而且还可以让话题位置完成在其他语言中由其他成分或手段完成的表义任务，随之形成很多难见于非话题优先语言的话题结构种类"（刘丹青2009，2012a，2012b）。

汉语的连动式由两个或多个动词性成分[①]并置而成，汉语中的（次）话题也可由动词性成分充当[②]，因为汉语是动词型语言（刘丹青

---

* 本文是中国社会科学院创新工程项目"汉语口语的跨方言调查与理论分析"成果的一部分。初稿曾由第一作者在中国社会科学院研究生院语言学系研究生沙龙上报告，获多位师生指正，谨此致谢。发表前参考讨论意见做了进一步修改，尚存问题均由笔者负责。

① 汉语中动词与形容词界限不明确，本文所说"动词性成分"既包括动词及动词性短语，也包括形容词及形容词性短语，后文均用 VP 表示。

② "（次）话题"指话题或次话题，下同。"话题"和"次话题"的界定，参见徐烈炯、刘丹青（1998/2007）。

2010），动词的功能特别强大且多样。这三个因素的并存，使得汉语的连动式和话题结构有机会呈现相似的外形，即"NP+VP$_1$+VP$_2$"这样的基本语符序列[①]。因此两者在划类时易出现混同。我们发现，在以往研究连动式的诸多文献中，确有一部分用例宜归入话题结构，我们称其为疑似连动式的话题结构。本文旨在概述连动式和话题结构各自的特征，以明确两者的区别（第二节），通过一系列可行性测试手段（第三节），分离出以往研究中曾被划归入连动式的话题结构（第四节），并尝试分析这种混同出现的原因，进而探讨其背后的显赫范畴间的互动关系问题（第五节）。

二、连动式与话题结构的主要特征

2.1 连动式的句法、语义、语用特征

跨语言研究中归纳出的连动式的基本属性有：几个动词（短语）连用；其间没有任何表示并列关系、主从关系或其他依附关系的标记；语义上表达单一事件；语调特征与单句一致；几个动词只有一个时、一个极性赋值（要么肯定，要么否定）；可以共享一个到几个核心论元；每个动词短语句法上都有单用能力；各个动词的及物性可以相同也可以不同。（Aikhenvald 2006；Haspelmath 2016；刘丹青 2015）

本文主要讨论两个动词短语连用的"NP+VP$_1$+VP$_2$"型连动式，其特征与上述属性基本一致。它的典型语义对应物是按时间顺序排列的若干微事件构成的一个宏事件，除了连动范畴的这一原型义，其各种小类和扩展用法，都围绕着相继发生的微事件这一核心语义。结构中 VP$_1$ 和 VP$_2$ 表达的是构成宏事件的微事件，不能独立作为事件命题存在，否则无法表达句子宏事件的内在关系。结构中有些 VP 可以表达处所、方式、

[①] 具体实例中，句首 NP 可能依托上下文语境或背景知识而省略。

材料、目的等语义关系，但这些关系都不需要借助专用的语法标记，而只靠连动式本身及其内部语序来表示。结构中不同的 VP 在语义上可能同等重要，也可能有重要性或前景性的区别，如"他关了窗户睡觉"，可以把"睡觉"理解为前景主事件，"关了窗户"为主事件的方式；在一些语境中也可把"关了窗户"理解为前景主事件，"睡觉"为主事件的目的。但这至多是程度之别，而不是质的差别，"关了窗户"和"睡觉"各自都是宏事件中的微事件。连动式具有单一事件性，其中的几个 VP 在语义上紧密联结，所以其语调特征与单句一致，中间不能有停顿，保证整句语调贯穿而过。与上述跨语言属性不同的是，汉语连动式对体的单一性限制基本不存在。（详参刘丹青 2012a，2015）

2.2 话题结构的句法、语义、语用特征

话题结构由话题（topic）和述题（comment）两部分组成，（次）话题在前，是话语的起点；话题后面必须有评述性新信息，是句子的语义重心。话题的基本语义语用属性有：有定、类指（参看 Li & Thompson 1976）、已知信息（包括已激活信息、现场直指、共享信息）等（刘丹青 2012a）。"NP+VP$_1$+VP$_2$"形式的话题结构，多由句首 NP 充当主语，VP$_1$ 为次话题，VP$_2$ 为谓语。[①] 动词性成分 VP$_1$ 充当次话题之后动词性消失或减弱，表示无界的行为，没有事件性，只为后面的谓语 VP$_2$ 提供框架信息，包括 VP$_2$ 出现的方面、范围、背景、条件等。VP$_1$ 与 VP$_2$ 之间可有停顿，有时表现为物化的停顿标记——提顿词[②]。

话题结构的无标记语义匹配是惯常的行为或状态，述题最常见的谓语类型为属性谓语；话题结构用于事件叙述，述题为事件谓语[③]则是相

[①] "NP+VP$_1$+VP$_2$"形式的话题结构，实际还可能是"话题-主语-谓语"模式，参看§4.1.2 的分析。

[②] "提顿词"的概念，参看徐烈炯、刘丹青（1998/2007）第 3 章内容。

[③] 属性谓语（individual-level predicate，又称个体平面谓语），事件谓语（stage-level predicate，又称阶段平面谓语），详细含义及译名问题参考刘丹青（2002，2016b）及 Carlson（1977）、徐烈炯（1999）。

对有标记的情况，但也并不少见（参看刘丹青2012b，2016a）。话题结构所在句子构成主题判断（categorical judgement），而表示事件的句子有些属于主题判断，有些属于非主题判断（thetic judgement）。（参看沈园2000；刘丹青2016a，2016b）

三、区分连动式与话题结构的测试手段

连动式与话题结构都具有"NP+VP$_1$+VP$_2$"的形式，两者的本质区别在于序列中三个部分的句法地位及其相互关系。连动式中的VP$_1$和VP$_2$都以句首NP作为陈述对象，都是句子直陈的信息，分别作为微事件共同组成一个整体宏事件，其排列顺序多具有时间上的象似性，要求具有统一的情态（modality）和语气（mood）属性。话题结构中，话题VP$_1$是已知、有定或类指的活动，是话语关涉的对象，本身没有事件性，只为后面的谓语提供框架信息；其后的VP$_2$是关于主语在VP$_1$这一框架内的属性说明，是结构的语义重心。VP$_1$本身没有时态和情态，因此不存在与VP$_2$的时间顺承关系和统一的情态特征。

连动式与话题结构的上述差异，会在韵律、形态、虚词、句法等方面的变换操作中留下表征。据此，本文共总结出10种可行性测试手段，用来对两者进行区别。

3.1 是否可停顿（加提顿词）

停顿（提顿词）、词汇性话题标记（§3.2）、语序（§3.3），都属于广义的话题标记。话题标记是用来体现话题功能的语言形式手段（徐烈炯、刘丹青1998/2007：71—74）。停顿是话题的常用标记，口头上表现为语音的间隔，并在语调上有别于整句末的边界调；在书面上体现为逗号。提顿词使停顿强化成为显性且积极的语法标记，虽然并非话题成分的强制标记，却被非话题成分所强制排斥，因此可以成为测试话题

性的有效句法手段（刘丹青 2016a）。提顿词可以加在谓词性成分后面，标示其为话题。普通话中的提顿词包括"啊、么（嘛）、呢、吧"。

连动式的语调模式是单句型，VP₁ 和 VP₂ 之间不允许有停顿（提顿词），两者之间如果出现停顿，句子就会变成复句，连动式的性质不复存在。而话题结构中，话题 VP₁ 是话语的起点，述题 VP₂ 是对话题的评述，两者之间可以有语音上的停顿，可以加入提顿词，这样 VP₁ 的话题身份会更加显豁。

3.2 是否可加词汇性话题标记

本文用来作为测试手段的词汇性话题标记（下文简称"话题标记"）包括语域式话题标记"（在）……方面"、表时间的话题标记"（在）……（的）时候"、表条件或假设的话题标记"……的话"等（详参刘丹青 2005）。连动式的原型和扩展用法，都体现相继发生的微事件构成单一宏事件这一核心语义，因此 VP₁ 和 VP₂ 不能构成上述语域、时间或条件关系，不能在 VP₁ 上添加话题标记。而话题结构中，可以给话题 VP₁ 加上话题标记，从而显性地标示其话题身份。

3.3 语序是否固定

连动式以符合时间顺序象似性的语序表征了连动范畴，几个 VP 整合后作为一个宏事件告诉听话人，是打包的信息，因此 NP、VP₁ 和 VP₂ 的语序固定：有些不能调换；有些虽能调换，但调换之后句式的时间象似关系连同信息结构都会改变，就不是连动式了。如连动式"我们去桂林旅游"，本身是一个事件句；如将 VP₁ 和 VP₂ 分别提至主语前，变为"去桂林我们旅游""旅游我们去桂林"，两种语序调换都是话题化操作，两句都已成为话题结构：前句"去桂林"成为已知有定信息，句子新信息只是告知"旅游"这一目的；后句"旅游"是已知有定或类指信息，新信息"去桂林"是"旅游"的具体实现途径，相当于"这趟旅游我们去桂林"(有定)或"(凡是)旅游我们(总是)去桂林"(类指),都成为属性说明句而不再是事件句。跨语言的普遍倾向是话题前置,汉语话题结构中,语域式次话题 VP_1 可以提至主语 NP 前成为主话题,整句变为"VP_1+NP+VP_2"形式,仍是话题结构。

3.4 否定词的位置

连动式中的所有动词共享一个否定词,第二个动词及其后的动词不能被单独否定(潘家荣 2016)。因此其否定形式是在 VP_1 前加否定词,如"他不/没去图书馆看书",否定辖域是"VP_1+VP_2"("去图书馆看书")。而如果 VP_1 和 VP_2 之间加入否定词,如"他去图书馆不/没看书",就只能把"去图书馆"理解为已知信息,是次话题,整个结构的连动式性质就改变了。话题结构不能把否定词放在话题 VP_1 前,即话题不能跟述题一起构成否定的辖域,话题不能被否定,如不能说"他不/没学习认真"。但述题 VP_2 可以被否定,变为否定性评述,如"他学习不认真",整个结构的性质没有改变,仍是话题结构。

3.5 正反问形式

连动式的正反问形式是将 VP_1 变为"VP_1 不 VP_1",如"他去不去图书馆看书",其疑问范围是"VP_1+VP_2"("去图书馆看书")。而如果 VP_2 变为"VP_2 不 VP_2"形式,如"他去图书馆看(书)不看书",则"去图书馆"应理解为已知信息而成为次话题,整句的连动式性质已改变。话题结构中,话题 VP_1 是已知的指称性信息,不带有语力(force)和情态,因此不能做正反问变形,如不能说"他学习不学习认真"。但述题部分 VP_2 可以变为正反问形式"VP_2 不 VP_2",如"他学习认真不认真"。

以上分析可知,正反问变换与 §3.4 的否定变换在测试中的表现相同,且正反问中本就含有否定词,因此两种测试手段可以相互蕴涵,后文阐述中我们将以一代二。

3.6 对是非问句的回答方式

如果在结构末尾加上疑问词"吗",使之变为是非问句,对于由话题结构构成的疑问句("他学习认真吗"),其答语可以是结构的完整形式("他学习认真")或用"是的"代替整句,也可以只是述题 VP_2 部分("认真");而回答由连动式构成的疑问句("他上街买菜吗"),其答语可以是完整形式("他上街买菜")或"是的",但不能只回答 VP_2 ("买菜")。

3.7 时间词的位置

连动式的 VP_1 和 VP_2 时间状态一致,时间词只能加在 VP_1 前,作用域是整个"VP_1+VP_2",如"我明天去图书馆看书";不能加在 VP_1 和 VP_2 之间,如不能说"我去图书馆明天看书"。话题结构中,时间词可以加在话题 VP_1 前,如"他以前学习认真(,现在不认真)",作用域是"VP_1+VP_2"("学习认真");也可加在话题 VP_1 和述题 VP_2 之间,作用于 VP_2,如"他学习以前认真(,现在不认真)"。

3.8 情态词的位置

连动式如果加情态词,须放在 VP_1 前,其辖域是"VP_1+VP_2",如"我应该去超市买水果";如果情态词加在 VP_1 和 VP_2 之间,如"我去超市应该买水果",此时"去超市"就成为情态辖域之外的已知信息,句子的连动式性质就改变了。话题结构中,情态词可以加在 VP_1 前,作用于"VP_1+VP_2",如"他应该学习很认真";也可加在 VP_1 和 VP_2 之间,作用于述题 VP_2,如"他学习应该很认真"。

3.9 体标记

前文已指出,汉语连动式对体的单一性没有要求,VP_1 和 VP_2 都表示构成连动整体宏事件的微事件，可以分别对各个微事件的内部过程进行观察，都可加体标记，如"他哼着歌走了出去"。话题结构的话题 VP$_1$ 不具备述谓性，失去了动词性成分的常规属性和形态变化，不能带体标记，如不能说"他学习着/了认真"。

3.10 重音

在脱离语境的情况下，连动式的自然重音落在"VP$_1$+VP$_2$"整体上，语调贯穿而下。话题结构的自然重音落在述题 VP$_2$ 上，作为话题的 VP$_1$ 不能是自然重音和焦点重音所在（话题焦点[①]除外）。

四、曾被归入连动式的话题结构类型

本节从以往研究曾归为连动式的例句中离析出话题结构，共归纳出6类。阐述时先列举以往被认为是连动式的例句，每句后附括号内文献表示该例句在此论著中被归入连动式[②]，后无括号的个别句子为笔者自拟；然后根据上文所述区别手段对各类例句进行测试，分析将其归为话题结构的依据。

4.1 "NP+VP$_1$+属性谓语"类话题结构

此类话题结构中 VP$_2$ 为属性谓语。根据 VP$_2$ 的语义指向是 NP 还是 VP$_1$，结构又可分为两小类。

4.1.1 "主语–次话题–属性谓语"类

（1）他打仗勇敢。（王福庭 1960）

[①] "话题焦点"的概念，详参徐烈炯、刘丹青（1998/2007：84—88）。
[②] 以往不同学者曾使用过"连谓式、复杂谓语、顺递短语、谓语的延续"等多种名称来指范围与连动式相当的现象（有的包括兼语式），我们统一称为"连动式"。

（2）老张办事很认真。（宋玉柱 1978）

（3）你念书很有成就吧？（Li & Thompson 1981：603）

（4）这群年轻人办事太冒失……（吕冀平 1985：36）

（5）小王搞技术革新信心不足。（宋玉柱 1988）

（6）小妹穿衣服不讲究。（邢欣 1995：199）

（7）他跳舞不好看。（张伯江 2000）

从例句来源的多样性可见，这类句子普遍被归为连动式。但对照前文测试标准，话题结构可进行的变换，此式都可实现，如（以（2）为例）：

A. 停顿（提顿词）："老张办事啊/么/呢/吧，很认真。"

B. 话题标记："老张在办事这方面很认真。"

C. 语序："办事，老张很认真。"

D. 否定（含正反问）："老张办事（认真）不认真。"

E. 以 VP$_2$ 回答是非问句："——老张办事很认真吗？——很认真。"

F. 时间词："老张办事以前很认真（，现在不认真）。"

G. 情态词："老张办事可能很认真。"

在此式中实现的以上变换都适用于话题结构而不适用于连动式。同时，另一些适用于连动式的变换，此式却无法实现，如：

A. 否定（含正反问）："*老张不/没办事很认真。"

B. 体标记："*老张办着/了事很认真。"

因此，我们认为上述例句应属于包含次话题的话题结构。句首 NP 为主语，是 VP$_2$ 的主体论元；VP$_1$ 是表示命题有效范围的语域式次话题。句中各成分依次为"主语-次话题-谓语"，其与"小张学习认真，工作积极，处理事务很有效率，关心同事仔细入微"（见刘丹青 2009，2012a）属于同一类。VP$_1$ 作为次话题为述题 VP$_2$ 划定了背景、范围，说话人通过次话题表明谈论内容在该语域内有效，超出该语域就未必有效，符合 Chafe（1976）关于框架性的"汉语式话题"的界定。如"小妹穿衣服不讲究"，以"穿衣服"为次话题，表明"小妹不讲究"只在这一语域内有效，但并不排除"小妹"在其他方面"讲究"，如该小句可扩展为复句"小妹穿衣服不讲究,吃东西讲究",与前分句单说意义不矛盾。

以往一些研究虽然认定此类结构为连动式或属性近似的结构,但对该结构的分析已含有符合话题结构特征的表述。如吕冀平(1985:35)认为这类句子的 VP_2 是陈述主语的,而 VP_1 则对 VP_2 加以限制,说明它所陈述的某一方面。宋玉柱(1988)指出这种"连动式"的 VP_1 都可放在"在……方面"这个框架中,VP_2 陈述句首 NP,是句子的表述重心。这些分析已接近肯定其话题结构的性质,只是没有用话题结构的概念。

4.1.2 "话题-主语-谓语"类

这种话题结构的形式与 4.1.1 节很相似,但其内部成分的句法语义关系却不同。如:

(8) 这孩子说话不清楚。(王福庭 1960)

(9) 他说话很简短……(吕冀平 1985:36)

例句中 VP_2 语义指向 VP_1 而不是句首 NP,如例(8)中"不清楚"的是"说话"而不是"这孩子",因此这类"NP-VP_1-VP_2"的句法关系应为"话题-主语-谓语",另如"他说话慢""他说话好听""他喝酒像灌白开水"等。这种话题结构与 4.1.1 节所述"他说话害羞"这种"主语-次话题-谓语"型格局不同,在测试中的表现也不尽相同。其能实现符合话题结构特征的部分变换,因为 VP_2 充当的主语有一定的话题性,有时可转化为显性的话题。这些变换有:停顿或提顿词(他说话呀,很简短),否定或正反问(他说话不简短),对是非问句的回答方式(——他说话很简短吗?——很简短),时间词(他说话以前简短,现在不简短)。但是,适于连动式的变换,此结构却不能实现,如:否定或正反问(*他不/没说话很简短),体标记(*他说着/了话很简短)。与 4.1.1 节不同的是,此类结构较难将主语 VP_1 移至句首做话题(?说话他好听),这或许是因为动词性成分做主语毕竟不太常规,需要与谓语更加直接地组合。

4.2 "NP+VP₁+事件谓语"类话题结构

话题结构最适合用来描述惯常的行为和恒久的状态，这是无标记的语义匹配。但有时也会偏离于此，用于叙述事件，以事件谓语为述题，表示特定时段的行为，这种有标记的情况更易被分析为连动式。如：

（10）昨天人家给灰骡子治病跑了好几十里地……（李临定 1986/2011：179）

（11）我洗澡用了两瓶热水。（高瑞林 2008）

对照测试标准可见，凡是话题结构适用的变换，此式同样适用：停顿或提顿词（我洗澡啊，用了两瓶热水），话题标记（我洗澡的时候用了两瓶热水），语序（洗澡，我用了两瓶热水），否定或正反问（我洗澡没有用两瓶热水），用 VP₂ 回答是非问句（——你洗澡用了两瓶热水吗？——用了两瓶热水），时间词（我洗澡昨天用了两瓶热水，今天用了一瓶），情态词（我洗澡可能用了两瓶热水）。但是，适用于连动式的变换，此式却不能实现：否定或正反问（*我不/没洗澡用了两瓶热水），体标记（*我洗着/了澡用了两瓶热水）。因此，我们认为此类应分析为话题结构，其中 VP₁ 是表示命题有效范围的语域式次话题，与§4.1的不同之处在于述题中谓语的性质是事件谓语。

4.3 时间条件类话题结构

时间与条件关系密切，两者与话题在语义属性上具有高度的一致性，条件小句固有话题性（Haiman 1978；Liu 2004；刘丹青 2005，2016b）。而连动式要求 VP₁ 和 VP₂ 具有相同的情态和语气，因而两者不能有条件关系。此类结构中的 VP₁ 都相当于表示时间或条件的小句，这就决定其不可能是连动式，应为话题结构。此类结构根据 VP₂ 的语义特征可分为惯常类（例（12）—（14））和祈使类（例（15）—（19））：

（12）我们吃饭都从食堂打。（李临定 1986/2011：172）

（13）他经常出门不带钥匙。（宋玉柱 1991：68）

（14）她包饺子从来不多放馅儿。（洪淼 2004）

惯常类表示一般的规律性真理性现象，主要反映个体的恒常属性而非特定阶段的行为。话题结构可进行的变换（停顿或提顿词、话题标记、语序、否定或正反问、用 VP_2 回答是非问句、时间词、情态词等），此类结构也同样适用。① 而此结构却不能实现适用于连动式的变换，如：否定或正反问（*我们不/没吃饭都从食堂打），体标记（*我们吃着/了饭都从食堂打）。所以，此类结构不是连动式，应属于话题结构。

（15）大家有意见好好讲。（吕冀平 1985：28）
（16）你买这种衣料要到王府井去。（李临定 1986：182）
（17）咱们说话低着点儿声。（张伯江 2000）
（18）你冬天回北京带上我。（高瑞林 2008）

祈使类表示说话人的以言行事力，属于非现实（irrealis）行为，因此不处于事件的阶段。祈使是一种语气（语力），连动式 VP_1 和 VP_2 应当有统一的语气，但这类句子只有 VP_2 处于祈使辖域内，VP_1 只是一种假设条件（"假如有意见……""如果买这种衣料的话……"），这就决定了这类句子不是连动式。参照测试手段，这类结构能够实现上述符合话题结构特征的所有变换。适于连动式的变换，此结构却不能实现，如否定或正反问（*大家没意见好好讲），体标记（*大家有着意见好好讲②）。

本类话题结构的一个有趣现象是，其中很多句子的 VP_1 和 VP_2 语序调换后即转变为连动式（"他出门不带钥匙～他不带钥匙出门"）。这种结构互转，李临定（1986/2011：176—178）有所提及，例如"我有十年睡觉不盖被子～我有十年不盖被子睡觉""咱们开会关起门来～咱们关起门来开会"。但这类话题结构也有很多不能变换为连动式。关于这种互转的条件及相关问题，我们将另文探讨。

---

① 为节省篇幅，例句展示从略，下同。
② 如果加入体标记"了"，句子变为"大家有了意见好好讲"，是可以说得通的，因为这个"了"在此不是表示完成或实现，而是表示假设条件的，表达"大家如果有意见……"之意。因而适合做话题而不能构成连动结构的 VP_1。

4.4 同一性话题结构

关于同一性话题结构，刘丹青、徐烈炯（1998），徐烈炯、刘丹青（1998/2007：121—135）和 Liu（2004）等有过专门详细的分析，刘丹青（2009，2012a）等也有所涉及，其话题性及相关特点兹不赘述。其中动词性的同一性（次）话题结构，在一些论著中被归为连动式。如：

（19）做寿做完了。（赵元任 1968/1979：166）

（20）喝酒喝醉了。（吕叔湘 1979：72；吕叔湘主编 1980：37；张伯江 2000）

（21）我看小说看了一天……（李临定 1986/2011：171）

（22）去香山去香山吧，就这样定了！（李临定 1986/2011：168）

（23）你要检查箱子检查吧！（李临定 1986/2011：170）

（24）我们走也走到北京。（吕叔湘主编 1980：37）

（25）我怎么赶也没赶上。（吕叔湘主编 1980：37）

以上例句大致可根据 VP_2 的语义分为：表状态或结果（例（19）—（21））、表祈使（例（22）、（23））和表强调（例（24）、（25））。对照前述测试标准，这类结构不属于连动式，而是同一性话题结构。以往一些研究已注意到此结构的话题性，如项开喜（1997）认为重动句中 VP_1 是无界的，是背景信息，对事件进行铺排或衬托；VP_2 是有界的，是前景信息，直接描述人物的动作行为结果或某一事件，是句子的核心成分、语义焦点。聂仁发（2001）认为重动句中 VP_1 表达背景信息，为 VP_2 提供事件背景；VP_2 表达目的信息，是小句的焦点。方梅、朱庆祥（2015：169）更明确指出，"喝酒喝醉了"的 VP_1 和 VP_2 是话题和说明的关系。

除以上几类，还有一种同一性话题结构可能会被分析为连动式，如"我喝酒喝红酒""我打球打乒乓球"，这类结构可表达"我如果喝酒就喝红酒""我打球的话就打乒乓球"之意，VP_1 和 VP_2 形成部分拷贝关系，因此可归入条件类同一性话题结构。从另一个角度看，这类结构中次话题 VP_1 所表内容相当于一个集合，述题 VP_2 所表内容是其中的一个子集，两者之间形成上下位关系，因此也可将此类分析为上位语域式（次）话题结构（徐烈炯、刘丹青 1998/2007：117—119）。

4.5 "NP+V$_1$起来/来/去/着/了/介词短语+VP$_2$"类

此类话题结构中，次话题 VP$_1$ 由 V$_1$ 和起来、来、去、着、了、介词短语等组合而成。此类根据句首 NP 与 V$_1$ 的语义关系，可分为主动类（NP 是 V$_1$ 的主动发出者）和中动类（NP 是 V$_1$ 影响下的受动者）。

4.5.1 主动类

（26）您想着纳闷，有很多人想起来也纳闷。（吕冀平 1985：32）
（27）我给您拿着包袱，您拿着怪累的。（吕冀平 1985：30）
（28）振保……应酬起来宁可多花两个钱……（刘楚群 2005）
（29）西北风吹到脸上像刀削似的。（吕冀平 1985：39）

以上例句，VP$_1$ 由 "V 着、V 起来、V+介词短语" 充当，都相当于表示时间或条件的从句，具有次话题性，常可对举出现（如例（26））。此类结构在测试中的表现异于连动式，如否定或正反问（*您不/没拿着怪累的）；其表现与话题结构一致，可以通过停顿或提顿词、话题标记、语序、否定或正反问、用 VP$_2$ 回答是非问句、时间词、情态词的测试，其结构整体是"主语-次话题-谓语"格局的话题结构。

刘楚群（2005）认为例（28）类句式是"虚化的连动句式"，VP$_1$ 意义虚化，在句式中强调的不是其动作性，而是动作所体现出来的时间性，强调在执行 VP$_1$ 这一动作时所表现出来的状况是 VP$_2$。"V 起来"可理解为"在 V 的时候"，例（28）可转换为"应酬起来振保宁可多花两个钱"。我们认为这种分析符合话题结构的特征，此类结构应属于话题结构。这类 VP$_1$ 中会出现"着""起来"等体标记，但是这些体标记在此只是标明 VP 的背景性，没有现实的事件性的体意义，可视为体标记的边缘用法，不能因此承认其事件性和主要谓语属性。

唐正大（2005）明确指出这种"V 起来"是话题，它虽然也是新信息，但后面强制要求信息量更大的描述性或陈述性成分的存在，因此有了强烈的话题性。这种"V 起来"是非过程的，具有周遍性和一定指称性的成分，与话题的语义特征是一致的。"V 起来"为背景，凸显述语

VP$_2$，VP$_2$ 直接陈述 "V 起来" 前的 NP。另外，唐文指出有一部分 "V 起来" 进一步虚化到可以做句法上的插入语，如 "看起来、说起来、想起来、琢磨起来、提起来" 等。

4.5.2 中动类

（30）粥吃起来十分香甜。（吴延枚 1988）

（31）人看来是很精明的……（吕冀平 1985：40）

（32）那头发……看去很美丽。（吕冀平 1985：40）

（33）这种工作干着有味儿。（吕冀平 1985：31；方梅 2000）

（34）这本书看了不痛快。（王福庭 1960）

（35）衣服穿在身上不够暖和。（吕冀平 1985：39）

此类结构是中动句和话题结构的交叠，与连动式无关。充当 VP$_1$ 的 "V 起来、V 来、V 去" 表示命题的适用范围和方面，如例（30）"吃起来" 相当于 "在味觉方面"①，例（32）"看去" 相当于 "从视觉角度"。另外，"上去" 也有此种用法（参看曹宏 2004，2005）。"V 着、V 了、V+介词结构" 具有时间条件话题的属性，如例（33）"干着" 相当于 "干的时候"，例（34）"看了" 相当于 "如果看"。其中体标记的作用跟上一类话题结构中的相当。在句法测试中，此类不能实现连动式可有的变换，如否定或正反问（*粥不／没吃起来十分香甜）；而符合话题结构的停顿或提顿词、话题标记、语序、否定或正反问、用 VP$_2$ 回答是非问句、时间词、情态词的变换，所以这类结构是话题结构。

方梅（2000）将例（33）归入 "连动结构"，认为其中 "V 着" 表示方式，意义已经相当虚泛，提供背景信息，结构的语义重心在 "V 着" 后面的评论部分。并认为 "连动结构" 后一项的复杂程度高于由 "V 着" 充任的前项，这从信息分配的角度证明了 "前轻后重" 的倾向。方文所述的这些特征已经更接近话题结构的属性。

---

① "看来" 的用法有虚化现象，但尚未完全脱离表示范围方面的话题性，仍残留 "看的方面"（即表象方面）之意，表示实际不一定，或表示推测，转化为示证范畴。正如吕叔湘主编（1980：346）所说，"看来" 等做插入语，带有估计或者着眼于某一方面的意思。

曹宏（2005）对中动句提出了一个可能的解读：中动句是一种套叠式的（nested）话题结构，评论大话题（即句首NP）[①]的说明部分（VP_1+VP_2）本身包含一个话题结构，它由小话题（VP_1）及其说明部分（VP_2）构成。一般认为，话题往往传递旧信息，说明部分传递新信息。据此可确定：中动句句首大话题（NP）传递的是旧信息，它通常是表示通指的光杆 NP 形式，或者是表示有定的 NP 形式；真正传递新信息的是 AP 部分（即本文 VP_2），至于中动短语 VP（即本文 VP_1），它具有似乎是为了 AP（VP_2）部分做出评论而提供一种参照标准的表达功能。我们赞同这种分析。

4.6 受事次话题结构

（36）他换工作决定好了。
（37）他们租房子谈妥了。
（38）她参赛准备好了。

这类结构中，次话题 VP_1 相当于用于指称的名词语，后面都可以加上同位语"这件事"。VP_1 都是 VP_2 的支配对象，性质上跟受事相当，结构相当于受事次话题句。测试中，这类结构可以有停顿或提顿词、话题标记、语序、否定或正反问、用 VP_2 回答是非问句、时间词、情态词的变换，符合话题结构特征。但是连动式可以进行的变换，此式却不可以，如：否定或正反问（*他不换工作决定好了），体标记（*他换着/了工作决定好了）。

4.7 小结

以上我们从不同角度讨论了以往被归入连动式的 6 类话题结构，有些小类之间有交叉，但不完全等同。在这 6 类情况下，句子都宜归入话

[①] 括号内容均为笔者所加。

题结构，而不是连动式，这已得到上述韵律、形态、虚词、句法等方面的证实。

五、连动式与话题结构相混的原因

从目前研究来看，连动式与话题结构没有同源及演化关系，两者呈现出相似的形式只是一种偶然，但这种表层偶合的出现有其深层的库藏动因。动词、连动式、话题结构都是汉语的显赫范畴（刘丹青2012a），连动式与话题结构的形式偶合正是这三个显赫范畴相互作用、共同推动的结果。

5.1 动词显赫

汉语是动词型语言（verby language）或称动词显赫型语言（verb-mighty language）（刘丹青2010，2012a）。人类语言动词的无标记语义匹配是事件或命题，在句法结构中的无标记位置是充当独立小句或分句、从句的谓语核心。但词类成员并不总是出现在它的典型的无标记的位置，对于汉语这种动词型语言，动词不需要进行非限定性或名词化操作就可以直接充当论元，动词原形形式具有指称的扩展功能，可以自指事件、命题，直接置于不同句法位置，包括话题位置。（详参刘丹青2010）

5.2 连动显赫

汉语连动式中的各个动词或动词短语在一个小句中按时间顺序象似性连用，而不需要依靠形态、虚词或停顿来连接。连动式在汉语中是显赫范畴，其功能强大，是以语序为主要手段的常用语法结构；扩展能力强，可以向并列和主从两个语义域扩展，是多种重要句法结构语法化的源头或句法环境;原型语义是相继发生的微事件构成的宏事件,其各种小类和扩展用法都围绕着这一核心语义;语法化程度高,对于符合相继发生的微事件这一语义的内容,连动式的使用具有较强的类推性和一定的强制性;连动式在心理上容易激活。(详参刘丹青 2015)

5.3 话题显赫

像汉语这样的话题优先语言,往往将不同的范畴接纳、改造成为类似于话题结构的范式,例如比较句、中动句、条件句(唐正大 2013);汉语话题超越句首主话题的位置,能在多个位置上出现,特别是主语后的次话题位置也很发达,是生成很多类型特异的话题结构的句位库藏条件,如同一性话题、分裂式话题以及所谓"汉语式话题"等。"小王学习认真"类汉语特色的话题结构,是话题(包括次话题句位)显赫和动词显赫双重作用的产物。借助这一句法结构,可以让谓语在不属于前景信息时靠次话题化而背景化,同时让动词修饰语升格为谓语而实现前景化及焦点化,满足了汉语语用优先及对信息结构敏感的需求(刘丹青 1995,2011,2012a)。

5.4 显赫范畴之间的互动

连动显赫与动词显赫。由于汉语动词地位显赫,功能强大,几个动词性成分直接线性并置即可表达具有时间顺序象似性的整体事件,而无须借助表示句法关系的标记,这为连动式的存在提供了基础。另一方面,由于汉语连动式显赫,动词顺次并置的连动形式即可实现在其他语言中用并列或主从结构表达的内容,这加固了动词的直接并置表达句法关系的地位。这两方面是相辅相成的。

话题显赫与动词显赫。汉语的话题显赫与动词显赫也是相互作用、相互促进的,其互动关系可以从两个视角来看。一方面,由于汉语话题地位凸显且功能强大,话题位置的吸纳面广、负载力强,通常由名词性成分占据的话题位置，同时也强势地吸纳动词性成分，使得动词性成分甚至小句都能充当话题①。另一方面，汉语中动词显赫，动词性成分具有较高的活跃性，动词不需要名词化操作仅以其原形就可以占据通常由名词性成分占据的话题位置，扩张到名词的领地。在这两个方面相互作用下，两个显赫范畴合力形成了许多难见于非话题优先语言的话题结构，使得汉语的话题结构形式更加多样，功能更加强大。

连动式和话题结构。作为显赫范畴的连动式和话题结构，以同样显赫的动词为纽带，出现了表层形式的偶合。语符序列"NP+VP$_1$+VP$_2$"中VP$_1$的位置，成为次话题和连动式前项共享的表层位置。这是本文分析的主要内容。另外，上文提到连动式与话题结构的互转现象，如"他去图书馆看书（连动式）↔他看书去图书馆（话题结构）"，这种只依靠变换语序即可改变结构性质的情况，体现了连动式和话题结构的密切关系。但是，结构式的不同导致两者信息结构、表达功能乃至真值条件有异（须另文详述），这是连动式和话题结构的内在功能决定的。

这三种显赫范畴的相互作用，使三者的显赫度增强，再次表明显赫范畴是塑造一种语言类型特点的重要因素。

参考文献

曹　宏　2004　论中动句的句法构造特点，《世界汉语教学》第3期。
曹　宏　2005　中动句的语用特点及教学建议，《汉语学习》第5期。
方　梅　2000　从"V着"看汉语不完全体的功能特征，《语法研究和探索》（九），北京：商务印书馆。
方　梅、朱庆祥（读解）　2015　《中西学术名篇精读：吕叔湘卷》，上海：中西书局。
高瑞林　2008　连动式的句法语义及其认知解读，四川师范大学硕士学位论文。
高增霞　2006　《现代汉语连动式的语法化视角》，北京：中国档案出版社。
洪　淼　2004　现代汉语连动结构研究，南京师范大学博士学位论文。
李临定　1986/2011　《现代汉语句型》（增订本），北京：商务印书馆。
刘楚群　2005　论连动句式"V起来+VP"，《华中科技大学学报》（社会科学版）第6期。
刘丹青　1995　语义优先还是语用优先——汉语语法学体系建设断想，《语文研究》

---

① 汉语动词短语和小句做话题的情况，参阅徐烈炯、刘丹青（1998/2007：61—64）。

第 2 期。
刘丹青　2002　汉语类指成分的语义属性和句法属性，《中国语文》第 5 期。
刘丹青　2005　话题标记从何而来？——语法中的共性与个性续论，《语法化与语法研究》（二），北京：商务印书馆。
刘丹青　2009　话题优先的句法后果，《汉语的形式与功能研究》，程工、刘丹青主编，北京：商务印书馆。
刘丹青　2010　汉语是一种动词型语言——试说动词型语言和名词型语言的类型差异，《世界汉语教学》第 1 期。
刘丹青　2011　语言库藏类型学构想，《当代语言学》第 4 期。
刘丹青　2012a　汉语的若干显赫范畴：语言库藏类型学视角，《世界汉语教学》第 3 期。
刘丹青　2012b　汉语差比句和话题结构的同构性：显赫范畴的扩张力一例，《语言研究》第 4 期。
刘丹青　2015　汉语及亲邻语言连动式的句法地位和显赫度，《民族语文》第 3 期。
刘丹青　2016a　汉语中的非话题主语，《中国语文》第 3 期。
刘丹青　2016b　先秦汉语的话题标记和主语-话题之别，《古汉语研究》第 2 期。
刘丹青、徐烈炯　1998　普通话与上海话中的拷贝式话题结构，《语言教学与研究》第 1 期。
吕冀平　1985　《复杂谓语》，上海：上海教育出版社。
吕叔湘　1979　《汉语语法分析问题》，北京：商务印书馆。
吕叔湘（主编）　1980　《现代汉语八百词》（增订本），北京：商务印书馆。
聂仁发　2001　重动句的语篇分析，《湖南师范大学社会科学学报》第 1 期。
潘家荣　2016　拉阿鲁哇语、泰雅语和邹语的连动结构，中国民族语言"连动结构"暨民族语言研究室学术研讨会报告，中国社会科学院民族学与人类学研究所。
沈　园　2000　逻辑判断基本类型及其在语言中的反映，《当代语言学》第 3 期。
宋玉柱　1978　也谈"连动式"和"兼语式"——和张静同志商榷，《郑州大学学报》第 2 期。
宋玉柱　1988　双主谓结构句和连谓式，《中国语文》第 5 期。
宋玉柱　1991　《现代汉语特殊句式》，太原：山西教育出版社。
唐正大　2005　从独立动词到话题标记——"起来"语法化模式的理据性，《语法化与语法研究》（二），北京：商务印书馆。
唐正大　2013　类指性、话题性与汉语主语从句——语言内部象似性视角，《汉藏语学报》第 7 期，北京：商务印书馆。
王福庭　1960　"连动式"还是"连谓式"，《中国语文》第 6 期。
吴延枚　1988　关于复杂谓语的几个问题，《语言教学与研究》第 2 期。
项开喜　1997　汉语重动句式的功能研究，《中国语文》第 4 期。
邢　欣　1995　《现代汉语特殊句型研究》，乌鲁木齐：新疆科技卫生出版社。

徐烈炯 1999 名词性成分的指称用法,《共性与个性——汉语语言学中的争议》,徐烈炯主编,北京:北京语言文化大学出版社。

徐烈炯、刘丹青 1998/2007 《话题的结构与功能》(增订本),上海:上海教育出版社。

张伯江 2000 汉语连动式的及物性解释,《语法研究和探索》(九),北京:商务印书馆。

赵元任 1968/1979 《汉语口语语法》,吕叔湘译,北京:商务印书馆。

Aikhenvald, A. Y. 2006. Serial verb constructions in typological perspective. In A. Y. Aikhenvald, & R. M. W. Dixon (Eds.), *Serial Verb Construction: A Cross-Linguistic Typology*. Oxford: Oxford University Press.

Carlson, G. N. 1977. A unified analysis of the English bare plural. *Linguistics and Philosophy*, 1(3), 413-456.

Chafe, W. 1976. Givenness, contrastiveness, definiteness, subjects, topics and point of view. In C. N. Li (Ed.), *Subject and Topic*. New York: Academic Press.

Haiman, J. 1978. Conditional are topics. *Language*, 54(3), 564-589.

Haspelmath, M. 2016. The serial verb construction: Comparative concept and cross-linguistic generalizations. *Language and Linguistics*, 17(3), 291-319.

Li, C. N. & Thompson, S. A. 1976. Subject and topic: A new typology of language. In C. N. Li (Ed.), *Subject and Topic*. New York: Academic Press.

Li, C. N. & Thompson, S. A. 1981. *Mandarin Chinese: A Functional Reference Grammar*. London: University of California Press.

Liu, D. Q. 2004. Identical topics: A more characteristic property of topic prominent languages. *Journal of Chinese Linguistics*, 32(1), 20-64.

(原载《世界汉语教学》,2018年第1期,与黄哲合作)